워드프레스
쇼핑몰만들기

워드프레스 쇼핑몰만들기

지은이 김덕기
펴낸이 박찬규 **엮은이** 이대엽, 윤가희 **디자인** 북누리 **표지디자인** 아로와 & 아로와나

펴낸곳 위키북스 **전화** 031-955-3658, 3659 **팩스** 031-955-3660
주소 경기도 파주시 교하읍 문발리 파주출판도시 535-7 세종출판벤처타운 #311

가격 38,000 **페이지** 504 **책규격** 188 x 240mm

초판 발행 2013년 11월 08일
ISBN 978-89-98139-37-7 (93000)

등록번호 제406-2006-000036호 **등록일자** 2006년 05월 19일
홈페이지 wikibook.co.kr **전자우편** wikibook@wikibook.co.kr

Building Shopping Cart with WordPress
Copyright © 2013 by 김덕기
All rights reserved.
First published in Korea in 2013 by WIKIBOOKS

이 책의 한국어판 저작권은 저작권자와의 독점 계약으로 위키북스가 소유합니다.
신 저작권법에 의해 한국 내에서 보호를 받는 저작물이므로 무단 전재와 복제를 금합니다.
이 책의 내용에 대한 추가 지원과 문의는 위키북스 출판사 홈페이지 wikibook.co.kr이나
이메일 wikibook@wikibook.co.kr을 이용해 주세요.

이 도서의 국립중앙도서관 출판시도서목록 CIP는
e-CIP 홈페이지 http://www.nl.go.kr/cip.php에서 이용하실 수 있습니다.
CIP제어번호 2013021976

워드프레스 쇼핑몰 만들기

우커머스와 한국형 결제 플러그인으로
온라인 쇼핑몰 만들기

위키북스

서·문

필자가 처음으로 웹디자인을 배우게 된 계기는 온라인 쇼핑몰을 만들기 위해서였습니다. 쉽게 쇼핑몰을 만들려면 가입을 하고 비용을 지불하면 되겠지만 내가 원하는 디자인의 쇼핑몰을 만들기 위해서 웹디자인을 배운다는 생각으로 도전을 했죠. 당시는 명예퇴직을 한 이후라서 별로 할 일도 없고 하니 여러 가지 디자인 관련 프로그램을 공부하던 중이었습니다. 이전에 직장에 다닐 때는 취미로 포토샵도 해보고 플래시로 컴퓨터 조립하기 홈페이지도 만들곤 했습니다.

이때 배운 것이 상당히 많았습니다. 포토샵도 본격적으로 배우다보니 3D 애니메이션을 해보고 싶어서 마야, 3D Max, 어도비 프리미어, 어도비 애프터이펙트 등 평소에 해보고 싶었던 것은 모두 해봤죠. 마야로 로봇도 만들어보고 3D Max로 자동차도 만들어봤습니다. 지금은 어떻게 하는지 기억도 나지 않습니다.

평소에 이런 취미를 갖고 있었으니 다음 직업으로 가장 적합한 것이 인터넷 쇼핑몰이었죠. 장사라고는 한번도 해본 적이 없으니 쇼핑몰을 만들어서 어떻게 해보겠다는 생각은 뒤로하고 우선 웹프로그래밍 언어를 배우는데 상당히 재미있더군요. 그러면서 PHP도 접하게 되고 워드프레스라는 CMS를 알고 나서는 PHP를 접었습니다. 가장 먼저 배워야 할 것이 CSS라는 생각에 배우면서 직접 블로그도 디자인하고 운영하다 보니 웹디자인이 현실적으로 필요한 기술이라는 생각이 들어 깊이 진행됐습니다. 그러던 중 출판사의 의뢰로 워드프레스 완벽입문이라는 책이 만들어졌습니다.

온라인 쇼핑몰을 만들어보자고 시작한 것이 이제는 쇼핑몰 디자인을 할 수 있게 됐습니다. 그때 쇼핑몰에 사용하기 위해 구매했던 카메라는 먼지만 쌓이고 있습니다. 디자인 작업이나 책을 만드는 작업만 하고 있으니 사용할 기회가 거의 없습니다. 좋은 날씨가 되면 나가서 좋은 사진도 찍어야지 하는 생각이 항상 있습니다.

처음 쇼핑몰을 만들자고 생각했던 때와 워드프레스로 쇼핑몰을 만들 수 있게 된 현재를 비교하면 상당히 달라졌습니다. 수백만원을 들여야 쇼핑몰 구축이 가능했지만 이제는 10분의 1로 비용이 절감됐습니다. 좋은 테마를 선택하고 일부 디자인을 수정하면 누구라도 호감을 갖는 쇼핑몰 디자인이 완성됩니다. 이제 한국형 결제 플러그인까지 사용할 수 있으니 국내의 어떤 쇼핑몰 사이트와 비교해도 손색이 없을 정도로 만들 수 있게 됐습니다. 디자인으로 말하자면 워드프레스 테마는 상당히 고급스럽죠. 국내의 디자인 스타일에 맞게 다운그레이드 해야 할 정도입니다.

서문에 뭘 써야 할까 생각하다가 넋두리만 늘어놨습니다.

서·문

워드프레스는 이 프로그램보다 더 복잡하고 용량이 큰 쇼핑몰 플러그인을 수용할 수 있는 강력한 CMS 중 하나입니다. 워드프레스를 설치하고 나면 별 기능이 없어 보입니다. 처음 게시판 프로그램으로 시작한 프로그램이 플러그인을 통해 어떤 기능이라도 추가할 수 있을 정도로 발전됐습니다. 워드프레스에 복잡하고 용량이 큰 플러그인이 추가됐으니 동작하는데 문제가 있을 것 같지만 전혀 그렇지 않습니다. 워드프레스는 단지 추가 기능을 수용하기 위한 도구라고 생각하면 됩니다. 어느 정도 체계가 갖춰진 쇼핑몰을 만들기 위해 40여 개의 플러그인을 설치했는데도 무리 없이 작동하고 있습니다. 그만큼 코어 파일 구조가 훌륭하다는 것이죠. 워드프레스가 블로그 만드는 프로그램이라는 생각은 이제 지워야 합니다.

이 책에서는 워드프레스 쇼핑몰 플러그인 중 세계적으로 가장 인기 있는 우커머스를 사용해 쇼핑몰을 만듭니다. 이 플러그인은 출시된 지 2년됐지만 그 이전에 인기리에 사용됐던 WP e-Commerce에 비해 사용자가 급증하고 있습니다. 기능이나 성능, 사용성 면에서 우월한 프로그램이 된 것이죠. 워드프레스로 쇼핑몰 만들기 책을 구상하면서 몇 가지 플러그인의 한글화 작업을 했는데 사용해보지 않고 번역만 하는데도 한국의 실정에 맞는 프로그램이라는 것을 직감했습니다.

우커머스의 인기는 세계 최대의 테마 판매 사이트인 씸포레스트(Theme Forest)의 이커머스 전용 테마를 보면 알 수 있습니다. 8년동안 존재했던 WP e-Commerce는 10여 개에 불과하지만 우커머스 전용 테마는 120개를 넘고 있고 계속 추가되고 있습니다. 어떤 테마는 소장하고 싶을 정도로 기능도 좋고 디자인이 아주 훌륭합니다.

워드프레스 쇼핑몰 만들기에서 가장 문제가 되는 것이 결제 플러그인이었죠. 책을 내기로 구상을 하고 보니 이것이 해결이 안되면 책을 내도 별 소용이 없을 정도로 한국 실정에 맞는 신용카드 결제 플러그인이 절실했습니다. 해서 우커머스 제작사에 의뢰를 했더니 이전에 국내에서 한 사용자가 신용카드 결제 플러그인 제작 의뢰를 했는데 투표 수가 하나밖에 없어서 거절됐다고 하더군요. 그만큼 우커머스가 국내에서 잘 알려지지 않았기 때문이겠지만 국내에서 워드프레스로 쇼핑몰을 만들기는 어렵다는 인식이 많았던 것 같습니다.

이제는 국내에서 온라인 쇼핑몰 만들기가 쉬워졌습니다. 가장 문제가 됐던 결제 플러그인이 개발됐기 때문이죠(http://www.planet8.co). 현재 국내에서 두가지 플러그인이 개발됐는데 하나는 플래닛에잇에서 개발한 유료 플러그인으로 지금은 LG U+만 지원하지만 스튜디오 제이티(http://studio-jt.co.kr/)에서 개발한 페이게이트용 결제 플러그인은 무료로 사용할 수 있으며 해외 사용자를 위한 결제 기능도 있습니다. 어떤 플러그인을 사용하든 결제사의 가맹이 필요하고 가맹비가 추가됩니다.

이·책·의·구·성

1장 _ 워드프레스 쇼핑몰 만들기

1장에서는 우커머스의 기능과 설정 방법에 대해 설명하기 위해 워드프레스 기본 테마를 사용해서 시작합니다. 우커머스는 워드프레스 플러그인이지만 상품 관리, 재고 관리, 배송 관리, 세금, 주문 관리, 보고서 기능 등 온라인 쇼핑몰에서 필요한 모든 기능을 체계적으로 관리할 수 있도록 만들어져 있습니다.

기본 테마로 Twenty Twelve를 선택한 것은 최근에 나온 Twenty Thirteen이 있는데 기본적으로 사이드바가 없는 블로그 전용 테마라서 쇼핑몰에 사용하기는 무리가 있기 때문입니다. Twenty Twelve 테마는 테마를 확장해서 만들 때 시작할 수 있는 테마로 많이 사용합니다. 간단한 구조이고 기능이 많지 않은 대신 확장성이 높습니다. 워드프레스의 기본 테마는 항상 이런 스타일로 출시되고 있습니다. 이런 테마를 스타터 테마(Starter Theme)라고 합니다. 이를 바탕으로 디자인도 변경하고 PHP를 추가해서 기능도 확장하기가 수월하기 때문입니다. 처음부터 복잡한 구조의 테마를 사용하면 수정이 아주 어렵습니다.

2장 _ 쇼핑몰 디자인

1장의 내용 만으로도 우커머스에 대한 기능은 충분히 소화할 수 있지만 아무리 좋은 테마라도 원하는 디자인이나 기능을 만들기는 어렵습니다. 그래서 무료 테마 중에 하나를 선택해서 우커머스에서 제공하는 각종 스니핏(Snippet) 코드나 단축코드(Short Code)를 사용해서 처음부터 쇼핑몰 디자인을 만듭니다. 여기에는 우커머스 외에 갖가지 플러그인이 사용됩니다. 우커머스는 무료 프로그램이지만 기능을 확장하기 위해 유료의 플러그인을 판매하고 있습니다. 무료 플러그인도 많이 개발돼 있어서 이들만 사용해도 충분한 기능을 추가할 수 있습니다. 이러한 플러그인의 사용법도 설명합니다.

3장 _ 디테일

3장은 하나의 쇼핑몰을 만들기 위해서 진행상 흐름에 방해되는 내용을 두서없이 3장에서 다룹니다. 디자인 수정을 위한 것도 있고 기능을 추가하는 것도 있습니다. 더 추가할 것이 많지만 지면상 큰 부분을 할애할 수 없으니 제 블로그를 통해 만나볼 수 있을 것입니다.

참·고·사·이·트

워드프레스 코덱스: http://codex.wordpress.org/

이곳은 워드프레스에서 사용되는 코드나 워드프레스 사용법, 문제 해결 방법 등 워드프레스를 사용하면서 가장 많이 방문하게 되는 곳입니다.

우커머스 문서 사이트: http://docs.woothemes.com/documentation/plugins/woocommerce/

이곳은 우커머스에 관한 모든 내용이 있습니다. 각종 코드도 있고 그림이 있는 사용 설명도 있습니다. 이 사이트에서 Support 메뉴는 테마나 플러그인을 구매한 사람만 이용할 수 있으며 질문 답변을 할 수 있는 곳으로 우커머스 전문가들이 답변을 해줍니다.

구글: https://www.google.com

참고 사이트라고 할 수는 없지만 가장 광범위한 검색을 할 수 있어서 문제 해결에 많은 도움이 됩니다. 이곳을 통하면 위 사이트로 접속하게 되는 경우가 많습니다.

베누시안 블로그: http://martian36.tistory.com

필자의 블로그입니다. 워드프레스 정보, 포토샵, 웹디자인 정보에 관한 글이 있으며 첨부 파일은 아래의 URL에서 내려받아야 하므로 최소한 한번은 방문해야 되는 곳입니다.

http://martian36.tistory.com/1223

목·차

1장
워드프레스 쇼핑몰 만들기

01 _ 워드프레스 쇼핑몰 ·· 16
    워드프레스로 쇼핑몰을 만드는 이유 ··· 16
    워드프레스 쇼핑몰 플러그인 ·· 18
    우커머스를 쇼핑몰 플러그인으로 선택한 이유 ································ 24
    우커머스 테마 ·· 25
    테마의 선택 ··· 26
    워드프레스와 우커머스의 새 버전 ·· 29
    이 책을 진행하는 데 필요한 사항 ·· 33

02 _ 워드프레스와 우커머스 설치 ·· 36
    웹 서버 환경 만들기 ··· 36
    워드프레스 설치 ··· 40
    우커머스 설치 및 필요 플러그인 설치 ·· 42
    상품 샘플 파일 가져오기 ·· 46
    테마 변경 ·· 47

03 _ 플러그인 설치 및 기본 쇼핑몰 만들기 ·································· 50
    구글 폰트 사용하기 ·· 51
    자식 테마 만들기 ··· 53
    위젯 사용하기 ·· 58
    상품 가격 일괄 편집 ·· 61
    스키터 슬라이더 사용하기 ·· 64
    메뉴 설정 ·· 67

04 _ 우커머스 설정 ··· 71
    일반 탭 ··· 71
    카탈로그 탭 ··· 76
    페이지 탭 ·· 80
    저장소 탭 ·· 85

세금 탭 ……………………………………………………………… 89
　　　배송 탭 ……………………………………………………………… 92
　　　지불 게이트웨이 탭 ……………………………………………… 104
　　　이메일 탭 …………………………………………………………… 134
　　　결합(Integration) ………………………………………………… 143

05 _ 상품 추가 ……………………………………………………………… 150
　　　상품 목록 페이지 ………………………………………………… 151
　　　단순 상품 추가 …………………………………………………… 153
　　　다운로드 가능한 상품 추가 …………………………………… 163
　　　가상 상품 …………………………………………………………… 165
　　　옵션 상품 …………………………………………………………… 165
　　　그룹 상품 …………………………………………………………… 175
　　　외부/연계 상품 …………………………………………………… 178
　　　CSV 파일로 상품 추가하기 …………………………………… 179
　　　상품 카테고리 …………………………………………………… 183

06 _ 주문 페이지 …………………………………………………………… 185
　　　주문 관리 페이지 ………………………………………………… 185
　　　주문 편집 페이지 ………………………………………………… 186

07 _ 쿠폰 사용과 보고서 ………………………………………………… 192
　　　쿠폰 사용 …………………………………………………………… 192
　　　보고서 ……………………………………………………………… 195

08 _ 플러그인과 함수 사용 ……………………………………………… 196
　　　YITH 플러그인 …………………………………………………… 196
　　　위시리스트 ………………………………………………………… 197
　　　우커머스 선물 포장 옵션 ……………………………………… 200
　　　새 상품 배지 ……………………………………………………… 202
　　　우커머스 장바구니 메뉴 ……………………………………… 202
　　　사용자 정의 탭 …………………………………………………… 204
　　　탭 순서 바꾸기 …………………………………………………… 205
　　　관련 상품을 탭으로 이동하기 ………………………………… 206

목·차

2장 쇼핑몰 디자인

01 _ Twenty Twelve 테마 수정 · · · · · · · · · 212
제이슨리와 무한 스크롤 플러그인 적용 · · · · · · · · · 212
상단 이동 버튼 추가하기 · · · · · · · · · 219
regenerate-thumbnails 플러그인으로 · · · · · · · · · 221
이미지 파일 재생성 · · · · · · · · · 221

02 _ ipin 테마 사용하기 · · · · · · · · · 224
ipin-child 자식테마 만들기 · · · · · · · · · 225
상점 페이지 레이아웃 만들기 · · · · · · · · · 229
테마 교체와 상품 페이지 수정 · · · · · · · · · 233
상품 상세 페이지 레이아웃 변경 · · · · · · · · · 245

03 _ 우커머스 템플릿 구조 · · · · · · · · · 247
상점 페이지 템플릿 구조 · · · · · · · · · 247
상세 페이지 템플릿 구조 · · · · · · · · · 253

04 _ 상세 페이지 수정 · · · · · · · · · 256
상품 이미지 영역 수정 · · · · · · · · · 257
옵션 영역 수정 · · · · · · · · · 259
검색 박스 수정 · · · · · · · · · 262
탭 수정 · · · · · · · · · 264
폰트 어썸 아이콘 사용하기 · · · · · · · · · 266
사이드바 위젯 등록 · · · · · · · · · 268
메뉴바 수정 · · · · · · · · · 271
툴바와 상점 공지 부분 수정 · · · · · · · · · 274

05 _ 장바구니 및 결제 페이지 수정 · · · · · · · · · 277
장바구니 페이지 수정 · · · · · · · · · 277
결제 페이지 수정 · · · · · · · · · 281

내 주소 편집 페이지 수정···297
　　결제 플러그인 사용 시 수정하기···304

06 _ 블로그 페이지 수정···311
　　더미 콘텐츠 플러그인 사용하기···311
　　댓글 수 변경···314

07 _ 초기 화면 만들기···317
　　front-page.php 파일 만들기···317
　　패럴랙스 콘텐츠 슬라이더 사용하기···319
　　캐러젤 콘텐츠 슬라이더 사용하기···334
　　bx-slider 슬라이더 플러그인 사용하기······································344
　　우커머스 위젯에 bx-slider 사용하기··355

08 _ 워드프레스 플러그인 만들기 및 위젯화·······································367
　　워드프레스 플러그인 만들기···367
　　위젯 만들기···369
　　슬라이더 위젯을 사이드바에 배치하기·······································379
　　플러그인 패키지 만들기···381
　　캐러젤 슬라이더의 외부 플러그인···386

09 _ 기타 페이지, 푸터 만들기···391
　　고객 1:1 질문 페이지, 찾아오는 길 페이지 만들기·················391
　　푸터 만들기···394

10 _ 인터넷 익스플로러 스타일시트 수정··406
　　전면 페이지···407
　　상세 페이지···409

목·차

3장 디테일

01 _ 상세 페이지 옵션 추가하기 ··············· 414
    고급 사용자 정의 필드 플러그인 사용하기 ··············· 414
    사용자 정의 필드 만들기 ··············· 416
    옵션 데이터 불러오기 ··············· 422
    필드그룹 내보내기 ··············· 425

02 _ 상품 카테고리 메뉴 사용하기 ··············· 428

03 _ 이미지 그림자효과 수정하기 ··············· 432

04 _ 로그인/회원가입 버튼 만들기 ··············· 434

05 _ 소셜 로그인 사용하기 ··············· 436

06 _ 떠다니는 배너 설치하기 ··············· 438

07 _ 상품 상세 페이지에 고정 콘텐츠 삽입하기 ··············· 442

08 _ 상점 페이지 수정하기 ··············· 447
    알림메시지 박스 만들기 ··············· 448
    드롭다운 선택박스의 디자인 변경하기 ··············· 448
    가격필터 추가하기 ··············· 450

09 _ 장바구니 버튼 수정하기 ··············· 453

10 _ 장바구니 버튼과 위시리스트 버튼 나란히 배치하기 ··············· 455

11 _ 장바구니 버튼을 바로구매 버튼으로 변경하기 ··············· 458

12 _ 상세 페이지 하단에 다음 상품, 이전 상품 표시하기 ··············· 461

13 _ 그룹 상품 스타일 수정··465

14 _ 이메일 템플릿 편집하기··467

15 _ 비비프레스를 이용한 Q&A 게시판 만들기··471

16 _ 메뉴바 수정하기···475

17 _ 메가 메뉴 만들기··477
  두 개의 헤더 사용하기···477
  두 개의 헤더 메뉴, 카테고리 메뉴 등록하기··478
  메뉴의 배치···481
  레이아웃 수정··483
  제이쿼리 스크립트 만들기··484
  서브메뉴 배치··486
  메가 메뉴에 슬라이더 추가하기··488

18 _ 로컬호스트에서 웹호스트로 워드프레스 이전하기······································491
  데이터베이스 파일 백업하기···492
  Search Replace DB 프로그램 내려받기··493
  워드프레스 전체 파일 업로드 및 파일 편집하기··493
  데이터베이스 파일 업로드하기··496
  데이터베이스 파일 수정하기···497
  내 컴퓨터에서 실험하기···500

1장
워드프레스 쇼핑몰 만들기

01 _ 워드프레스 쇼핑몰
02 _ 워드프레스와 우커머스 설치
03 _ 플러그인 설치 및 기본 쇼핑몰 만들기
04 _ 우커머스 설정
05 _ 상품 추가
06 _ 주문 페이지
07 _ 쿠폰 사용과 보고서
08 _ 플러그인과 함수 사용

1장의 내용을 간추려 보면 다음과 같습니다.

1. 워드프레스 쇼핑몰
워드프레스로 쇼핑몰을 만들면 어떤 점이 유리한지 알아보고 테마 선택 방법과 워드프레스와 우커머스의 개발 중인 버전에 대해 알아봅니다.

2. 워드프레스와 우커머스 설치하기
웹서버 환경을 만들고 워드프레스와 우커머스를 설치해 기본 쇼핑몰을 만들기 위한 준비 과정을 진행합니다.

3. 플러그인 설치 및 기본 쇼핑몰 만들기
본격적인 우커머스 사용법을 알아보기에 앞서 쇼핑몰을 제작할 때 기본적으로 알아야 할 폰트 변경 방법 및 자식 테마 만들기를 설명하고 몇 가지 위젯과 플러그인을 설치한 다음 사용자 정의 메뉴를 만듭니다.

4. 우커머스 설정
프로그램을 본격적으로 알아보기에 앞서 설정 방법을 알아둘 필요가 있습니다. 우커머스의 여러 가지 기본 설정 방법을 알아봅니다.

5 상품 추가하기
우커머스에서 지원하는 단순 상품, 다운로드 가능 상품, 가상 상품, 옵션 상품, 그룹 상품, 외부/연계 상품 등 각종 상품 형태별로 상품을 추가하는 방법을 알아봅니다.

6. 주문 페이지
고객의 주문이 발생하면 주문 페이지에서 모든 관리가 진행됩니다. 결제 여부에 따라 완료 단계로 진행하기도 하고 주문 취소 또는 주문 재생성이 가능합니다.

7. 쿠폰 사용하기와 보고서
기본 고객과 신규 고객의 유치를 위해 할인 행사를 하거나 무료 배송을 위해 쿠폰을 발행하고 사용하는 방법을 알아봅니다. 또한 우커머스의 보고서는 모든 영역에서 체계적인 통계를 잘 파악 할 수 있게 정리돼 있습니다.

8. 플러그인과 함수 사용하기
우커머스는 출시된 지 2년 정도지만 관련 플러그인이 많이 개발됐습니다. 몇 가지 무료 플러그인 사용법을 알아봅니다. 또한 함수를 사용해 상세 페이지의 탭을 변경하는 방법을 알아봅니다.

워드프레스 쇼핑몰 01

01 워드프레스로 쇼핑몰을 만드는 이유

워드프레스는 세계적으로 가장 많이 사용하는 콘텐츠 관리 시스템(CMS: Content Management System)입니다. 워드프레스로 만들어진 웹사이트가 전 세계의 모든 사이트 중 19%를 차지하고 있습니다. 1년 전보다 2% 정도 증가했습니다. 10년 전에 게시판 프로그램으로 시작한 워드프레스가 이런 성공을 거둘 수 있었던 것은 강력한 플러그인 시스템과 테마의 도입 때문이라고 할 수 있습니다. 막상 설치하고 보면 워드프레스는 그리 대단한 기능이 있는 것은 아닙니다. 기능이라고 해봐야 글을 발행하고 페이지를 만드는 것밖에는 없을 정도로 아주 단순합니다. 단순하다는 것은 그만큼 어떤 기능을 추가하더라도 수용할 수 있다는 것을 의미합니다.

1.1 강력하고 쉬운 플러그인 시스템

워드프레스를 처음 설치하고 나서 기능이 아무것도 없다는 느낌을 받는 것은 당연한 일이고 기능은 원하는 플러그인을 설치하면서부터 추가되는 것입니다. 제 블로그에 한 방문자가 "워드프레스에 이런 기능은 없나요?"라고 질문하시길래 "그것은 이런 플러그인을 설치하면 됩니다."라고 답변을 했는데, 다시 어떤 기능에 대한 질문을 하셔서 "그것은 또 이런 플러그인을 설치하면 됩니다."라고 답변했더니 그 방문자가 "아, 워드프레스는 플러그인을 설치해야 되는 프로그램이군요."라고 결론을 내리면서 마지막 댓글을 달았던 적이 있습니다.

그렇습니다. 워드프레스는 플러그인을 추가하는 식으로 새로운 기능을 계속 추가할 수 있게 코어 시스템이 강력한 구조를 갖추고 있습니다. PHP를 제대로 배워본 적이 없는 필자가 워드프레스 플러그인을 만듭니다. 이 책을 내면서도 상품 콘텐츠 슬라이더를 만들고 그것을 위젯으로 만드는 방법을 설명하기 위해 몇 개의 플러그인을 만들었습니다. 또한 메뉴에 다양한 콘텐츠를 추가할 수 있는 메가메뉴도 만들었습니다. 메가메뉴는 대부분 유료 플러그인을 설치해야 사용할 수 있습니다. 일정한 구조를 갖춘 코드에 조립식으로 코드를 추가하면 되더군요. 워드프레스에 있는 기능이 아니지만 추가하고 싶은 기능이 있다면 플러그인을 찾아서 설치하면 되고, 없으면 생각하고 연구하면 추가할 수 있는 것이 플러그인입니다.

1.2 자유로운 테마 변경

워드프레스가 계속 인기를 얻을 수 있는 또 한 가지 이유는 바로 테마의 자유로운 변경입니다. 테마의 변경에는 다른 테마를 교체하는 것과 설치한 테마를 다른 디자인으로 수정하는 것이 모두 포함됩니다. 테마를 교체하는 것은 누구나 할 수 있는 일이지만 테마를 수정하는 것은 CSS를 알아야 가능합니다. 워드프레스가 인기를 누리면서 수많은 무료 테마가 만들어지고 있습니다. 개인이 만든 테마도 있고 유료 테마에서 일부 기능을 제외하고 유료 테마를 홍보하기 위해 만들어진 것도 많아서 이를 이용하면 유료 테마에 가깝게 만들 수도 있습니다. 이 책의 2장부터는 이러한 무료 테마를 이용해 디자인을 변경하고 각종 페이지를 만들어 쇼핑몰로서의 면모를 갖추는 방법을 소개합니다.

1.3 수많은 기여자들

좋은 프로그램은 기여자들이 많습니다. 어떤 대가를 원하지 않고 오픈소스를 개발하기 위해 모인 개발자들은 프로그램의 개선과 발전을 위해 기여하고 있습니다. 워드프레스의 업데이트 주기는 평균 6개월입니다. 매번 업데이트될 때마다 새로운 기능이 추가되며, 새로운 버전을 내놓을 때마다 보안용(Maintenance and Security Release) 버전을 이어서 내놓습니다.

책을 쓰고 있는 현재 3.6 버전이 공식 버전인데, 이례적으로 3.7 버전과 3.8 버전이 동시에 개발되고 있습니다. 이렇게 빠른 업데이트는 모두 기여자들의 노력 덕분입니다.

02 워드프레스 쇼핑몰 플러그인

워드프레스로 웹사이트를 만드는 일은 플러그인을 추가하는 식으로 원하는 사이트를 얼마든지 만들 수 있는데, 그 중에서도 가장 핵심적인 기능의 추가는 쇼핑몰입니다. 워드프레스가 존재의 가치를 더욱 높일 수 있는 것이 바로 쇼핑몰 플러그인입니다. 쇼핑몰 플러그인은 워드프레스보다도 용량도 크고 더 복잡하다고 할 수 있습니다. 그런데도 워드프레스는 이를 수용할 수 있습니다.

인터넷 쇼핑몰을 개발하는 데는 보통 수개월이 걸리고 비용도 다른 사이트보다 더 많이 듭니다. 하지만 이제는 워드프레스에 쇼핑몰 플러그인 하나만 추가해서 간단하게 만들 수 있습니다. 워드프레스 쇼핑몰 플러그인은 단순히 메인 프로그램에 기능만을 추가하는 것으로 볼 수도 있겠지만 상품구매, 재고관리, 주문관리, 배송관리, 세금, 이메일, 결제연동 등 상품 구매와 관련된 다양하고 종합적인 과정이 체계적으로 처리돼야 하기 때문에 단순한 기능의 추가가 아닙니다. 오히려 기본 프로그램인 워드프레스보다도 복잡하다고도 할 수 있습니다. 하지만 사용자는 방법만 알면 손쉽게 쇼핑몰을 만들 수 있습니다.

워드프레스 쇼핑몰 플러그인 가운데 우커머스(WooCommerce)는 비교적 최근에 개발된 프로그램입니다. 이 프로그램은 지고샵(Jigoshop)이라는 같은 쇼핑몰 플러그인에서 포크(Fork)된 플러그인입니다. 오픈소스 프로그램의 장점은 어떤 프로그램이 만들어지면 개발자가 이를 공개하고 다른 개발자가 이를 발전시킬 수 있다는 것입니다. 워드프레스도 이런 오픈소스 프로젝트로 시작됐죠. 최초의 프로그램에서 다른 프로그램으로 발전시키는 것을 포크(Fork)라고 합니다. 우리나라에서는 이런 개념이 활성화돼 있지 않아 간단하게 표현할 만한 단어가 없습니다만 분기(分岐)라고 하는 것이 적당할 듯합니다.

워드프레스 쇼핑몰 플러그인은 아주 많은데, 그 중에서 많이 사용되는 플러그인을 알아보면 다음과 같습니다.

2.1 WP e-Commerce

우커머스가 사용되기 전에 가장 많이 사용되던 플러그인입니다. 2005년에 출시됐으며, 2013년 10월 현재 3.8.12.1 버전까지 나와 있고 다운로드 횟수는 2,560,000번에 달합니다. 템플릿 파일을 테마 파일에 포함시켜 디자인을 변경할 수 있으며 쇼핑몰로서 완벽하게 작동하게 하려면 프로 버전과 몇 가지 플러그인을 구매해야 하며(200달러 소요) 한 개의 사이트만 운영할 수 있습니다.

- 공식 홈페이지: http://getshopped.org/

그림 1-1 WP e-Commerce 홈페이지

2.2 Jigoshop

지고샵(Jigoshop)은 우커머스의 개발자인 마이크 졸리(Mike Jolley)와 제이 코스터(Jay Koster)가 지고샵 플러그인의 개발사인 지고와트(Jigowatt)를 위해 처음 개발한 플러그인입니다. 2011년에 출시됐고 다운로드 횟수는 270,000번입니다. 단순 상품, 다운로드 상품, 옵션 상품, 그룹 상품 등 다양한 형태의 상품을 취급할 수 있습니다.

- 공식 홈페이지: http://jigoshop.com/

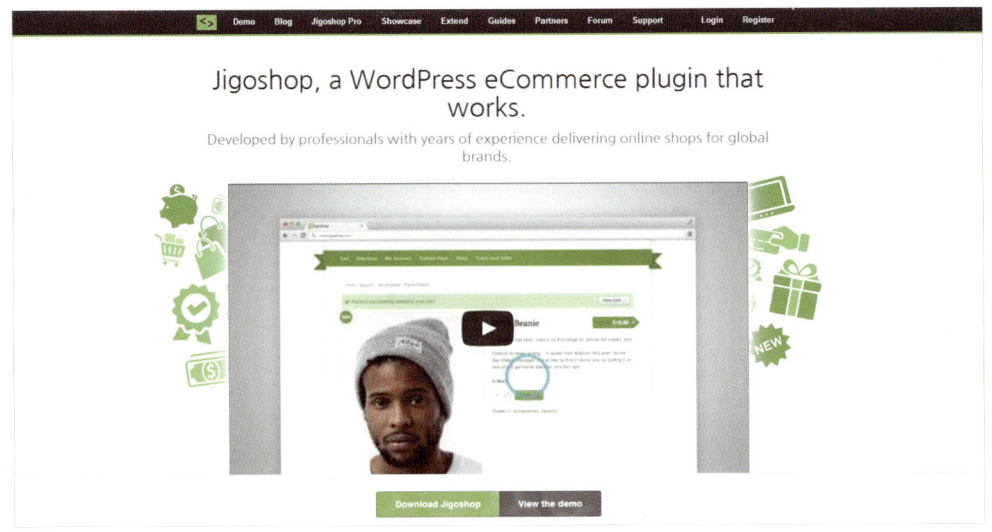

그림 1-2 지고샵 홈페이지

2.3 우커머스

지고샵과 거의 동시에 발표된 플러그인으로, 다운로드 횟수는 1,472,000번입니다. 2년만에 이런 숫자가 나온다는 것은 그 인기를 증명하는 것이겠죠.

우커머스의 탄생에는 우여곡절이 많았습니다. 테마 제작사인 우씸(WooThemes)은 이전부터 워드프레스 쇼핑몰 플러그인 개발에 관심을 두고 있었으나 여의치 않았습니다. 그래서 지고샵의 저작권 매입을 추진하고자 개발사인 지고와트에 구매의사를 전달했으나 그동안의 개발 비용에 비해 저평가된 금액을 제시해서 거절됐습니다. 이후 공동 개발을 제안했고 지고샵은 오픈소스로 그대로 두고 우씸의 주도로 지고샵 기반의 새로운 플러그인 개발을 원했습니다. 하지만 이 또한 거절됐죠. 그래서 우씸은 GPL 오픈소스인 지고샵을 포크한 후 개발을 추진했습니다. 또한 지고샵의 두 개발자를 스카우트했습니다. 여기서 우씸은 비난을 받게 됩니다. 명성 있는 우씸이 신생업체의 프로그램을 가로챘다는 것이죠. 거기에 더해 개발자까지 빼갔으니 그동안 지고샵을 사용했던 사용자들은 모두 우씸을 비난했습니다.

사실 오픈소스인 프로그램을 포크해서 새로운 프로그램을 만드는 데는 아무런 문제가 없습니다. 라이선스에 이전 프로그램의 이름을 명기하고 새로운 프로그램의 이름을 만들면 되는 것이죠. 개발자를 스카우트한 것도 그들의 자유의사에 의해 선택한 것이니 비난할 만한 것도 못됩니다. 문제는 이제 막 시작한 프로젝트를 중간에 끼어들어 개발자까지 가로챘다는 데 있습니다. 일반적으로 포크란 개발이 중지된, 더는 활동하지 않는 프로젝트를 새롭게 만드는 경우에 주로 해당됩니다.

이러한 우여곡절 끝에 2년 전 우씸에서는 개발부서인 우랩(WooLabs)을 신설하고 우커머스의 개발을 발표합니다. 지고샵을 기반으로 새로운 세부적인 기능을 추가하고 계속 업그레이드를 추진한 결과 현재 2.0 버전까지 출시됐습니다.

지고샵 사용자들의 비난에도 우커머스의 편리한 사용성과 소스코드를 수정 및 사용법의 공개로 우커머스의 사용자는 늘어났고 다양한 관련 플러그인들이 개발됐습니다. 그 인기는 우커머스 프리미엄 테마의 수를 보면 알 수 있습니다. 테마 판매사인 씸포레스트의 워드프레스 쇼핑몰 전용테마의 수를 보면 우커머스에 비해 8년이나 시장에 존재했던 WP e-Commerce는 10여 개에 불과하지만 우커머스의 전용 테마는 100개가 넘습니다. 반드시 전용 테마를 사용해야만 쇼핑몰이 가능한 것은 아니지만 디자인을 추가하지 않고도 바로 사용할 수 있는 테마가 많이 개발됐다는 것은 그만큼 사용자가 폭발적으로 증가했다는 의미가 됩니다.

우커머스와 지고샵을 비교해보면 전반적으로는 별 차이가 없지만 세부적인 부분에서는 상당한 차이가 있습니다. 이를테면, 지고샵의 기본 코드에 더해 편리성을 강조하고 보고서 기능이 대폭 추가됐습니다. 아울러 지고샵은 별도의 대시보드가 있지만 우커머스는 대시보드를 워드프레스 대시보드에 포함시켜 사용합니다.

- 공식 홈페이지: http://www.woothemes.com/woocommerce/

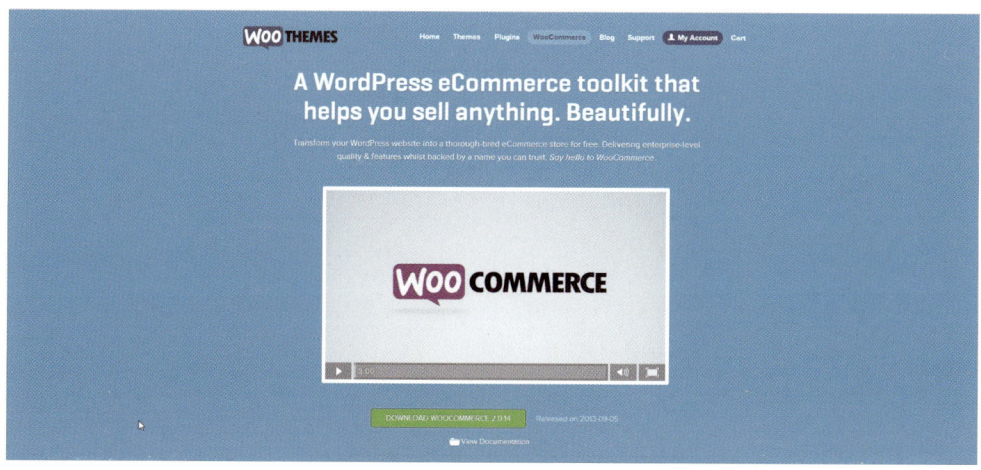

그림 1-3 우커머스 홈페이지

2.4 이지 디지털 다운로드(Easy Digital Downloads)

2012년에 개발된 디지털 상품 전용 쇼핑몰 플러그인으로 다운로드 횟수는 147,000번입니다. 단순 상품과 옵션 상품을 지원하며, 이름에서 알 수 있듯이 간단하고 유연한 구조로 돼 있어서 확장성이 아주 좋습니다. 다른 플러그인에서도 디지털 상품을 지원하지만 디지털 상품 전용 쇼핑몰이라면 가벼운 프로그램을 사용하는 것이 좋겠죠.

- 공식 홈페이지: https://easydigitaldownloads.com/

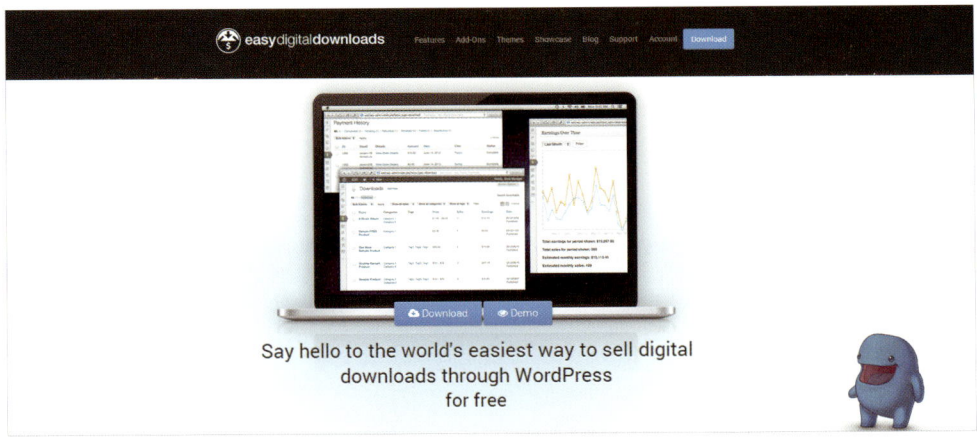

그림 1-4 이지 디지털 다운로드 홈페이지

2. 5 쇼퍼프레스(Shopperpress)

테마와 쇼핑몰 플러그인이 합쳐진 시스템입니다. 무료 버전이 없고 정가가 199달러인데 79달러에 상시 세일을 하고 있습니다. 50여 개에 달하는 테마가 포함돼 있지만 테마라기보다는 스킨에 가깝고 판매 상품에 따라 다양한 색상을 변경할 수 있습니다. 확장성이 낮아서 개발 회사에서 제공하는 프로그램만 사용할 수 있지만 쇼핑몰을 운영하는 데 필요한 기능은 모두 포함돼 있습니다.

- 공식 홈페이지: http://shopperpress.com/

그림 1-5 쇼퍼프레스 홈페이지

이 밖에 수십 개의 워드프레스 쇼핑몰 플러그인이 있으며, 현재 가장 많이 사용되는 플러그인은 WP e-Commerce와 우커머스입니다.

2.6 독립 쇼핑몰 프로그램

워드프레스와 비교하자면 CMS에 쇼핑몰 플러그인, 테마까지 포함된 프로그램이라고 할 수 있습니다. 전용 쇼핑몰 프로그램으로 가장 유명한 것이 마젠토(Magento), 오픈카트(Opencart), 프레스타샵(Prestashop) 등 수십 개의 프로그램이 있습니다. 이 가운데 가장 많이 사용되는 것은 마젠토와 오픈카트입니다. 어떤 프로그램인지 알아보기 위해 실험적으로 사용해보기도 하고 오픈카트는 직접 디자인도 해봤는데 간단하면서도 체계적으로 잘 정리된 프로그램들입니다. 인기가 있는 것은 그만큼 잘 만들어졌다는 의미죠.

- 공식 홈페이지: http://www.magentocommerce.com/

그림 1-6 마젠토 홈페이지

- 공식 홈페이지: http://www.opencart.com/

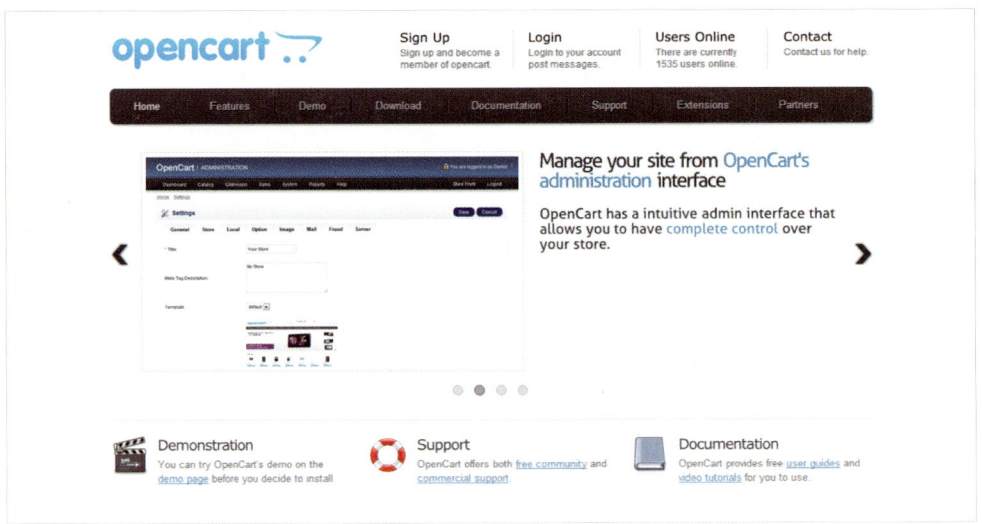

그림 1-7 오픈카트 홈페이지

03 우커머스를 쇼핑몰 플러그인으로 선택한 이유

지난해 워드프레스 책을 출간하고 나서 다음 책을 구상했는데, 워드프레스를 이용해 확장할 수 있는 사이트 가운데 가장 적절한 것이 쇼핑몰이었습니다. 쇼핑몰이야말로 웹사이트의 모든 기능이 들어 있다고 할 정도로 많은 기능을 제공하기 때문입니다. 그래서 몇 가지 워드프레스 쇼핑몰 플러그인을 한글화하는 작업을 했는데, 가장 먼저 한 것이 WP E-Commerce 였습니다. 그다음으로 번역한 것이 우리나라에서 어느 정도 알려진 지고샵(Jigoshop)이었습니다. 사용하지도 않고 번역부터 하는데도 WP E-Commerce보다는 우리나라 실정에 맞는 플러그인으로 여겨졌습니다. 지고샵과 관련해서 검색하던 중 우커머스를 알게 됐는데, 이거다! 싶을 정도로 기능도 많고 체계적일뿐더러 국내 환경에 어울리는 플러그인이라는 생각이 들었습니다. 더구나 익히 알고 있던 테마 개발사(Woothemes)에서 개발한 플러그인이라서 쇼핑몰 테마에 맞게 잘 만들어졌다고 생각했습니다.

04 우커머스 테마

우커머스의 인기에 힘입어 각종 사이트에 우커머스 관련 자료도 많아지고 사용자도 계속 늘어나 최대의 테마 판매사인 씸포레스트에는 우커머스 전용 테마가 압도적으로 많습니다. 이 글을 쓰고 있는 현재 우커머스 전용 테마는 121개이고, WP E-Commerce용은 14개에 불과합니다. 워드프레스로 쇼핑몰을 만들기 위해 전용 테마만 사용할 수 있는 것은 아닙니다. 모든 테마를 쇼핑몰에 사용할 수 있죠. 전용 테마란 플러그인에 최적화된 기능이 추가로 구성된 것에 불과합니다. 플러그인마다 코드가 다르니 각 플러그인에 특화된 기능이 추가되는 것입니다.

이러한 전용 테마는 일반 테마에 비해 가격이 높습니다. 하지만 추가된 플러그인을 감안하면 오히려 저렴한 편입니다. 예를 들면, 요즘 많이 사용하는 레볼루션 슬라이더(Revolution slider)라는 플러그인은 플래시 프로그램으로 만든 것처럼 애니메이션이 아주 자유롭게 작동합니다. 처음 봤을 때는 플래시가 부활했나 착각할 정도였죠. 이런 추가 플러그인의 가격만 해도 15달러이고 추가된 플러그인이 3개이면 일반 테마보다 저렴한 편입니다. 더구나 쇼핑몰용 디자인이라서 품질도 아주 우수합니다. 기능도 많아서 초기 화면만 여러 가지 샘플을 보여주기도 합니다.

그림 1-8 프리미엄 테마의 슬라이더

위 그림은 yith라는 테마 제작사에서 만든 바자 숍(Bazar Shop)이라는 우커머스 테마입니다. 홈페이지 화면 중 하나인데 레볼루션 슬라이더(Revolution slider)로 만든 슬라이더가 있습니다. 글자와 이미지 등 모든 요소가 상하 좌우에서 애니메이션을 통해 나타납니다. 이 테마는 60달러에 판매되고 있습니다.

05 테마의 선택

우커머스로 쇼핑몰을 만들면 어떤 테마든 사용할 수 있습니다. 우커머스를 지원하지 않는 테마도 몇 가지만 수정하면 바로 사용할 수 있고 워드프레스 기본 테마의 경우 이런 작업을 하지 않아도 우커머스 플러그인을 설치하는 것만으로 바로 사용할 수 있는 것도 있습니다. 우커머스의 인기 덕분에 유료 테마와 무료 테마가 아주 많이 등장하고 있으며, 최대의 유료 테마 사이트인 씸포레스트에서는 다른 쇼핑몰 플러그인에 비해 우커머스 플러그인의 테마가 압도적으로 많습니다.

5.1 무료 테마

구글에서 "woocommerce free theme"으로 검색하면 많지는 않지만 몇 가지 테마를 구할 수 있습니다. 우커머스에서는 현재 5개의 테마를 무료로 공개하고 있으며, 아래의 링크를 통해 구할 수 있습니다(모든 링크는 별도로 첨부한 코드 파일에 들어 있으니 참고하세요).

- 5가지 무료 우커머스 테마: http://www.woothemes.com/2013/09/5-free-woocommerce-enabled-wordpress-themes-to-kickstart-your-business-online/

무료 테마는 디자인이나 기능상으로 유료(프리미엄) 테마에 비해 많이 떨어집니다. 본격적인 쇼핑몰에 쓸 용도로는 우커머스용 무료 테마를 사용하지 않는 것이 좋습니다. 그보다는 일반 무료 테마 가운데 디자인이 괜찮은 테마를 선택한 후 몇 가지를 수정하면 우커머스 플러그인과 같이 사용할 수 있습니다. 어떤 테마든 한번 설치하고 나면 수정할 곳이 많으므로 어차피 수정할 바에는 좋은 테마를 선택하는 것이 좋겠습니다. 이 점은 유료 테마도 마찬가지입니다.

5.2 유료 테마

yith 테마

디자인이 좋은 테마는 값어치를 충분히 하고도 남습니다. 하지만 기능이 아주 많아서 모든 기능을 이해하려면 시간이 다소 걸립니다. 더구나 도움말이 영어로 돼 있어서 더욱 시간이 걸리죠. 그러나 한 회사에서 만든 테마는 기능이 거의 비슷해서 한 가지 테마를 이해하고 나면 모든 테마를 손쉽게 사용할 수 있습니다. 가장 추천할 만한 테마 제작사는 yith(Your Inspiration Theme)라는 곳입니다. yith에서는 일반 테마도 만들고 있으며, 유료 버전과 함께 모든 테마에 대해 무료 버전도 제공합니다. 무료 테마를 사용해 쇼핑몰을 만들 경우 이곳에서 제작한 테마를 추천합니다. yith에서는 유료 테마에 사용되는 플러그인도 다양하게 제공하고, 이를 무료로 사용하도록 공개했습니다. 아울러 사용할 만한 플러그인은 한글로도 번역해둔 상태입니다.

- 공식 홈페이지: http://yithemes.com/

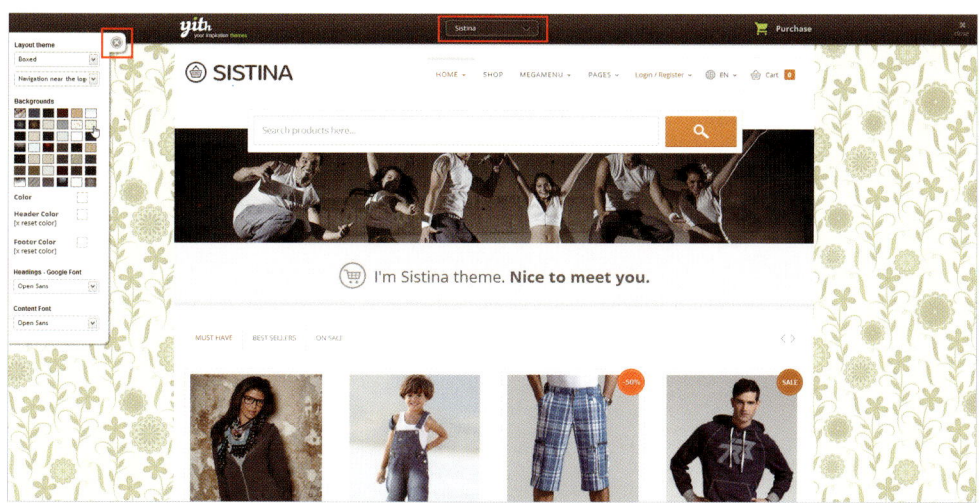

그림 1-9 yith 테마 데모 사이트

- 데모 사이트: http://demo.yithemes.com/sistina/

이 회사의 우커머스용 테마는 홈페이지에서는 판매하지는 않으므로 씸포레스트에서 구매해야 합니다. 위 링크로 가면 이 회사에서 제작한 테마를 디자인을 변경해가면서 살펴볼 수 있습니다. 상단의 바에서 총 6개의 테마를 선택할 수 있습니다. 좌측의 버튼을 클릭해 색상이나 레이아웃을 변경해볼 수 있습니다.

씸포레스트(Themeforest)

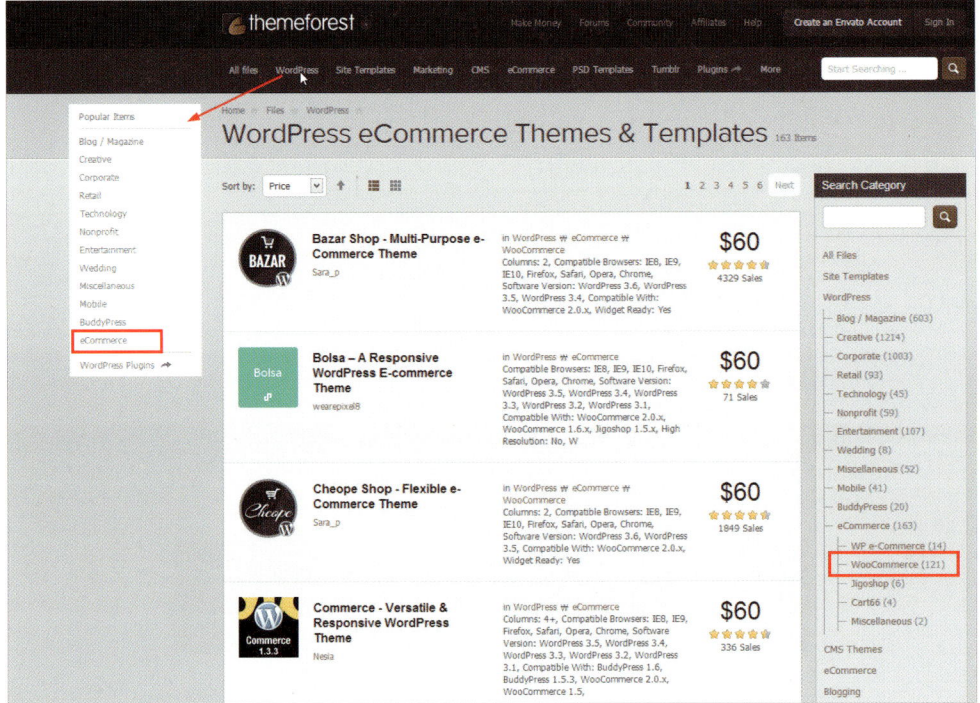

그림 1-10 씸포레스트 우커머스 테마

- 공식 홈페이지: http://themeforest.net/

유료 테마는 세계 최대의 테마 사이트인 씸포레스트에서 구매하는 것이 가장 편리합니다. 메뉴에서 워드프레스 → eCommerce를 선택하고 카테고리에서 WooCommerce를 선택합니다. 이전에도 언급했듯이 비싼 테마가 더 좋으니 가격을 기준으로 분류(Sort by Price)해 높은 가격순으로 나열해서 찾습니다. 각 테마를 클릭하면 데모를 확인할 수 있습니다.

부트스트랩 테마

- 부트스트랩 테마: http://www.themesforbootstrap.com/tags/woocommerce

트위터 부트스트랩의 인기로 이 프레임워크를 이용한 테마도 많습니다. 위 링크를 방문해 부트스트랩으로 만든 테마를 한곳에서 살펴볼 수 있습니다.

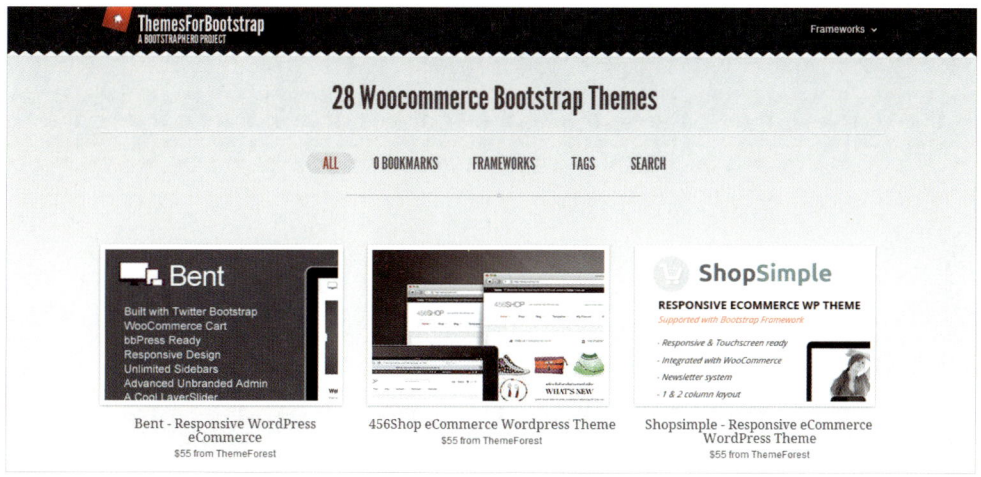

그림 1-11 부트스트랩 우커머스 테마

06 워드프레스와 우커머스의 새 버전

6.1 워드프레스 3.7 버전의 새 기능

현재 워드프레스 3.7은 10월 중 발표될 예정이며, 이 책에서 만든 쇼핑몰을 베타 버전에서 시험 사용 중인데 아무런 문제없이 작동합니다. 3.7 버전의 새로운 기능은 크게 세 가지로 자동 업데이트, 언어팩, 비밀번호가 있습니다.

자동 업데이트

자동 업데이트는 매번 워드프레스 버전이 업데이트된 후에 발표되는 보안 버전을 자동으로 업데이트하는 기능입니다. 그러므로 3.7 버전을 사용한다고 해서 3.8 버전으로 업데이트되지는 않습니다. 하지만 개발 버전(Nightlies)은 매일 업데이트됩니다.

언어팩

현재 워드프레스 코어와 기본 테마의 언어 파일은 wp-content/languages 폴더에 저장되고 운영됩니다. 워드프레스에서 직접 개발 중인 bbpress와 같은 플러그인도 이 폴더에 언어 파일을 저장하면 작동됩니다. 그런데 일반 플러그인은 대부분이 플러그인의 언어 폴더에서만 인식되는 것이 많습니다. 이 점은 테마도 마찬가지입니다. 이런 시스템하에서는 플러그인이나 테마가 업데이트되면 언어 파일이 제거됩니다. 그래서 3.7 버전에서는 의무적으로 언어 폴더에 저장되게 할 것이고 언어 파일이 업데이트되면 이 파일만 별도로 업데이트되게 할 예정입니다. 이 기능의 추가는 앞으로 있을 워드프레스의 다중 언어화로 가는 첫 단계가 될 것입니다.

비밀번호 강화

약한 로그인 비밀번호는 타인에게 노출되기 쉽습니다. 생각해 내기 쉬운 비밀번호는 다른 사람도 추측하기 쉽기 때문입니다. 워드프레스 3.7 버전에서는 사용자를 위해 강력한 비밀번호를 생성하도록 만들어줍니다.

6.2 워드프레스 3.8 버전의 새 기능

워드프레스 3.8은 2013년 12월에 발표될 예정이며, 플러그인 기반의 개발(features-as-plugins model)이 진행되고 있습니다. 이것은 이전의 개발 형태와 다르며, 이전에는 새로운 기능을 추가하려면 코어 파일을 대상으로 개발해야 했는데, 플러그인 기반의 개발 시스템에서는 기능을 플러그인 형태로 개별적으로 개발함으로써 각종 실험을 수행하기가 쉽다는 장점이 있습니다. 현재 13개의 기능이 예정돼 있습니다.

마지막 개발 단계인 피드백(Feedback) 상태는 개발이 완료되어 사용자에게서 피드백을 받고 있으며 옴니서치와 MP6가 있습니다. 옴니서치는 이미 젯팩의 클라우드 플러그인 중 하나로 사용되고 있으며, MP6는 관리자 화면을 완전히 새로운 디자인으로 바꿉니다.

그림 1-12 MP6 플러그인을 설치한 화면

이 기능은 이미 워드프레스닷오그에서 채용한 고대비(High Contrast) 컬러에 사용되고 있으며, 아이콘은 플랫 형태로 폰트 아이콘을 사용합니다. 이 디자인의 장점은 완전한 반응형이라는 것입니다.

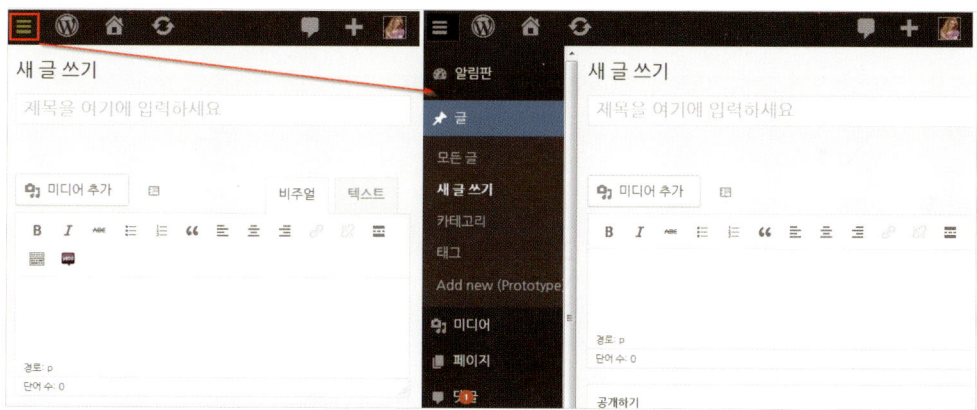

그림 1-13 반응형 관리자 화면

기존에는 스마트폰 크기로 줄이면 사이드바 메뉴의 아이콘이 좌측 사이드바에 계속 보였는데, 이 플러그인을 설치하면 아이콘이 나타나지 않다가 좌측 상단의 버튼을 클릭하면 나타납니다. 또한 글쓰기 박스도 화면을 아무리 줄이더라도 화면 범위 내로 보이고 하단에 스크롤 바가 나타나지 않습니다.

그다음 단계인 개발(Development) 단계에 있는 플러그인으로는 대시보드(Dashboard)가 있으며, 디자인 단계에는 Content Blocks, Featured Content, THX38, WordPress Widgets Refresh가 있습니다. 다음은 기획(Planning) 단계로서, Admin Help Improvements, JSON REST API, Media Library Grid View가 있습니다. 미디어 라이브러리를 그리드 형태로 볼 수 있다니 기대가 됩니다. 다음은 연구(Investigating) 단계로 Better Signups, Front-end Editor가 있으며, 마지막으로 대기 중(On-hold) 단계인 Pages & Menus Merge가 있습니다. 이례적인 버전 사이클에 기능도 아주 많이 추가될 예정입니다. 이러한 기능들은 사용할 수 있는 상태가 되면 제 블로그에도 공유하겠습니다.

6.3 우커머스 2.1 버전

이 책에서는 우커머스 2.0.14 버전을 기준으로 하고 있으며, 현재 우커머스 2.1 버전이 개발 중인 상태입니다. 우커머스 2.1 버전을 내려받아 언어 파일을 번역하고 둘러보니 설정 부분에서 레이아웃이 많이 바뀌었습니다. 그래서 새로운 버전이 언제 나오는지 문의하려고 담당자에게 이메일을 보냈더니 단기간에 완료할 수가 없다고 합니다. 워드프레스 3.7 버전에서 사용해보니 다른 플러그인과 충돌하는 부분도 있고, 출시되기까지는 시간이 오래 걸릴 듯합니다.

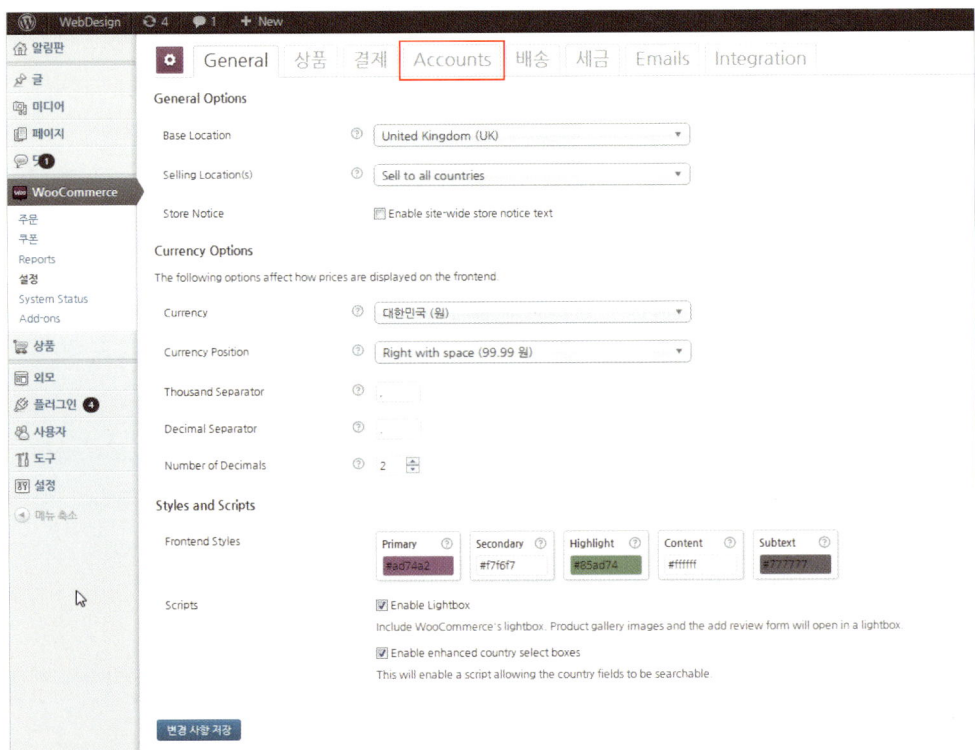

그림 1-14 우커머스 2.1 버전

2.1 버전에서는 현재 버전의 카탈로그 탭과 페이지 탭의 기능이 다른 탭으로 이전하고, 계정 탭이 새로 만들어졌습니다. 워드프레스 3.7의 새로운 기능인 언어팩을 미리 지원해서 그런지 언어 파일을 플러그인 폴더에 저장했더니 상당 부분이 영어로 나타납니다. 또한 스타일시트 도 많이 변경되어 2.1 버전이 나오면 현재 작업한 테마 스타일시트는 새로 바꿔야 합니다. 나오는 대로 수정한 스타일시트를 제 블로그에 업로드하겠습니다.

07 이 책을 진행하는 데 필요한 사항

7.1 HTML과 CSS에 관한 지식

이 책은 두 부분으로 나뉩니다. 1장은 워드프레스 기본 테마인 Twenty Twelve를 사용해 우커머스의 기능을 설명합니다. 필요한 경우 코드를 추가해 기능을 추가하겠지만 HTML이나 CSS에 관한 지식은 필요하지 않습니다. 2장과 3장은 무료 테마인 ipin을 사용해 쇼핑몰을 만듭니다. 이 테마는 트위터 부트스트랩 프레임워크를 기반으로 만들어졌으며, 핀터레스트의 형식을 사용해 전면 페이지에 상품 목록을 나열합니다. 그래서 테마를 수정하려면 스타일시트에 관한 지식이 있어야 합니다. 부트스트랩은 버튼을 수정하거나 레이아웃을 수정하므로 그리 많은 지식이 필요한 것은 아니며, 상황에 따라 부트스트랩에 관해서도 설명하겠습니다. 이미 테마 디자인을 해본 분들을 위해 스타일시트에 관한 자세한 설명은 생략하지만 필요한 부분에 대해서는 자세히 설명하겠습니다.

7.2 워드프레스에 관한 지식

워드프레스에 대해 어느 정도 사이트를 만들 수 있는 지식은 있어야 합니다. 처음 워드프레스를 접하는 분들은 어려움이 있을 것입니다. 쇼핑몰까지 만들면서 워드프레스 지식이 없다면 상당한 어려움이 있습니다. 그렇지만 어디로 가서 어떻게 해야 하는지는 자세히 설명합니다.

7.3 텍스트 편집기

이 책의 모든 내용과 관련해서 텍스트 편집기는 필수입니다. 워드프레스에 내장된 편집기를 사용할 수도 있겠지만 코드를 명확히 보려면 문법 강조를 지원하는 텍스트 편집기를 사용하는 편이 좋습니다. 웹 호스팅 환경에 업로드한 이후에 파일을 편집할 경우에는 내장 편집기에서 문법 강조를 지원하는 플러그인을 사용할 수도 있습니다.

이 책에서 사용할 편집기는 두 가지입니다. 제 경우에는 탭을 통해 여러 파일을 열어놓는 것도 모자라서 세 가지 종류의 편집기를 사용하고 있습니다. 그만큼 템플릿 파일을 비교 분석하거나 편집하는 데 편집기가 많이 사용됩니다.

이 책에서는 앱타나 스튜디오(Aptana Studio) 3.0을 주로 사용하고 서브라임 텍스트(Sublime Text)를 부수적으로 사용합니다. 두 편집기를 사용하는 이유는 하나는 주로 웹 페이지를 만드는 데 사용하고, 다른 하나는 참고 파일을 열어 코드를 복사하거나 구조를 파악하는 데 쓰기 위해서입니다. 어느 것을 주 편집기로 사용하든 상관없지만, 책의 내용을 따라 하자면 앱타나 스튜디오를 주 편집기로 사용하는 편이 편리할 것입니다.

앱타나는 오픈소스이므로 무료로 사용할 수 있고 다양한 기능을 제공하기 때문에 웹 사이트를 개발하기에 좋은 프로그램입니다. 자바가 설치돼 있어야 하지만 윈도우용은 기본적으로 자바가 함께 설치됩니다. 앱타나 스튜디오는 이클립스 기반의 편집기로 플러그인 형태로도 제공되므로 이클립스를 사용하고 있다면 이클립스 플러그인을 설치해 사용할 수도 있습니다.

- 앱타나 3: http://www.aptana.com/products/studio3

서브라임 텍스트 2, 3은 유료지만, 무료로 정식 버전을 사용할 수 있습니다(가끔 구매를 위한 팝업창이 나타나곤 합니다). 이 편집기는 가볍고 사용하기도 편리한데 개발자들이 선호하다 보니 플러그인이 많이 개발돼 있습니다. 개발자들이 기본적으로 사용하는 플러그인인 젠 코딩(Zen coding)은 이름이 에밋(Emmet)으로 바뀌었으며, 이 플러그인을 설치하면 코드를 빠르게 작성할 수 있습니다. 서브라임 텍스트는 3 버전이 더 빠르게 동작합니다.

- 서브라임 텍스트 2: http://www.sublimetext.com/2
- 서브라임 텍스트 3: http://www.sublimetext.com/3

7.4 구글 크롬 브라우저

국내에서는 웹 브라우저로 인터넷 익스플로러를 많이 사용하지만, 웹 디자인할 때 사용하는 개발자 도구는 사용하기 편리해야 합니다. 그래서 저는 처음에는 파이어폭스를 사용했지만, 요즘은 구글 크롬을 사용합니다. 어떤 브라우저를 사용하든 자신에게 맞는 웹 브라우저를 사용하는 것이 좋습니다. 크롬의 개발자 도구는 요소 검사를 통해 스타일시트 속성을 확인하거나 HTML 코드의 구성을 파악하는 것뿐만 아니라 코드를 복사할 때도 편리하게 사용할 수 있습니다. 우커머스의 코드나 부트스트랩의 코드를 재활용해서 사용하고자 한다면 이 같은 활용법을 잘 알아두는 것이 좋습니다.

7.5 웹 서버 환경 만들기와 데모 사이트 만들기

그 동안 질문을 많이 받으면서 한 가지 드는 생각은 생각보다 많은 분들이 웹 호스팅 환경에서 직접 작업하는 방식을 선호한다는 것입니다. 이 방식은 상당히 불편한 방식입니다. 실험하다 보면 여러 개의 워드프레스를 설치해야 할 때도 있습니다. 내 컴퓨터에서 WAMP 서버나 Autoset을 사용해 서버 환경을 만들고 디자인이나 수정 작업을 마친 다음에 워드프레스와 함께 모든 코드를 웹 호스팅 환경에 업로드하면 설정된 상태 그대로 확인할 수 있습니다. 반드시 실제 사이트에서 작업해야 하는 부분은 그 이후에 추가로 작업하면 됩니다. 처음 작업하시는 분들은 내 컴퓨터에서 작업하시길 바랍니다. 이 책에서는 그동안 WAMP 서버의 사용상의 어려운 점이 있어서 국내에서 개발된 Autoset를 사용합니다.

이 책에서 만든 테마는 내용이나 설정 그대로 저장해 워드프레스 전체를 첨부 파일에 넣었으니 이 책의 마지막 부분을 참고해서 내 컴퓨터에서 데모 사이트를 만들고, 책의 내용대로 나오지 않을 경우 참고하시길 바랍니다. 그러면 질문할 일도 없을 겁니다. 다만 한 가지 주의할 점은 데모 사이트에는 최종적으로 작업한 내용이 들어있으니 진행 정도에 따라 상당히 다를 수 있다는 것입니다.

워드프레스와 우커머스 설치 02

이 책의 내용을 진행하면서 수많은 플러그인을 실험하고 플러그인과 위젯도 직접 만들게 됩니다. 그러니 웹 호스팅에서 직접 파일을 올리고 수정하는 방식에는 속도의 한계가 있습니다. 더구나 일부 저렴한 웹 호스팅은 기본 메모리도 작아서 많은 플러그인을 사용하는 데 어려움이 있습니다. 그래서 반드시 내 컴퓨터에서 로컬호스트를 만들고 웹 서버 환경을 구축한 상태에서 워드프레스를 사용할 것을 권장합니다.

01 웹 서버 환경 만들기

웹 서버 환경을 구축할 때 갖가지 프로그램을 이용할 수 있습니다. 그 중 대표적인 프로그램으로 윈도우용인 WAMP가 있는데, 외국에서 만든 프로그램이라서 국내의 CMS 프로그램을 설치하면 오류가 나기도 합니다. 그래서 이 책에서는 국내에서 만든 오토셋(Autoset) 7이라는 프로그램을 이용해 웹 서버 환경을 구축합니다. 기존에 다른 프로그램을 사용하고 있었다면 이 과정은 생략하세요.

- 오토셋 7.0 버전 다운로드: http://autoset.net/xe/download_autoset_7_0_0

위 링크로 이동하면 오토셋 7.0 버전을 내려받을 수 있습니다.

- 오토셋 8.0 버전 다운로드: http://autoset.net/xe/download_autoset_8_0_0

위 링크에서는 오토셋의 최신 버전을 내려받을 수 있으며, 시스템에 따라 64비트용과 32비트용이 있으니 자신의 컴퓨터에 맞는 프로그램을 내려받습니다. 최신 버전을 사용하면서 특별한 문제는 없었지만 다른 문제가 있을 수 있으니 여기서는 7.0 버전을 설치하고 사용하겠습니다.

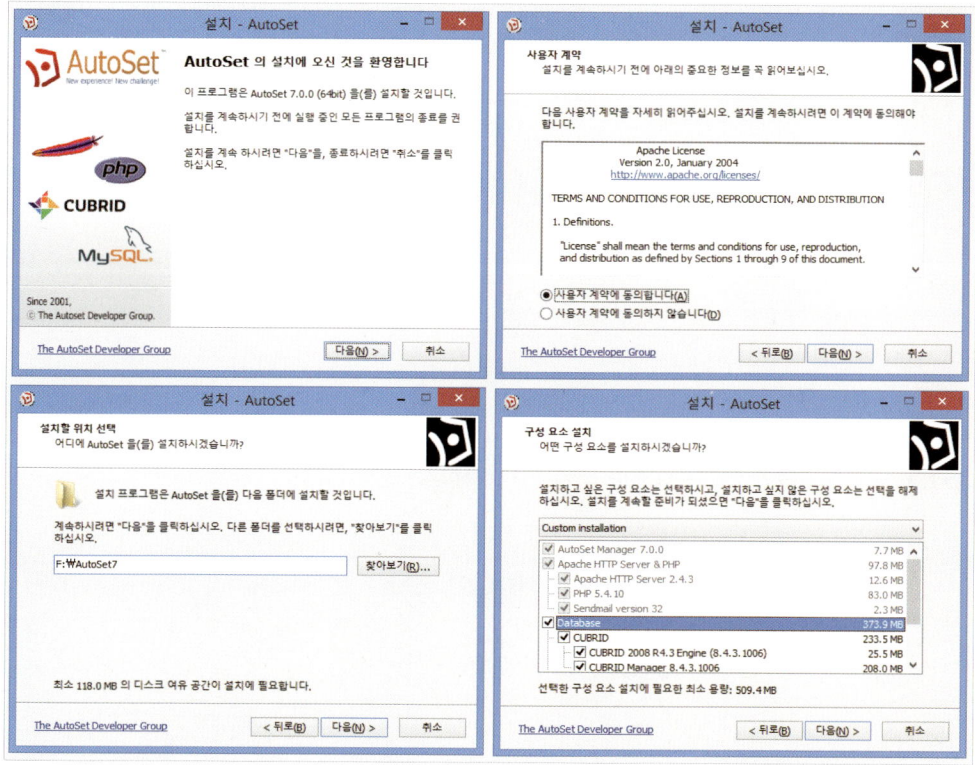

그림 1-15 오토셋 설치

실행파일을 클릭하면 위 과정을 거쳐 설치됩니다. 프로그램이 설치되는 위치를 바꾸고 싶다면 원하는 경로로 지정하면 됩니다.

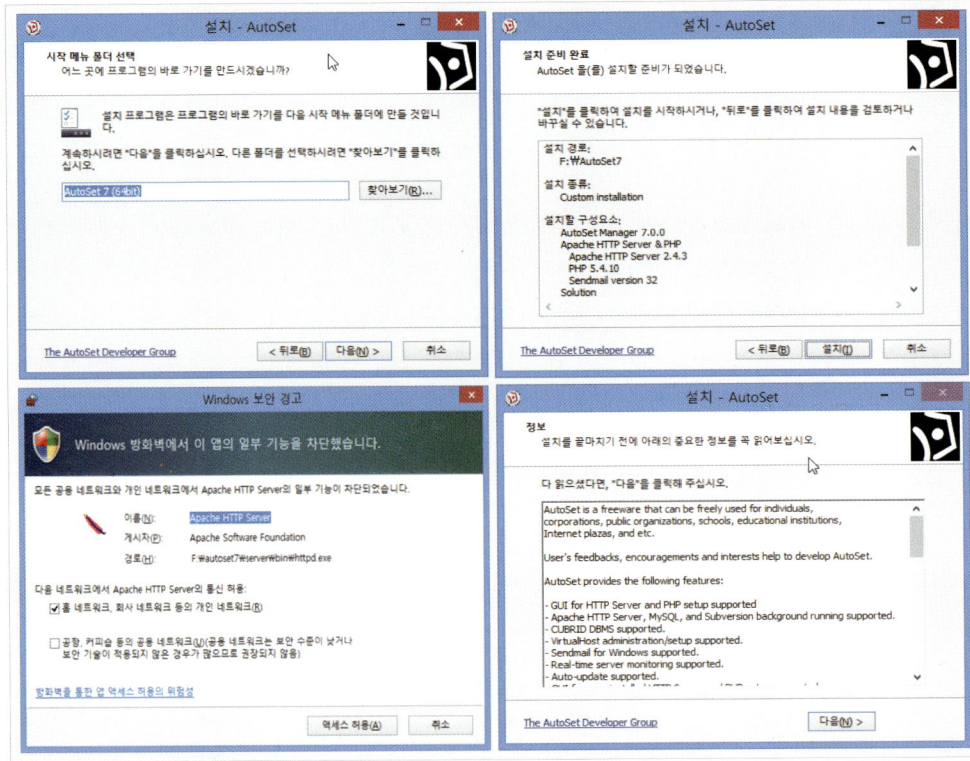

그림 1-16 오토셋 설치

컴퓨터에 따라 방화벽 차단 메시지가 나오기도 합니다. 액세스 허용을 클릭하면 설치가 진행됩니다. 마지막으로 '다음' 버튼을 클릭하고 오토셋을 실행합니다.

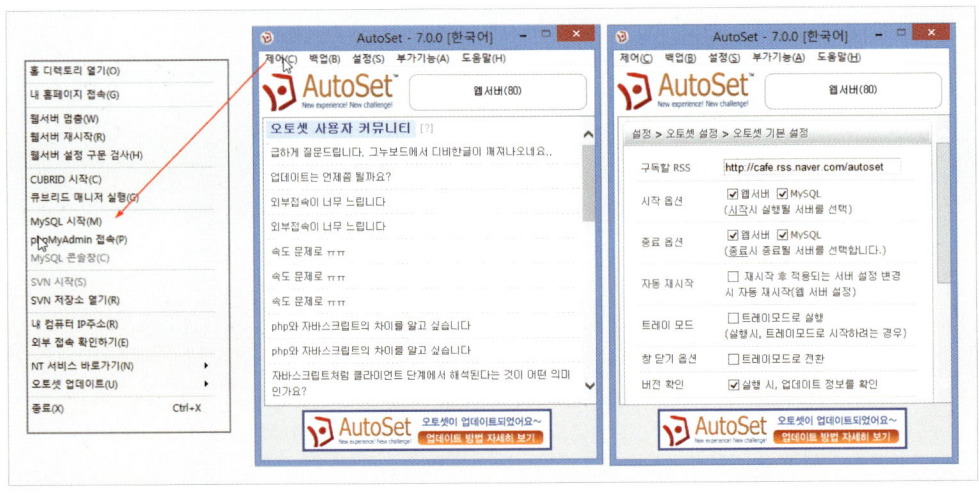

그림 1-17 오토셋 실행

오토셋 창이 나오면서 웹 서버(포트번호 80)가 실행됩니다. 메뉴에서 '제어' → 'MySQL 시작'을 클릭하면 데이터베이스가 실행됩니다. 설정 메뉴에서 여러 가지 설정을 할 수 있으니 참고하세요. 위 세 번째 그림은 '설정' → '오토셋 설정' → '오토셋 기본 정보'를 클릭하면 나오는 내용입니다. 여기서 시작 옵션과 종료 옵션에 체크하고 아래로 스크롤해서 '변경사항 적용' 버튼을 클릭하면 오토셋이 종료하거나 시작할 때 이들 프로그램을 제어할 수 있습니다.

오토셋을 사용하면 컴퓨터를 켤 때 자동으로 실행되는데 다른 웹 서버 프로그램(WAMP)을 사용하면 서로 충돌이 일어나서 해당 프로그램 사용할 수 없는 경우가 있습니다. 이러한 자동 실행을 비활성화하는 방법을 알아보겠습니다.

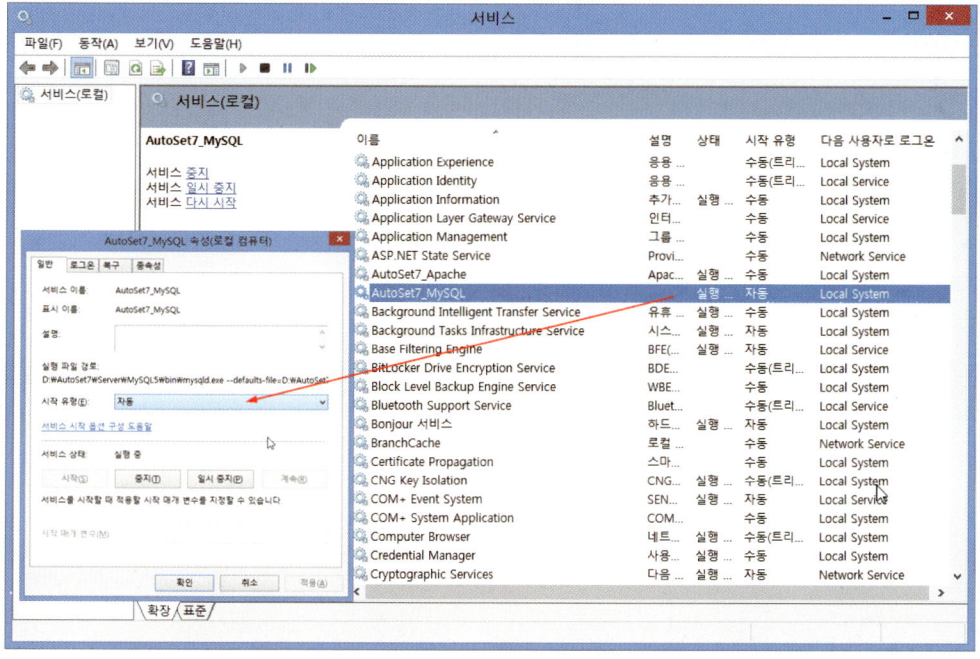

그림 1-18 서버 프로그램의 자동실행 방지

윈도우 제어판의 모든 제어판 항목에서 '관리도구' → '서비스'를 선택하면 위와 같은 화면이 나옵니다. AutoSet7_Apache와 Autoset7_MySQL 항목을 대상으로 마우스 오른쪽 버튼을 클릭한 후 '속성'을 선택합니다. 여기서 자동을 수동으로 전환합니다. 아래로 스크롤해서 큐브리드 서비스는 "사용 안 함"으로 설정합니다. 이 같이 설정하면 오토셋이 종료될 때 모든 서비스가 종료되므로 WAMP 서버를 가동해서 사용할 수 있습니다. 이렇게 하면 두 개의 프로그램을 사용할 수 있지만 오토셋이 자동으로 실행되지 않으므로 그림 1–17처럼 시작 옵션과 종료 옵션을 설정해 두면 바탕화면에서 오토셋 아이콘을 클릭했을 때 두 가지 프로그램이 자동 실행됩니다.

02 워드프레스 설치

워드프레스를 내려받아 압축을 풀고 오토셋을 설치한 드라이브에서 Autoset7 → public_html에 복사해 붙여넣습니다. 데이터베이스를 만들기 위해 오토셋 메뉴에서 '제어' → 'phpMyAdmin 접속'을 클릭하면 기본 웹 브라우저에 아래 그림의 오른쪽 화면이 나타납니다.

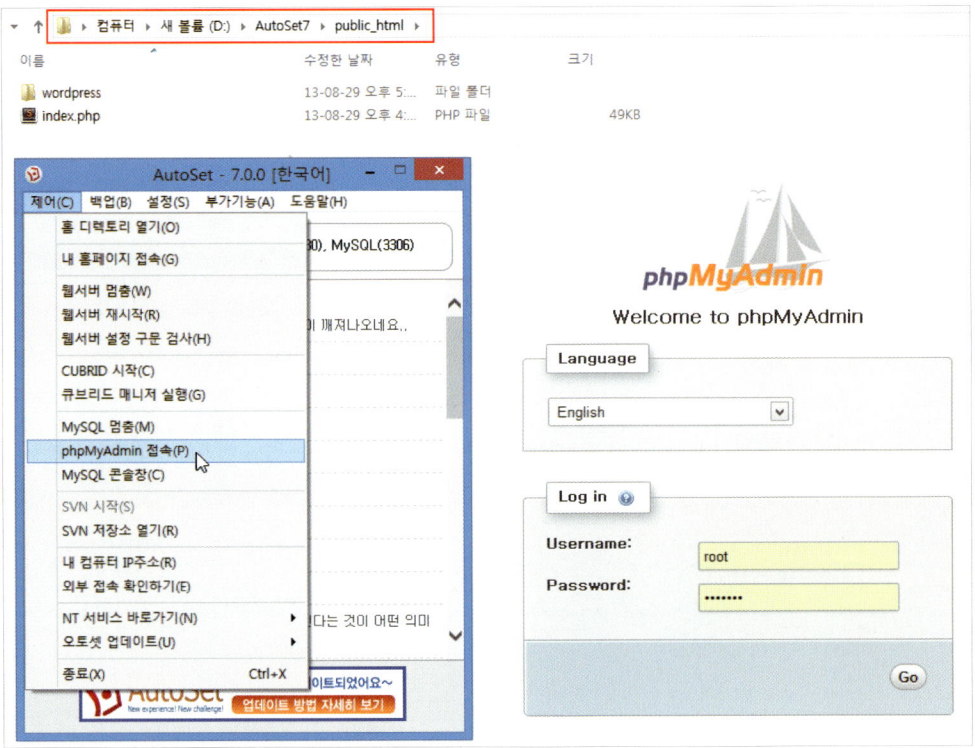

그림 1–19 phpMyAdmin 실행

사용자명과 비밀번호는 기본으로 설정돼 있습니다. root와 autoset을 차례로 입력하고 엔터 키를 누릅니다. phpMyAdmin 화면이 나오면 데이터베이스 탭을 선택하고 데이터베이스 이름을 입력한 다음 엔터 키를 누르면 왼쪽 열에 새로 생성한 데이터베이스가 표시됩니다.

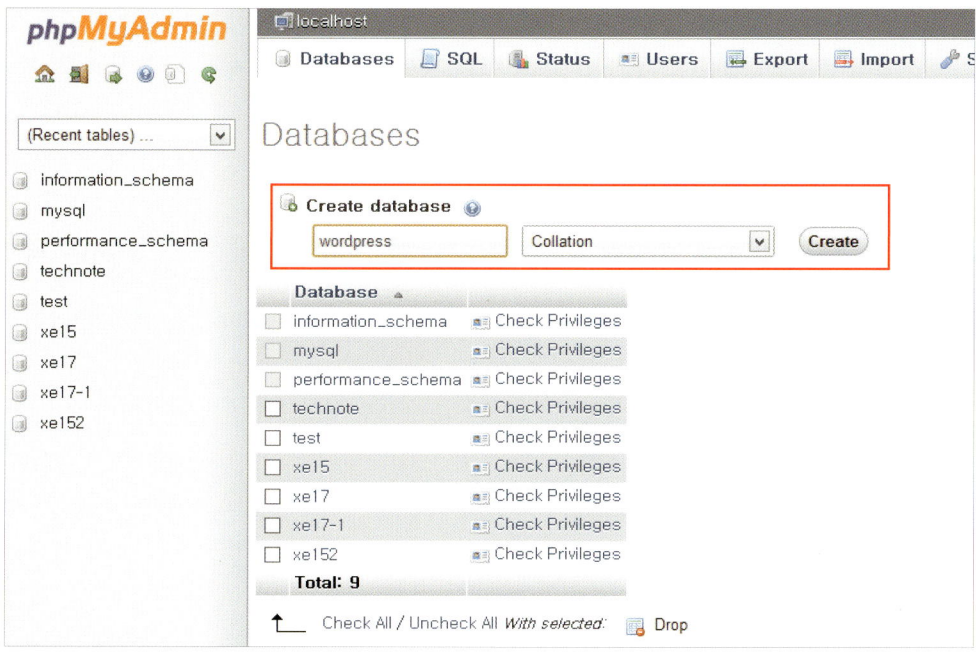

그림 1-20 데이터베이스 만들기

웹 브라우저의 주소 표시줄에 localhost/wordpress를 입력하고 엔터 키를 누르면 아래와 같은 화면이 나옵니다.

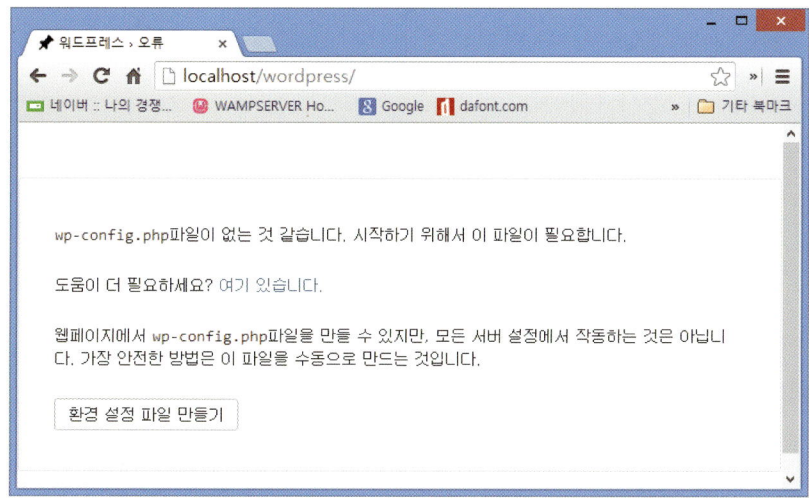

그림 1-21 워드프레스 환경설정 파일 만들기

이런 화면이 나타나지 않는 경우에는 wordpress 폴더에서 wp-config-sample.php 파일을 편집기에 열고 편집합니다. 데이터베이스 이름, 사용자 이름, 암호 등 필요한 정보를 입력하고 wp-config.php로 저장한 다음 웹 브라우저를 새로고침하면 다음 단계로 넘어갑니다. 이후의 단계는 일반적인 워드프레스 설치 방법대로 진행하면 됩니다.

그림 1-22 워드프레스 설치

phpMyAdmin에 접속할 때의 사용자 이름과 암호를 입력합니다. 워드프레스에 로그인할 때 사용자 이름과 암호를 혼동하는 경우가 간혹 있으니 주의하세요.

03 우커머스 설치 및 필요 플러그인 설치

워드프레스 관리자 화면에서 '플러그인 추가하기' 화면으로 들어온 후 woocommerce로 검색합니다. 우커머스 플러그인과 관련 플러그인이 많이 검색됩니다. 여기에만 있는 것이 아니고 각종 테마 제작사에도 개별적으로 제작한 플러그인이 많습니다. 하지만 플러그인 제작사에서는 지속적인 방문을 유도하기 위해 워드프레스 플러그인 저장소에 해당 플러그인들을 등록하지 않고 있습니다. 따라서 이러한 플러그인을 일일이 찾아서 설치하기보다는 첨부 파일에서 플러그인 폴더의 내용을 그대로 복사해서 붙여넣고 업그레이드 표시가 나타날 때 업그레이드합니다. 하지만 플러그인을 업그레이드하면 이 책에서 설명하는 내용과 다를 수 있으니 초보자 분들은 당분간은 가능한 한 업그레이드하지 않는 편이 좋겠습니다.

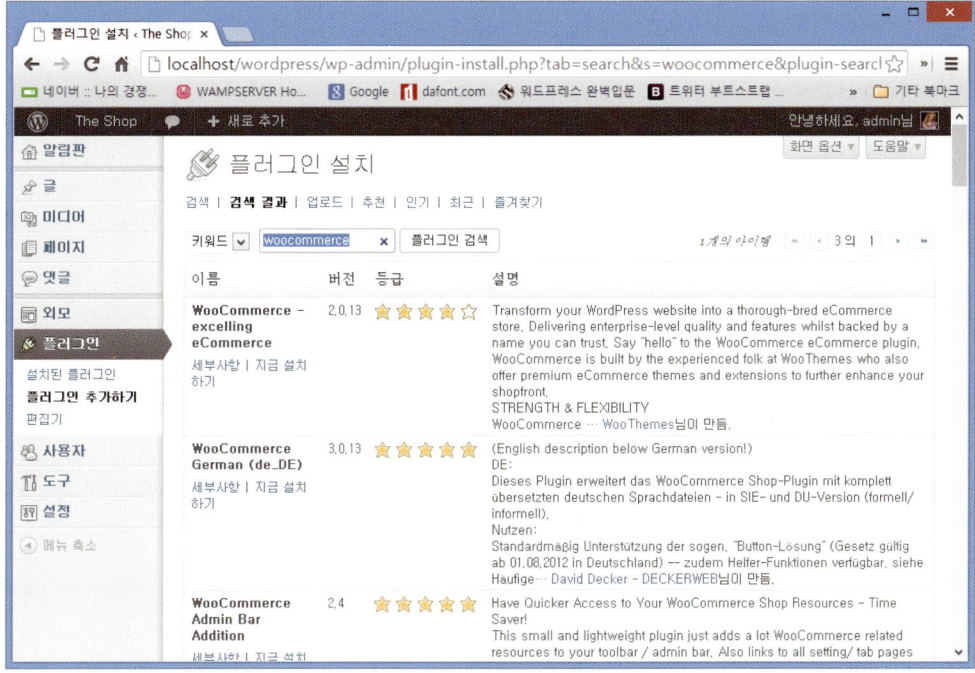

그림 1-23 우커머스 설치

'플러그인 추가하기' 화면에서 앞으로 사용할 플러그인을 검색해서 활성화하려면 시간이 다소 걸릴 것입니다. 그래서 첨부 파일의 wordpress-plugin 폴더에 있는 것을 모두 복사해서 작업 중인 워드프레스 플러그인 폴더에 붙여넣고 이 책의 내용을 진행할 때마다 하나씩 활성화하겠습니다. 또한 일부 플러그인은 번역한 내용이 포함돼 있으므로 첨부 파일의 wordpress-languages 폴더에 있는 번역 파일을 wp-content/languages 폴더에 붙여넣습니다.

이전에는 플러그인마다 언어 파일 폴더에 개별적으로 언어 파일을 넣어서 사용했는데 이렇게 하면 플러그인을 업데이트할 경우 언어 파일이 모두 제거됩니다. 그래서 위 폴더에 언어 파일을 넣고 사용하면 언어 파일이 제거될 염려가 없습니다. 일부 플러그인은 위 경로를 인식하지 못해서 해당 플러그인에서 경로를 수정한 것도 있습니다. 업데이트하면 이 경로가 제거되니 다시 만들어줘야 합니다.

플러그인을 설치하는 과정에서 우커머스와 같이 용량이 큰 플러그인의 경우 시간이 초과돼서 에러 메시지가 나올 때가 있습니다. 이럴 때는 wp-config.php 파일을 열고 아래와 같이 set_time_limit 부분을 붙여넣고 저장한 다음 다시 실행하면 됩니다. 여기서 설정한 내용은 제한 시간을 6분으로 늘린다는 의미입니다.

```
define('WP_DEBUG', false);
set_time_limit(360);
/* That's all, stop editing! Happy blogging. */
```

그림 1-24 우커머스 페이지 설치 및 테마 결합 가이드

우커머스를 설치하고 나면 상단에 두 개의 보라색 메시지 박스가 나타납니다. 워드프레스 기본 테마를 사용하는 경우에는 첫 번째 메시지만 나타납니다. 이것은 테마마다 우커머스 상점 페이지를 지원하는 방식이 달라서 그렇습니다. 우선 기본 테마를 사용할 테니 두 번째 메시지에 나오는 문제를 해결하는 방법에 대해서는 다음 장의 테마 디자인 편에서 알아보겠습니다.

워드프레스 기본 테마를 사용하면서 우커머스를 설치하고 나면 위의 첫 번째 메시지가 나오는데, 이것은 상점에 필요한 각종 페이지를 설치해야 하기 때문입니다. '우커머스 페이지 설치하기' 버튼을 클릭합니다.

그림 1-25 우커머스 초기 화면

페이지가 자동으로 만들어지면서 우커머스 초기 화면이 나타납니다. 위 화면은 다시 볼 수 있는 링크가 없으므로 다시 볼 필요가 있는 경우 URL(wp-admin/index.php?page=wc-about&wc-installed=true)을 복사해서 적당한 곳에 보관해 두면 됩니다.

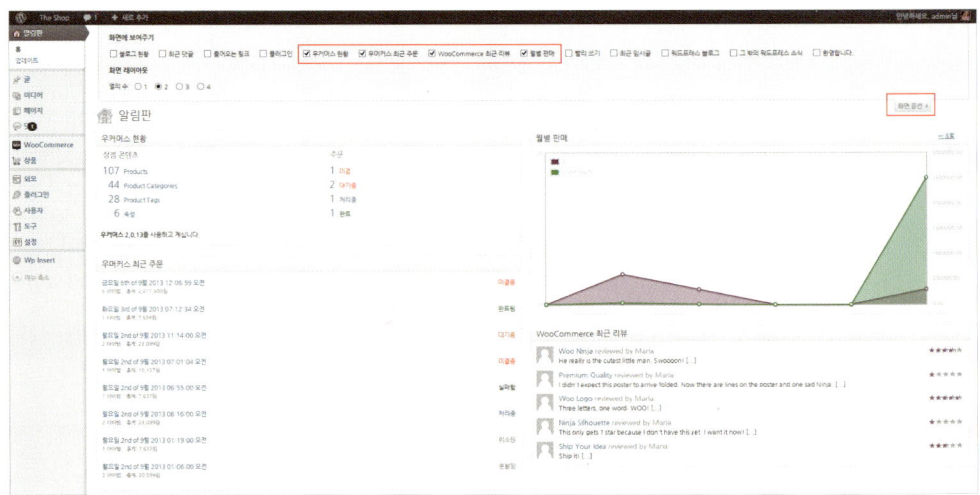

그림 1-26 우커머스 알림판

워드프레스를 우커머스로만 운영하고자 할 경우 알림판의 레이아웃을 변경할 필요가 있습니다. 우커머스를 설치하면 알림판에 기본적으로 4개의 메타박스가 추가되는데, 워드프레스 기본 메타박스로 인해 하단에 배치됩니다. 화면 옵션 탭을 클릭해서 우커머스 관련 메타박스를 제외하고 모두 체크해제하면 됩니다. 블로그도 함께 운영할 경우 중요도에 따라 메타박스 끌어놓기로 상단에 배치해서 사용합니다.

04 상품 샘플 파일 가져오기

우커머스에서는 기본적으로 상품 샘플을 만들어 가져오기를 통해 이미지와 관련 데이터를 업로드해서 사용할 수 있게 지원합니다. wp-content/plugins/woocommerce 폴더를 보면 확장자가 XML로 된 것이 있습니다. 이 파일을 가져오기를 통해 설치합니다. 우커머스가 업그레이드될 때마다 샘플의 내용이 다르므로 가능한 한 많은 샘플을 사용하려면 여러 개의 파일을 업로드하는 편이 좋습니다. 제가 알아본 바로는 3개의 파일이 서로 달랐습니다. 이들 파일은 첨부 파일에 있으니 사용하면 됩니다.

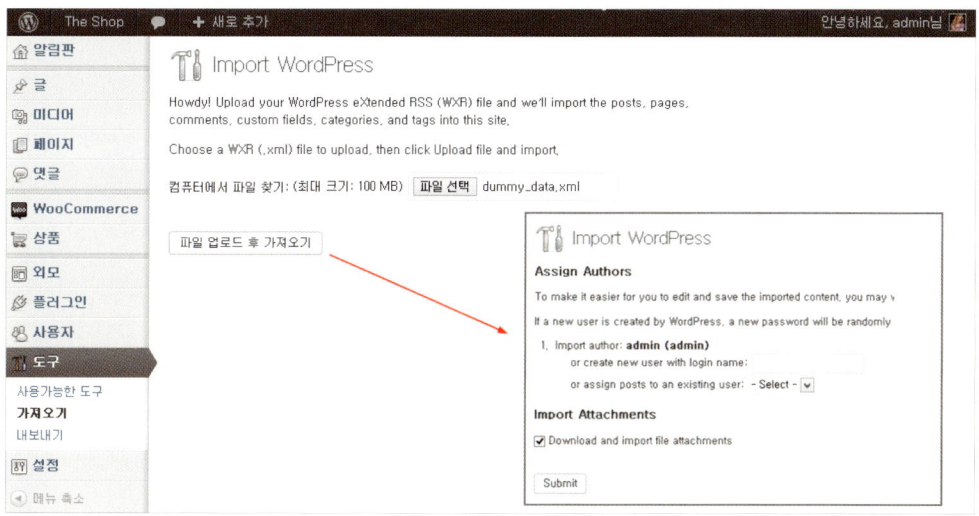

그림 1-27 샘플 상품 가져오기

가져오기를 선택한 화면에서 워드프레스를 클릭하면 가져오기 플러그인이 설치되지 않은 경우 플러그인 설치 화면이 나타납니다. '지금 설치하기'를 클릭해서 플러그인을 설치하고 활성화한 다음 파일 선택 버튼을 클릭해 첨부 파일의 dummy_data.xml 파일을 선택합니다. 파일을 업로드한 후 가져오기 버튼을 클릭하고 Download and Import file attachments에 체크한 다음 Submit 버튼을 클릭하면 가져오기가 진행됩니다. 한참을 기다리면 완료 화면이 나타납니다. 이런 식으로 dummy_data1.xml, dummy_data2.xml에 대해서도 가져오기를 진행합니다.

05 테마 변경

이번 장에서는 기본 테마 중 Twenty Twelve를 테마로 사용합니다. Twenty Thirteen은 사이드바가 없는 블로그 전용이라서 쇼핑몰 테마로 사용하기에는 적당하지 않습니다. 관리자 화면의 메뉴에서 '외모' → '테마'를 클릭한 다음 Twenty Twelve를 활성화합니다.

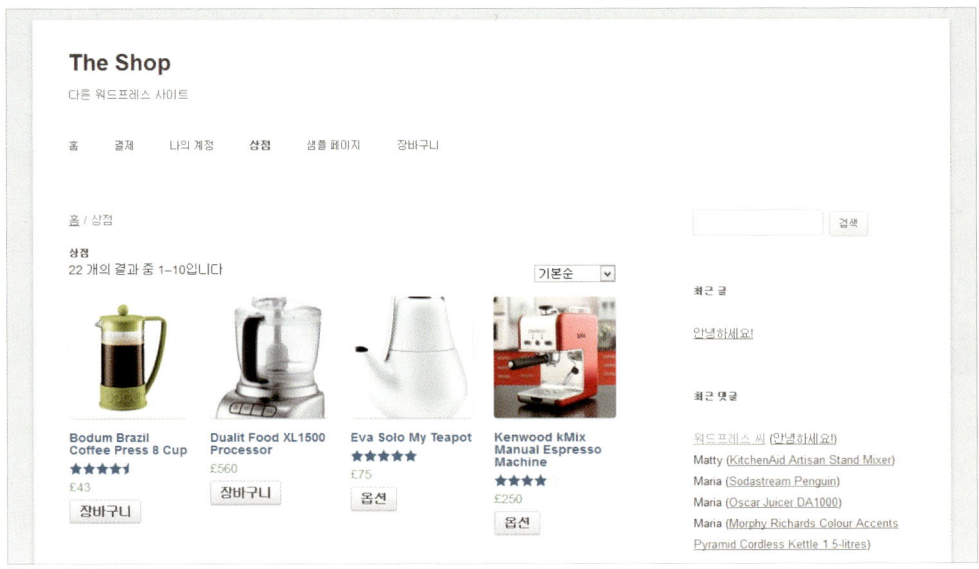

그림 1-28 기본 테마 Twenty-Twelve에서 본 상품 페이지

사이트로 이동해서 상단 메뉴의 상점을 클릭하면 상품이 나타납니다. 이처럼 우커머스에 최적화된 테마의 경우 플러그인을 설치하는 것만으로 쇼핑몰이 만들어집니다. 그런데 홈 메뉴가 아니라 상점을 클릭해야 상품이 나오는데, 이번에는 이 부분을 변경하겠습니다.

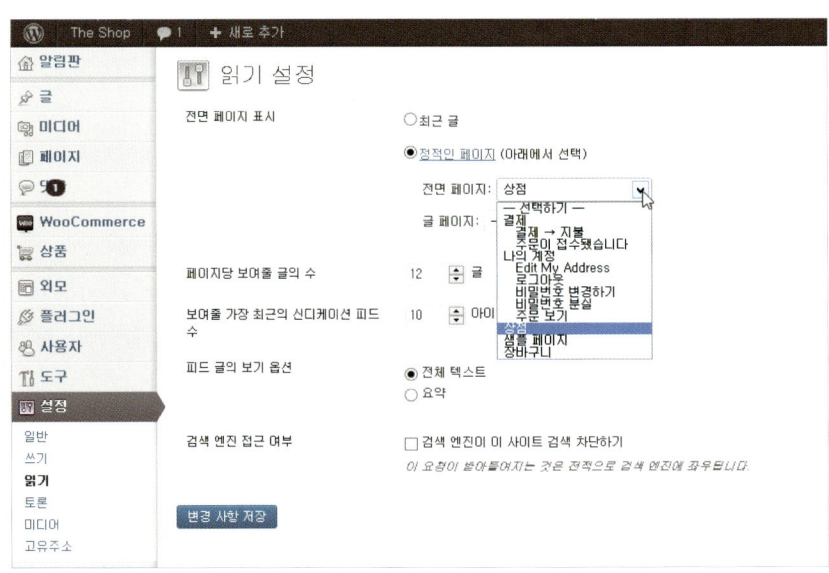

그림 1-29 상점 페이지 설정

상점을 초기 화면으로 바꾸려면 관리자 화면에서 '설정' → '읽기'로 가서 정적인 페이지 항목에서 전면 페이지를 '상점'으로 선택하고 '페이지당 보여줄 글의 수'는 12개로 변경하고 저장합니다. 이제 초기 화면을 새로고침하면 상점이라는 메뉴는 사라지고 홈 메뉴가 상점이 됩니다. 다음으로 몇 가지 플러그인을 활성화하고 사용하는 방법을 알아보겠습니다.

플러그인 설치 및 기본 쇼핑몰 만들기 03

설치된 플러그인 화면에서 Skitter Slideshow, WooCommerce Grid / List Toggle, Woocommerce Widget Product Slideshow Lite, WP Google Fonts에 체크하고 '일괄 작업'을 '활성화'로 선택한 다음 '적용' 버튼을 클릭합니다. 그러고 나면 한번에 여러 개의 플러그인이 활성화됩니다.

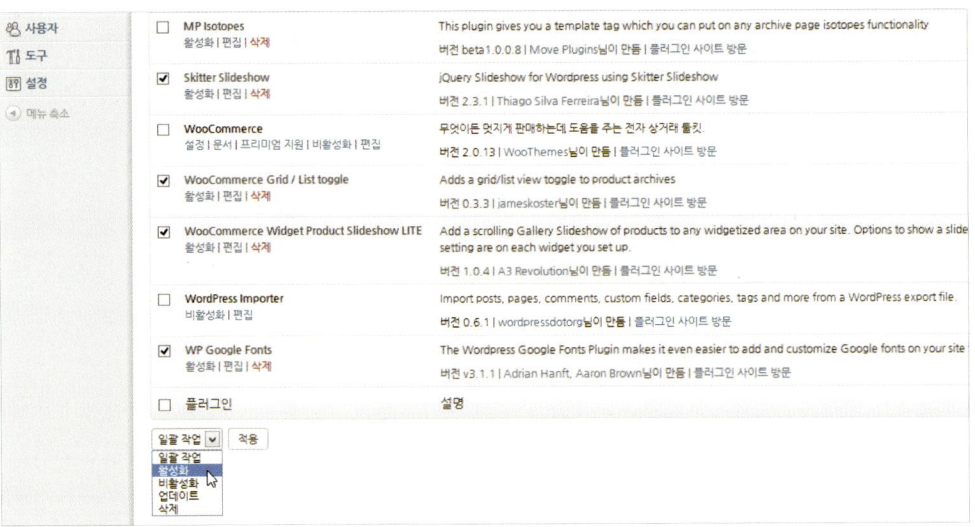

그림 1-30 플러그인 일괄 활성화

01 구글 폰트 사용하기

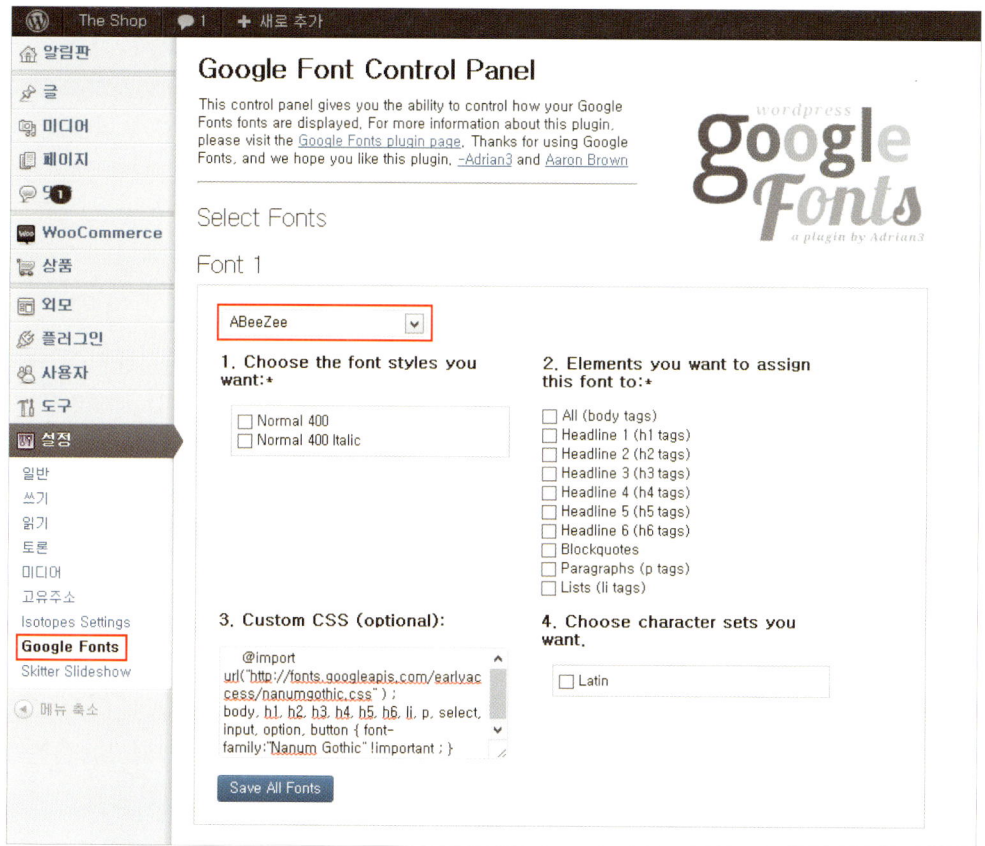

그림 1-31 한글 웹폰트 설치

'설정' → 'Google Fonts'를 선택한 다음 폰트 선택상자에서 아무 폰트나 선택하면 설정 화면이 나타납니다. 체크된 부분을 전부 해제하고 3. Custom CSS란에 아래의 코드를 입력하고 저장합니다.

```
@import url("http://fonts.googleapis.com/earlyaccess/nanumgothic.css" ) ;
body, h1, h2, h3, h4, h5, h6, li, p, select, input, option, button { font-family:"Nanum Gothic" !important ; }
```

첫 번째 줄은 구글 웹폰트에서 나눔고딕체를 가져오는 기능을 합니다. 두 번째 줄은 폰트를 적용할 요소에 대해 나눔고딕체를 설정하는 스타일시트입니다. 맨 마지막에 있는

!important는 다른 폰트보다 우선해서 적용하라는 의미입니다. 이제 전면 페이지를 새로고 침하면 페이지가 나눔고딕체로 표시되고 테마를 바꿔도 계속 이 폰트가 적용됩니다. 폰트 플러그인을 설치했으니 이제 사이트 제목을 구글 폰트로 바꿔보겠습니다.

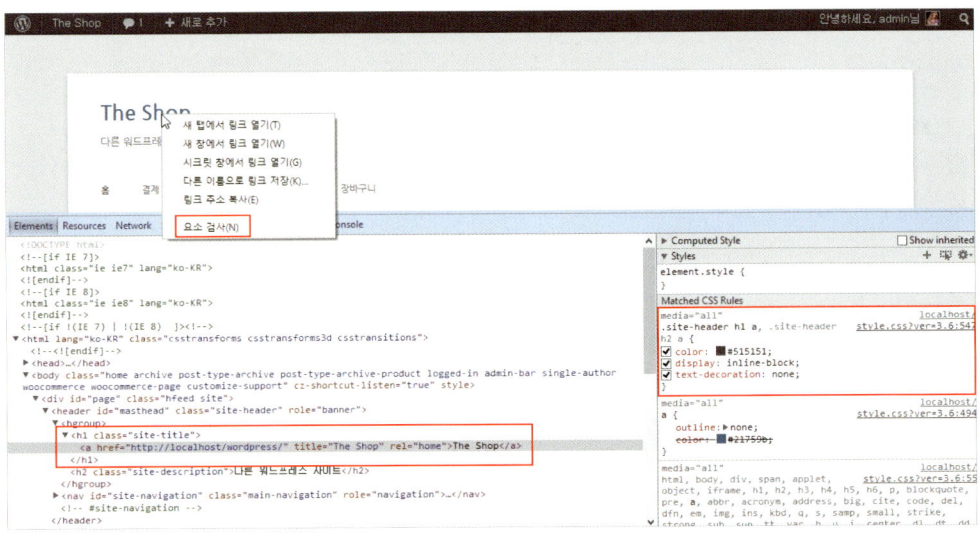

그림 1-32 로고 폰트 요소 검사

사이트의 첫 페이지에서 제목에 마우스를 올리고 마우스 오른쪽 버튼을 클릭하면 메뉴가 나옵니다. 여기서 '요소 검사'를 선택하면 하단에 창이 나타나는데, 왼쪽에는 HTML, 오른쪽에는 스타일시트가 표시됩니다. 이곳에서 제목이 어떤 요소에 해당하고, 어떤 스타일시트가 적용됐는지 바로 알 수 있습니다. 스타일시트 창에서 .site-header h1 a 부분을 클릭한 후 드래그해서 블록을 설정하고 Ctrl+C 키를 눌러 복사합니다. 앞으로 이런 식으로 코드를 복사하는 방법을 자주 사용하겠습니다.

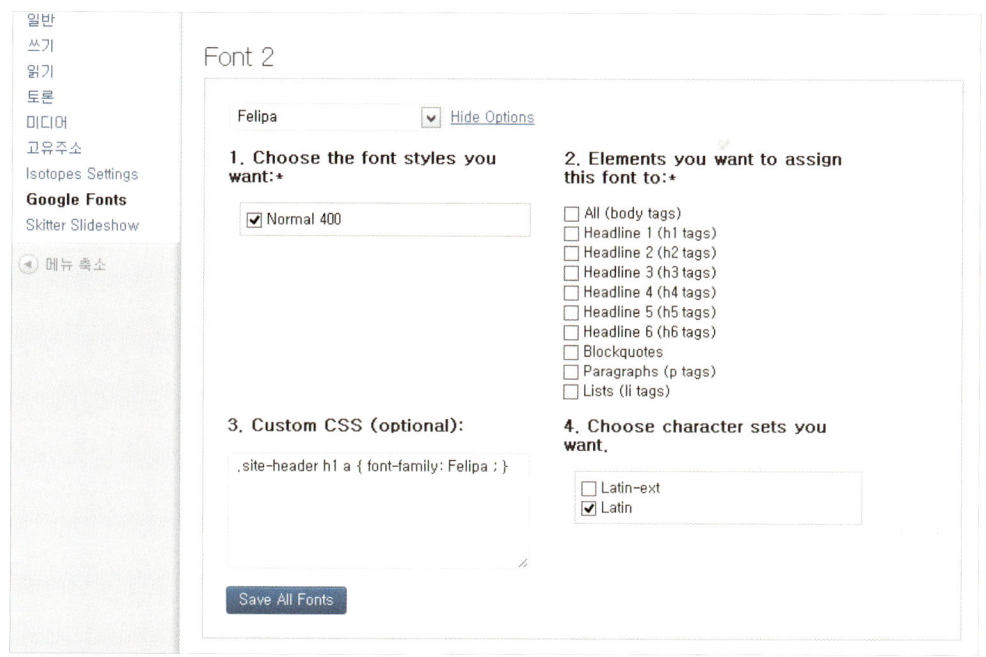

그림 1-33 로고 폰트 설정

Font2 폰트 선택 상자에서 Felipa를 선택한 다음 Custom CSS에 붙여넣고 아래와 같이 코드를 추가한 후 저장합니다.

```
.site-header h1 a { font-family: Felipa ; }
```

이제 사이트 제목은 이 글씨체로 나타납니다. 그러면 자식 테마를 만들어서 관리자 화면에도 나눔고딕을 적용하는 방법을 알아보겠습니다.

02 자식 테마 만들기

테마를 수정해서 사용하려면 항상 자식 테마를 만들어 이 자식 테마를 수정하는 것이 좋습니다. 그래야 테마가 업데이트되더라도 수정한 부분에 영향을 주지 않습니다. 자식 테마의 파일은 부모 테마의 파일을 모두 복사해서 사용할 필요는 없지만 어떤 파일을 수정해서 사용할지 모르기 때문에 우선 모든 파일을 복사해서 사용하고, 자식 테마 편집이 완료되면 수정하지 않은 파일을 나중에 제거하면 됩니다. 수정 날짜를 보면 어떤 파일을 제거할지 알 수 있습니다.

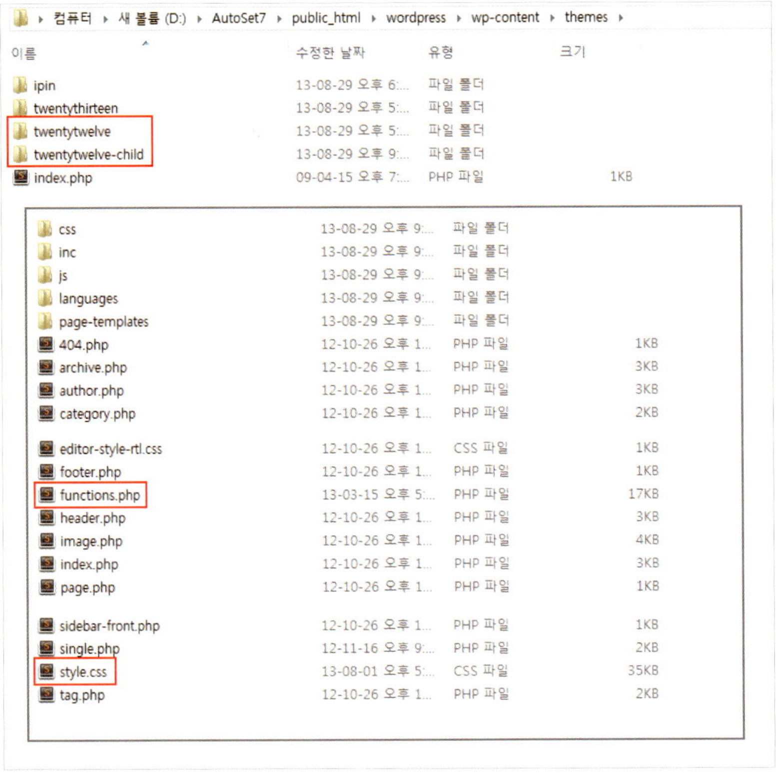

그림 1-34 자식 테마 만들기

윈도우 탐색기에서 테마 폴더로 들어가서 twentytwelve 테마를 선택하고 Ctrl+C, Ctrl+V를 차례로 누르면 테마가 복사됩니다. 폴더명을 twentytwelve-child로 수정합니다. 그런 다음 자식 테마 폴더로 들어가서 style.css와 functions.php 파일을 수정합니다.

우선 style.css 파일을 편집기에서 열고 다음과 같이 수정합니다.

```
1  /*
2  Theme Name: Twenty Twelve child
3  Theme URI: http://wordpress.org/themes/twentytwelve
4  Author: the WordPress team
5  Author URI: http://wordpress.org/
6  Description: The 2012 theme for WordPress is a fully responsive theme that looks great
   on any device. Features include a front page template with its own widgets, an
   optional display font, styling for post formats on both index and single views, and an
   optional no-sidebar page template. Make it yours with a custom menu, header image, and
   background.
7  Version: 1.2
8  License: GNU General Public License v2 or later
9  License URI: http://www.gnu.org/licenses/gpl-2.0.html
10 Tags: light, gray, white, one-column, two-columns, right-sidebar, flexible-width,
   custom-background, custom-header, custom-menu, editor-style, featured-images, flexible-
   header, full-width-template, microformats, post-formats, rtl-language-support, sticky-
   post, theme-options, translation-ready
11 Text Domain: twentytwelve
12
13 This theme, like WordPress, is licensed under the GPL.
14 Use it to make something cool, have fun, and share what you've learned with others.
15
16 template: twentytwelve
17
18 */
19
20 @import url('../twentytwelve/style.css');
21
22
23
```

그림 1-35 자식 테마 스타일시트

상단에 주석으로 처리된 곳이 워드프레스가 테마로 인식하는 부분입니다. 테마 이름에 child를 추가하고 주석이 끝나기 전에 template: twentytwelve를 추가합니다. 이것은 부모 테마의 폴더명입니다. 주석이 끝나는 다음 줄 이하의 내용은 모두 제거하고 @import url('../twentytwelve/style.css');를 입력합니다. 이렇게 하면 부모 테마의 스타일시트를 가져옵니다. 이 줄 다음에 스타일시트를 추가하면 부모 테마의 스타일시트를 덮어쓸 수 있습니다.

이번에는 functions.php 파일을 편집기에서 열고 Ctrl+A 키를 누르고 Delete 키를 눌러 파일 내용을 모두 지웁니다. 아래의 코드를 추가한 다음 Ctrl+S 키를 눌러 저장합니다. 앞으로 어떤 기능을 하는 함수를 추가하면 아래와 같이 // 다음에 이 함수의 기능을 설명하는 내용을 추가합니다. 그래야 나중에 함수가 어떤 기능을 하는지 금방 파악할 수 있어 혼동을 방지할 수 있습니다.

```php
<?php
// 관리자 화면 스타일시트 추가 액션
function admin_css() {
  wp_enqueue_style( 'admin_css', get_stylesheet_directory_uri() . '/css/admin.css' );
}
add_action('admin_print_styles', 'admin_css');
```

앞으로 이곳에 함수 코드가 추가될 것입니다. 위 코드는 관리자 화면에 스타일시트를 추가하는 함수입니다. 여기서 스타일시트를 추가한다고 했으니 추가할 스타일시트를 만들어야겠죠. 테마 폴더에 있는 css 폴더에 admin.css라는 이름의 파일을 만들고 이 파일을 편집기에서 연 다음 코드를 추가합니다. 윈도우 탐색기에서 파일을 만들려면 창의 빈 곳에 마우스 오른쪽 버튼을 클릭하고 '새로 만들기' → '텍스트 문서'를 선택한 다음 파일명을 admin으로 입력한 후, 확장자 txt를 css로 바꾸고 엔터 키를 치면 됩니다. 경고 창이 나오면 '예'를 클릭합니다.

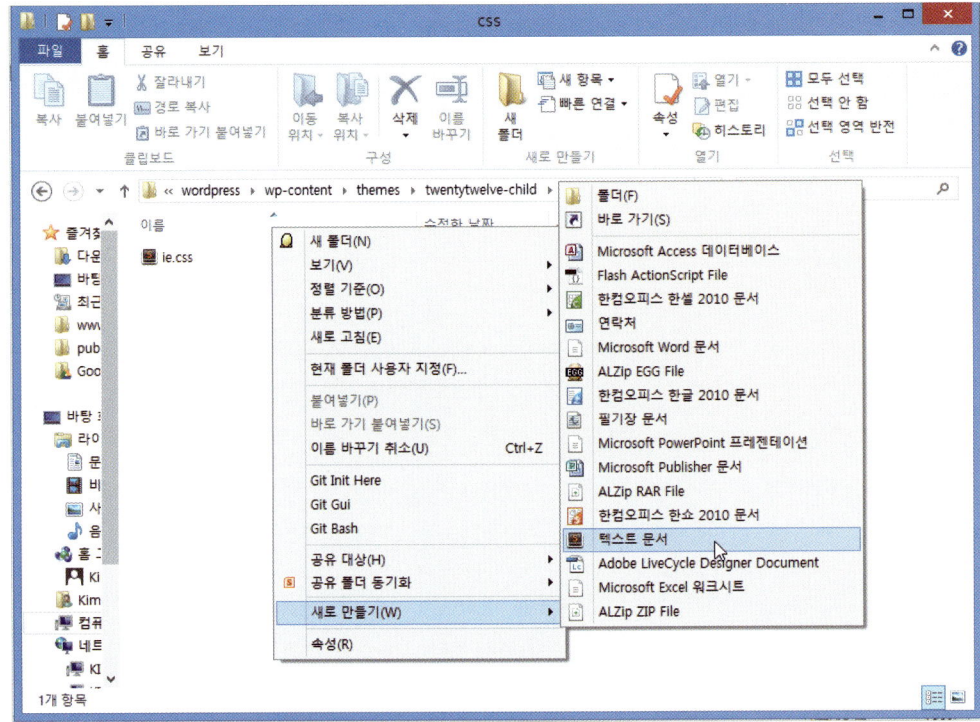

그림 1-36 윈도우 탐색기에서 파일 만들기

앞에서 만든 파일에 마우스 오른쪽 버튼을 클릭한 후 메뉴에서 Sublime Text를 선택하면 편집기에서 열립니다. 편집기에서는 다음의 코드를 입력합니다. 별표는 모든 요소를 가리키는 스타일시트 선택자입니다. 폰트 스타일을 normal로 설정한 것은 관리자 화면에 일부 글자가 이탤릭체로 나오는데, 이 경우 가독성이 떨어지므로 일반 글꼴로 표시하기 위해서입니다.

```css
@import url("http://fonts.googleapis.com/earlyaccess/nanumgothic.css");
*{
font-family: 'Nanum Gothic' !important;
font-style: normal  !important;
}
```

코드 입력을 마치면 파일을 저장한 다음 관리자 화면의 '외모' → '테마'로 이동합니다. 그러면 Twenty Twelve child 테마가 추가돼 있을 것입니다. 이를 활성화하면 글자가 모두 나눔고딕으로 나오고 가독성도 좋아집니다.

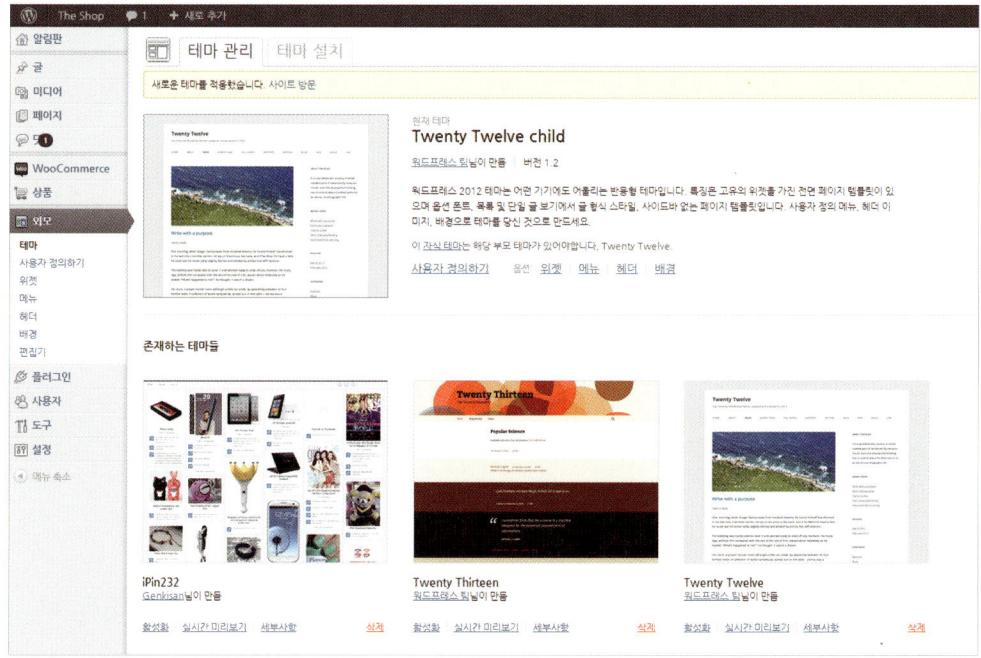

그림 1-37 자식 테마 활성화

테마를 바꾸면 다른 폰트로 나타나므로 바뀔 때마다 지금까지 설명한 방법으로 수정합니다.

03 위젯 사용하기

관리자 화면의 설치한 플러그인에서 WooCommerce Widget Product Slideshow LITE를 설치했습니다. 이것은 특정 카테고리의 상품에 애니메이션 슬라이드를 적용할 수 있는 위젯입니다. 무료 플러그인 가운데 카테고리 상품을 표시해주는 것은 이 플러그인밖에 없습니다. '외모' → '위젯' 화면의 위젯 영역에서 메인 사이드바의 기존 위젯을 모두 제거합니다. 블로그 관련 위젯이므로 전혀 필요하지 않습니다. 중앙의 '사용할 수 있는 위젯' 영역에서 Woo Products Slideshow라는 제목의 위젯을 옮겨 메인 사이드바에 배치합니다. 원하는 카테고리를 선택하고 스크롤(애니메이션)을 수동으로 할지(Manual Scroll) 자동으로 할지(Auto Scroll) 라디오버튼을 통해 선택합니다. 스크롤 효과는 5가지가 있습니다. 하단의 노란색 줄 부분은 프로 버전에서만 사용할 수 있는 영역인데, 프로 버전을 구매하면 몇 가지 기능을 추가할 수 있습니다.

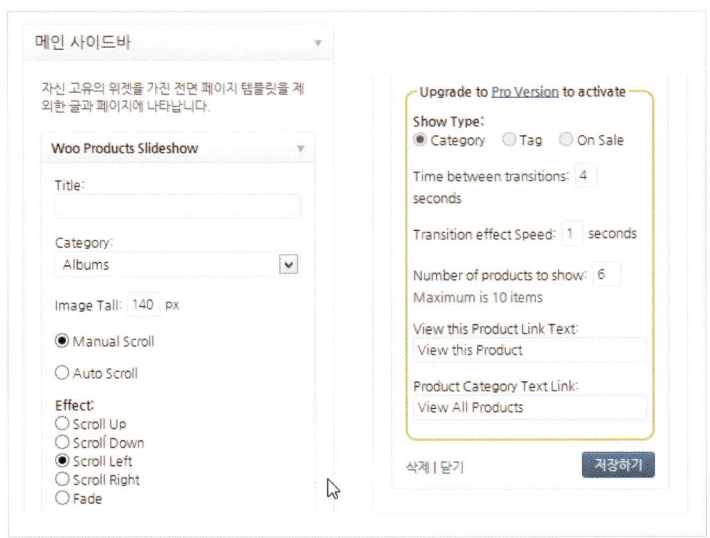

그림 1-38 상품 슬라이더 위젯 설정

메인 사이드바에 베스트셀러 상품, 최근 상품, 랜덤 상품 등 몇 가지 위젯을 추가하고 상단에는 상품 검색과 가격필터 위젯을 추가합니다. 전면 페이지에서 보면 상품 좌측 상단에 두 개의 아이콘이 있습니다. 현재 화면처럼 그리드 형태(WooCommerce Grid)로 볼 수도 있고, 우측의 아이콘을 클릭하면 목록형(List toggle)으로 볼 수도 있습니다. 가격 필터에서는 양쪽의 둥근 아이콘을 클릭해서 드래그하면 가격 폭을 지정할 수 있으며, 필터 버튼을 클릭하면 해당 가격 영역의 상품이 나타납니다. 그런데 가격을 보니 통화 표시가 파운드로 나타나고 있습니다. 이를 "원"으로 바꿔보겠습니다.

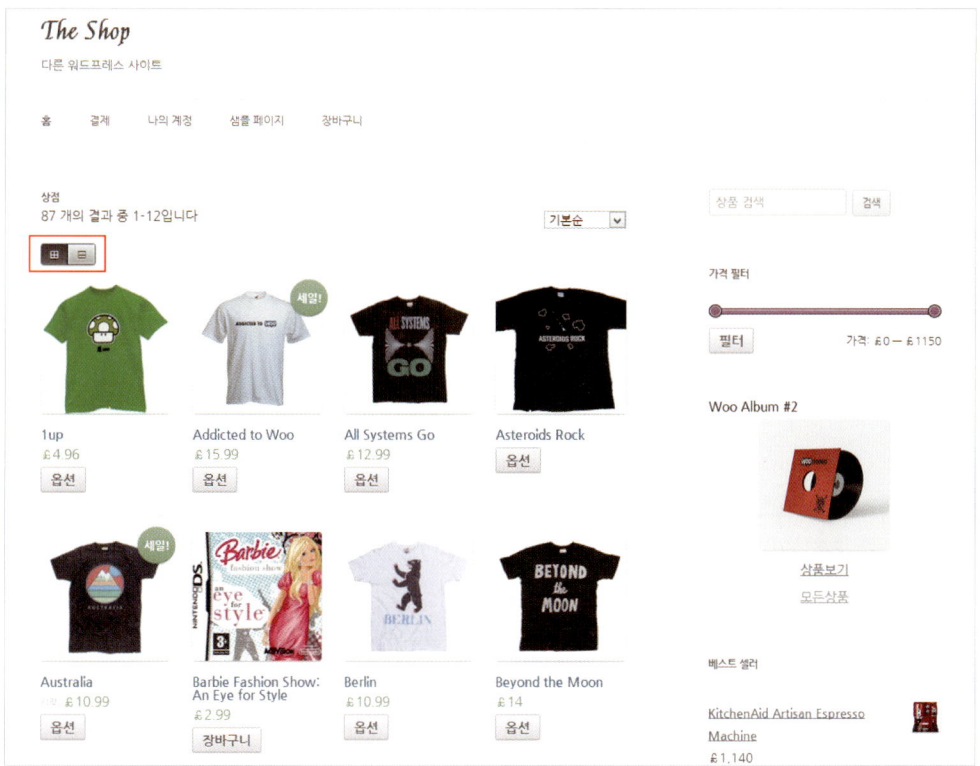

그림 1-39 상품 그리드 형태 보기

자식 테마의 functions.php 파일에 아래의 코드를 추가합니다. 우커머스에는 2.0 버전부터 원화 기호로 ₩를 사용하고 있는데, 국내 쇼핑몰에서는 이 기호를 사용하는 경우가 많지 않습니다. 다음은 통화 기호를 "원"으로 변경하는 필터입니다. 이러한 우커머스 전용 필터는 우커머스 홈페이지에서 제공하는 것으로 필터의 구조를 자세히 알 필요는 없으며 앞으로 이러한 코드 조각을 자주 사용하게 됩니다.

```
add_filter( 'woocommerce_currencies', 'add_my_currency' );

function add_my_currency( $currencies ) {
    $currencies['KRW'] = __( '대한민국', 'woocommerce' );
```

```
        return $currencies;
}
add_filter('woocommerce_currency_symbol', 'add_my_currency_symbol', 10, 2);

function add_my_currency_symbol( $currency_symbol, $currency ) {
    switch( $currency ) {
        case 'KRW': $currency_symbol = '원'; break;
    }
    return $currency_symbol;
}
```

파일을 저장한 다음 관리자 화면을 새로고침하고 '우커머스' → '설정'으로 갑니다. 우선 '일반' 탭에서 설정합니다. 기준 위치 선택상자를 클릭하고 kor을 입력한 후 South Korea를 선택합니다. 통화 선택상자를 클릭하면 '대한민국(원)'이 바로 표시되고, 이것을 선택합니다. 허용 국가도 한국을 선택합니다. 이어서 하단의 '저장' 버튼을 클릭한 다음 '카탈로그' 탭을 클릭합니다.

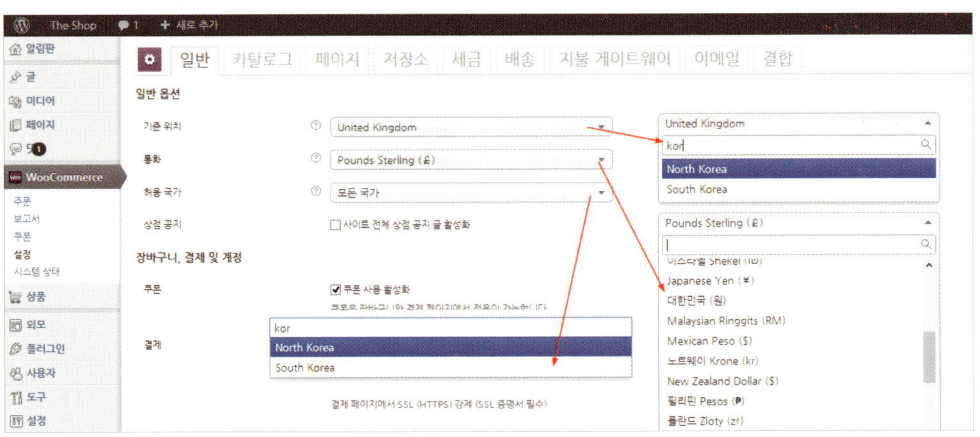

그림 1-40 통화 기호 변경

가격 옵션에서는 통화 기호 위치를 '오른쪽'으로 선택하고 '소수 개수'는 0으로 변경합니다. 샘플 상품은 외국 통화를 기준으로 만들어져 있는데, 외국 통화와는 달리 원화는 원 이하의 단위가 없으니 소수를 제거하는 것입니다. '변경 사항 저장' 버튼 바로 위에 전면 사이트의 그리드 보기와 목록 보기를 설정하는 선택상자가 있으니 기억해두고 '변경 사항 저장' 버튼을 클릭합니다. 이제 전면 페이지에서 새로고침하면 가격이 원화로 표시될 것입니다.

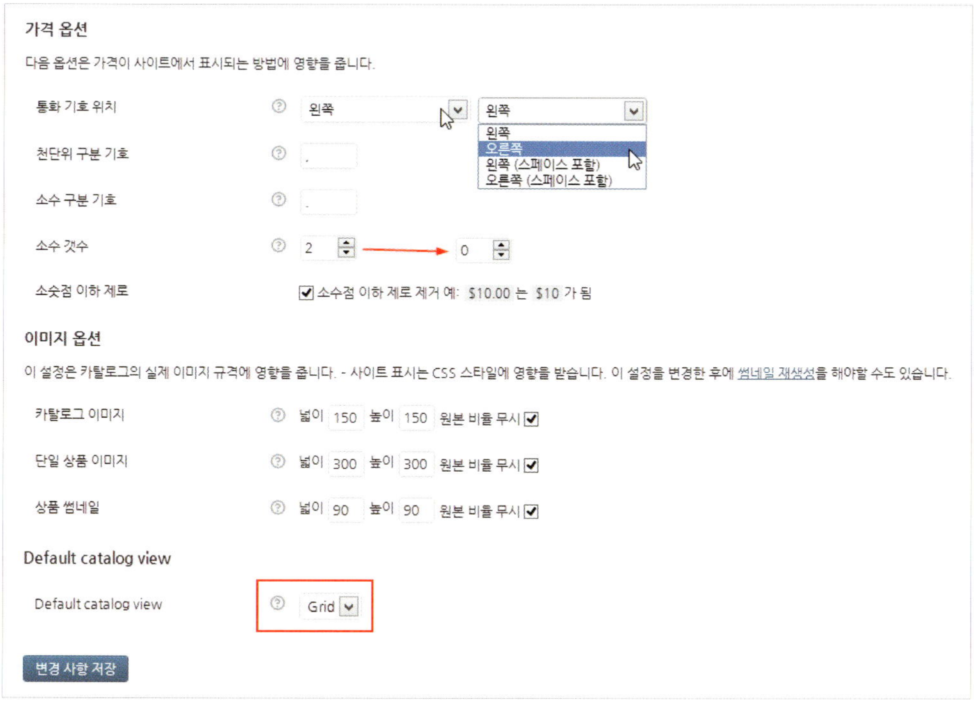

그림 1-41 통화 기호 위치 변경

04 상품 가격 일괄 편집

외국 통화를 원화로 변경하다 보니 상품의 가격이 비현실적입니다. 모든 상품에 대해 개별적으로 가격을 변경하려면 시간이 많이 걸립니다. 워드프레스에는 여러 개의 글을 한 번에 편집할 수 있는데, 마찬가지로 우커머스에도 이런 기능이 있습니다.

그림 1-42 일괄 상품 편집

상품 메뉴를 선택하면 사이트의 모든 상품이 나타납니다. 기본적으로 한 페이지에 20개의 상품이 나열되는데, 100개의 상품을 일괄 편집할 경우 5번의 작업을 해야 합니다. 그래서 한 페이지에 모든 상품이 나오도록 설정합니다. 화면 옵션 탭을 클릭한 다음 20으로 된 숫자를 100으로 입력하고 '적용' 버튼을 클릭합니다. 그런 다음 상품 목록 상단의 체크박스를 클릭하면 상품이 모두 체크됩니다. '일괄 작업' 드롭다운 메뉴에서 '편집'을 선택하고 '적용' 버튼을 클릭합니다.

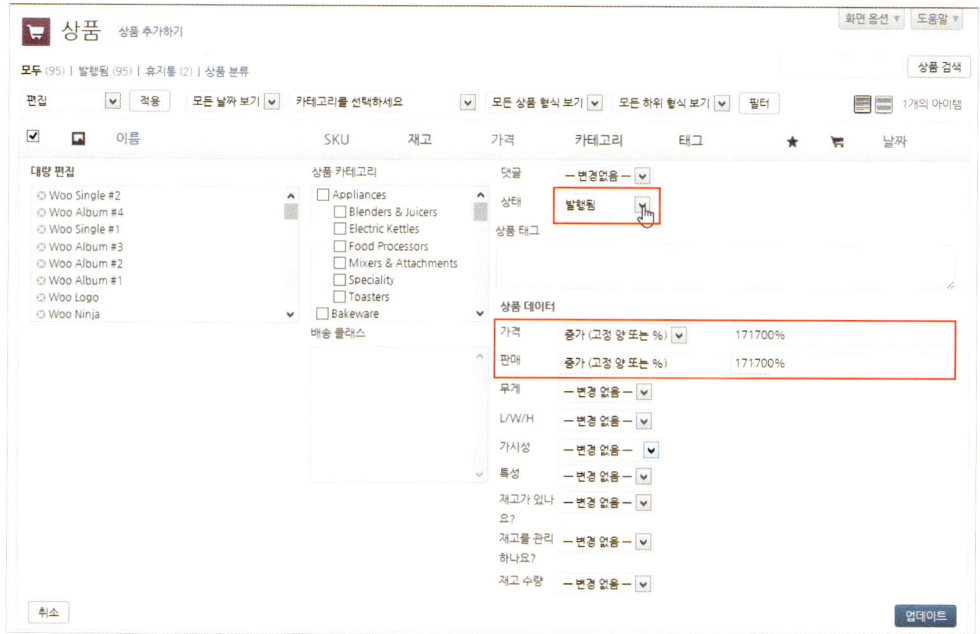

그림 1-43 단순 상품 가격에 환율 적용

상품 데이터 항목의 '가격'과 '판매' 선택상자에서 증가(고정 양 또는 %)를 선택합니다. '가격'은 세일이 아닌 상품의 판매 가격이고 '판매'는 세일상품의 판매 가격입니다. 그러니까 세일상품은 두 개의 가격이 존재합니다. 파운드 환율만큼의 숫자에 100을 곱해서 퍼센트 기호와 함께 입력하고 '업데이트' 버튼을 클릭합니다. 이렇게 업데이트하고 나면 임시 글로 나오는 경우가 있으니 '상태' 항목에서 '발행됨'을 선택하고 업데이트합니다. 이제 어느 정도 환율이 적용된 상품 가격이 나타나지만 지금까지 한 작업은 단순 상품에만 적용됩니다.

그림 1-44 그룹 상품 가격 변경

상단의 '모든 상품 형식 보기' 드롭다운 선택박스에서 그룹 상품을 선택해 우측의 '필터' 버튼을 클릭하면 해당 상품만 나타납니다. 같은 방법으로 일괄 편집하면 그룹 상품에 대해 가격이 변경됩니다. 옵션 상품의 경우 하나의 상품에 대해 색상이나 크기가 다른 여러 가지 옵션이 추가되면서 각 옵션 상품에 대해 가격이 입력되므로 이런 방법으로는 편집할 수 없고 개별 상품으로 들어가 각 옵션에 대해 가격을 변경해야 합니다. 이러한 일괄 편집은 물가 변동으로 인해 전체 상품에 가격을 변경하고자 할 때 유용합니다. 상품 형식에 대해서는 나중에 개별적으로 설명하겠습니다.

05 스키터 슬라이더 사용하기

이 슬라이더는 이미지가 단순히 슬라이드되는 것이 아니라 매 슬라이드마다 다양한 효과를 주므로 쇼핑몰 방문자에게 보는 즐거움을 주기도 합니다. 이 슬라이더를 사용해 헤더 부분에 이미지 슬라이더를 삽입해보겠습니다. 슬라이더를 사용하려면 우선 이미지를 업로드해야 합니다.

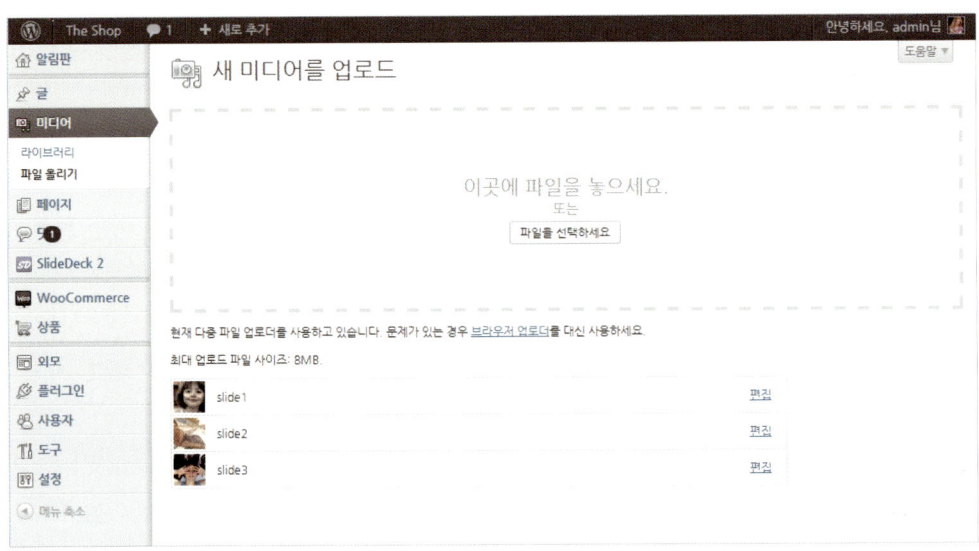

그림 1-45 이미지 업로드

'미디어' → '파일 올리기'에서 첨부 파일의 이미지를 업로드합니다. 헤더 이미지의 크기는 960x250픽셀이 적당하다고 돼 있지만('외모' → '헤더'에서 확인 가능) 폭은 960픽셀을 지키되 높이는 늘이거나 줄일 수도 있습니다. 이보다 큰 크기를 지정하면 하드디스크 용량만 차지하므로 포토샵 같은 이미지 편집기로 권장 크기로 편집한 다음 업로드합니다. 여기서는 960x400픽셀의 이미지를 사용했습니다.

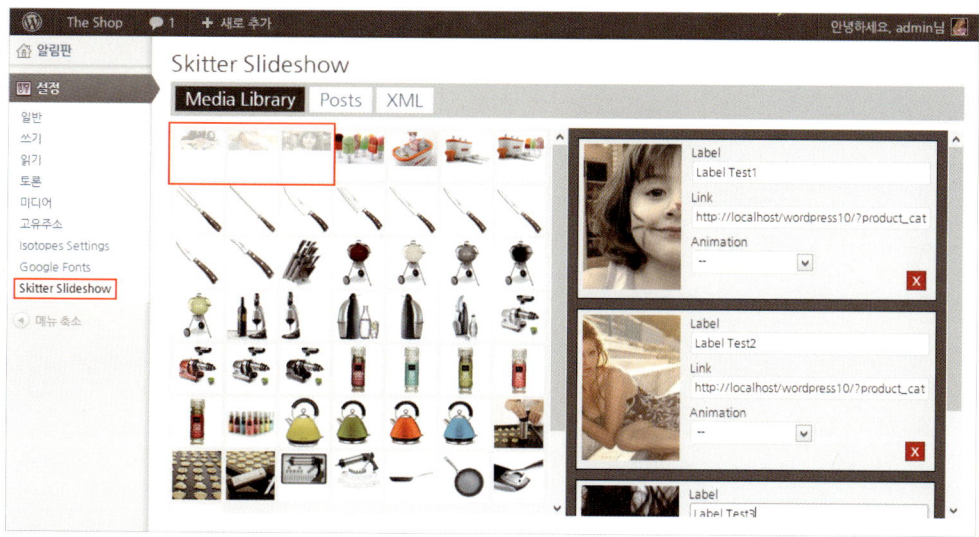

그림 1-46 스키터 슬라이더 이미지 선택

'설정' → 'Skitter Slideshow'에서 'Media Library'를 선택하면 업로드한 사진이 표시됩니다. 하나씩 클릭해서 우측 열에 배치합니다. 우측의 각 이미지에서 Label, Link를 입력합니다. 레이블(Label)은 슬라이드 하단에 나타나는 글자이므로 카테고리의 이름이나 상품 설명을 입력하는 것이 좋습니다. 링크(Link)는 이미지를 클릭했을 때 이동하는 URL입니다. 여기서는 상품 카테고리의 URL을 입력했습니다. 상품 카테고리 URL은 상품 상세 페이지의 장바구니 버튼 아래에 있습니다. 이를 클릭하면 카테고리로 이동하면서 해당 상품이 나열됩니다. 주소 표시줄에서 URL을 복사해 Link에 붙여넣으면 됩니다.

그림 1-47 스키터 슬라이더 설정

Customization에서 Skitter Theme는 내비게이션 버튼의 스타일을 설정합니다. 애니메이션 타입은 상당히 많은 효과가 있는데, 설정하지 않고 random으로 두면 알아서 다양한 효과가 자동으로 나타납니다. 다음으로 이미지의 폭과 높이를 입력합니다. crop image 옵션의 경우 간혹 이미지를 저장하고 난 후에도 이미지가 나타나지 않고 에러 메시지가 나오는 경우가 있는데, 이 옵션을 체크해제하면 제대로 나타납니다. Velocity는 애니메이션 속도이며, interval은 다음 슬라이드와의 간격입니다. 기타 설정은 그대로 둡니다.

슬라이더가 나타날 곳을 지정하기 위해 테마 폴더에서 header.php 파일을 편집기에서 열고 다음과 같은 위치에 코드를 삽입합니다.

```
</nav><!-- #site-navigation -->
<?php if ( function_exists('show_skitter') ) { show_skitter(); } ?>
</header><!-- #masthead -->
```

파일 하단의 header 태그가 끝나는 부분 바로 위입니다. 헤더에 삽입하면 어떤 페이지에서도 슬라이더가 나타나게 됩니다.

그림 1-48 슬라이더의 사이트에서 확인

Skitter Theme를 square로 선택하면 내비게이션 버튼이 사각형으로 나타납니다. 다양한 설정으로 실험해보고 가장 마음에 드는 것으로 사용하면 됩니다.

06 메뉴 설정

지금까지는 워드프레스에서 기본으로 설정된 메뉴를 사용했습니다. 메뉴를 제대로 사용하기 위해 사용자 정의 메뉴를 사용합니다. 사이트 전면에서 '나의 계정'을 클릭하면 고객의 계정 전체를 관리할 수 있는 페이지로 이동합니다. 그런데 마우스를 올리면 서브 메뉴가 나타나죠. 고객은 나의 계정이라는 메뉴를 클릭하지 않고 서브 메뉴로 이동할 가능성이 많습니다. 따라서 메뉴를 수정할 필요가 있습니다. 이것은 결제 메뉴도 마찬가지입니다.

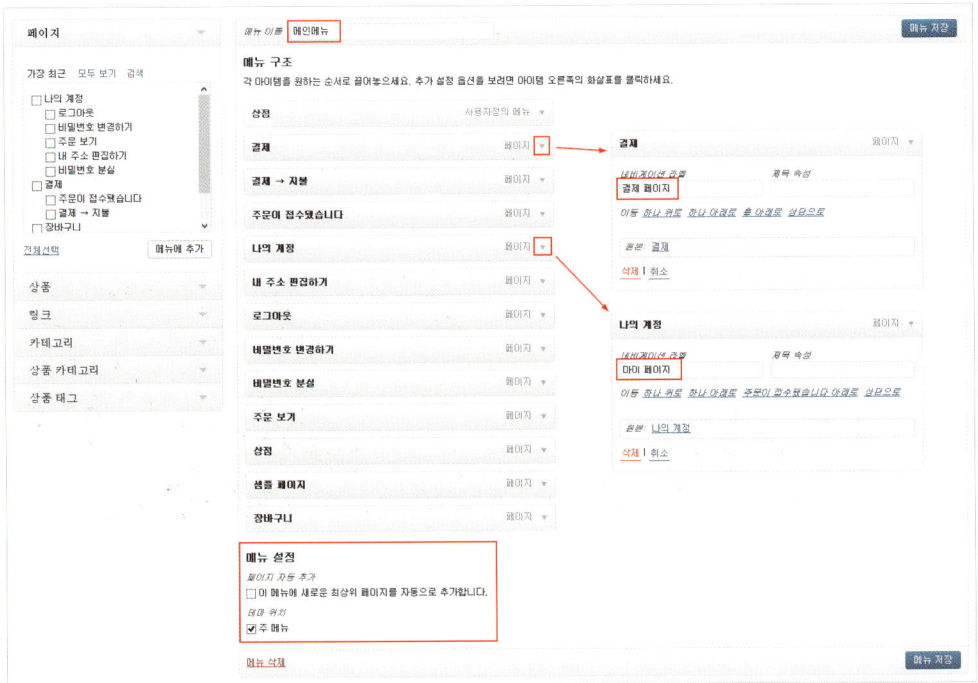

그림 1-49 메뉴 설정

메뉴 관리는 워드프레스 3.6에서 조금 바뀌었습니다. '외모' → '메뉴'를 선택하면 페이지 메타박스에 있는 페이지가 자동으로 우측의 열에 로드됩니다. 위와 같은 메뉴가 나타나지 않고 다른 메뉴가 있을 경우 하단에서 '메뉴 삭제'를 클릭하면 나타납니다. 페이지 메뉴가 자동으로 만들어지는 것이죠. 그래도 나타나지 않으면 페이지 메타박스에서 '모두 보기' 탭을 선택하고 '전체 선택' 링크를 클릭한 다음 '메뉴에 추가' 버튼을 클릭하면 됩니다.

메뉴 이름을 '메인메뉴'로 수정하고 엔터 키를 누르면 하단에 메뉴 설정이 나타납니다. 페이지 자동 추가를 체크해 두면 '페이지' → '새 페이지 추가'에서 페이지를 만들 경우 위 메뉴에 자동으로 추가됩니다. '테마 위치'에서는 '주 메뉴'에 체크합니다. '테마 위치'에는 현재 이 테마의 메뉴가 하나라서 하나밖에 나타나지 않지만 푸터 메뉴나 다른 메뉴를 만들면 이곳에 나타납니다. 이것은 '위치 관리하기' 탭에서도 변경할 수 있습니다.

결제 메뉴의 세모를 클릭해 '내비게이션 라벨'을 '결제 페이지'로 수정하고 '나의 계정'은 '마이 페이지'로 수정한 다음 '메뉴 저장' 버튼을 클릭하면 메뉴 이름이 바뀝니다.

그림 1-50 메뉴 변경

링크 메타박스를 열고 URL에 샤프(#)를 입력하고 링크 텍스트로 '나의 계정'을 입력합니다. '메뉴에 추가' 버튼을 클릭하면 메뉴의 하단에 추가됩니다. 같은 방법으로 '결제' 메뉴도 새로 만듭니다. 상점 메뉴는 두 개가 있으므로 하단의 상점과 샘플 페이지는 삭제합니다.

그림 1-51 메뉴 트리 구조 설정

페이지 메타박스를 열고 트리 구조를 보면서 나의 계정에 속할 메뉴를 모두 서브 메뉴로 옮깁니다. '마이 페이지'는 '나의 계정'에 속하고 '결제' 페이지는 '결제'에 속합니다. 메뉴의 중요도에 따라 상단에 배치한 다음 '메뉴 저장' 버튼을 클릭하고 사이트에서 메뉴가 제대로 나오는지 확인합니다. 향후 주문이 발생하면 '마이 페이지'에 나타나며, 고객은 주문 보기나 주문 취소 등의 주문 관리를 할 수 있습니다.

그림 1-52 z-index로 인한 오작동

메뉴를 설정하고 사이트 전면에서 보면 슬라이더가 애니메이션을 통해 이미지가 바뀌면 서브 메뉴가 보이지 않는 경우가 있는데, 이것은 슬라이더가 서브 메뉴보다 높은 z-index를 사용하고 있어 서브 메뉴보다 위에 나타나기 때문입니다. 이를 수정하려면 서브 메뉴를 대상으로 요소 검사를 해서 선택자를 복사한 다음 style.css 파일에 다음과 같은 코드를 추가하면 됩니다.

```css
.main-navigation ul.nav-menu, .main-navigation div.nav-menu > ul {
    position: relative;
    z-index: 1000;
}
```

지금까지 한 작업을 통해 어느 정도 쇼핑몰의 모습이 갖춰졌습니다. 이제부터 우커머스의 기능들을 알아보고 설정하는 방법을 비롯해 상품 올리기 등 갖가지 쇼핑몰 관련 기능을 시험해 보겠습니다.

우커머스 설정 04

01 일반 탭

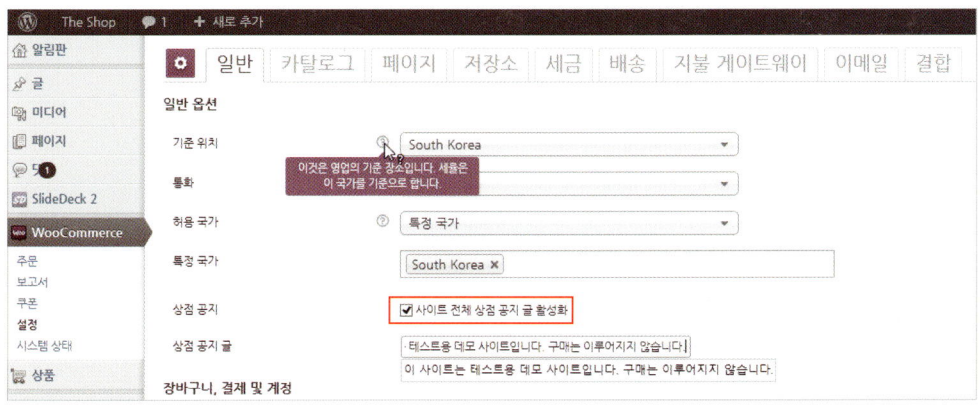

그림 1-53 상점 공지 글 활성화

메뉴에서 '우커머스' → '설정'으로 들어오면 일반 탭의 내용이 나타납니다. 이곳에서는 상점 전체의 일반적인 사항을 설정할 수 있습니다. 물음표 아이콘에 마우스를 올리면 설명이 나타나므로 이 내용을 토대로 충분히 이해할 수 있는 부분은 설명을 생략하겠습니다. '상점 공지'는 사이트 상단에 항상 배치하게 해서 중요한 전체 공지사항을 입력하는 곳이며, 특히 사이트가 완성되지 않은 경우 이를 공지하는 데 이용할 수 있습니다. '사이트 전체 상점 공지 글 활성화' 체크박스를 클릭하면 바로 아래에 텍스트 입력상자가 나타납니다. 영문으로 된 내용을 지우고 적당한 내용을 입력합니다. 이를 저장한 다음 사이트에서 보면 아래와 같이 사이트 상단에 공지 글이 나타납니다.

그림 1-54 상점 공지글

웹사이트는 개설했는데 아직 판매가 불가능할 경우 우연히 방문하는 사람들을 위해 이처럼 공지할 필요가 있습니다. 사이트 내용이 전혀 없는 경우에는 이런 화면보다는 프리론치(Prelaunch)라는 플러그인을 사용해 시간을 설정하면 서비스 개시일이 카운트다운됩니다. 공사 중일 경우는 관리모드(Maintenance mode)라는 플러그인을 사용합니다. 이들 플러그인의 사용은 별도 첨부한 한글 파일이 있으니 참고합니다.

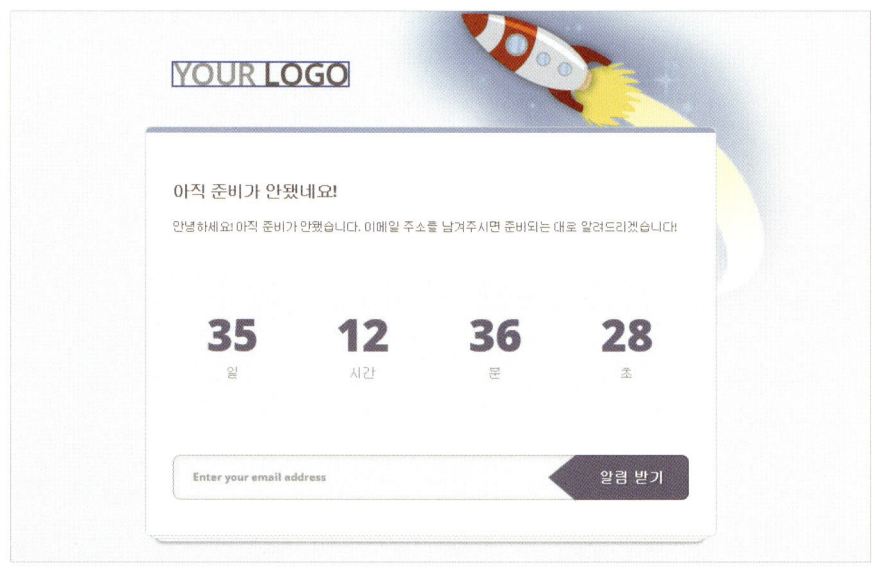

그림 1-55 프리론치 플러그인 사용

쿠폰 사용 활성화에 대해서는 나중에 무료 배송 쿠폰에 관한 내용에서 설명합니다. 결제 항목에서 '결제 시 고객메모란 활성화'는 결제 페이지에서 주문 메모 상자가 나타나게 합니다.

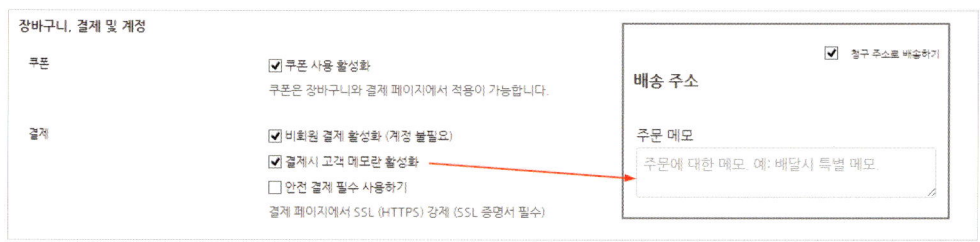

그림 1-56 장바구니, 결제 및 계정

'안전 결제 필수 사용하기'는 서비스 회사와 별도의 사용계약이 있어야 가능합니다. 이 기능을 적용하면 페이지에 SSL이 적용되어 URL이 https로 나타나고 주소 앞에 자물쇠 아이콘이 생깁니다. 이를 통해 방문자에게 신뢰감을 줄 수 있고 안전하게 결제할 수 있지만 별도의 비용이 추가됩니다.

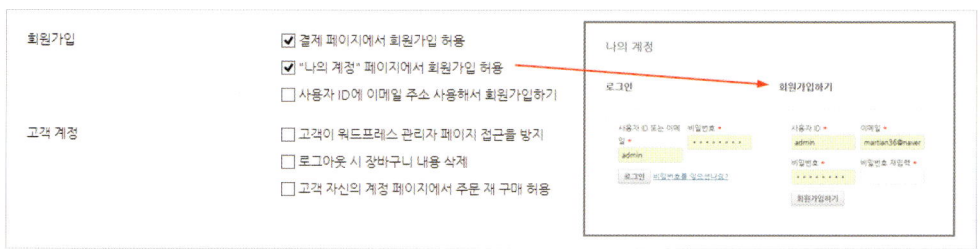

그림 1-57 회원가입, 고객 계정

'회원가입' 항목에서 처음 두 개는 모두 체크합니다. 처음 상품을 장바구니에 담고 결제로 이어지는 과정에서 회원 가입을 할 수 있어야 비회원 구매를 방지할 수 있습니다. 그리고 두 번째 항목에 체크하면 '나의 계정' 메뉴를 클릭할 경우 '회원가입하기' 항목이 추가로 나타납니다.

세 번째 항목은 이메일로만 가입할 수 있는지, 아니면 아이디와 이메일을 사용해서 가입할 수 있는지 선택하는 항목입니다. 위 그림의 오른쪽은 이 항목을 체크해제했을 때 표시되는 화면입니다.

고객 계정 항목에서 첫 번째 항목에 체크하면 회원에게는 워드프레스에서 제공하는 대시보드를 사용할 수 없습니다. 대시보드를 사용하는 이유는 회원 정보를 수정하기 위해서인데, 우커머스에서는 '나의 계정'에서 정보 수정을 할 수 있으니 대시보드는 필요하지 않습니다.

'로그아웃 시 장바구니 내용 삭제'에 체크하지 않으면 고객이 장바구니에 상품을 넣고 구매하지 않은 상태에서 로그아웃한 후 다시 로그인했을 때 자신의 장바구니를 다시 볼 수 있으며, 대부분의 쇼핑몰에서도 이를 지원합니다.

'고객 자신의 계정 페이지에서 주문 재 구매 허용'은 소모품의 경우 계속 구매할 가능성이 있으므로 체크해둡니다. 결제 후 관리자가 완료됨으로 표시하면 '나의 계정' → '주문 보기' 페이지에서 보기 버튼을 클릭했을 때 아래 그림처럼 '다시 주문하기' 버튼이 나타납니다.

그림 1-58 주문 재 구매 허용

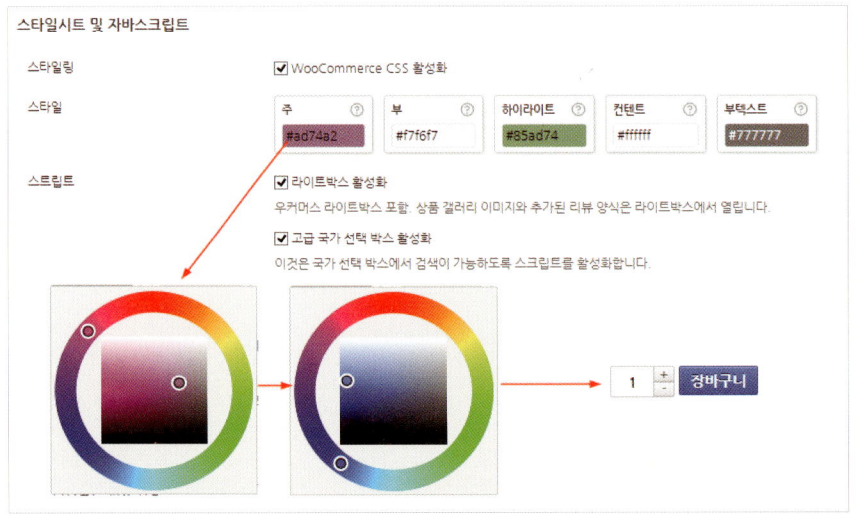

그림 1-59 스타일시트 및 자바스크립트

스타일시트 항목에서 색상 코드의 배경을 클릭하면 컬러피커가 나타납니다. 둥근 색상환에서 색을 선택하고 중앙의 네모박스에서 채도를 선택할 수 있습니다. 사이트에서 보라색으로 나타나는 부분은 변경된 색으로 표시됩니다.

스크립트 부분에서 라이트박스는 상세 페이지에서 상품 이미지를 클릭했을 때 큰 이미지의 라이트 박스로 보이게 하는 기능을 의미합니다. 이미지 갤러리가 여러 개 있는 경우 슬라이드쇼까지 표시할 수 있습니다.

'고급 국가 선택 박스 활성화'를 체크하면 '나의 계정'이나 '결제' 페이지에서 국가를 선택할 경우 선택상자가 아래 그림처럼 고급스럽게 표시됩니다. 그뿐만 아니라 검색도 가능합니다.

그림 1-60 고급 국가 선택 박스

상품이 이미지와 같은 파일인 경우 내려받기 가능한 상품으로 설정할 수 있습니다.

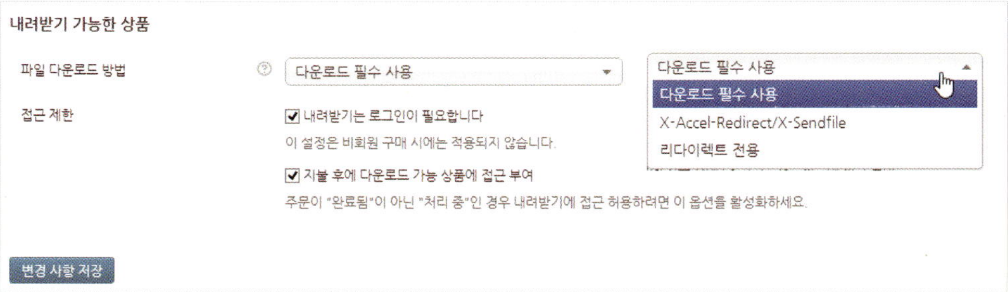

그림 1-61 내려받기 가능한 상품

'파일 다운로드 방법'에서 '다운로드 필수 사용'을 선택하면 웹 브라우저에 상품이 표시되는 것이 아니라 무조건 다운로드하게 됩니다. 가령 PDF 파일의 경우 클릭하면 웹 브라우저에 파일의 내용이 나타나는데, 이 옵션을 선택하면 파일 다운로드로 전환됩니다. '리다이렉트 전용'은 파일의 용량이 커서 상점 서버에서 운용할 수 없는 경우 다른 서버에 파일을 저장하고 이를 리다이렉트(Redirect)하는 방식입니다. X-Accel-Redirect은 엔진엑스(nginx) 웹 서버에서 사용하는 다운로드 방식입니다. X-Sendfile은 아파치의 X-Sendfile 모듈을 사용하는데, 대부분의 웹 호스팅 서버에는 이 모듈이 설치돼 있지 않습니다. 이러한 두 가지 다운로드 방식은 내려받기 성능을 향상시키고 불법적인 접근을 방지할 수 있습니다.

'접근 제한' 항목의 '내려받기는 로그인이 필요합니다'는 당연한 것으로 이 항목을 체크하지 않을 경우 구매자가 링크를 다른 사이트에 올리면 다른 사람들도 상품을 내려받을 수 있게 됩니다. '지불 후에 다운로드 가능 상품에 접근 부여'의 경우 이 항목을 체크하지 않으면 내려받기가 가능한 상품을 결제하더라도 사이트 관리자가 '완료'로 등록하지 않으면 파일을 내려받을 수 없습니다. 하지만 관리자가 일일이 주문을 확인하고 있을 수가 없죠. 그래서 '처리 중'이라도 지불 후에는 파일을 바로 내려받을 수 있게 하는 것입니다.

02 카탈로그 탭

카탈로그는 상품 페이지를 의미하며, 상품과 관련된 설정을 할 수 있습니다.

그림 1-62 카탈로그 옵션

'기본 상품 분류'는 상품 페이지의 우측 상단에 있는 선택상자의 초기 상태를 설정합니다. '최신순'으로 설정하면 상품 페이지를 로드했을 때 최신 상품부터 나타납니다.

'상점 페이지 표시'에서 '하위 카테고리 표시'를 선택하면 상점 페이지가 상품이 아닌 카테고리가 우선적으로 나타나고 카테고리를 선택하면 해당 카테고리의 상품이 표시됩니다. '둘 다 표시'를 선택하면 상단에 하위 카테고리가 표시되고 바로 다음에 상품이 표시됩니다.

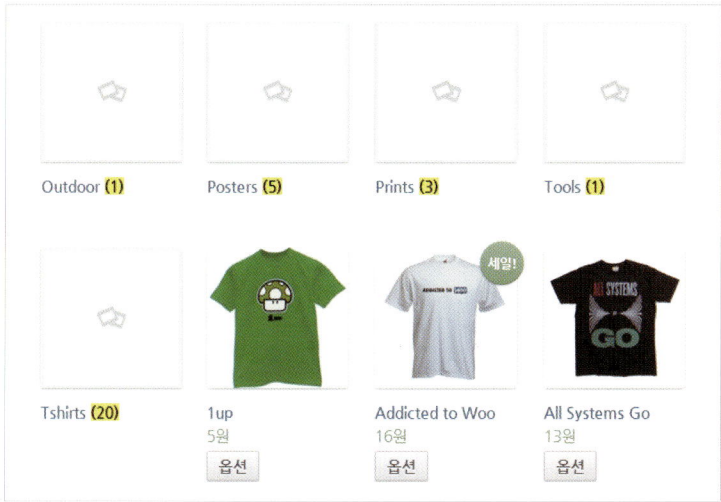

그림 1-63 상품과 카테고리 둘 다 표시

'기본 카테고리 표시' 항목은 이를테면 상품 상세 페이지에서 장바구니 버튼 아래에 카테고리가 나타나는데, 이것을 클릭했을 때 상품으로 나올 것인지 하위 카테고리를 표시할 것인지 선택하는 것입니다.

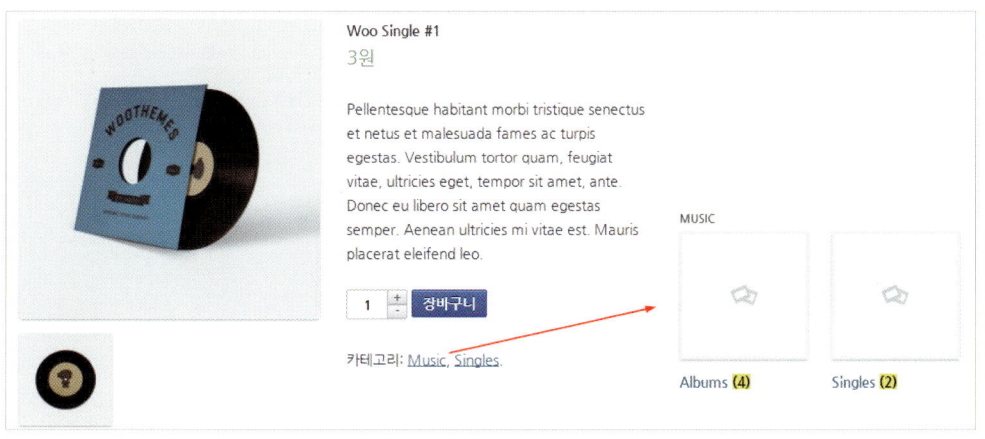

그림 1-64 상품 카테고리

04. 우커머스 설정

여기서 Music이라는 카테고리를 선택하면 하위 카테고리가 나타나고, 이 카테고리를 선택했을 때 상품이 나타납니다. 참고로 그림 1-64처럼 카테고리 이미지가 나오지 않는 경우에는 별도로 카테고리 이미지를 업로드해야 하며, 이는 카테고리를 다룰 때 자세히 설명하겠습니다.

'둘 다 표시'를 선택하면 아래 그림처럼 좌측에는 카테고리가, 우측에는 상품이 표시됩니다. 하위 카테고리가 없는 경우 '둘 다 표시'를 선택했더라도 상품만 표시됩니다.

그림 1-65 카테고리 상품 둘 다 표시

장바구니 항목에서 '추가 성공 후 장바구니 페이지로 가기'는 체크하지 않은 경우 장바구니 버튼을 클릭하면 상단에 메시지가 나타나고 계속 쇼핑할 수 있지만 이 항목을 체크한 경우에는 장바구니 페이지로 바로 이동합니다.

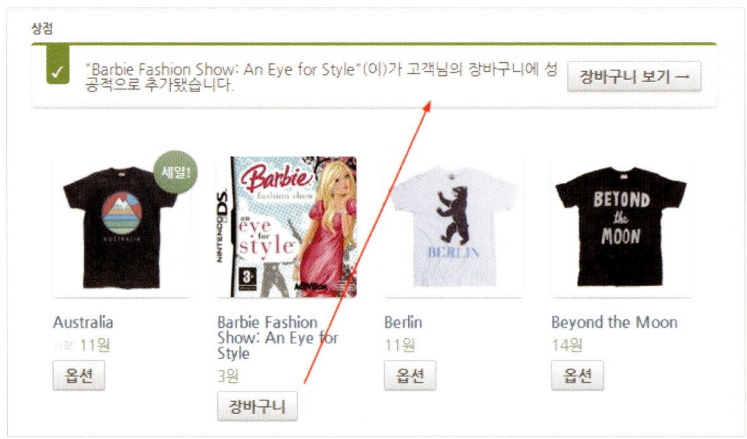

그림 1-66 장바구니에 상품을 추가한 후 나타나는 메시지

'상점 페이지에서 AJAX 장바구니 추가하기 버튼 활성화하기'의 경우 이 항목을 체크하지 않으면 장바구니 버튼을 클릭했을 때 위 그림과 같이 상단에 메시지가 나오지만 이 항목을 체크한 경우에는 아래 그림처럼 장바구니 버튼 옆에 체크 표시가 나오고 장바구니 보기 링크가 나타납니다.

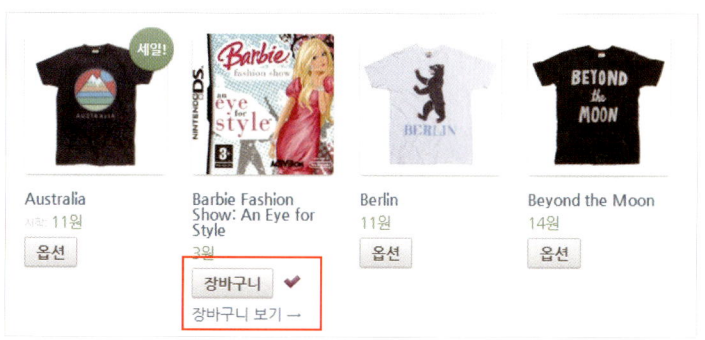

그림 1-67 AJAX 장바구니 추가하기 버튼 활성화

상품 데이터 부분은 아래와 같이 모두 체크해 둡니다. SKU는 재고 관리 단위(Stock Keeping Unit)를 의미하며, 재고 관리에 필요한 상품 번호에 해당합니다. 각 항목에 대해서는 나중에 상품 추가를 다룰 때 자세히 설명하겠습니다.

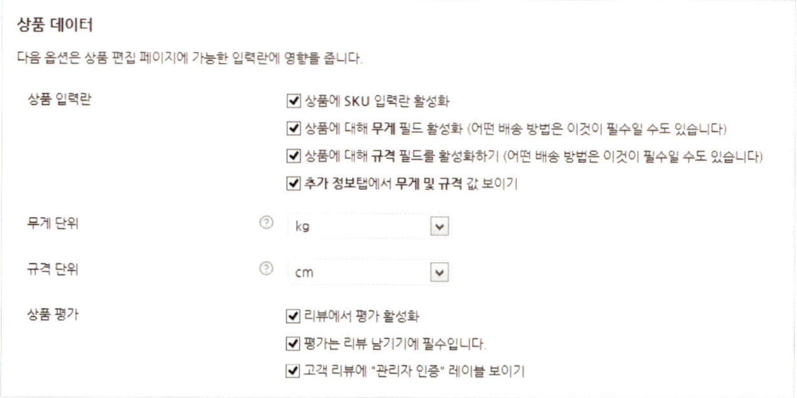

그림 1-68 상품 데이터

'가격 옵션'에서 '통화 기호 위치'는 원화의 경우 오른쪽에 배치하는데, 금액과 기호의 간격을 두려면 스페이스 포함을 선택합니다. 소수 개수는 0으로 선택하고 '소수점 이하 제로'를 선택해 소수점 이하는 제거되도록 지정합니다.

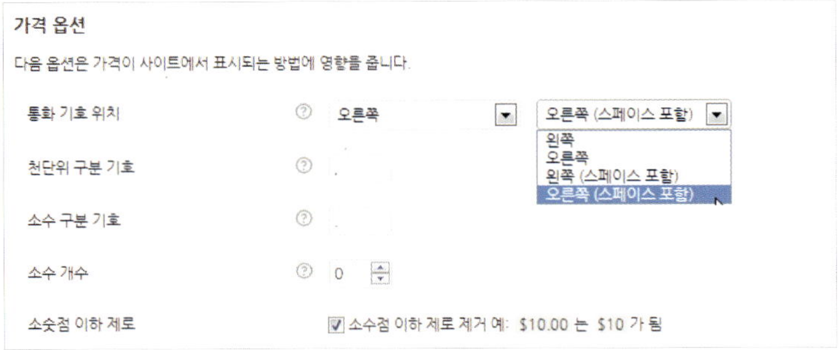

그림 1-69 가격 옵션

이미지 옵션 부분은 상품의 이미지를 관리하는 곳으로, 상점 페이지나 상세 페이지 등 상품 이미지가 나타나는 곳의 이미지 크기와 품질을 관리할 수 있으며, 테마를 수정하거나 상품 이미지를 다르게 보이게 할 때 필요하므로 상당히 중요한 부분입니다. 테마를 수정하지 않는 경우는 그대로 둬도 됩니다. 자세한 사용법은 테마 디자인 편에서 알아보겠습니다.

그림 1-70 이미지 옵션

03 페이지 탭

'페이지' 탭을 클릭하면 아래와 같이 우커머스에서 사용하는 각 페이지를 설정할 수 있습니다. 이들 페이지는 우커머스 플러그인을 설치하고 난 다음 '우커머스 페이지 만들기' 버튼을 클릭해서 만들어진 페이지입니다. 실제 페이지는 메뉴에서 '페이지' → '모든 페이지'를 선택하면 나옵니다. 각 페이지에는 상점 페이지를 제외하고 단축 코드(short code)가 추가돼 있습니다. 단축 코드는 물음표 아이콘에 마우스를 올리면 나오는 것으로 페이지가 삭제된 경우 이 코드를 추가해 다시 만들 수 있습니다.

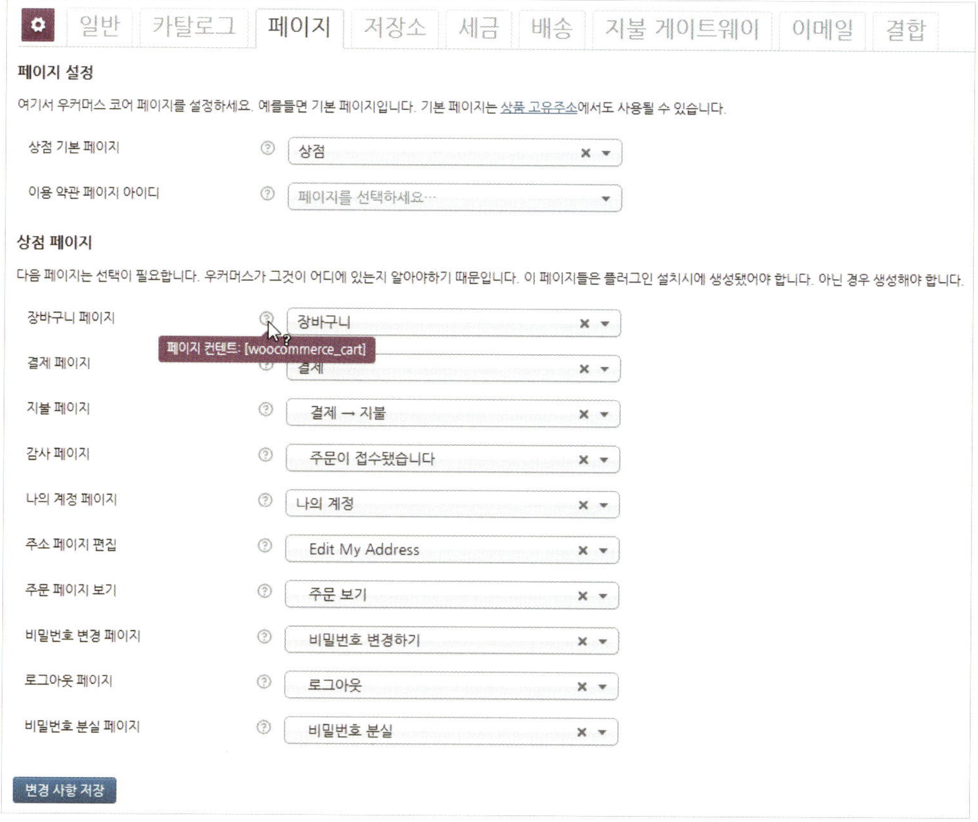

그림 1-71 페이지 탭

특별한 내용이 없으므로 현재 이용약관 페이지가 없으니 만드는 방법을 알아보겠습니다. 온라인 쇼핑몰은 이용약관(Terms & Conditions)과 개인정보 처리방침(Privacy Policy)을 게시하게 돼 있습니다. 인터넷에 검색해보면 이용약관과 개인정보 처리방침을 만드는 사이트까지 나오므로 여기서는 이용약관만 추가하겠습니다.

- 공정거래위원회의 표준약관양식: http://www.ftc.go.kr/info/bizinfo/stdContractList.jsp

위 링크는 공정거래 위원회의 표준약관양식 페이지로 각종 표준약관이 업로드돼 있습니다. 이 중에서 10023호의 양식은 쇼핑몰과 관련된 이용약관으로 첨부 파일에 추가해뒀습니다. 첨부 파일에서 HWP 파일을 TXT 파일로 변환하고 샵의 명칭을 더샵으로 변경한 파일을 참고합니다.

이러한 페이지를 만드는 유용한 플러그인을 사용하겠습니다. 설치한 플러그인 화면에서 WP-Insert 플러그인을 활성화한 다음, '페이지' → '새 페이지 추가'로 가서 제목을 '이용약관'으로 입력하고 '공개하기' 버튼을 누릅니다. 다시 상단에서 '새 페이지 추가' 링크를 클릭해 '개인정보 처리방침'이라는 제목을 만들고 '공개하기' 버튼을 누릅니다.

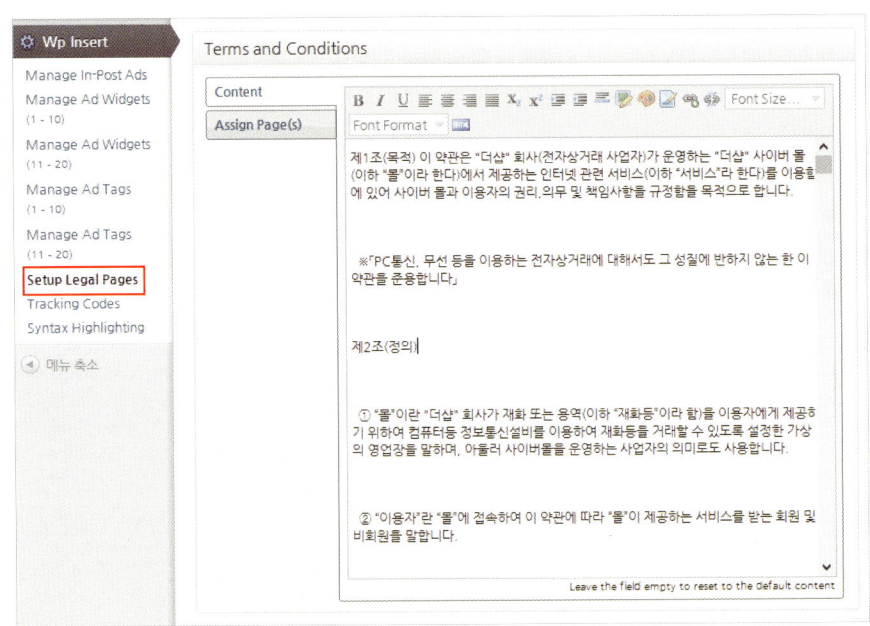

그림 1-72 WP Insert 플러그인의 이용약관 설정

메뉴에서 Wp Insert → Setup Legal Pages를 선택합니다. 그러고 나면 법률 관련 페이지를 관리할 수 있는 화면이 나오는데, Terms and Conditions 부분에서 글 내용을 모두 지우고 이용약관의 내용을 복사해서 붙여넣습니다. 그런 다음 Assign Pages 탭을 클릭합니다.

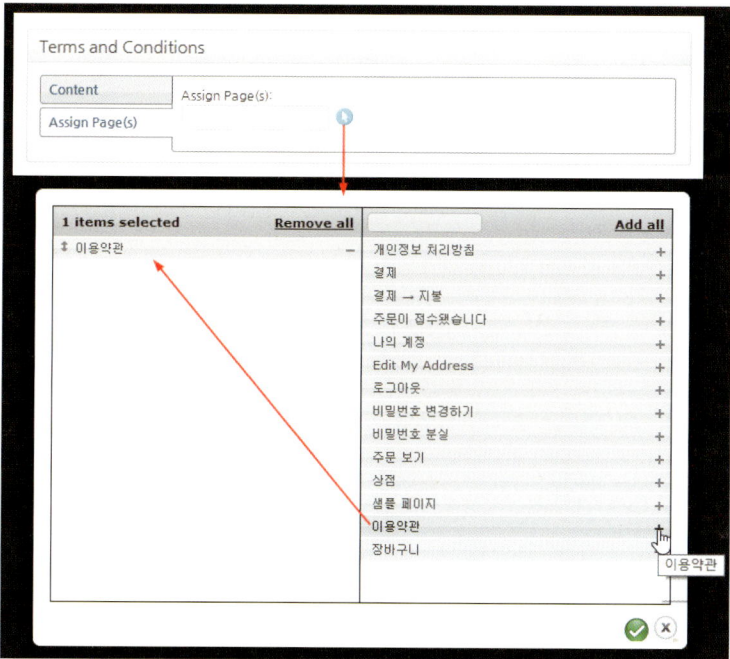

그림 1-73 이용약관 배치

화살표 아이콘을 클릭한 후 이용약관 옆의 더하기(+) 아이콘을 클릭하면 이용약관이 좌측 열에 배치됩니다. 하단의 체크 버튼을 클릭하면 창이 닫힙니다. 같은 방법으로 Privacy Policy 부분에서 개인정보 처리방침을 배정합니다. 영어 내용은 그대로 두고 나중에 수정합니다. 개인정보 처리방침은 자신의 쇼핑몰에 적합한 내용으로 만들어야 하기 때문에 만드는 과정이 다소 복잡합니다. 페이지 배정을 마친 다음 우측 열에서 Save Changes 버튼을 클릭합니다.

이 같은 페이지는 보통 주메뉴에 배치하지 않고 하단에 배치합니다. 우선 푸터 메뉴바가 없으니 제대로 표시되는지 확인만 하기 위해 주메뉴의 '나의 계정'에 배치합니다.

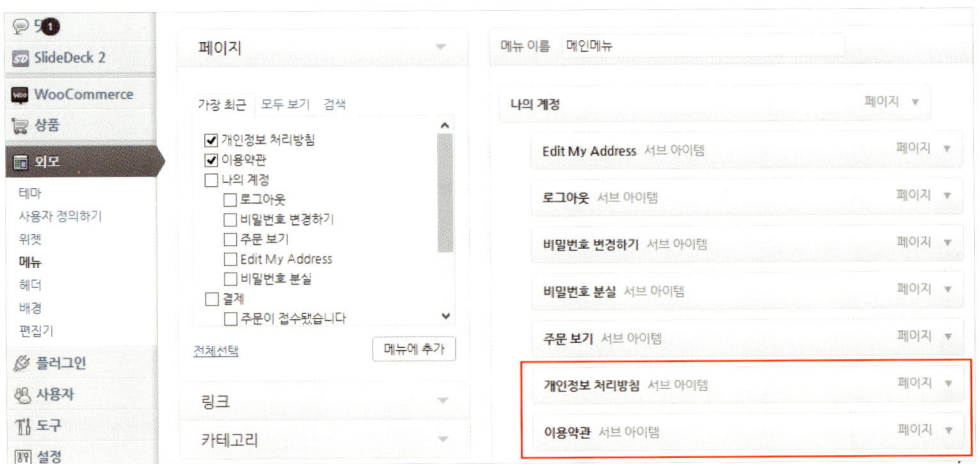

그림 1-74 개인정보 처리방침과 이용약관 페이지 메뉴

메뉴 화면의 페이지 메타박스에서 두 개의 페이지를 선택하고 메뉴에 추가한 다음 '나의 계정' 하위 메뉴로 이동합니다.

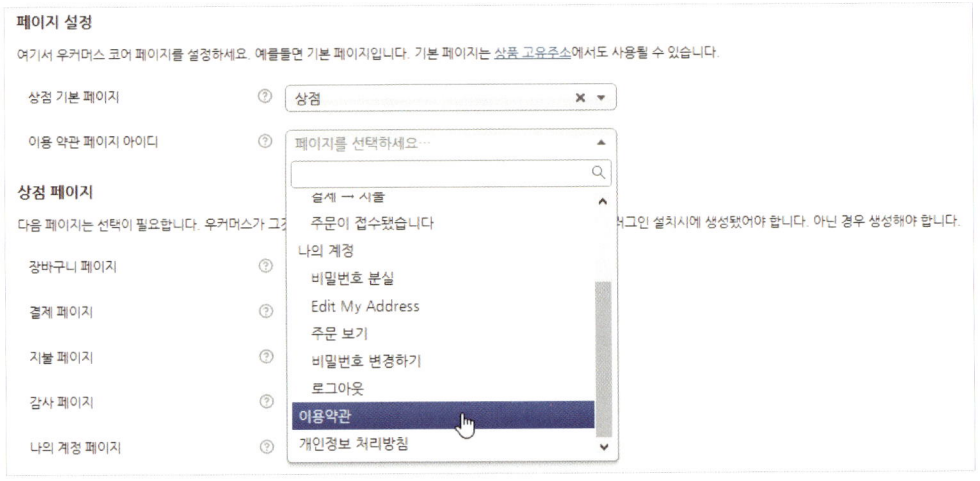

그림 1-75 결제 페이지에 이용약관 페이지 설정

이제 우커머스 메뉴에서 '설정' → '페이지' 탭으로 돌아와 '이용약관 페이지 아이디' 항목에서 '이용약관'을 선택하고 저장합니다. 이용약관이 필요한 경우는 장바구니에서 결제할 때입니다.

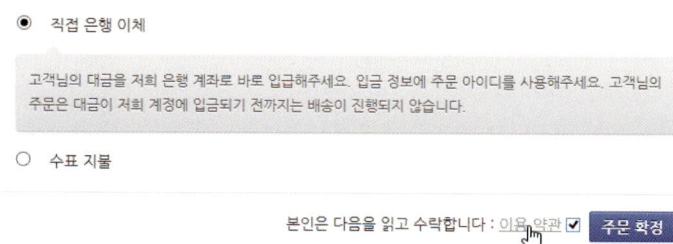

그림 1-76 이용약관 필수 확인

상품을 장바구니에 넣고 결제 페이지로 이동한 다음 하단에 보면 위와 같은 링크가 만들어집니다. 그러면 이용약관 체크박스에 체크해야만 주문 확정을 할 수 있습니다.

04 저장소 탭

'저장소' 탭은 물질적인 상품의 재고 관리에 사용됩니다. 그러니 디지털 상품이나 서비스 상품을 취급하는 사이트에서는 비활성화한 상태로 유지합니다.

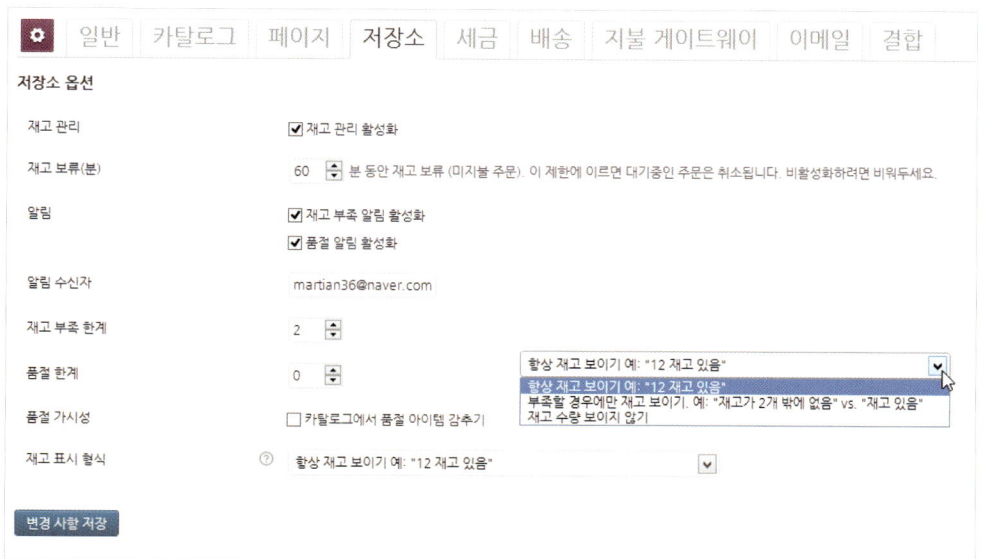

그림 1-77 저장소 옵션

'재고 보류(분)' 항목에서는 주문이 결제되지 않고 있는 경우 이곳에 설정한 시간이 지나면 주문이 취소되고 '재고 보류(Hold Stock)' 상태에서 풀립니다. 그러면서 관리자에게 이메일이 전송됩니다.

'재고 부족 한계'와 '품절 한계'는 설정한 수치에 도달하면 '알림 수신자'에 지정한 이메일로 통지됩니다.

'재고 표시 형식'에서 재고 수량 보이기를 설정하려면 상품을 입력할 때 재고를 입력해야 보이게 됩니다.

현재 우커머스 샘플 상품은 대부분 재고를 입력하지 않아서 재고 수량 표시가 나오지 않습니다. 이를 수정하기 위해 상품 목록 페이지에서 하나의 상품을 선택하고 들어간 다음, 상단 툴바에서 '상품 편집' 메뉴를 클릭하면 상품 편집 페이지가 나옵니다. 상품 데이터 메타박스의 '저장소' 탭을 클릭하고 '재고를 관리하나요?' 항목의 '상품 단계에서 재고 관리 활성화'를 체크하면 재고수량 입력상자가 나타납니다. 수량을 입력한 다음 '업데이트' 버튼을 클릭하고 다시 툴바에서 상품 보기를 클릭하면 상품 상세 페이지가 나오고 재고 수량이 나타납니다.

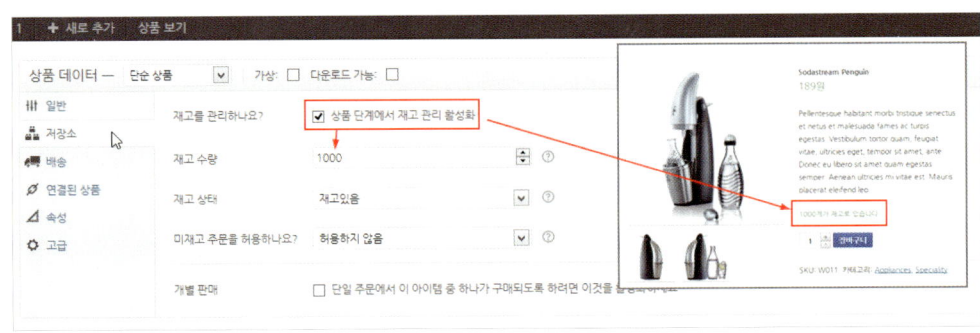

그림 1-78 재고 수량 표시

이 부분에서 수량을 표시하지 않고 재고가 있다는 표시만 하고 싶을 때는 다음의 코드를 functions.php 파일에 추가하면 됩니다.

```
add_filter( 'woocommerce_get_availability', 'custom_override_get_availability', 1, 2);

// Our hooked in function $availablity is passed via the filter!
function custom_override_get_availability( $availability, $_product ) {
    if ( $_product->is_in_stock() ) $availability['availability'] = __('재고 있음', 'woo-
```

```
commerce');
return $availability;
}
```

그러면 수량은 표시되지 않고 '재고 있음'으로만 나타납니다. functions.php 파일에 코드를 추가해서 실험하고 필요 없을 경우 제거하기보다는 주석으로 처리해서 나중에 다시 사용할 수 있게 하는 것이 좋습니다. 코드를 주석으로 처리하려면 해당 코드를 블록 설정한 후 Ctrl+/(슬래시)를 누르면 됩니다. 복원하려면 블록 설정하고 다시 같은 키를 누르면 됩니다.

재고관리와 관련해서 재고관리 담당자가 모든 상품의 재고 상태를 파악할 필요가 있습니다. 다음의 코드를 이용해 테마 폴더에 파일을 하나 만듭니다. 코드가 길기 때문에 일부 생략했으니 첨부 파일의 기타 파일 폴더에서 stock-report.php 파일을 복사해서 사용하세요.

```
<?php
/*
Template Name: Stock Report :)
*/
if (!is_user_logged_in() || !current_user_can('manage_options')) wp_die('이 페이지는 관리자용입니다.');
?>
<!DOCTYPE HTML>
<html>
<head>
생략
</body>
</html>
```

이 파일의 상단에 보면 'Template Name: Stock Report'라고 주석으로 처리된 부분이 있습니다. 이런 식으로 주석을 넣으면 테마에서 템플릿 파일로 사용할 수 있습니다.

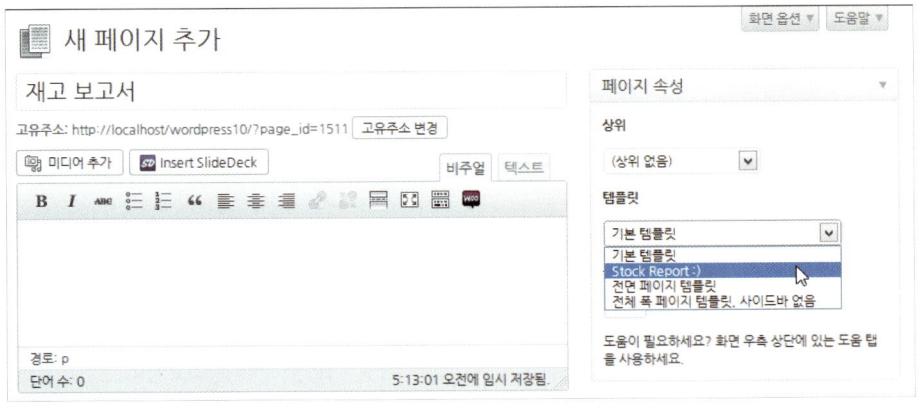

그림 1-79 재고 보고서 만들기

새 페이지를 만들면서 제목을 지정하고 템플릿을 Stock Report로 선택합니다. 여기서 페이지 속성의 '상위'에서 드롭다운 메뉴를 클릭하면 메뉴가 나타나기는 하지만 이곳에서 설정해도 적용되지는 않습니다. 왜냐하면 사용자 정의 메뉴를 사용하고 있기 때문이죠. '외모' → '메뉴'로 가서 '나의 계정' 메뉴의 하위 메뉴로 등록해서 사용합니다. 이 파일의 상단에는 로그인한 상점 매니저만 이 파일을 볼 수 있게 설정한 조건문이 있으므로 고객이 메뉴를 클릭하면 '이 페이지는 관리자용입니다'라는 메시지가 나옵니다. 그러니 메뉴를 만들 때 괄호에 관리자용이라고 추가하세요.

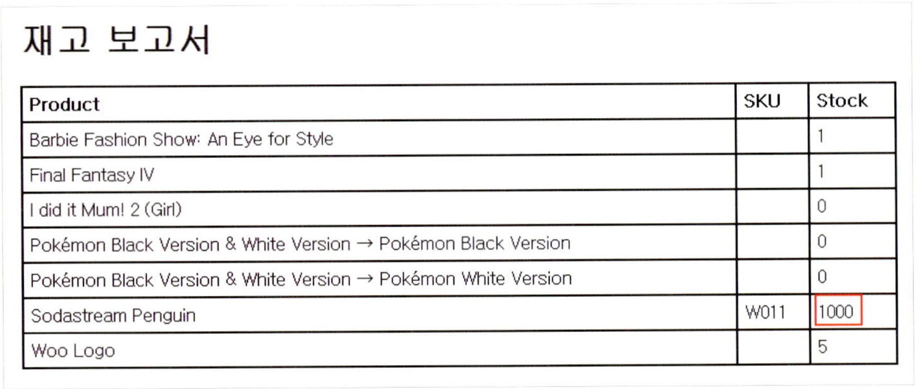

재고 보고서

Product	SKU	Stock
Barbie Fashion Show: An Eye for Style		1
Final Fantasy IV		1
I did it Mum! 2 (Girl)		0
Pokémon Black Version & White Version → Pokémon Black Version		0
Pokémon Black Version & White Version → Pokémon White Version		0
Sodastream Penguin	W011	1000
Woo Logo		5

그림 1-80 재고 보고서

추가한 메뉴를 클릭하면 위와 같은 재고보고서가 나타납니다. 이전에 입력한 재고가 추가된 것을 확인할 수 있습니다.

05 세금 탭

우커머스는 외국에서 만든 쇼핑몰 프로그램이라서 국제적인 상거래에도 사용할 수 있게 세금에 대해 상세하게 설정할 수 있게 돼 있습니다. 외국의 경우 세금을 받는 근거지가 상품 매입자의 주소지가 될 수도 있고 지역마다 세율도 다릅니다. 미국의 경우에도 주별로 달라서 세금 설정이 아주 복잡합니다. 어떤 경우에는 CSV 파일을 업로드해서 사용해야 할 정도입니다.

국내의 경우에는 상품 판매지를 근거로 세금을 받으므로 간단합니다. 국내에 주소지를 두고 있다면 일괄적으로 상품 구매자에게 10%의 부가세만 받으면 됩니다. 만일 우커머스를 이용해 외국을 대상으로 판매한다면 부가세를 면제할 수도 있습니다.

우커머스는 결제 과정에서 세금이 나타나는데, 우리나라의 경우에는 결제하면서 세금이 나오는 경우가 드뭅니다. 그것은 이미 세금을 포함시켜 상품 가격을 책정하기 때문이죠. 그러니 어떤 상품을 10000원에 판매한다면 세금은 909원이 됩니다.

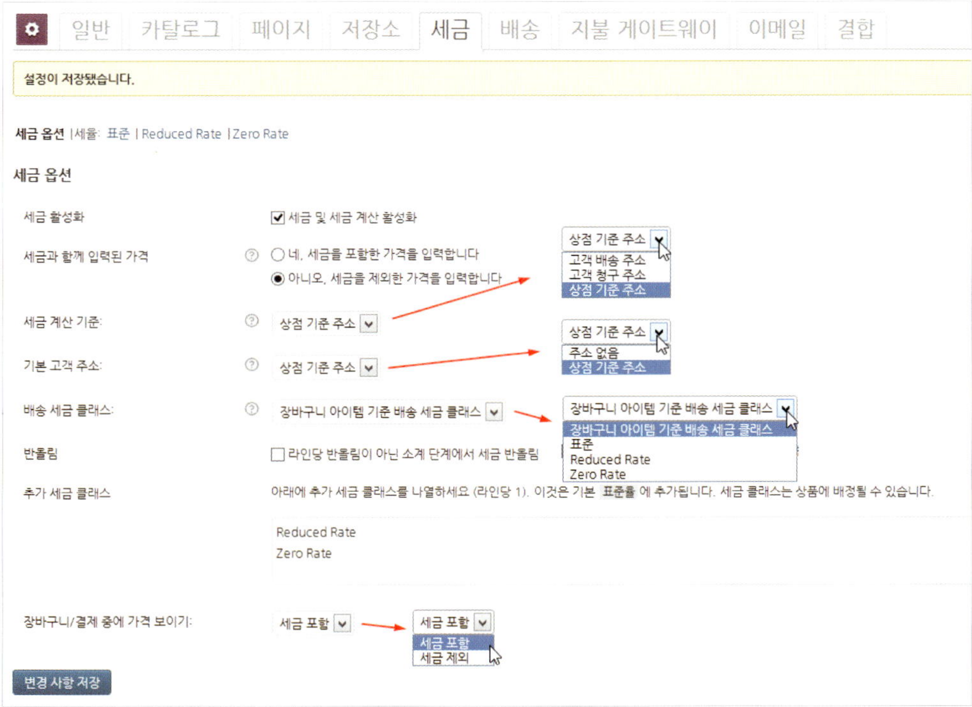

그림 1-81 세금 옵션

세금 활성화를 선택하면 결제 과정에서 세금 관련 내용이 나타납니다. 그러니 고객에게 이를 보여주고 싶지 않다면 활성화를 체크해제하고 세금을 포함한 가격을 책정하면 되지만 세금을 받은 근거자료를 남기기 위해서는 이를 활성화해서 사용합니다.

"세금과 함께 입력된 가격" 항목의 첫 번째 옵션은 주로 유럽에서 사용하는 방법이고, 두 번째는 미국에서 사용하는 방법입니다. 계산의 편의를 위해 두 번째 옵션을 사용합니다.

세금 계산 기준은 상점 소재지의 법에 의거하므로 우리나라의 경우 상점 기준 주소를 사용하고 기본 고객 주소는 처음 구매 시 고객의 주소를 알 수 없으므로 상점 기준 주소를 사용하거나 고객이 주소를 입력하기 전까지 '주소 없음'으로 사용할 수도 있습니다.

배송 세금 클래스 항목에서 클래스는 우커머스에서 일정한 범위의 상품에 대해 동일한 규칙을 적용하고자 하는 방법입니다. 그러므로 세금 클래스는 어떤 상품에 대해 일괄적인 세금 규칙을 적용하는 방법입니다. 여기에는 두 가지 세금 클래스가 있고 추가 세금 클래스에 두 가지가 추가돼 있습니다. 이곳에는 원하는 세금 클래스를 한 줄에 하나씩 만들어 사용할 수 있으며, 이를 입력하고 저장하면 배송 세금 클래스와 상단의 세금 옵션 우측에 나타납니다.

하단의 '장바구니/결제 중에 가격 보이기'는 세금을 보이는 방법입니다. 아래 그림에서 첫 번째 그림이 '세금 포함'을 선택한 경우이고 두 번째 그림이 '세금 제외'를 선택한 경우입니다.

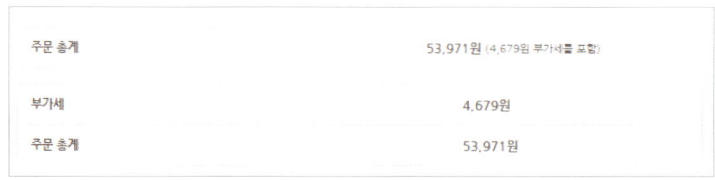

그림 1-82 세금 포함 및 세금 제외

그럼 이번에는 실제로 부가세를 입력해서 상품에 적용해보겠습니다.

그림 1-83 부가세 적용

'세율: 표준' 링크를 클릭하고 시작합니다. KO-TAX는 제가 임의로 세금 클래스를 만든 것입니다. 국가 코드는 '여기를 보세요' 링크를 클릭하면 위키에서 국가 코드를 보여줍니다. 한국은 KR입니다. 외국의 경우 주(State) 코드, 우편번호, 등을 입력해 세금 적용 범위를 좁힐 수 있습니다. 비율은 부가세이므로 10을 입력하고 세금 이름으로 '부가세'를 입력합니다. 세금이 여러 가지인 경우 우선순위를 지정할 수 있습니다. '배송'란을 체크하면 배송료에도 세금을 받을 수 있습니다. 위와 같이 설정하고 어떤 상품을 장바구니에 넣고 결제 단계까지 가면 아래 그림과 같이 나타납니다.

그림 1-84 세금 추가 결과

'배송'에도 체크했더니 배송비 2500원에 세금이 추가되어 나타납니다. 이제 배송에 관해 알아보겠습니다.

06 배송 탭

'배송' 탭에는 국제적인 상거래를 위해 다양한 배송 수단과 배송 상품의 크기에 따라 갖가지 배송 클래스를 설정할 수 있기 때문에 설정하는 부분이 많습니다. '배송 옵션'에서 배송에 관한 일반적인 사항을 설정하고, 각 배송 방법에서 별도로 배송 방법별로 설정할 수 있습니다.

그림 1-85 배송 옵션

내려받기 가능한 상품에는 배송 과정이 없으므로 비활성화해서 사용합니다. 장바구니 페이지에서 배송 계산기를 활성화하면 우측 그림과 같이 배송 계산기가 나타납니다. 국내에서도 도서산간 지역 같은 곳의 우편번호를 설정하면 배송 비용을 좀 더 명확하게 나타나게 할 수 있습니다.

'주소가 입력될 때까지 배송 비용 감추기'는 외국의 경우에 해당하는 옵션인데, 국제 배송의 경우 어떤 주소를 기준으로 할지 확정되지 않은 상태에서는 배송비가 많이 나올 수 있는데, 처음부터 많은 배송 비용에 고객이 당황할 수 있으니 이 옵션을 이용할 수도 있습니다.

'배송 방법 표시'는 배송 방법이 여러 개 표시될 경우 선택박스를 사용하고 배송 방법이 적은 경우에는 한눈에 알아볼 수 있게 라디오버튼을 사용하게 하는 옵션입니다.

'배송 목적지' 항목에서 '사용자 청구지 주소로만 배송'에 체크해제하면 결제 페이지에서 배송 주소 부분이 나타나지 않습니다. '기본으로 청구지 주소로 배송'에 체크해제하면 결제 페이지에서 오른쪽 그림처럼 청구 주소와 배송 주소가 함께 나타나고 우측 상단의 '청구 주소로 배송하기'에 체크하면 배송 주소가 사라집니다. '필수가 아닌 경우에도 배송 주소 수집'은 배송을 위한 고객 정보의 대부분이 필수 항목이고 필요 없는 정보는 수집할 필요가 없으니 체크해제합니다.

하단의 '배송 방법' 항목은 모두 활성화해서 상태에 보라색 체크마크가 나타납니다. 끌어놓기로 우선순위를 설정할 수 있고 라디오버튼을 클릭해 기본 배송 방법을 선택할 수도 있습니다.

배송에서도 배송 클래스라는 것이 있는데, 상품의 크기에 따라 배송 금액이 달라지므로 배송 방법을 설정하기 전에 미리 배송 클래스를 설정하는 것이 좋습니다.

배송 클래스

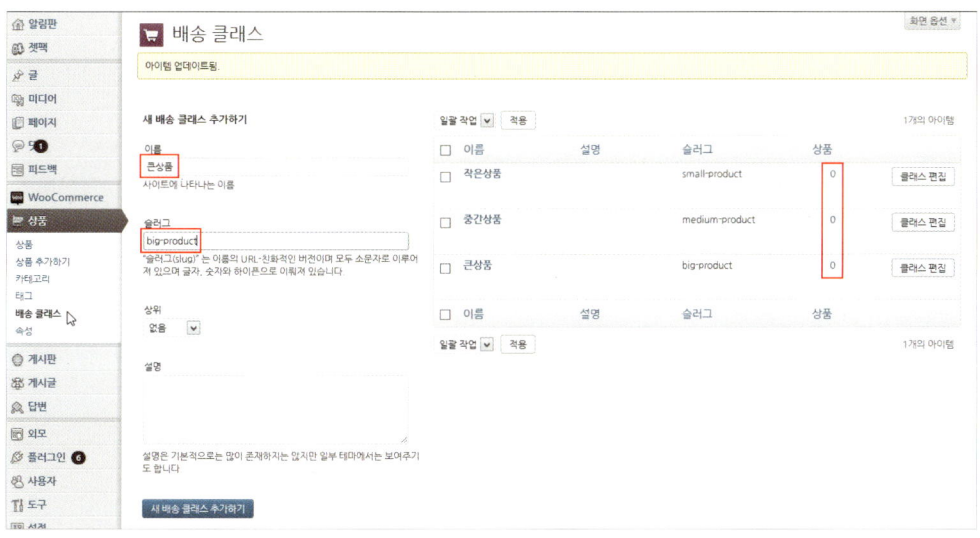

그림 1-86 배송 클래스

메뉴에서 '상품' → '배송 클래스'를 선택해서 이름란에 각각 상품의 크기에 따른 제목을 입력합니다. 이름은 한글로 입력해도 되지만 슬러그는 도움말대로 영문으로 만듭니다. 이름을 영문으로 사용하면 슬러그가 자동으로 만들어집니다. 필요한 경우 설명을 입력합니다. 이러한 이름을 수정하려면 우측 열의 '클래스 편집' 버튼을 사용하고, 나중에 이들 클래스에 상품을 배정하면 상품 열에 숫자가 나타납니다. 여기서는 진행을 단순화하기 위해 세 가지로 분류했지만 상품의 특성이나 크기 등 여러 가지 속성에 따라 설정하면 됩니다.

6.1 고정 요금

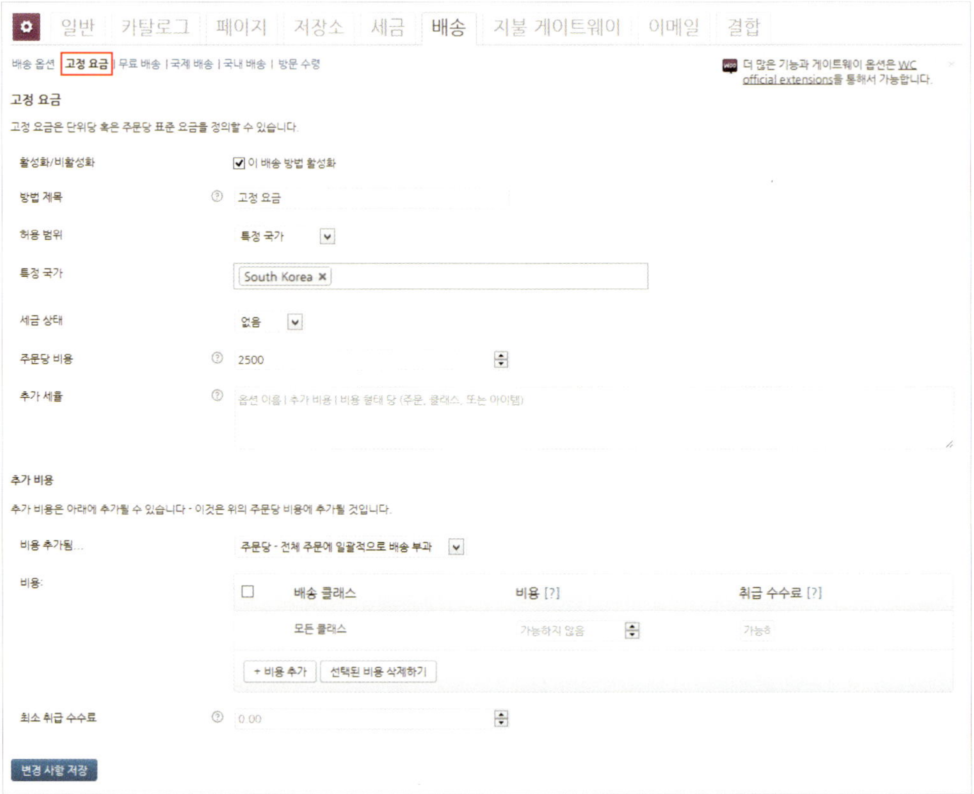

그림 1-87 고정 요금

고정 요금은 말 그대로 정해진 요금을 받는 배송 방법입니다. 그러니 해외를 대상으로는 적용할 수 없고, 특정 국가인 국내로 설정합니다. '세금 상태'에서 '없음'을 선택하면 세금 클래스에서 배송 비용에 과세로 설정했더라도 비과세로 적용됩니다. 국내의 경우 위 그림과 같이 주문당 비용을 2500원으로 설정하고 간단하게 사용할 수 있으며, '추가 세율'이나 '추가 비용'과 같은 복잡한 기능을 사용하지 않아도 됩니다. 배송 클래스를 설정했으므로 이제 실제 배송 방법을 알아보겠습니다.

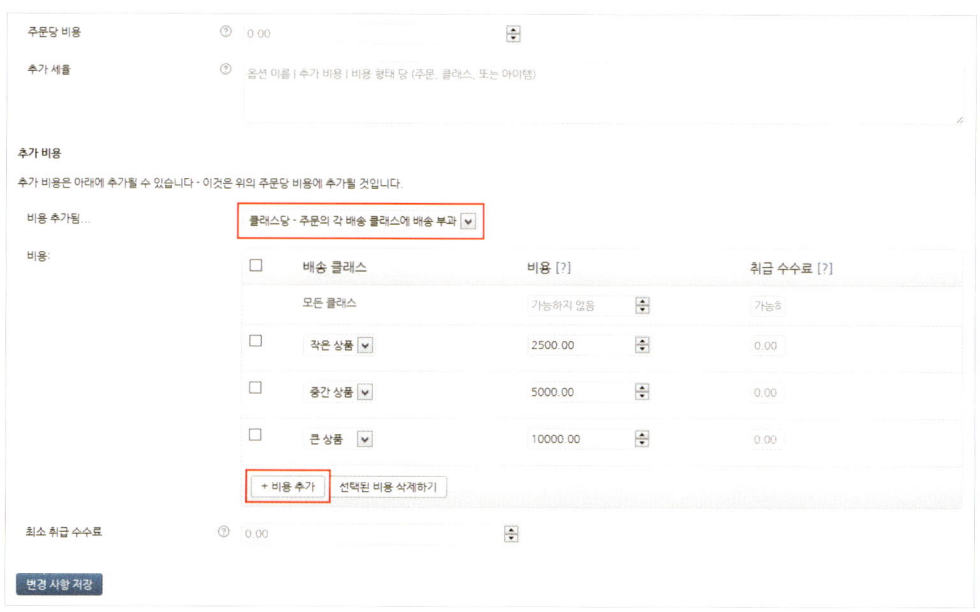

그림 1-88 배송 비용 적용

주문당 비용을 기본 요금으로 설정하고 '추가 비용' 항목을 기본 요금에 추가되는 비용으로 설정할 수도 있지만 여기서는 주문당 비용을 없는 것으로 설정했습니다. '비용 추가됨…'에 '클래스당-주문의 각 배송 클래스에 배송 부과'를 선택하고 '비용 추가' 버튼을 클릭해 배송 클래스에서 만든 각 클래스에 대해 위 그림과 같이 비용을 입력합니다. 그러고 나서 '변경 사항 저장' 버튼을 클릭합니다.

그림 1-89 배송 클래스 적용하기 전 장바구니 상품

장바구니에 상품을 몇 개 넣고 장바구니 화면으로 갑니다. 샘플 상품에 배송 클래스가 적용돼 있지 않으니 해당 상품의 링크를 클릭해 각 상품에 대해 배송 클래스를 설정하겠습니다. 상품 이미지나 링크를 클릭하면 상품의 상세 페이지가 나오고 상단의 툴바에서 상품 편집 링크를 클릭합니다.

그림 1-90 배송 클래스 적용

각 상품에 대해 배송 탭을 선택해 배송 클래스를 하나는 '작은 상품', 다른 하나는 '큰 상품'을 선택하고 '업데이트' 버튼을 클릭합니다. 배송 클래스가 다르므로 각 배송 클래스에 해당하는 비용이 적용되어 12,500원이 될 것입니다. 만일 두 번째 상품도 작은 상품으로 설정하면 배송 클래스가 같기 때문에 상품이 두 개더라도 배송 비용이 2,500원이 됩니다.

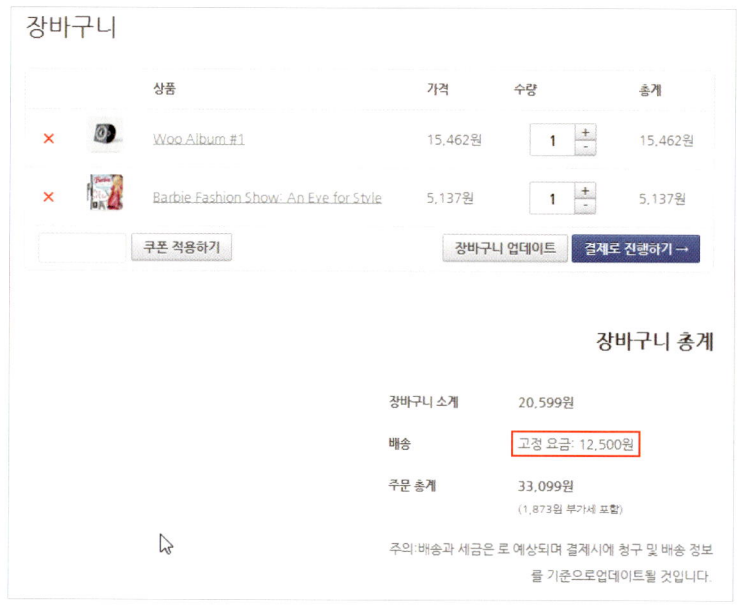

그림 1-91 배송 클래스를 적용한 결과

다시 장바구니로 돌아오면 예상대로 배송 비용이 12,500원으로 나옵니다. 다른 방식을 사용해보기 위해 두 번째 상품을 작은 상품 배송 클래스로 변경하고 다시 위의 장바구니 페이지로 돌아와서 배송 비용이 2,500원이 나오게 만들어 둡니다.

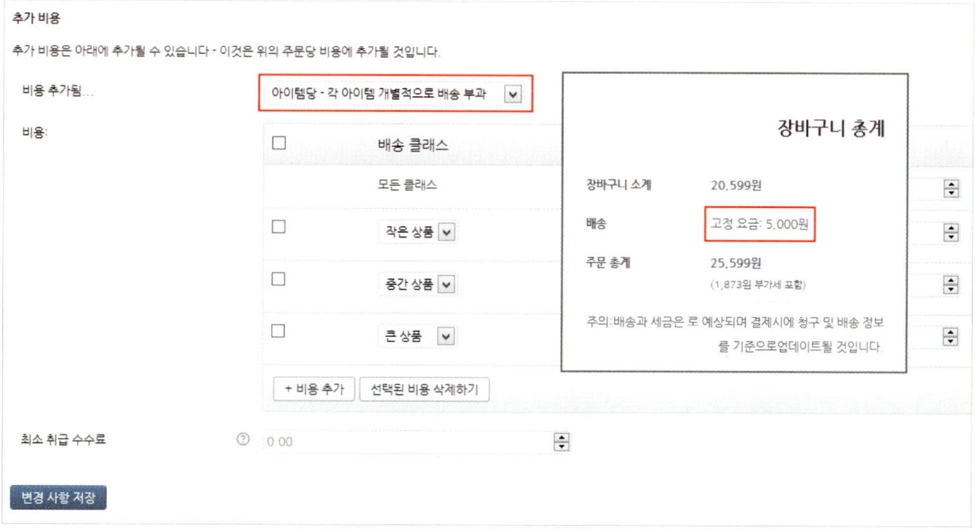

그림 1-92 아이템당 배송 클래스 적용

배송 탭의 '비용 추가됨…'에서 '아이템당 – 각 아이템 개별적으로 배송 부과'를 선택하고 '저장' 버튼을 클릭한 다음 장바구니 총계를 보면 고정 요금이 5,000원이 됩니다. 상품당 배송 비용이 적용되는 것이죠. 만일 '비용 추가됨…'을 '주문당 – 전체 주문에 일괄적으로 배송 부과'를 선택한다면 2,500원이 될 것입니다. 주문당으로 설정하면 수십 개의 상품을 주문해도 배송 비용이 2,500원이 됩니다.

추가 배송 옵션

이 옵션을 이용하면 세부적인 배송 옵션을 설정할 수 있습니다. 다소 비현실적이긴 하지만 다음과 같은 예를 들어 설명하겠습니다. 이 옵션을 이용하면 추가 비용에 사용한 배송 클래스를 제거하고 직접 추가 비용을 지정할 수 있습니다. 그렇게 하지 않으면 배송 클래스가 설정된 상품은 배송 비용이 추가됩니다.

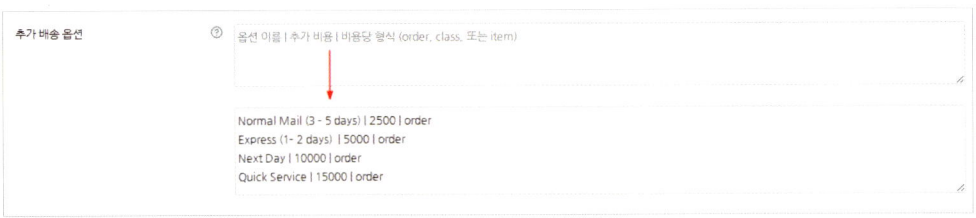

그림 1-93 추가 배송 옵션

'추가 배송 옵션'의 입력 형태는 위 입력상자의 내용과 같습니다. 모두 영문으로 입력해야 하며, 한글로 입력할 경우 결제 페이지에서는 한글로 나타나지만 주문 확정 시 유효하지 않은 배송으로 오류가 발생합니다. '비용당 형식'에 따라 비용이 달라지는데, order를 사용하면 각 주문당 배송 비용이 결정되고 class는 배송 클래스에 따라 결정됩니다. 각 요소 사이에 파이프(|: 백스페이스 좌측이나 아래의 원화 표시와 함께 있는 키)를 사용합니다. 위와 같이 입력하고 장바구니에서 보면 다음과 같이 나타납니다.

그림 1-94 추가 배송 옵션 적용 후

장바구니에 있는 상품은 배송 클래스가 '작은 상품'으로 설정된 상품이며, 하단 그림의 순서는 비용당 형식을 각각 order, item, class로 사용했을 때 나타나는 모양입니다. 추가 비용을 활성화한 우측 상단 이미지의 경우 배송 클래스 비용이 이들 비용에 추가되기는 하지만 고정 요금이라는 옵션이 하나 더 생기면서 배송 클래스 비용이 나타납니다. 고객은 가장 낮은 배송 비용을 선택할 것이므로 추가 비용을 제거하고 사용해야 합니다.

6.2 무료 배송

그림 1-95 무료 배송

무료 배송을 활성화하고 조건을 설정하지 않으면 그대로 무료 배송으로 진행되므로 주의해야 합니다. 이런 조건을 설정할 수 있는 선택 박스가 있습니다. 무료 배송 쿠폰에 대해서는 쿠폰에서 알아보기로 하고 최소 주문 수량을 설정해 두면 됩니다. 쿠폰과 주문 수량을 병합해서 사용할 수도 있습니다. 최소 주문 금액을 100,000으로 설정하고 10만원 이하의 상품을 장바구니에 넣고 결제를 진행하면 고정 비용의 배송 비용이 나오고 상품을 10만원 이상 결제하면 무료 배송으로 자동으로 전환돼 나옵니다.

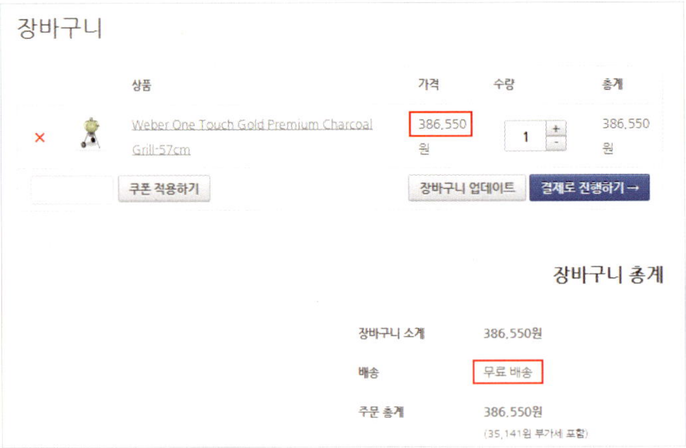

그림 1-96 무료 배송 적용 후

6.3 국제 배송

그림 1-97 국제 배송

국제 배송은 사이트 소재지인 국내를 제외해서 설정하기도 하지만 국내에서 접속한 고객이 해외로 배송하고 싶을 수도 있으므로 제외할 국가를 설정하지 않을 수도 있습니다. 실험을 위해 비용을 100,000원으로 입력하고 국내를 제외 국가로 설정하면 결제 페이지에서 국제 배송 옵션이 나타나지 않으므로 해외 국가를 제외 국가로 설정하거나 전혀 설정하지 않고 저장하면 우측의 그림처럼 나타납니다.

배송에 관해서는 기본적인 배송 외에도 유료로 판매되는 우커머스의 확장 플러그인을 사용하면 Fedex, UPS 등 해외 배송을 위한 배송 방법을 사용할 수도 있습니다.

6.4 지역 배송

그림 1-98 지역 배송

지역 배송은 상점 소재지의 인근에 주문을 배달하는 단순한 방법인데, 우편번호를 사용합니다. 이 경우 도서산간 지역에도 사용할 수 있으니 해당 우편번호를 위와 같이 입력합니다.

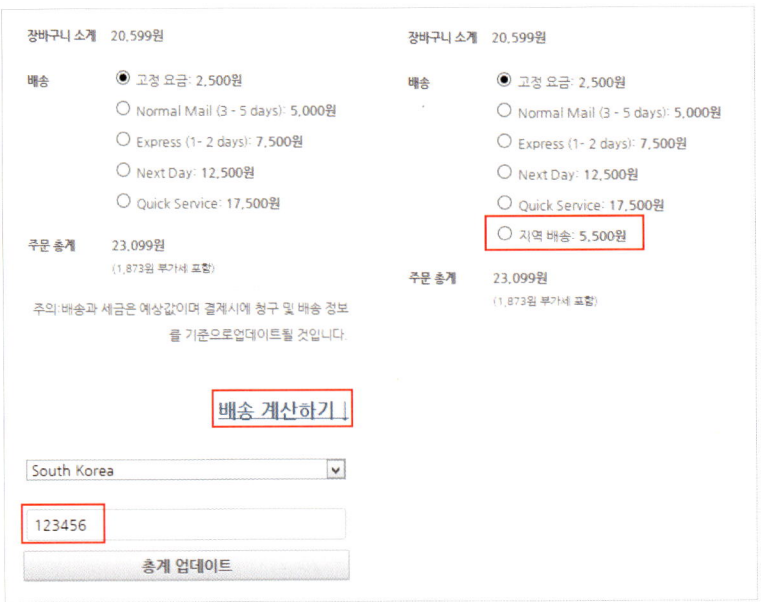

그림 1-99 지역 배송 적용 결과

장바구니에서 처음에는 지역 배송 항목이 나타나지 않지만 '배송 계산하기' 링크를 클릭해 우편번호를 입력한 다음 '총계 업데이트' 버튼을 클릭하면 배송 비용이 업데이트됐다는 메시지와 함께 지역 배송 항목이 부가세를 포함해서 나타납니다. 이 부가세는 세금 클래스에 의해 추가된 것입니다. 장바구니 페이지에서 '배송 계산하기'를 사용하지 않더라도 결제 페이지에서 우편번호를 입력하면 자동으로 배송 옵션이 업데이트됩니다. 이것은 다음의 방문 수령도 마찬가지입니다.

6.5 방문 수령

그림 1-100 방문 수령

지역 배송과 함께 단순한 방법으로 고객이 직접 방문해서 상품을 수령하는 방식입니다. 이것이 가능한지 여부는 우편번호로 설정합니다. 이번에는 결제 페이지에서 변경되는 것을 확인해보겠습니다. 우편번호를 위 그림과 같이 입력합니다.

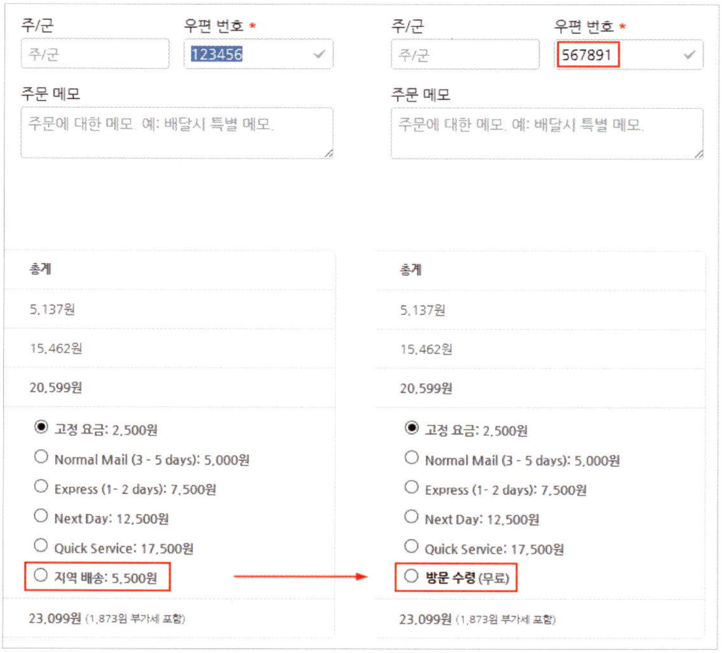

그림 1-101 방문 수령 적용

결제 페이지에서 주소를 입력하고 우편번호를 변경하니 지역 배송에서 방문 수령으로 자동으로 변경됩니다.

07 지불 게이트웨이 탭

지불 게이트웨이는 흔히 말하는 PG(Payment Gateway)를 번역한 표현입니다. 신용카드 결제 회사를 PG사라고도 합니다. Payment는 지불 또는 결제로 번역하지만 우커머스에는 Payment외에 Checkout이라는 용어를 사용하고 있으므로 Checkout은 '결제'로, Payment는 '지불'로 번역했습니다. 그러니 Payment에는 결제의 개념도 있습니다.

우커머스에 기본적으로 설치된 게이트웨이는 몇 가지 되지 않지만 나라별로 상당히 다양한 게이트웨이가 있으며, 대부분 신용카드 결제를 위한 것입니다.

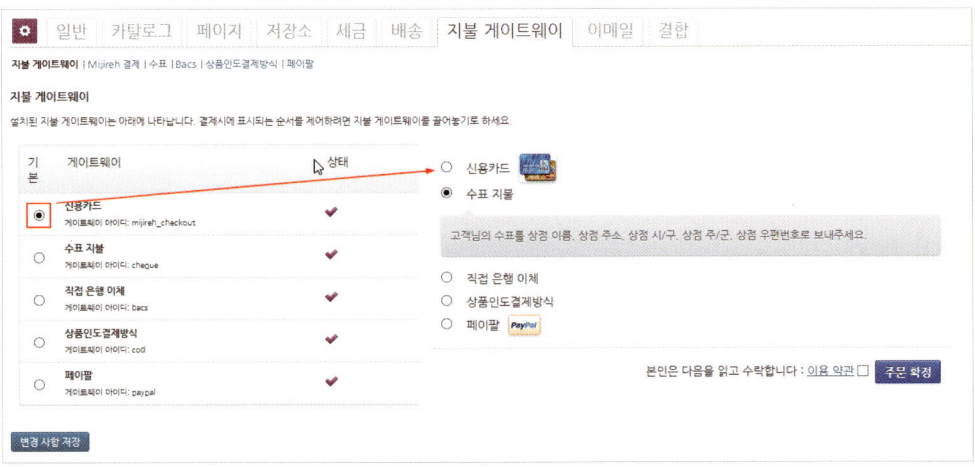

그림 1-102 지불 게이트웨이

'지불 게이트웨이' 탭의 첫 화면에서는 게이트웨이를 드래그 앤드 드롭을 통해 위치를 변경하거나 화면에 표시되는 우선순위를 설정할 수 있습니다. 하지만 위 그림처럼 신용카드를 기본 지불 게이트웨이로 설정했어도 신용카드의 내용이 보이지 않는 문제가 있습니다. 이 문제를 해결하려면 원하는 게이트웨이만 남기고 모두 비활성화하면 해당 게이트웨이만 내용이 보이는데, 그렇게 한 다음에 다른 게이트웨이를 활성화하면 됩니다.

7.1 BACS

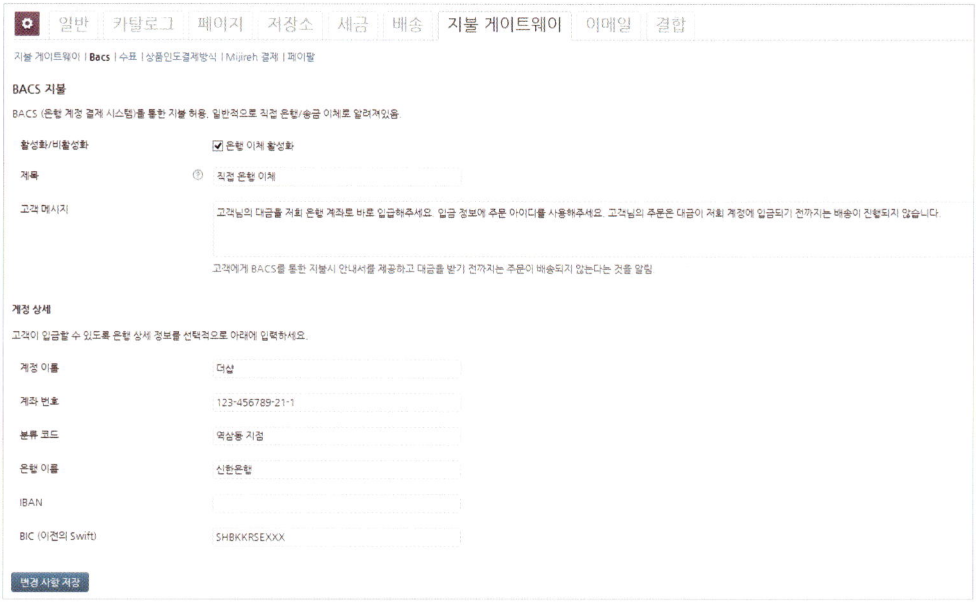

그림 1-103 은행 계정 결제 시스템

BACS는 Bankers' Automated Clearing Services의 첫 글자를 딴 표현으로 전자 결제 서비스를 의미합니다. 가입 은행이 많지 않아서 국내 은행까지 사용되지는 않습니다. 그래서 대부분의 국내 은행은 분류코드가 없습니다. 해외 고객을 위한 은행 결제를 이용할 경우 계정 상세를 영문으로 작성하고 외환거래에 사용되는 BIC 코드를 사용하면 됩니다. 예를 들어, 신한은행의 경우 BIC 코드가 SHBKKRSEXXX입니다. SHBK는 신한은행을 의미하고 KR은 한국, SE는 서울, XXX는 지점 코드인데, 계좌번호와 BIC 코드만 정확하면 계좌로 입금됩니다. 계좌번호에 지점코드가 포함돼 있기 때문입니다.

7.2 수표

그림 1-104 수표 결제

안내 글에도 나오지만 수표는 거의 사용하지 않습니다. 국내에서 수표란 자기앞수표를 의미하지만 외국의 경우에는 은행에서 돈을 찾을 때 사용하는 출금청구서에 불과합니다. 국내에서 가까운 예를 찾는다면 약속어음과 같다고 보면 됩니다. 예금 통장에 잔고가 있어야 출금되기 때문입니다. 이러한 수표는 은행에 가서 출금해서 내 계좌에 입금될 때까지 주문이 완료되지 못합니다. 그러니 안내 글에 나온 대로 실험용으로만 사용합니다.

7.3 상품 인도 결제 방식

그림 1-105 상품 인도 결제 방식

상품 인도 결제 방식은 무역에서 사용하는 COD(Cash On Delivery)를 의미하며, 상품의 인도와 동시에 대금이 결제되는 방식입니다. 대금을 받아주는 사람은 배달하는 서비스 업체를 의미하고, UPS에서 서비스하고 있습니다. 배달을 3번 시도했는데도 대금을 받지 못하면 상품은 반송된다고 합니다. 이런 결제 방식이 많이 사용될 일은 아마 없을 것입니다.

7.4 카드결제

Mijireh는 국제적으로 사용되는 카드 결제 시스템입니다. 여기서는 국내에서 개발된 결제 플러그인을 이용해 LG 유플러스 전자결제 시스템을 사용하는 방법을 알아보겠습니다. 현재 초기 버전이라서 LG 유플러스만 가능하지만 지속적인 개발로 다른 결제사와 연동할 예정이라고 합니다. 인터넷 익스플로러와 크롬, 사파리, 파이어폭스 브라우저에서도 카드결제가 가능하며, 카드결제뿐 아니라 실시간 계좌이체, 무통장, 휴대폰까지 가능하지만 한 가지 단점은 이 결제 시스템을 이용하면 다른 지불 게이트웨이는 사용할 수 없다는 것입니다.

카드 결제 플러그인은 디자인 변경을 위해 로컬호스트에서 설치하고 사용할 수 있지만 실제 카드 결제를 실험하려면 로컬호스트가 아닌 실제 웹호스트에서 진행해야 합니다.

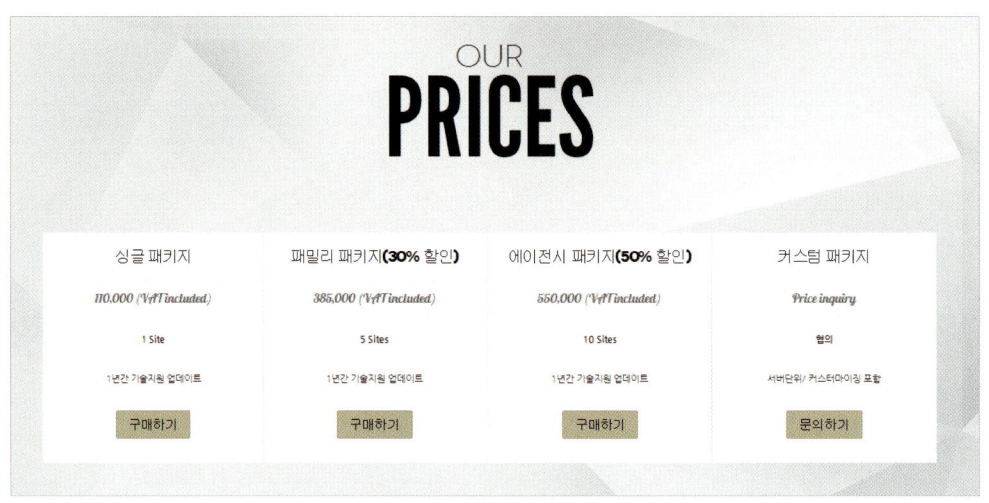

그림 1-106 국내 카드 결제 플러그인 홈페이지

- 공식 홈페이지: http://www.planet8.co/

위 링크로 이동하고 화면을 스크롤해서 내린 다음 플러그인을 구매합니다. 이메일에서 파일을 내려받아 압축을 해제하면 설치 및 사용법에 관한 상세한 PDF 가이드가 있으니 참고하면 됩니다. 압축을 풀면 두 가지 플러그인이 있는데, 하나는 결제를 위한 플러그인이고 다른 하나는 국내 배송정책에 적합한 배송 플러그인입니다. 배송 플러그인은 우커머스에 기본적으로 설치돼 있는 고정비용과 거의 같으니 해당 내용을 참고하세요.

이 결제 플러그인을 사용하기 위한 요구사항은 다음과 같습니다.

1. Wordpress 3.0 이상
2. Woocommerce 2.0 이상
3. Woothemes를 사용해야 함

3번 부분에서 우씸(Woothemes)의 테마를 사용해야 된다고 했는데, 이것은 결제 페이지에서 레이아웃이 어긋나는 것 때문인 것으로 생각되며, 3장에서 만든 테마에 설치하고 사용해보니 몇 가지 스타일시트만 수정하면 문제없이 작동합니다. 플러그인을 활성화하기 전에 이미 한국 원화로 바꾸는 코드를 functions.php 파일에 추가했으므로 결제 플러그인 파일에서 수정해야 합니다. 이 플러그인을 활성화하면 한국 통화 기호가 ₩로 표시됩니다.

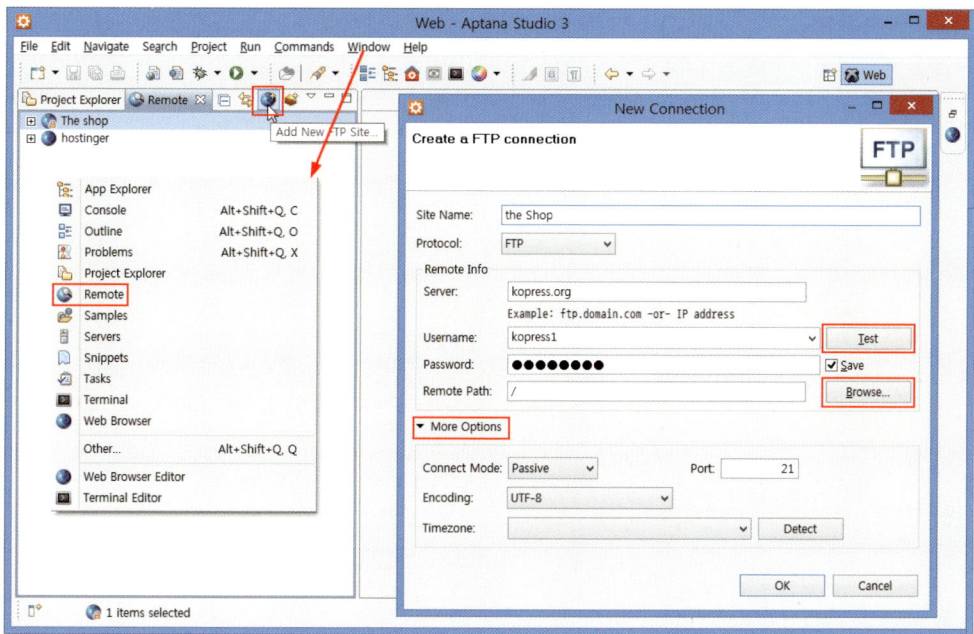

그림 1-107 앱타나 스튜디오로 FTP 서버 연결

2장에서는 파일을 자주 수정하게 되므로 사이트에 접속해서 직접 수정하는 방법을 알아보겠습니다. 앱타나 스튜디오를 열고 메뉴에서 Window → Show View → Remote를 클릭하면 Remote 패널이 나타납니다. 그런 다음 지구 아이콘을 클릭해서 새로운 접속을 만듭니다. 사이트 이름을 입력하고 FTP 접속 정보를 입력합니다. More Options를 클릭하면 추가 정보가 나타납니다. Browse 버튼을 클릭해 디렉터리를 지정할 수도 있습니다. Test 버튼을 클릭해 연결되는지 확인하고 OK 버튼을 클릭합니다.

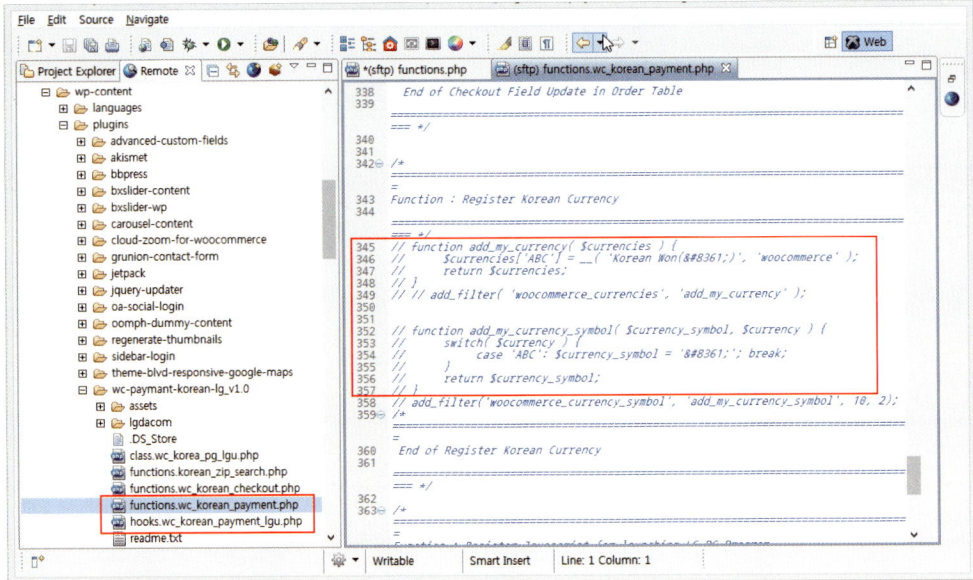

그림 1-108 플러그인 통화 표시 수정

wp-content/plugins/wc-paymant-korean-lg_v1.0 폴더에서 functions.wc_korean_payment.php 파일을 열고 줄 번호 345~357의 다음 코드를 블록으로 설정한 후 Ctrl+/ 키를 눌러 주석으로 처리하고 저장합니다.

```php
function add_my_currency( $currencies ) {
    $currencies['ABC'] = __( 'Korean Won(&#8361;)', 'woocommerce' );
    return $currencies;
}
// add_filter( 'woocommerce_currencies', 'add_my_currency' );


function add_my_currency_symbol( $currency_symbol, $currency ) {
    switch( $currency ) {
        case 'ABC': $currency_symbol = '&#8361;'; break;
    }
    return $currency_symbol;
}
```

다음으로 hooks.wc_korean_payment_lgu.php 파일을 열고 28번 줄에서 다음의 코드를 주석으로 처리합니다.

```
add_filter('woocommerce_currencies', 'add_my_currency' );
```

관리자 화면의 설치된 플러그인 화면에서 아래의 두 가지 플러그인을 활성화합니다.

- WooCommerce Korean Payment Gateway with LG U+
- WooCommerce Shipping Method for Korean

첫 번째가 결제 플러그인으로 우커머스 메뉴에서 '설정' → '지불 게이트웨이' 탭에서 마지막 부분에 PayLG로 나타나고 두 번째가 배송 플러그인으로 우커머스 메뉴에서 '설정' → '배송' 탭에서 Flat Rate_kr로 나타납니다. 기타 설정 방법은 내려받은 파일에서 PDF 파일의 내용을 참고하세요. 다만 우편번호 페이지를 만들려면 고유 주소를 '글 이름'으로 사용자 정의 구조를 변경해야 합니다.

그림 1-109 고유 주소 설정

'설정' → '고유 주소'에서 '글 이름'에 체크하고 하단의 '저장' 버튼을 클릭합니다. 이렇게 하면 워드프레스가 루트 디렉터리에 .htaccess 파일을 만들고 코드를 저장하므로 루트 디렉터리가 쓰기 가능해야 합니다. 그러려면 파일질라에서 파일권한을 777로 변경한 다음 나중에 사이트가 완성되면 원상 복구합니다.

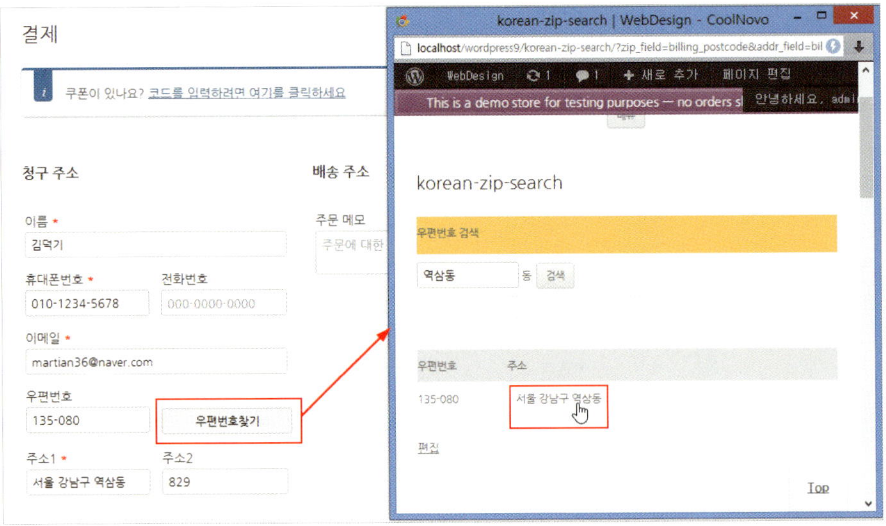

그림 1-110 우편번호 찾기 페이지

PDF 가이드에 나온 내용대로 우편번호 페이지를 만든 다음, 상품을 구매하고 결제 페이지에서 우편번호찾기 버튼을 클릭하면 팝업 창이 나타나고, 우편번호를 검색해서 클릭하면 우편번호와 주소1이 입력됩니다. 그런데 페이지가 기본 템플릿을 사용하고 있으므로 페이지의 모든 내용이 나타납니다. 이를 수정하려면 페이지 아이디를 이용해 별도의 파일을 테마 폴더에 만들고 코드를 수정해야 합니다. 이에 관해서는 다음 장에서 결제 페이지를 수정할 때 알아보겠습니다.

결제 실험하기

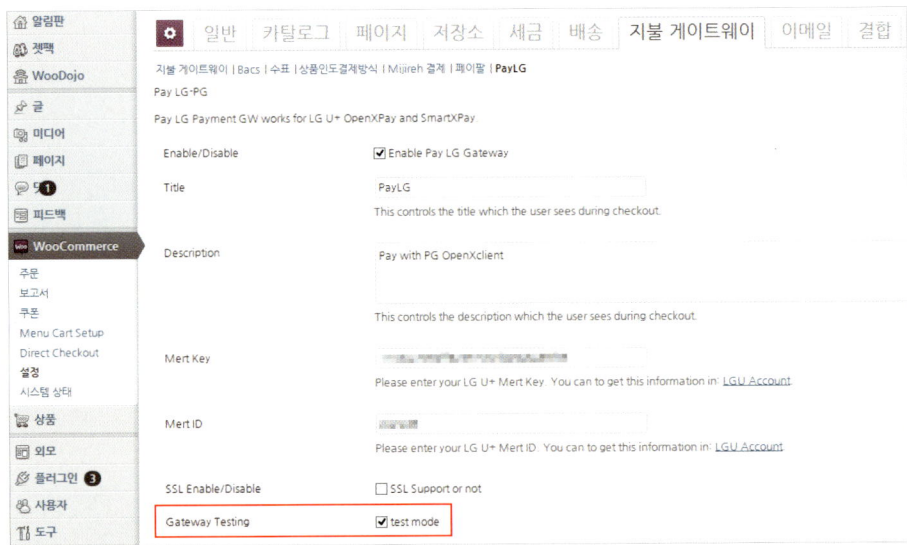

그림 1-111 PayLG 결제 페이지 설정

LG U+와 계약이 완료되고 모든 설정이 끝나면 우커머스 메뉴에서 '설정' → '지불 게이트웨이' → 'PayLG'를 선택하고 Gateway Testing에서 Test Mode에 체크한 다음 저장하면 테스트 결제를 이용할 수 있습니다.

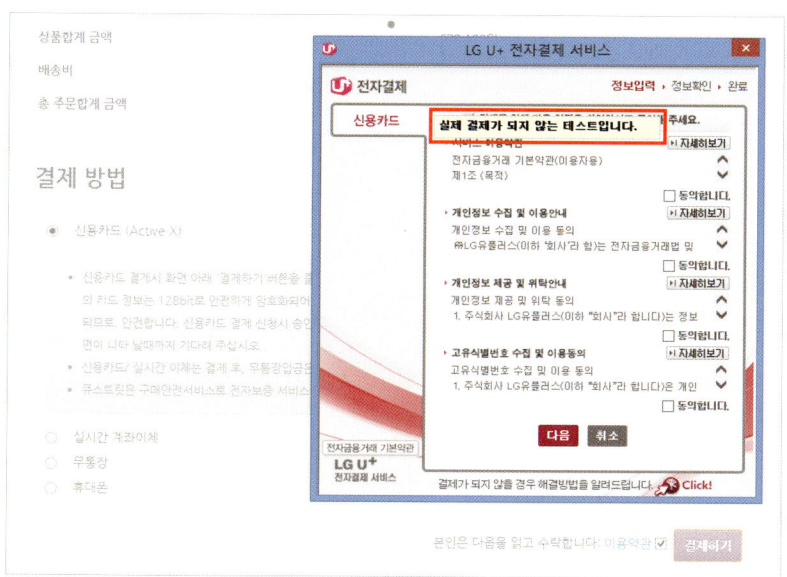

그림 1-112 카드 결제 테스트 실행

상품을 장바구니에 넣고 결제 페이지에서 결제 방법을 선택한 후 '결제하기' 버튼을 클릭하면 '실제 결제가 되지 않는 테스트입니다.'라는 메시지가 나타나며, 통상적인 절차에 따라 정상적인 카드번호와 공인인증서를 이용해 결제가 완료되면 다음과 같이 이메일로 통지됩니다.

그림 1-113 테스트 결제 후 발송되는 이메일 통지

페이게이트 결제 모듈

페이게이트 결제 모듈은 스튜디오 제이티(http://studio-jt.co.kr/)에서 개발한 페이게이트용 결제 플러그인입니다. 2013년 10월에 출시됐고 무료로 사용할 수 있으며 타 PG사에 비해 가맹비가 저렴합니다. 결제사와 접속해서 처리해야 하므로 웹호스트에서 작업합니다.

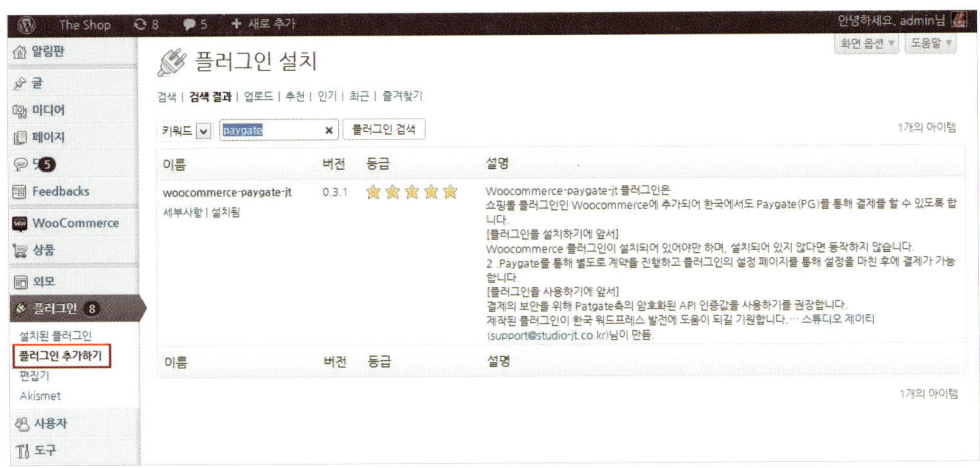

그림 1-114 페이게이트 플러그인 설치

'플러그인 추가하기' 화면에서 paygate로 검색해서 설치하고 활성화합니다. 이 플러그인을 설치하고 나면 설정할 수 있는 곳이 배송 탭과 지불 게이트웨이 탭에 있습니다.

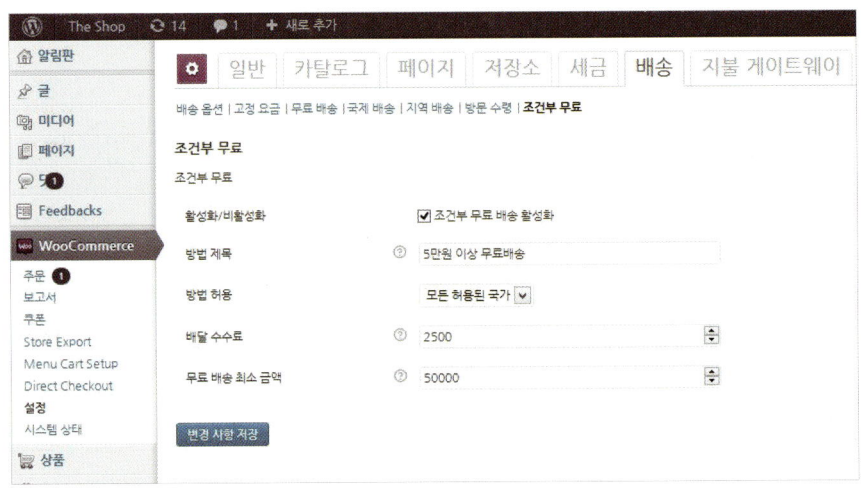

그림 1-115 페이게이트 배송 조건부 무료

우선 '배송' 탭에 보면 조건부 무료 링크가 있습니다. 이곳은 무료 배송과 비슷한 기능을 합니다. '조건부 무료 배송 활성화'에 체크하고 방법 제목은 원하는 문구를 입력합니다. '배달 수수료'에 일정 구매 금액에 미달할 경우의 배송비용을 입력하고 '무료 배송 최소 금액'에 무료 배송 조건을 위한 최소 금액을 입력한 후 '저장' 버튼을 클릭합니다.

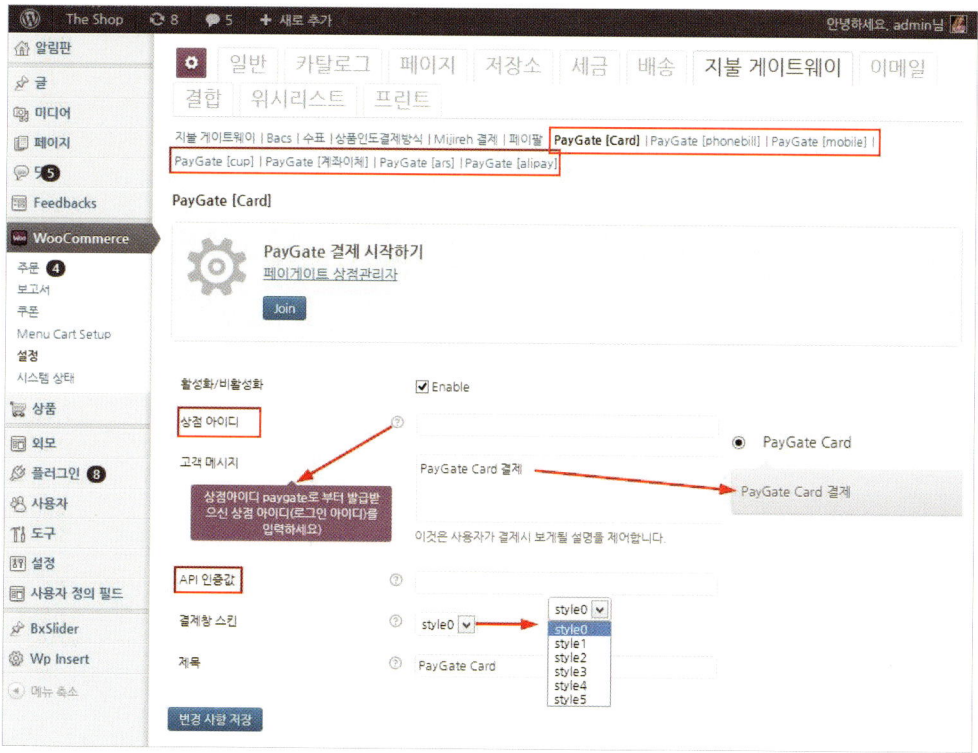

그림 1-116 페이게이트 카드 결제 설정

'지불 게이트웨이' 탭을 선택하면 여러 가지 게이트웨이가 나타납니다. 우선 PayGate [Card]를 기준으로 보면 상단에서 '페이게이트 상점 관리자' 링크를 통해 페이게이트의 자신의 관리자 화면으로 바로가기 할 수 있고 Join 버튼을 클릭해서 회원 가입을 할 수 있습니다. 회원 가입이 완료된 후 페이게이트부터 상점 아이디와 API 인증값을 받아 두 곳에 입력합니다. 결제창 스킨은 6가지로 변경할 수 있습니다. '고객 메시지' 입력상자는 결제 페이지에서 결제 방법별로 상세한 안내글을 입력할 수 있으며 '제목'은 결제 방법의 제목을 입력합니다.

각 게이트웨이의 내용에 대해서는 홈페이지에서 서비스 종류 메뉴를 참고하시면 됩니다.

- 페이게이트 서비스 종류: http://www.paygate.net/service/k_credit.php

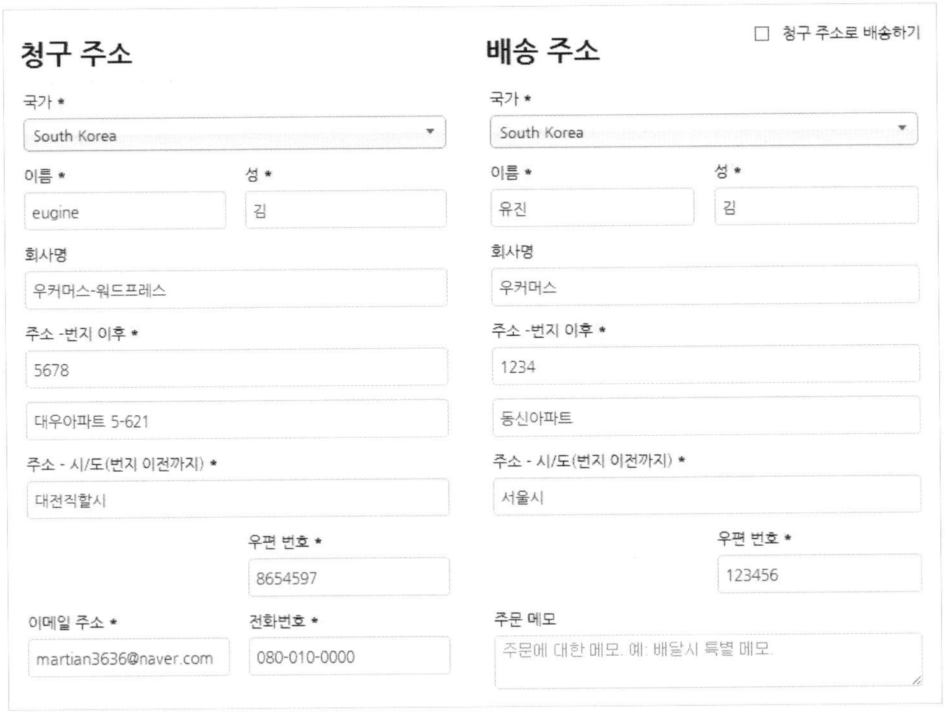

그림 1-117 페이게이트 결제 페이지

하나의 상품을 장바구니에 넣고 결제 페이지에 오면 이전 결제 플러그인과는 달리 기존의 결제 페이지에서 청구주소나 배송주소를 우커머스의 설정대로 사용합니다. 이러한 주소를 변경하거나 입력란을 추가하는 방법은 2장의 '결제 페이지 수정하기' 편을 참고하면 됩니다.

그림 1-118 주문 결과

5만원 이하의 상품을 주문했더니 배송비용이 부가세 포함해서 나타납니다. 카드 결제를 선택하고 '주문 확정' 버튼을 클릭했습니다.

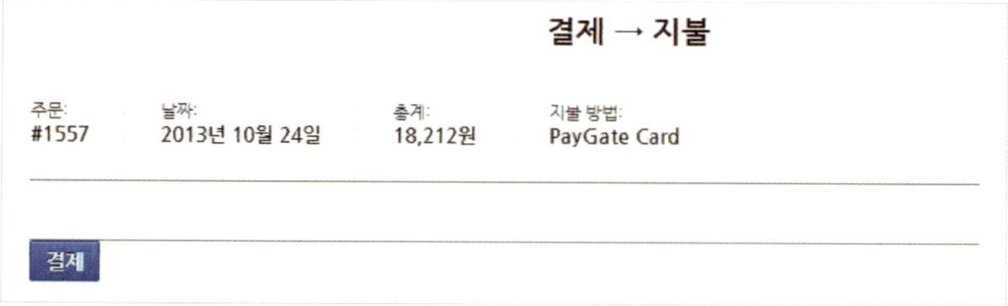

그림 1-119 주문 내역

이전의 결제 플러그인과는 달리 팝업창이 나타나지 않고 테마의 결제 템플릿을 이용해 결제가 진행됩니다. '결제' 버튼을 클릭합니다.

그림 1-120 결제 진행

두 가지 링크가 있는 화면이 나오고 '동의' 버튼을 클릭하면 카드를 선택하는 선택 상자가 나타납니다. 카드를 선택한 후 카드번호와 정보를 입력하면 결제가 완료됩니다.

그림 1-121 결제 완료

카드 지불에 성공했다는 창이 별도로 나타납니다.

그림 1-122 인터넷 익스플로러의 안전결제

인터넷 익스플로러에서는 별도의 안심결제 창이 나와서 결제가 진행됩니다.

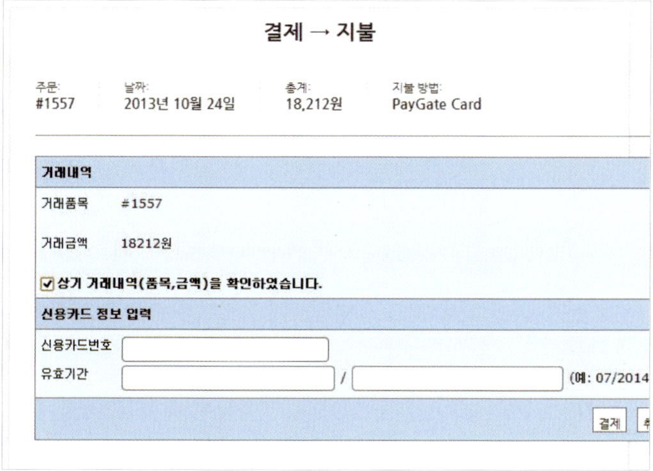

그림 1-123 좁은 폭에서의 결제 화면의 레이아웃

이 플러그인의 경우 폼의 폭이 정해져 있어서 화면 폭을 줄이면 레이아웃을 벗어납니다. 이전의 결제 플러그인의 경우 레이아웃을 만드는 파일이 플러그인에 포함돼 있어서 2장에서 수정할 수 있었지만 이 플러그인은 페이게이트에서 직접 코드가 삽입돼서 레이아웃을 만들고 있으므로 수정할 수가 없었습니다. 향후 모바일 결제를 위한 레이아웃 변경이 있을 것으로 예상됩니다.

7.5 페이팔

페이팔을 이용하면 외국에서도 카드를 이용한 결제가 가능합니다. 외국에서는 대중화돼 있어 많이 사용되지만 국내에서는 주로 PG사의 결제 시스템을 이용하기 때문에 페이팔은 접근하기가 어렵습니다. 그뿐만 아니라 가입하고 설정하는 부분이 만만치가 않습니다. 그러니 외국을 대상으로 한 쇼핑몰이라면 페이팔을 이용한 결제 방법을 설정하는 것이 좋습니다.

여기서는 페이팔을 이용하기 위한 가입 및 설정 방법을 알아보고, 실험을 위한 샌드박스를 이용하는 방법을 알아보겠습니다. 참고로 로컬호스트에서는 진행할 수 없으므로 웹 호스트에서 진행합니다.

우커머스 설정

그림 1-124 페이팔 통화 변경

한국 원화는 지원되지 않으므로 우커머스 메뉴에서 '설정' → '일반' 탭에서 통화를 미국 달러로 선택합니다. 아직은 이중 통화를 지원하지 않으나 향후 가능하도록 기능을 추가할 예정이라고 합니다.

페이팔을 사용하려면 다음의 세 가지 조건이 갖춰져야 합니다.

- 쿠폰 발행 시 세후 쿠폰이 적용되지 않게 할 것
- 가격에 세금이 포함되지 않게 할 것
- 배송 포함해서 라인이 9개를 초과하지 않게 할 것

이 조건을 지키지 않으면 에러가 발생하고 총계가 달라질 수 있습니다.

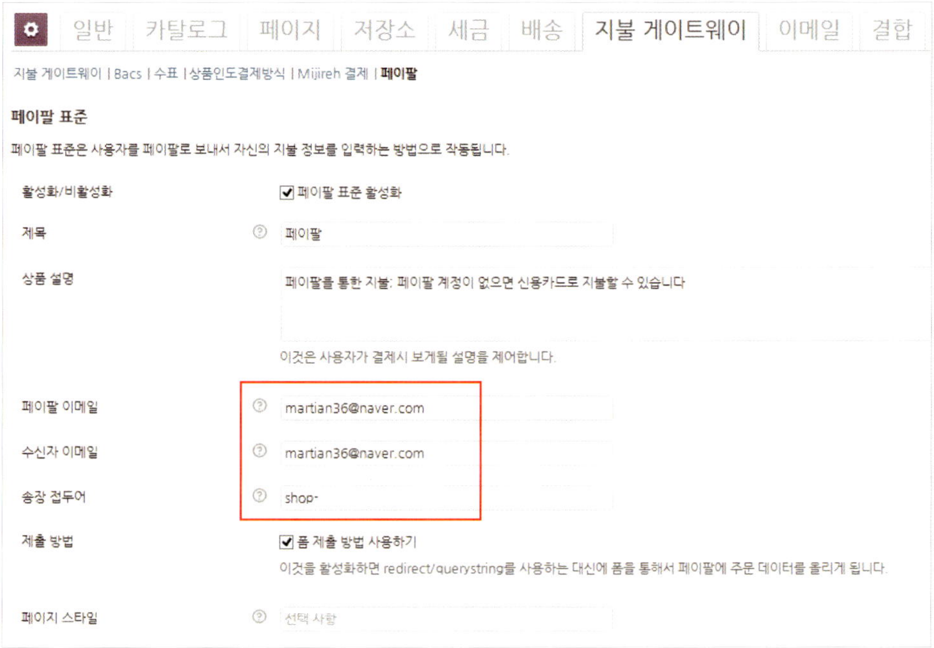

그림 1-125 페이팔 이메일 설정

'지불 게이트웨이' 탭에서 '페이팔'을 선택하고 페이팔 표준 활성화에 체크한 다음 두 개의 입력상자에서 페이팔에서 설정할 이메일을 입력합니다. 송장 접두어는 자신의 상점에 고유한 글자를 입력합니다.

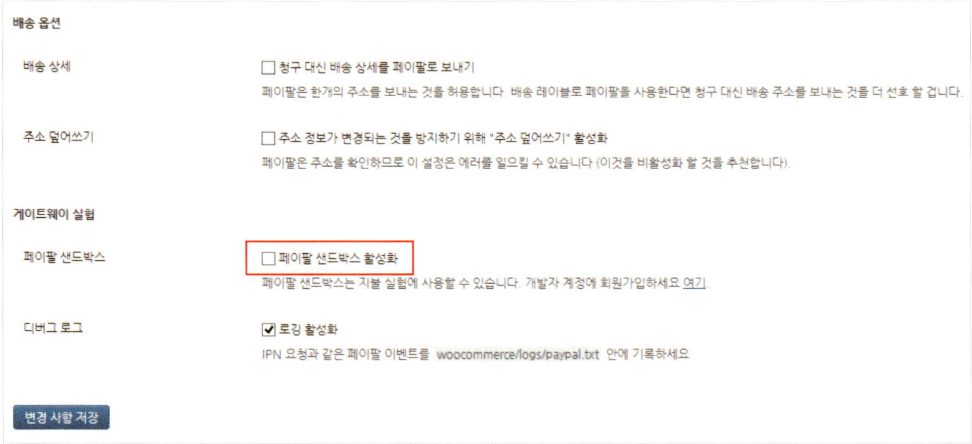

그림 1-126 페이팔 샌드박스 비활성화

페이팔 샌드박스에 체크해제하고 '저장' 버튼을 클릭합니다.

페이팔 가입

- 페이팔: https://www.paypal.com

위 링크로 이동해서 Sign up Now 버튼을 클릭합니다.

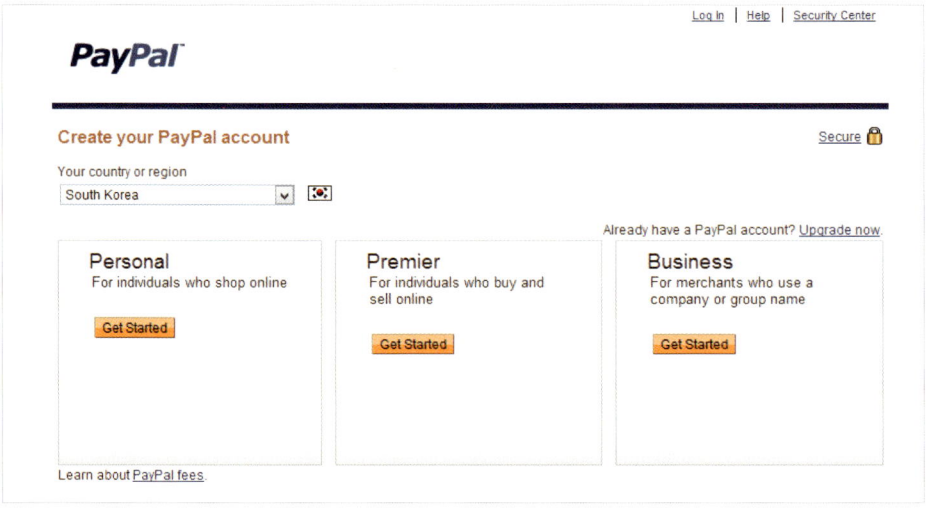

그림 1-127 페이팔 회원 가입

선택상자에서 한국이 선택된 것을 확인하고 Personal 박스의 Get Started 버튼을 클릭합니다. Premier나 Business는 추가 요금을 내야 하는데, 여러 가지 혜택이 있습니다. Business 계정에 가입하는 방법은 나중에 설명합니다.

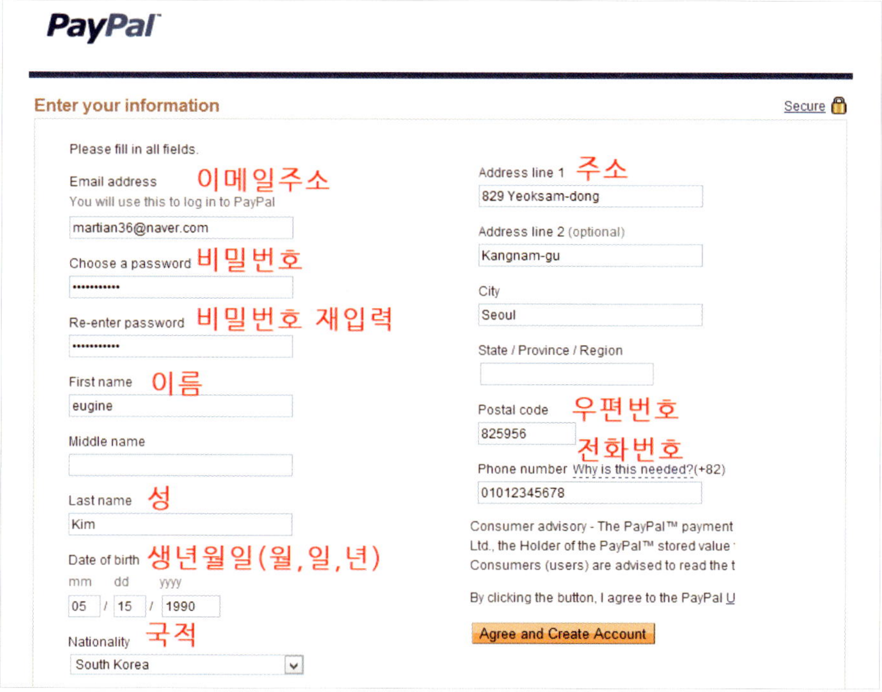

그림 1-128 페이팔 정보 등록

각종 정보를 입력하고 Agree and Create Account를 클릭하면 다음 화면으로 이동합니다.

그림 1-129 카드 정보 등록

보안 코드를 입력하고 Continue 버튼을 클릭한 다음, 다음 화면에서 카드 번호를 입력합니다. 인증 절차이며, 아무것도 결제되지 않습니다. Continue 버튼을 클릭하면 완료 화면이 나타납니다. 자신의 이메일에서 '확인' 버튼을 클릭하면 모든 준비가 완료됩니다.

그림 1-130 상품 주문

실험을 위해 혹시 실수해서 결제로 넘어갈 수 있으니 상품 중 금액을 낮게 변경한 후 다른 웹 브라우저에서 상점의 다른 아이디를 만들고 로그인합니다. 해당 상품을 장비구니에 넣고 결제 페이지까지 가서 주소를 입력한 다음, 페이팔을 선택하고 '주문 확정' 버튼을 클릭합니다.

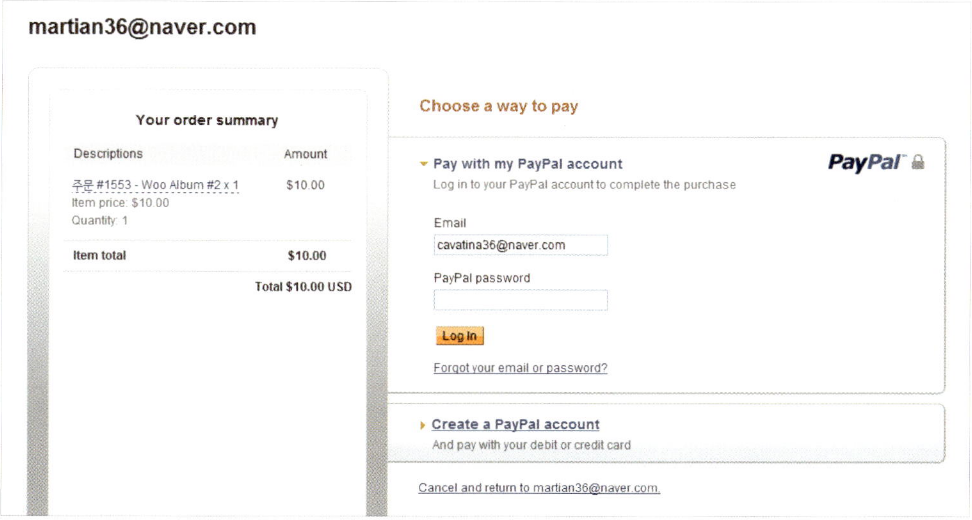

그림 1-131 페이팔 결제 페이지

잠시 후에 페이팔 결제 화면으로 이동합니다. 상호는 없고 이메일만 좌측 상단에 나타납니다. 여기서부터는 실제 결제가 이뤄지므로 테스트 결제를 하려면 페이팔에서 제공하는 샌드박스를 이용해야 합니다. 이 부분에 대해서는 비즈니스 계정에 가입하는 과정을 설명한 후 진행하겠습니다.

Business 계정 가입

최초 가입 화면에서 Business를 선택하면 다음과 같은 화면이 나타납니다. 가입한다고 해서 어떤 요금이 지불되는 것은 아니며 구매가 일어나고 고객이 페이팔로 결제하면 결제 대금에서 3.9%의 수수료와 0.3%의 거래 수수료가 발생합니다.

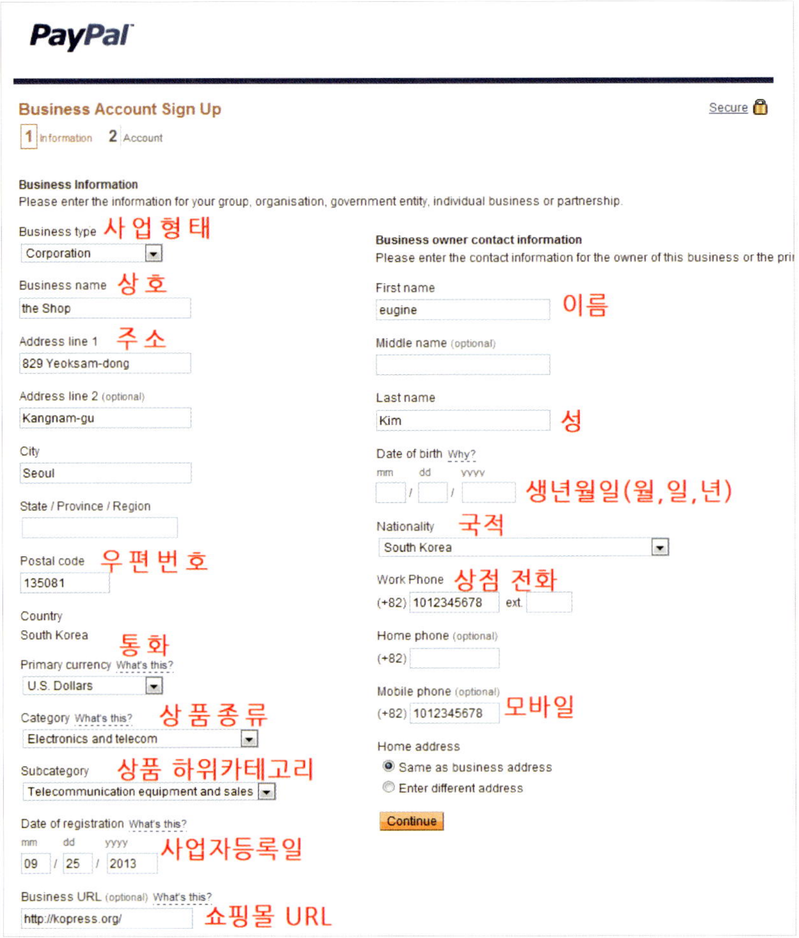

그림 1-132 비즈니스 계정 1

필요한 부분은 모두 입력하고 Continue 버튼을 클릭합니다. 다음 화면에서는 인적 사항을 입력하는 화면이 나타나는데, 상점이 공동 소유인 경우 5명까지 추가 입력할 수 있습니다. 공동 소유자가 없는 경우에는 Skip 버튼을 클릭합니다.

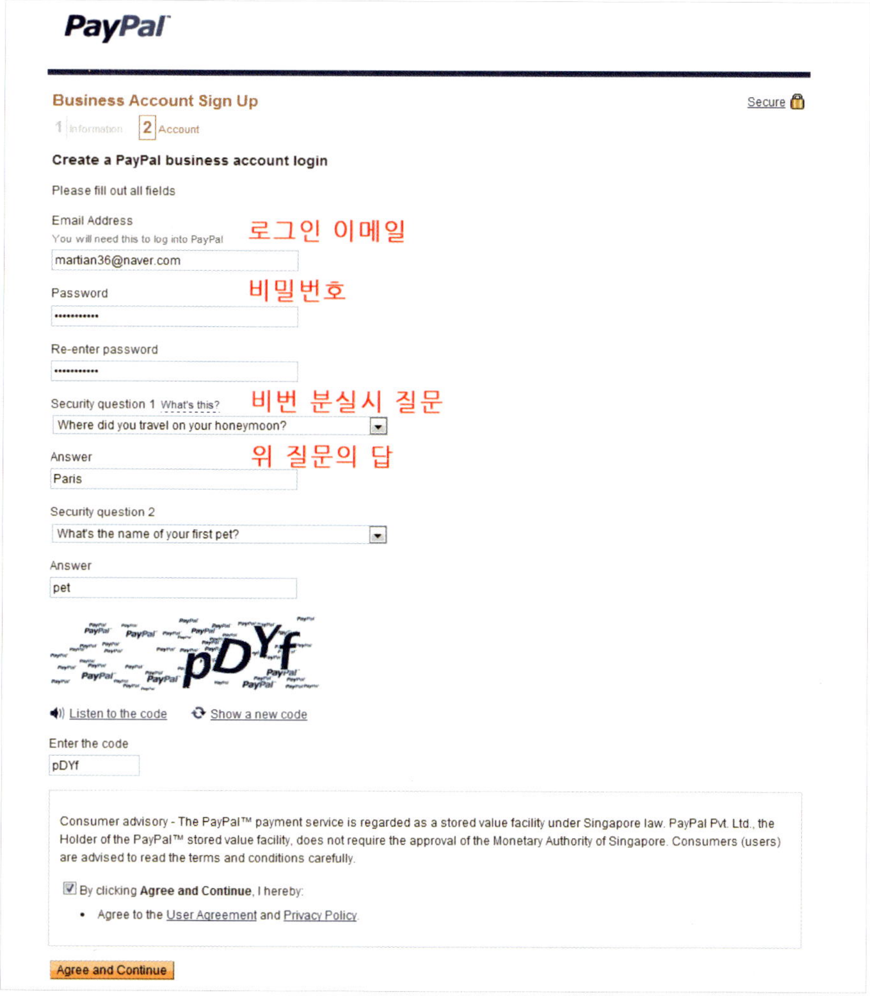

그림 1-133 비즈니스 계정 2

위와 같이 정보를 입력합니다. 특히 두 번째 부분에서 비밀번호를 분실했을 때의 질문과 답도 설정합니다. 보안 문자를 입력한 다음 'By clicking Agree and Continue, I hereby:'에 체크하고 'Agree and Continue' 버튼을 클릭합니다. 정상적으로 완료되면 다음 페이지에서 'Congratulations! You've signed up for a PayPal Business account'라는 문구가 나옵니다.

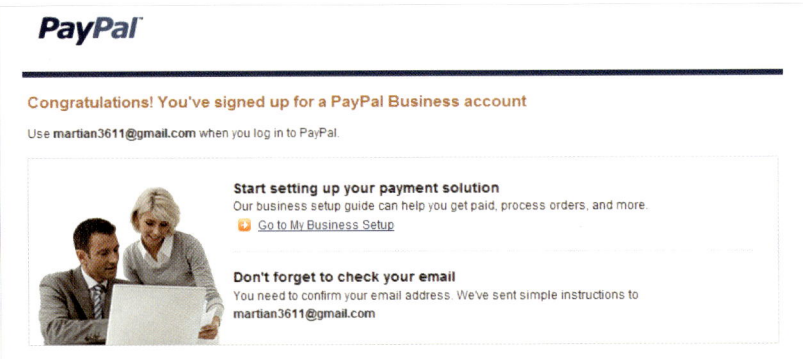

그림 1-134 비즈니스 계정 정보 등록 완료

자신의 이메일 계정으로 가서 새로 도착한 이메일을 열고 'Confirm Email' 버튼을 클릭하면 로그인 화면으로 이동합니다. 이어서 비밀번호를 입력하고 로그인하면 가입이 완료됩니다. Personal 계정이 있는 경우 My Account에서 Business 계정으로 업그레이드할 수 있습니다.

페이팔 샌드박스를 이용한 실험

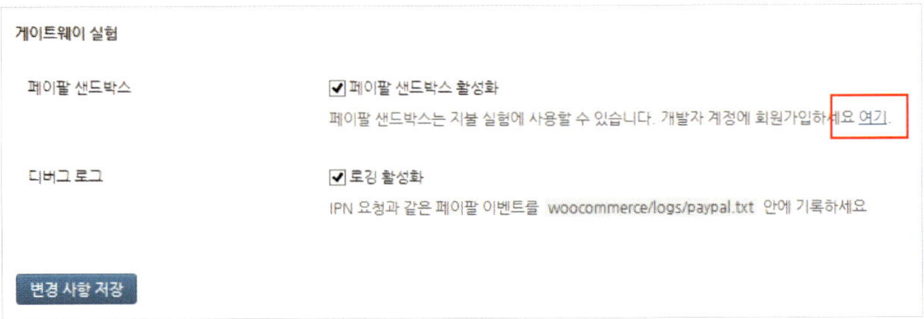

그림 1-135 페이팔 샌드박스 활성화

샌드박스 실험을 위해서는 페이팔 설정에서 샌드박스에 체크하고 진행합니다. 체크한 다음 저장하고 '여기' 링크를 클릭합니다.

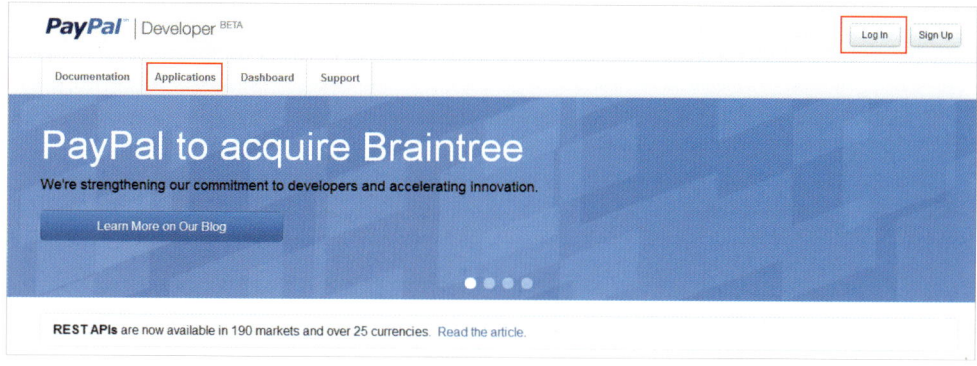

그림 1-136 페이팔 개발자 사이트

로그인한 후 Applications를 클릭합니다.

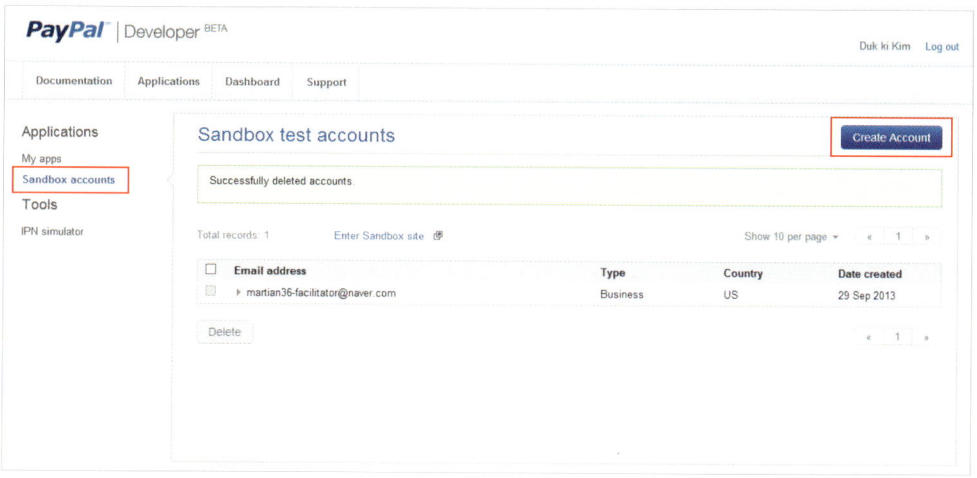

그림 1-137 페이팔 샌드박스 계정

Sandbox accounts를 선택하고 Create Account를 클릭합니다.

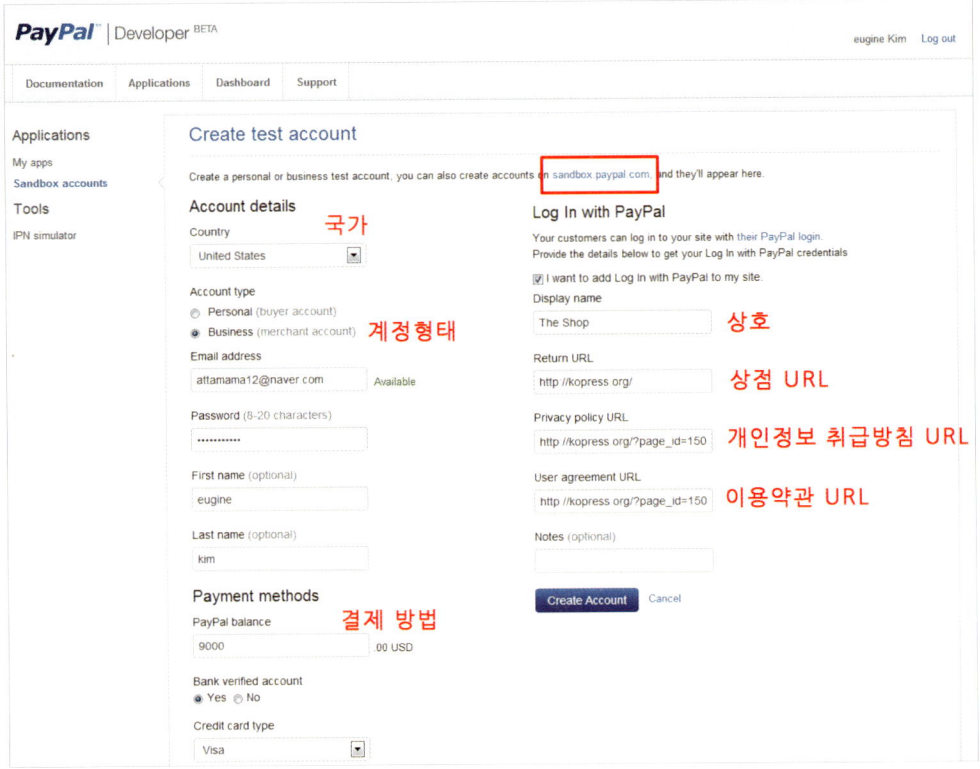

그림 1-138 테스트 계정 만들기

우선 상단의 링크(sandbox.paypal.com)를 Ctrl+클릭해서 다른 탭에 열어두고 각종 정보를 입력합니다. 샌드박스의 국가는 현재 일부만 지원되므로 국가에서 미국을 선택합니다. 실험을 위해 계정은 사업자 계정과 구매자 계정을 만듭니다. 우선 사업자 계정을 만들기 위해 계정 형태는 Business로 선택합니다. 상점 URL과 개인정보 취급방침 URL 등은 자신의 사이트에서 복사해서 붙여넣습니다. Create Account 버튼을 클릭하면 계정이 만들어지고 이전 화면이 나타나며, 해당 화면에서 다시 Create Account 버튼을 클릭해 위 화면으로 오면 계정 형태를 Personal로 선택하고 다른 이메일을 입력해 계정을 만듭니다. 여기서 이메일은 실제 이메일이 아니어도 되므로 사업자과 구매자를 각각 shop-manager@shop.com과 shop-buyer@shop.com로 임의로 만들어서 사용해도 됩니다. 실제 이메일이 아닌 경우에는 상점에서 발송되는 이메일이 구매자에게 발송되지 않습니다.

위 화면의 sandbox.paypal.com 링크를 클릭해서 열어둔 탭으로 갑니다.

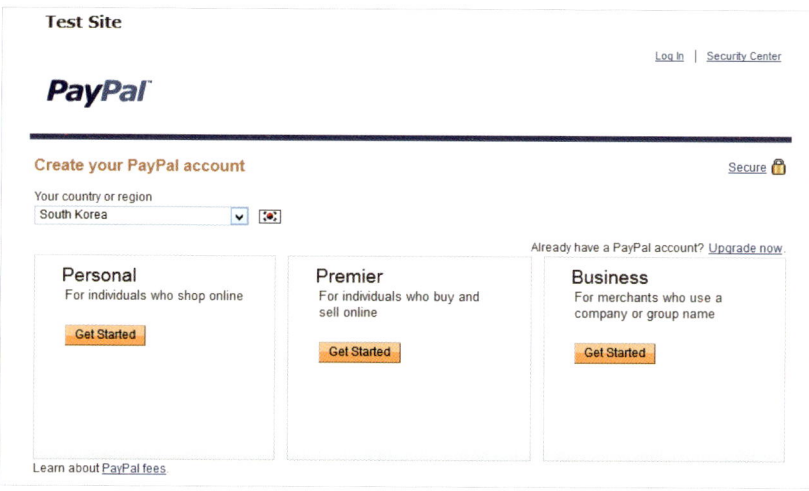

그림 1-139 테스트 사이트 페이팔 계정

좌측 상단의 선택상자에서 한국을 선택하고 Business의 Get Started 버튼을 클릭합니다. 상단에 보면 Test Site라고 돼 있습니다.

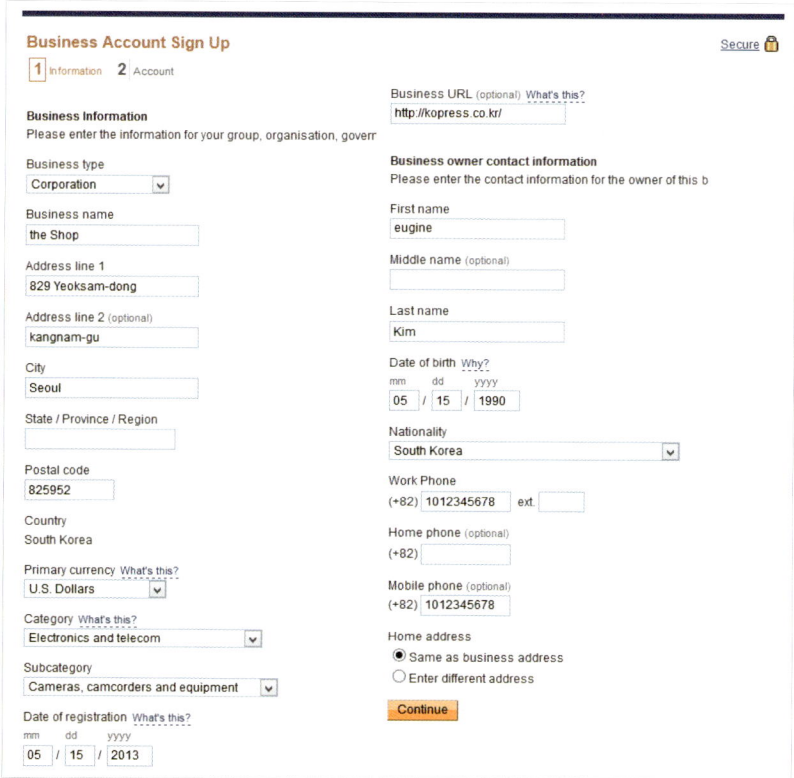

그림 1-140 테스트 계정 회원 가입 1

각종 정보를 입력하고 Continue 버튼을 클릭하면 인적사항 입력 화면이 나오는데 공동 소유자가 있는 경우 이곳에서 추가할 수 있습니다. 필요 없으면 화면 하단에서 Skip 버튼을 클릭합니다.

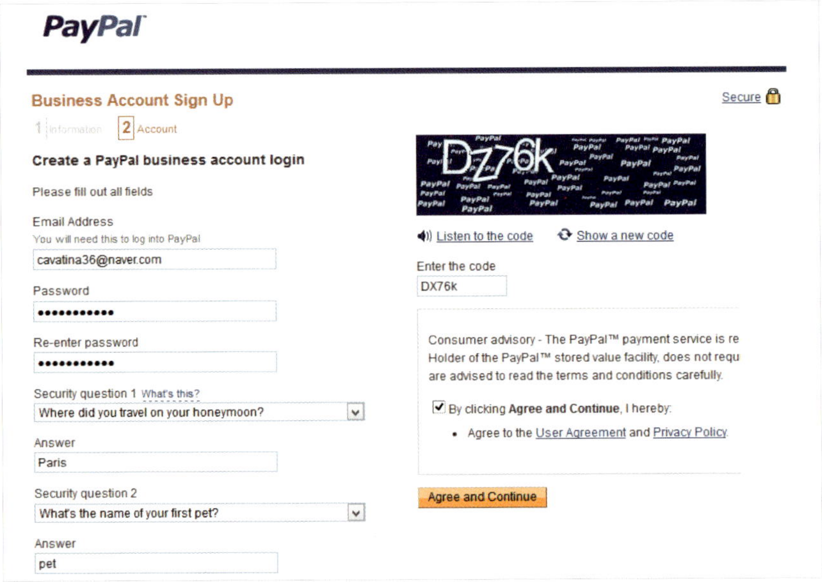

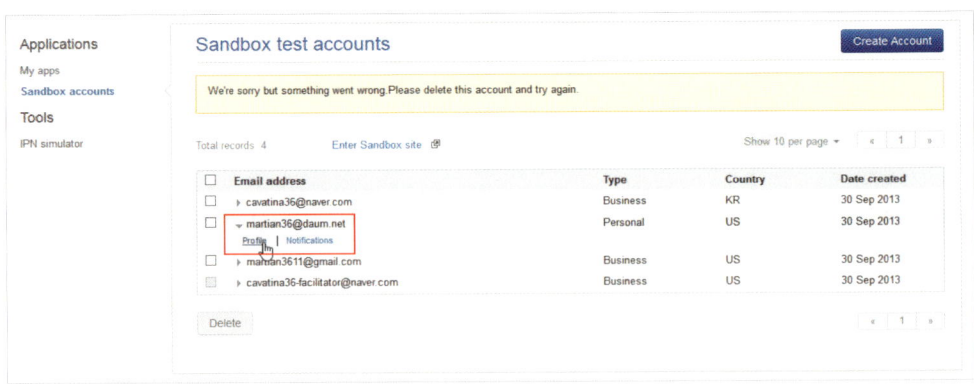

그림 1-141 테스트 계정 회원 가입 2

여기서도 각 입력상자에 정보를 입력하고 Agree and Continue 버튼을 클릭합니다. 이제 테스트를 위한 준비가 완료됐으며 샌드박스에서 새로고침하면 다음과 같은 화면이 나타납니다.

그림 1-142 샌드박스 테스트 계정

이전에 입력한 자금이나 각종 정보를 Profile에서 확인할 수 있습니다.

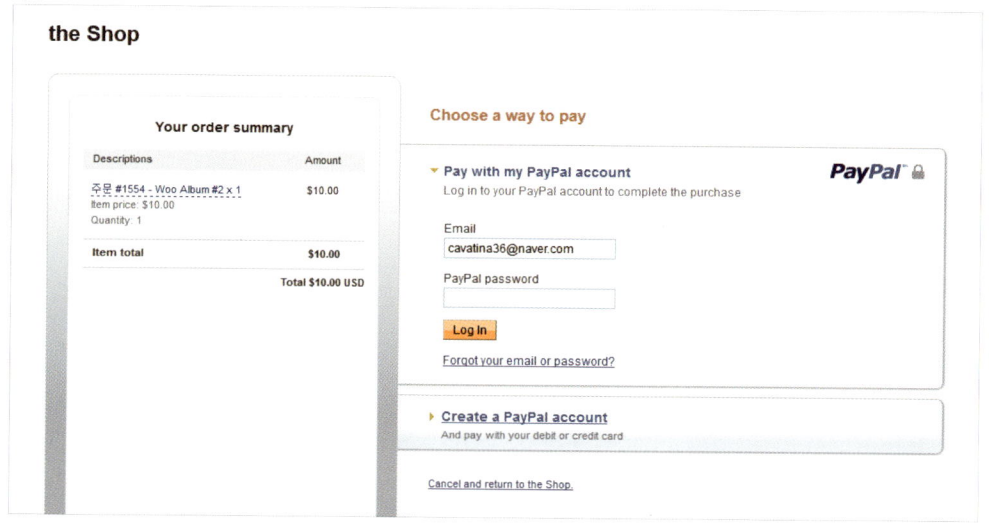

그림 1-143 테스트 결제 페이지

상점에서 상품을 주문하고 결제 페이지에서 페이팔을 선택한 다음 '주문 확정' 버튼을 클릭하면 위와 같이 상점이름이 상단에 나타납니다. 로그인하고 결제를 진행합니다. 이메일을 구매자 이메일로 입력해야 합니다. 다음 화면에서 체크박스에 체크하고 Agree and Continue 버튼을 클릭합니다. 다음 화면에서 Pay Now 버튼을 클릭하면 다음과 같은 최종 화면이 나타납니다.

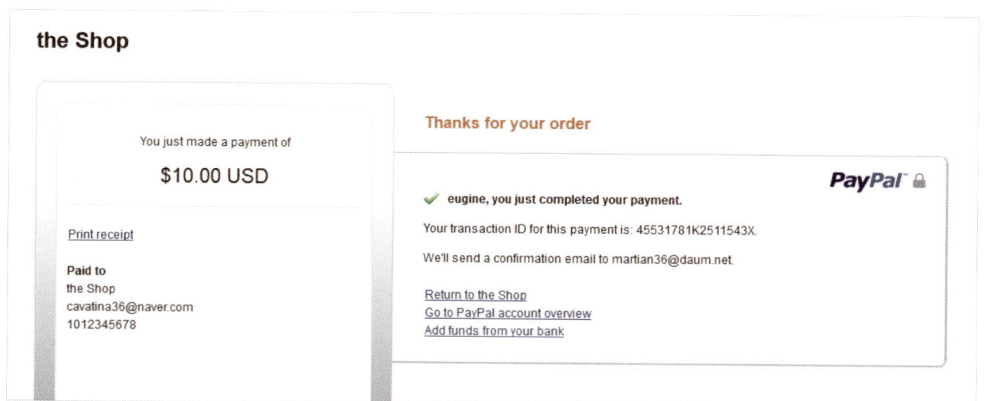

그림 1-144 테스트 결제 완료

결제가 완료됐다는 메시지와 함께 하단에 이전에 입력했던 상점 홈페이지, 개인정보 처리방침, 이용약관 링크가 표시됩니다.

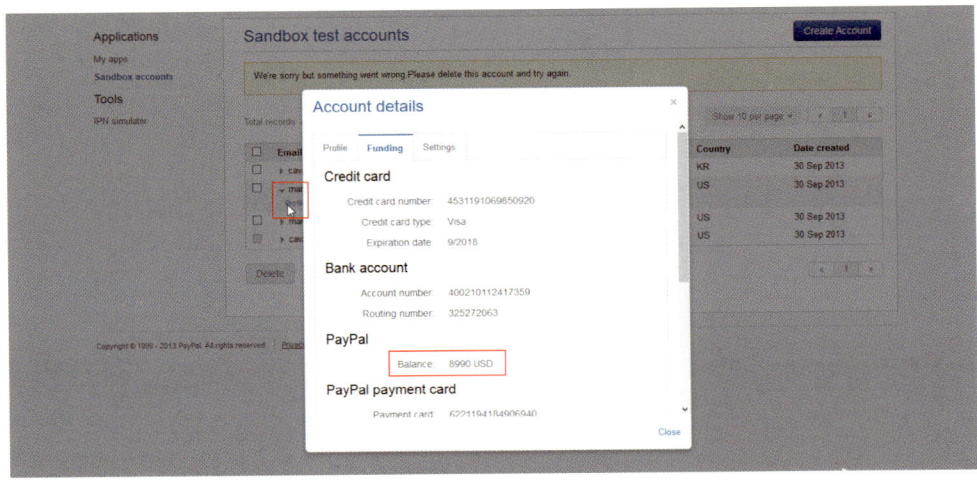

그림 1-145 자금 탭 확인

샌드박스의 구매자 계정에서 프로필을 선택하면 팝업 창이 나타나고 Funding 탭을 클릭하면 구매 자금이 차감된 채로 나타납니다.

08 이메일 탭

온라인 쇼핑몰에서 고객과 쇼핑몰 간의 정보 전달은 주로 이메일을 통해 이뤄집니다. 우커머스는 이메일과 관련해서 다양한 템플릿을 이미 만들어 놓았습니다. 고객이 주문을 하거나 주문이 완료됐을 때 상점에서 이메일로 알림을 보냅니다. 이메일 탭에서 이러한 이메일에 관련된 모든 내용을 관리할 수 있습니다.

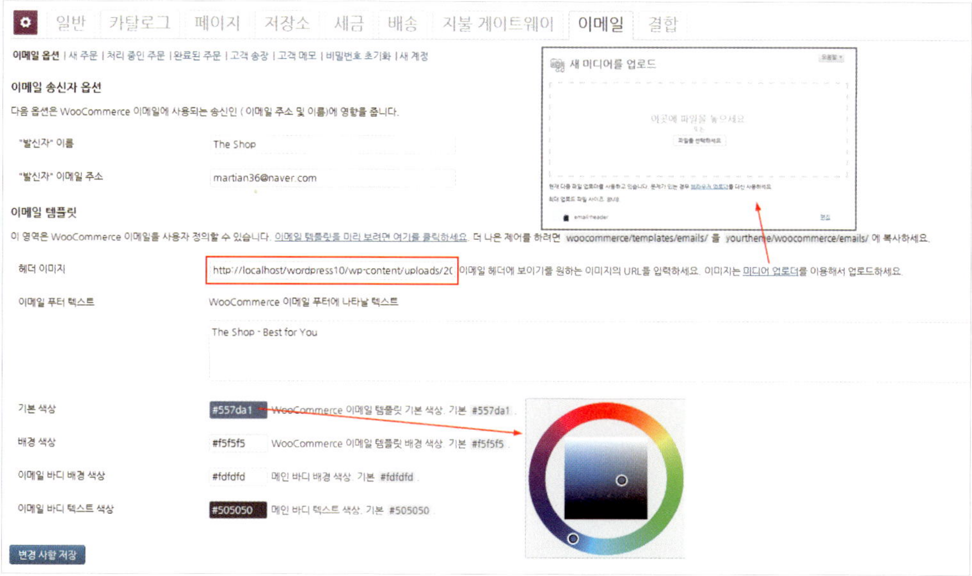

그림 1-146 이메일 옵션

이메일 템플릿은 우커머스 코어 파일에 포함돼 있으며, 상세한 수정을 하려면 템플릿 폴더를 테마 폴더로 이동해서 사용하면 우커머스를 업데이트하더라도 전혀 영향을 받지 않습니다. 이 책의 2장부터는 이러한 방식으로 테마를 수정하면서 우커머스의 레이아웃 전체를 수정하게 됩니다.

여기서는 간단한 부분만 수정해보겠습니다. 헤더 이미지를 추가할 수 있는데, 위에 있는 미디어 업로더 링크를 클릭한 다음 원하는 이미지를 업로드합니다. 첨부 파일의 이미지 파일 폴더에서 email-header.jpg를 우선 사용하세요. 편집 링크를 클릭해서 나오는 화면의 우측에 이미지 URL이 있으니 이를 복사해서 입력박스에 붙여넣습니다.

이메일 푸터 텍스트로는 원하는 문구를 입력합니다. 색상 부분에서 색상코드의 배경 색을 클릭하면 컬러피커가 나타납니다. 원하는 색을 선택하면 배경 색이 바뀝니다. 저장한 다음 확인하려면 위에서 '이메일 템플릿 미리보기' 링크를 클릭하면 됩니다.

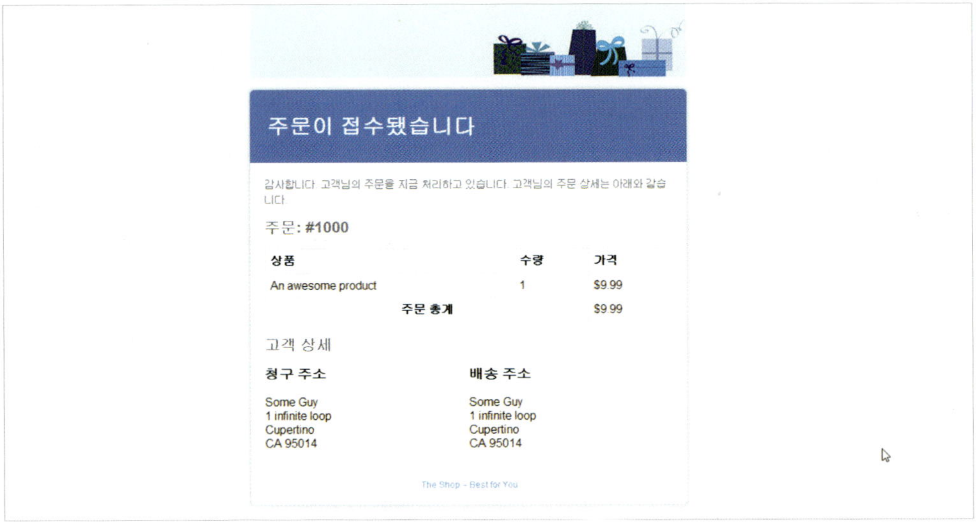

그림 1-147 주문 접수 이메일

8.1 새 주문

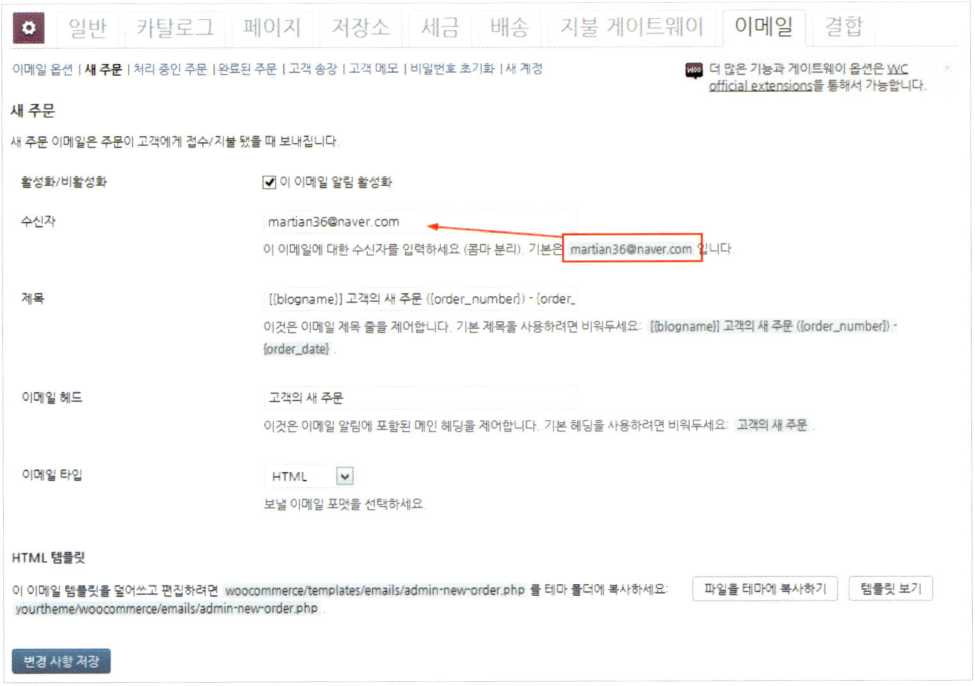

그림 1-148 새 주문 설정

새 주문 링크를 클릭하면 위와 같은 화면이 나타납니다. 수신자는 관리자가 여러 명인 경우 콤마로 분리해서 여러 개를 넣을 수 있으며 도움말에 있는 이메일을 복사해 붙여넣습니다. 제목은 중괄호 부분을 옮겨 원하는 대로 편집할 수 있습니다. 이메일 타입은 HTML로 선택해야 양식이 만들어지고, 로컬호스트에서는 이메일 실험을 할 수 없으니 실제 웹사이트에서 위 상태로 저장하고 임의의 고객을 만들어 다른 웹 브라우저를 열고 실제 주문을 하면 이메일이 관리자와 고객에게 전송됩니다. 이메일 확인도 각 웹 브라우저에서 해봅니다. 위의 내용은 관리자에게 보내지는 양식이고 이것은 하나의 주문에 대해 관리자가 받는 유일한 이메일이 되며 고객에게 보내지는 이메일 양식은 처리 중인 주문, 완료된 주문, 고객 송장, 고객 메모, 비밀번호 초기화, 새 계정입니다.

미리보기를 클릭해서 본 것과는 다르게 테두리와 글자와의 간격도 없고 좀 어색합니다. 이런 부분을 수정하려면 위 마지막 줄의 도움말처럼 파일을 테마에 복사해서 수정해야 합니다.

그림 1-149 이메일 미리보기

가장 어색한 부분이 주소란 아래의 이름입니다. 성이 이름 뒤에 배치돼 있어 외국 프로그램을 사용하고 있다는 인상을 줍니다. 여기서는 이 부분만 수정하는 방법을 알아봅니다. 우커머스 플러그인의 코어 파일을 수정해야 하는데, 템플릿 파일을 테마에 복사해서 사용하면 플러그인이 업데이트돼도 영향을 받지 않지만 위와 같은 이름과 성의 순서는 변경하는 방법이 없습니다. 그래서 어쩔 수 없이 코어 파일을 수정해야 합니다.

C:/Autoset7/public_html/wordpress/wp-content/plugins/woocommerce/classes/class-wc-countries.php

위 경로에 위치한 파일을 편집기에서 열고 632번째 줄에서 다음과 같은 부분을 찾습니다. 플러그인이 업그레이드되면 파일이 변경될 수도 있으니 똑같이 생긴 부분을 찾으면 됩니다.

```
'{name}'              => $first_name . ' ' . $last_name,
```

이를 아래와 같이 성($last_name)과 이름($first_name)의 위치를 서로 바꿉니다. 이렇게 수정한 사항은 플러그인을 업데이트하면 원래대로 복구되므로 메모해두고 다시 수정하면 됩니다.

```
'{name}'              => $last_name . ' ' . $first_name,
```

이 부분만 수정하더라도 사이트와 관리자 화면에서 성과 이름이 바뀐 부분이 수정돼서 나타납니다. 아래 그림은 관리자 화면의 주문 편집 페이지에서 이름과 성이 바뀐 모양입니다.

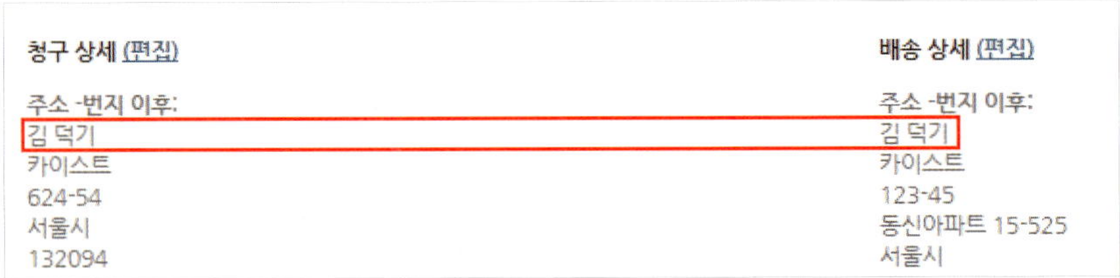

그림 1-150 이름 위치 변경

8.2 처리 중인 주문

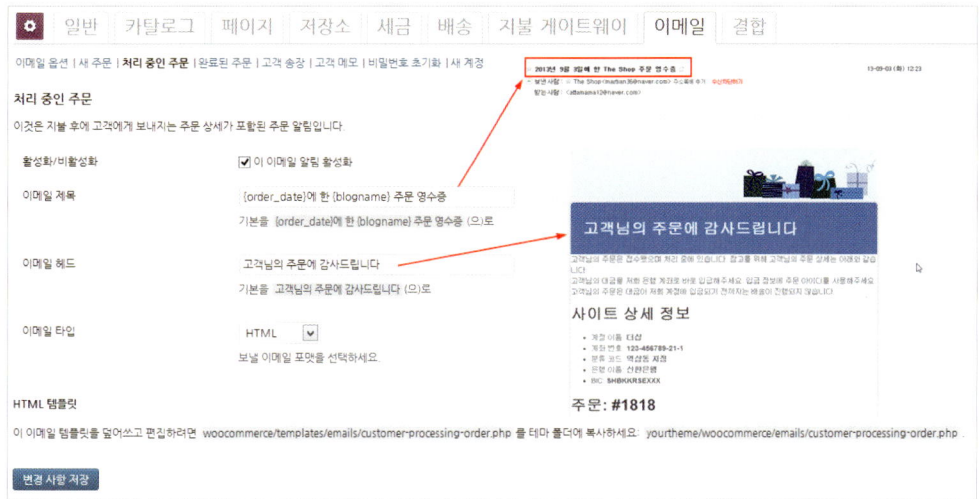

그림 1-151 처리 중인 주문

주문 완료 후 고객이 처음 받는 이메일입니다. 이메일 제목과 헤드의 위치는 위 그림과 같습니다.

8.3 완료된 주문

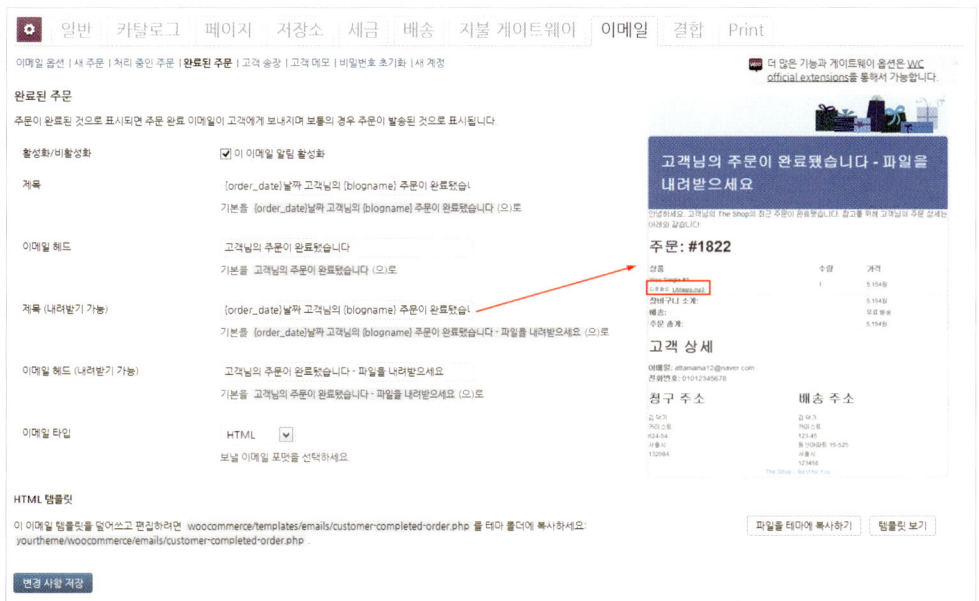

그림 1-152 완료된 주문 이메일 설정

결제가 완료된 상태에서 관리자가 주문을 완료하면 보내지는 이메일입니다. 일반 상품과 내려받기 가능한 상품의 양식이 다릅니다. 내려받기 가능한 상품은 두 번째 제목과 이메일 헤드가 자동으로 적용되며 다운로드 링크가 포함됩니다.

8.4 고객 송장

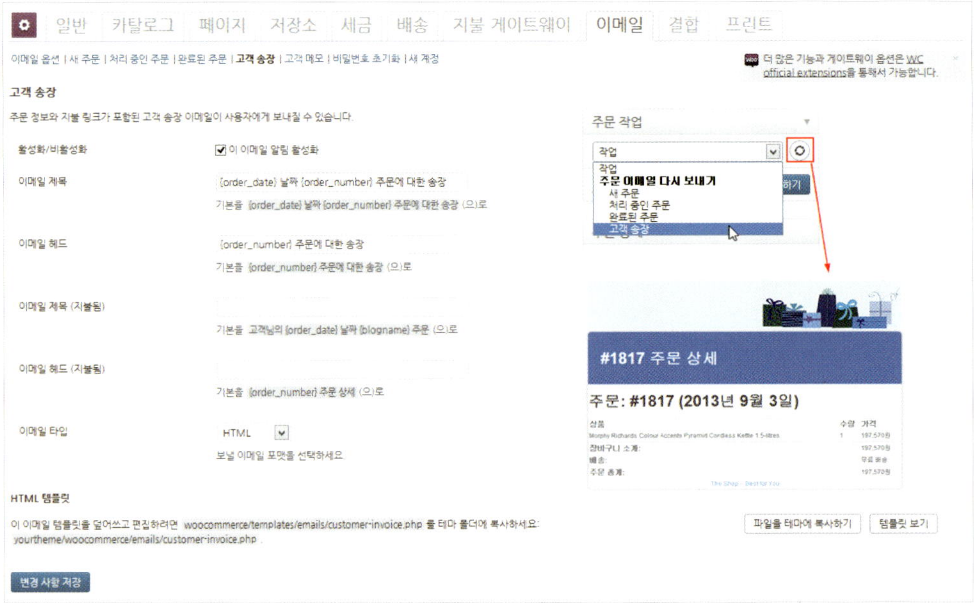

그림 1-153 고객 송장

고객 송장은 설명에서 볼 수 있듯이 보내질 수 있다고 돼 있으므로 이메일로 반드시 보내지는 것은 아닙니다. 주문 페이지에서 하나의 주문을 클릭해서 주문 편집 페이지의 우측 상단을 보면 주문작업 메타박스가 있습니다. 드롭다운 메뉴에서 '주문 이메일 다시 보내기'의 '고객송장'을 선택하고 우측의 아이콘을 클릭하면 이메일이 보내지고, 이 이메일 송장에는 간단한 내용이 포함돼 있습니다. 이를 제대로 된 송장으로 만들려면 템플릿을 수정해야 하며, 유료 플러그인을 사용할 수도 있습니다. 물리적인 상품을 보낼 때 종이 송장이 포함되는데, 이는 무료 플러그인을 사용하면 이렇게 할 수 있습니다. 설치된 플러그인 화면에서 다음 두 개의 플러그인을 활성화합니다. 언어 파일은 woocommerce-delivery-notes 하나만 있습니다.

- woocommerce-delivery-notes
- woocommerce-sequential-order-numbers

woocommerce-delivery-notes는 송장을 출력할 수 있는 플러그인이고, woocommerce-sequential-order-numbers는 주문번호를 일련번호로 만드는 플러그인입니다. 워드프레스에서 주문번호는 글 번호처럼 일련번호로 만들어지지 않습니다.

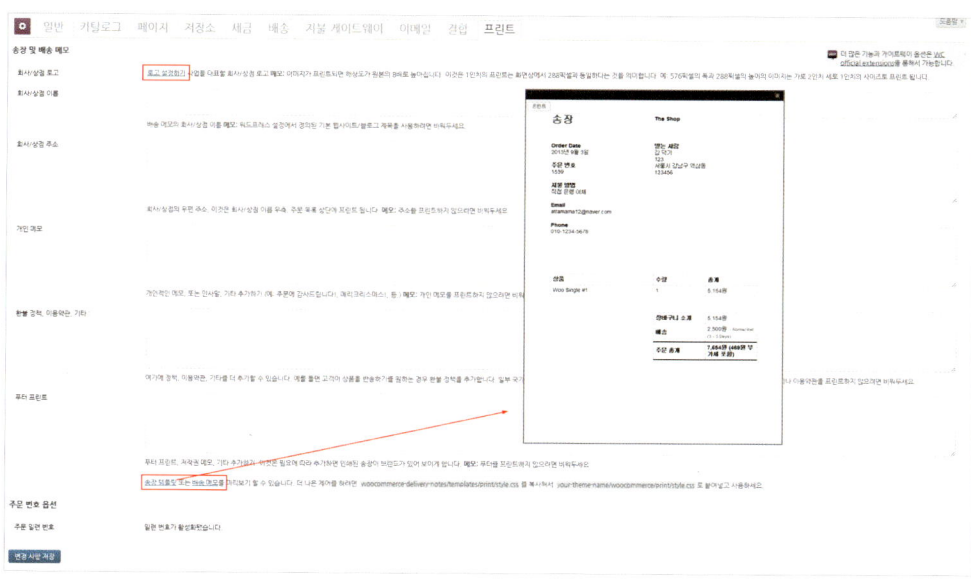

그림 1-154 송장 프린트

플러그인을 설치한 다음 '프린트' 탭을 선택하면 위 그림과 같이 나타납니다. 여기서 로고와 송장과 관련된 각종 설정을 할 수 있습니다. 자세한 사항은 도움말을 참고하세요. 하단의 링크를 클릭하면 송장을 미리 볼 수 있습니다.

8.5 고객 메모

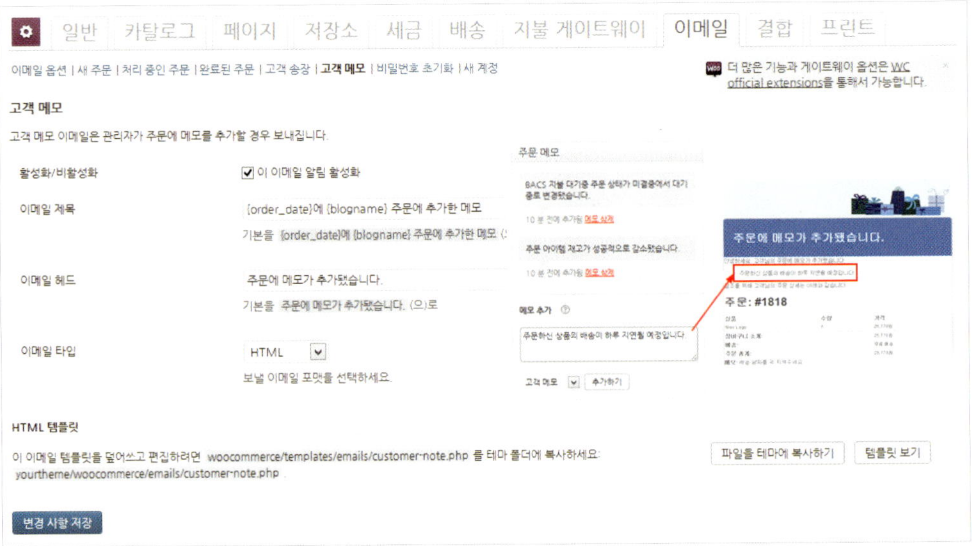

그림 1-155 고객 메모

관리자가 메모를 추가하면 이메일로 고객에게 전송됩니다. 주문 페이지에서 원하는 주문으로 들어가서 우측 하단의 주문 메모 메타박스에 메모를 추가한 다음 '추가하기' 버튼을 클릭합니다. 상단의 주문 작업 메타박스에서 '주문 저장하기' 버튼을 클릭하면 메모가 포함된 이메일이 전송됩니다.

8.6 비밀번호 초기화, 새 계정

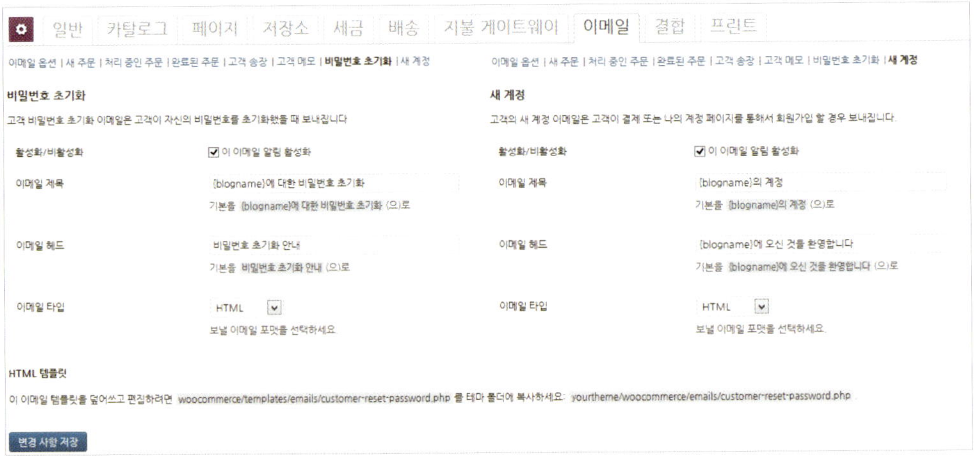

그림 1-156 비밀번호 초기화, 새 계정

비밀번호를 초기화할 때와 새 계정을 만들 때 이메일로 통지됩니다. 우커머스 워드프레스 사이트에서는 두 가지 방법으로 계정을 만들 수 있는데, 워드프레스 일반 설정에서 회원가입이 비활성화됐어도 우커머스 상점의 새 계정 만들기가 가능합니다.

09 결합(Integration)

9.1 구글 애널리틱스

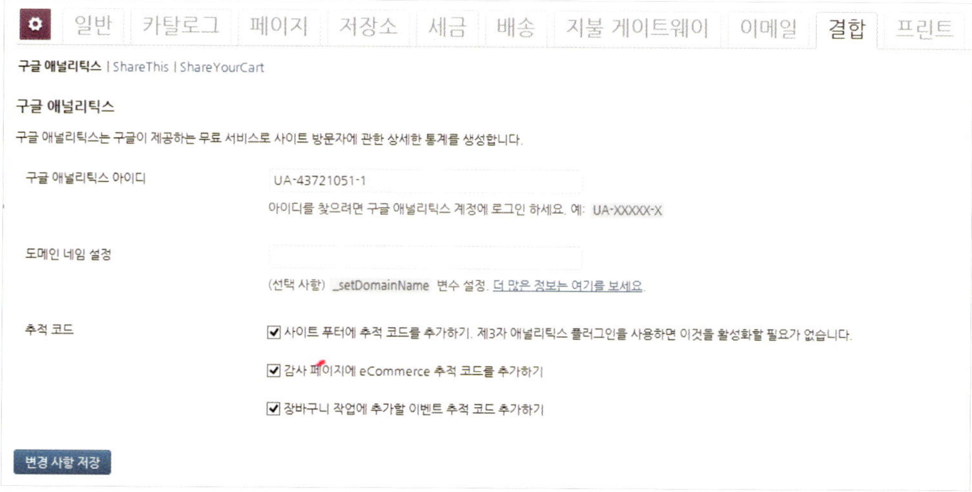

그림 1-157 구글 애널리틱스

상점의 판매 관련 통계는 우커머스의 보고서를 이용하면 되지만 웹사이트의 접속 통계는 사이트 분석에 필수이므로 각종 통계 서비스를 이용하는 것이 좋습니다. 가장 많이 사용하는 것이 구글 애널리틱스(Google Analytics)로, 구글 계정이 있으면 누구든지 이용할 수 있습니다. 안드로이드 폰을 사용하면 구글 계정은 필수이므로 사이트를 쉽게 추가할 수 있습니다. 아이디는 구글 애널리틱스 계정에 사이트를 추가할 때 만들어지며, 아이디를 찾아서 위 입력란에 추가하고 저장하면 됩니다.

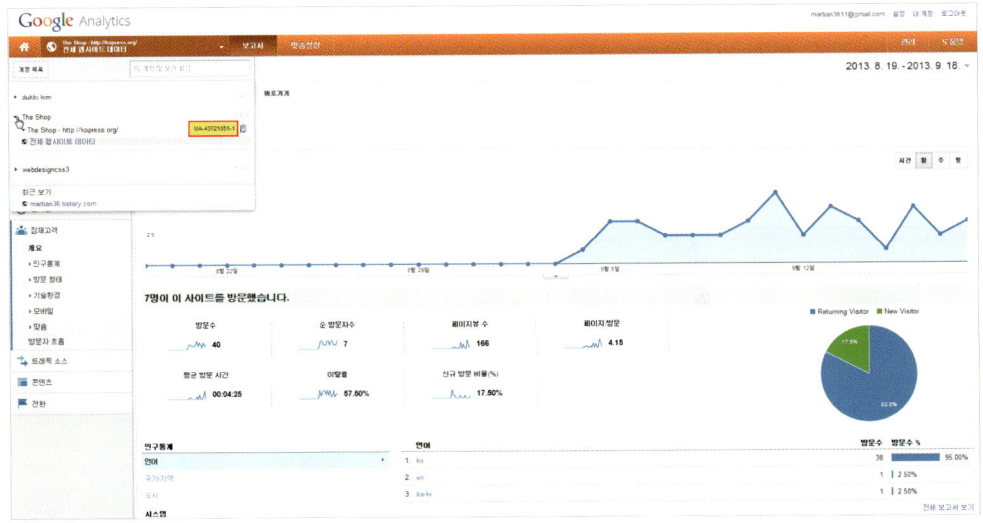

그림 1-158 구글 애널리틱스의 통계 정보

구글 애널리틱스를 이용하면 각종 통계 정보를 얻을 수 있습니다. 이 밖에도 젯팩 플러그인을 사용하면 통계를 간단하게 볼 수 있습니다.

9.2 ShareThis 사용하기

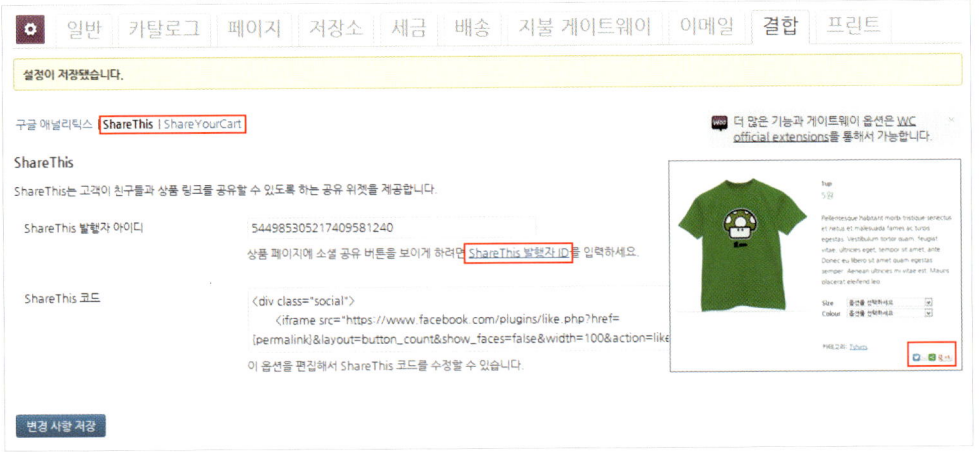

그림 1-159 ShareThis 공유 버튼 설정

ShareThis나 ShareYourCart는 공유 버튼을 설치할 수 있는 서비스입니다. ShareThis 발행자 ID 링크를 클릭해서 페이스북이나 트위터 아이디로 로그인하면 바로 발행자 아이디를 받을 수 있습니다. My Account에서 Account Setting으로 들어가면 username에 있는 숫자가 아이디입니다. 아이디를 입력박스에 추가하고 저장한 다음 상세 페이지에서 보면 우측 하단에 나타납니다.

ShareThis는 우커머스 2.0.14 버전에서 에러가 발생하는데, 에러를 해결하려면 플러그인 코어 파일을 수정해야 합니다. woocommerce/classes/integration/class-wc-share-this.php의 파일을 열고 90번째 줄에서 다음 코드를

```
$thumbnail = ( $thumbnail_id = get_post_thumbnail_id( $post->ID ) ) ? current( $attachment_image_src ) : '';
```

아래의 코드로 교체합니다.

```
$thumbnail = ( $thumbnail_id = get_post_thumbnail_id( $post->ID ) ) ? current(wp_get_attachment_image_src( $thumbnail_id, 'large' )) : '';
```

참고로 곧 나올 예정인 2.0.15 버전에서는 위 에러가 수정됐습니다.

9.3 ShareYourCart 사용하기

ShareYourCart를 활성화하면 ifram에 의해 코드가 추가되는데, 내부의 head 태그에 1.6.2 버전의 제이쿼리 라이브러리가 삽입됩니다. iframe이라 제거할 수도 없어서 사이트에서 다양한 자바스크립트를 사용하는 경우 서로 충돌이 일어납니다. 이를 해결하려면 제이쿼리 업데이터 플러그인을 설치하고 활성화하기만 하면 됩니다. 설치한 플러그인 화면에서 jQuery Updater를 활성화하세요. 또한 로컬호스트에서는 에러가 발생하는데, 로컬 서버에서는 별도의 설정을 통해 사용 가능하지만 실제 사이트에서 사용하도록 합니다. 실제 사이트에서의 사용법은 다음과 같습니다.

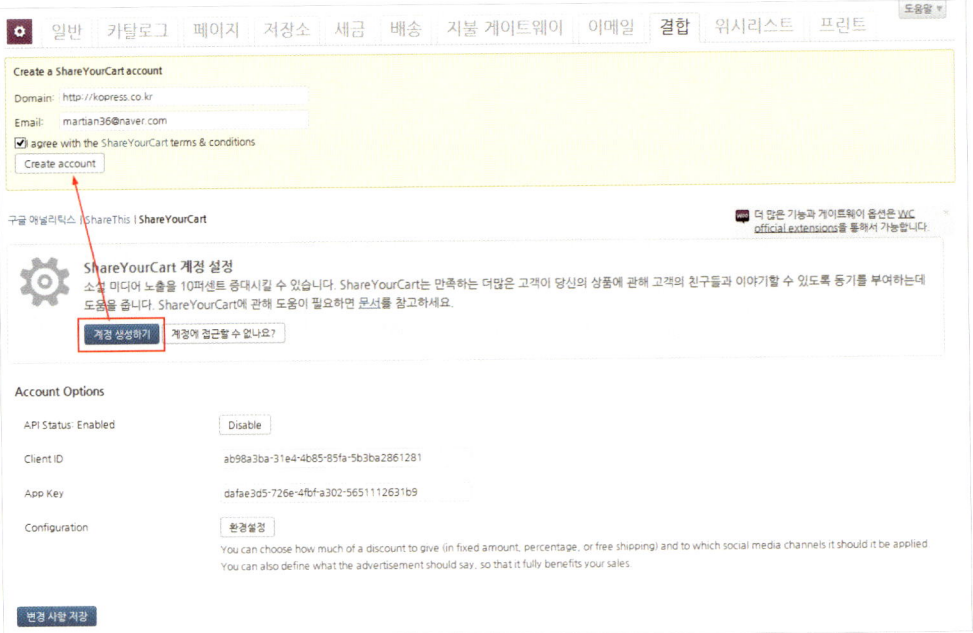

그림 1-160 ShareYourCart 계정 만들기

ShareYourCart 링크를 클릭하면 ShareYourCart 계정 설정 박스가 나타납니다. '계정 생성하기' 버튼을 클릭하면 다시 노란색 배경의 상자가 나타나면서 도메인과 이메일이 입력돼 있습니다. Create account 버튼을 클릭하면 아이디와 키가 생성되며, Enable(Disable) 버튼으로 활성화/비활성화를 설정합니다. 이 버튼을 클릭하면 변경사항이 적용되므로 아래의 '변경 사항 저장' 버튼을 누르지 않아도 됩니다. '환경설정' 버튼을 클릭하면 다음의 페이지로 이동합니다.

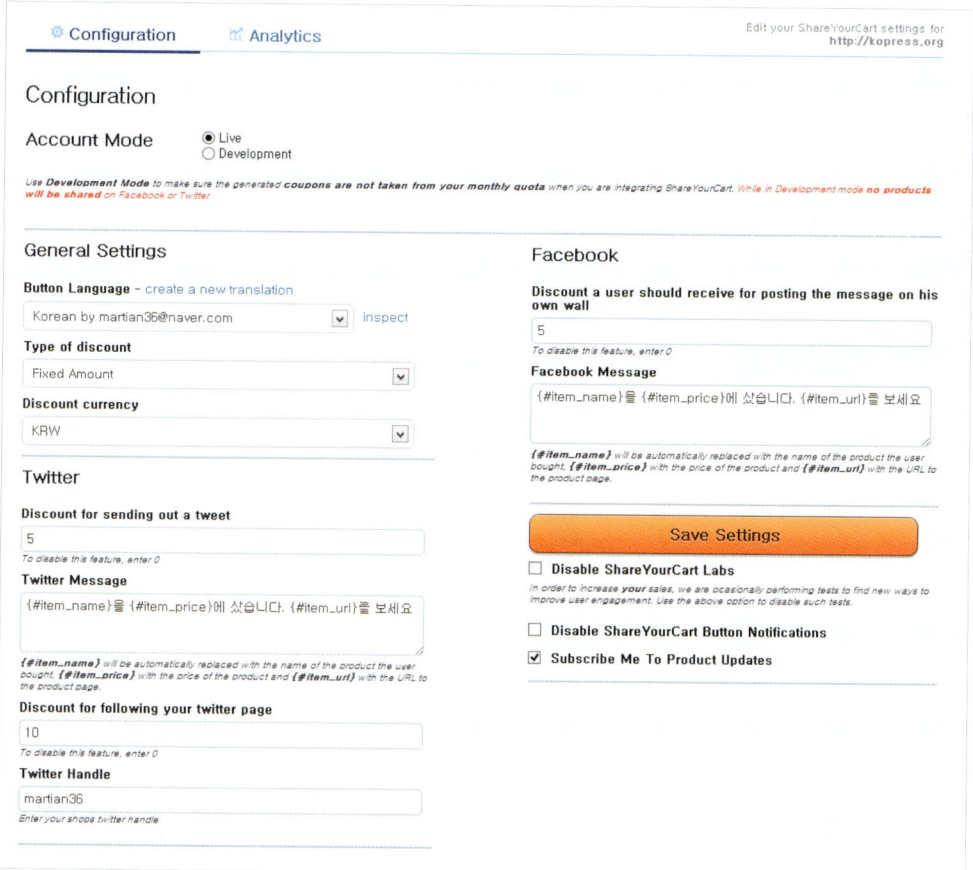

그림 1-161 ShareYourCart 설정

실제 상점을 운영한다면 상단에서 Live에 체크합니다. Development는 실험용 사이트일 때 사용합니다. 쿠폰 발행은 위 서비스를 관리하는 회사에서 월별로 할당되므로 실험용 쿠폰을 발행할 때마다 할당분에서 차감됩니다.

Button Language의 create a new translation 링크를 클릭하면 자신만의 번역을 추가할 수 있고 선택상자에서 제가 번역한 내용을 선택하고 inspect를 클릭해서 수정할 수 있습니다.

Type of discount에서는 고정금액, 퍼센트, 무료 배송을 선택할 수 있습니다. Discount currency는 고정금액인 경우 원화로 KRW를 선택합니다. 여기서는 퍼센트로 선택했습니다.

트위터 항목에서 Discount for sending out a tweet은 할인받는 데 필요한 트윗 친구의 수를 입력합니다. 트위터 메시지는 중괄호 부분을 적절하게 포함해서 수정합니다. Discount for following your twitter page는 Type of discount에서 할인 형태로 어떤 것을 선택하느냐에 따라 달라집니다. 고정금액인 경우 해당 금액을, 퍼센트는 퍼센트 수치를 입력합니다. Twitter Handle은 트위터 계정 아이디입니다.

페이스북도 같은 방법으로 설정한 후 '저장' 버튼을 클릭합니다.

그림 1-162 ShareYourCart 버튼

ShareYourCart의 기본 설정은 위와 같이 상세 페이지 또는 장바구니와 결제 페이지에 나타납니다. 고객이 이 버튼을 클릭하면 다음과 같은 화면이 나타나서 의견을 작성할 수 있고, 트위터와 페이스북에 로그인하면 10% 할인 쿠폰이 발행되고 둘 중 하나만 로그인하면 5% 할인 쿠폰이 발행됩니다.

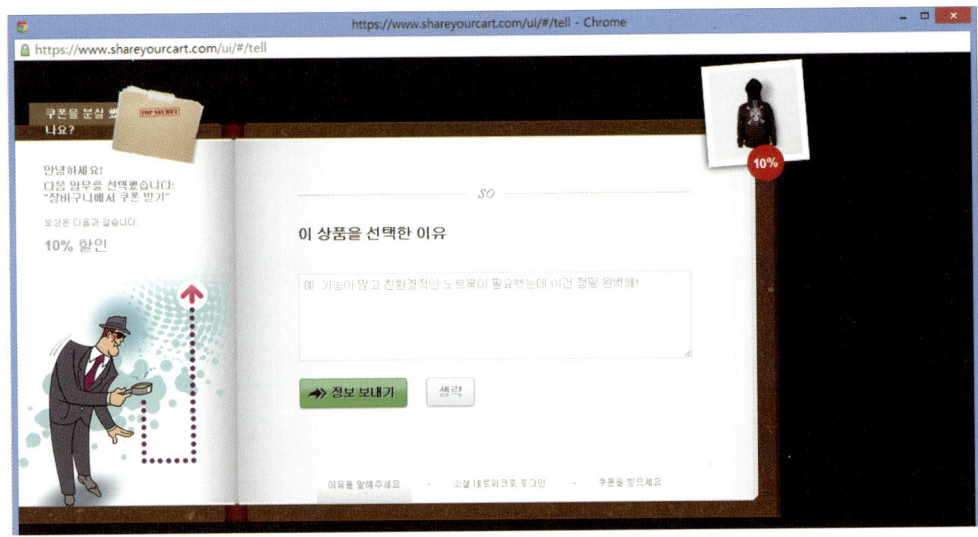

그림 1-163 ShareYourCart 버튼 실행 화면

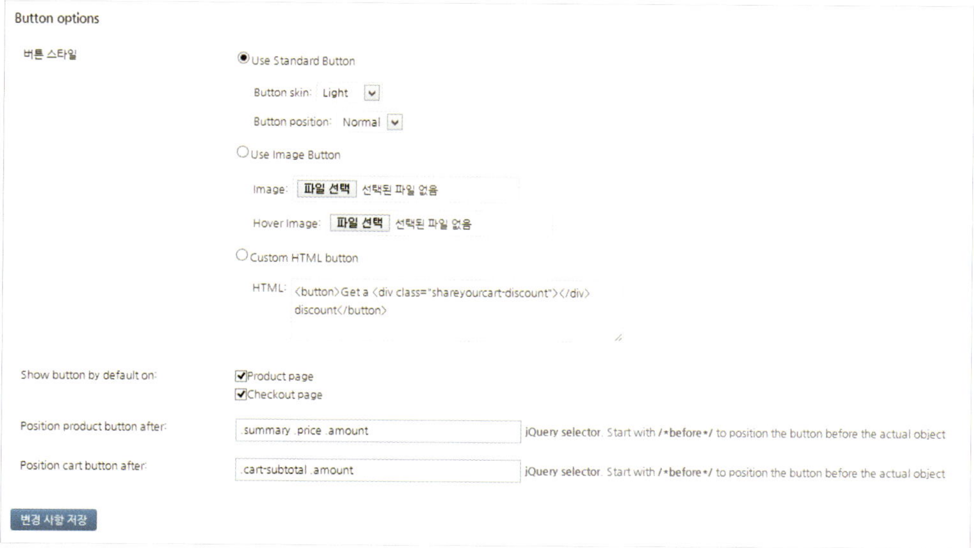

그림 1-164 ShareYourCart 버튼 옵션

버튼 옵션에서 버튼 스킨이나 위치와 페이지를 설정할 수 있고, 하단의 입력박스에 선택자를 수정하면 버튼을 다른 곳에 배치할 수 있습니다. 위의 예에서 .summary .price .amount는 상세 페이지의 옵션 영역에서 금액 다음에 배치됩니다.

ShareYourCart 기능을 사용하면서 jQuery Updater를 사용하면 인터넷 익스플로러 8 버전에서는 자바스크립트가 작동하지 않아서 모든 자바스크립트 슬라이더가 작동 중지됩니다. 좋은 기능이지만 여러 가지 문제점이 있어서 우커머스 2.1 버전에서는 제거될 예정입니다.

상품 추가 05

우커머스의 상품 추가는 블로그에서 새 글을 쓰는 것과 거의 같습니다. 일부 메타박스가 추가되어 콘텐츠의 내용이 달라질 뿐입니다. 블로그 글을 잘 찾을 수 있게 마련된 카테고리와 태그가 있듯이 상품에도 카테고리와 태그가 있고 상품 검색만 가능한 상품 검색 박스가 별도로 있습니다.

우커머스는 상품의 속성에 따라 추가하는 방법이 다릅니다. 가장 기본적인 상품이 단순 상품이고 물리적인 형태가 없는 내려받기 가능한 상품(예: 이미지, 음악파일, 전자책), 물리적인 형태가 없는 가상 상품(웹 디자인 용역, 변호사 상담), 하나의 상품이지만 색상과 크기가 다른 옵션 상품(예: 의류), 여러 개의 상품이지만 서로 관련된 그룹 상품(예: 카메라와 삼각대, 렌즈), 실제 상품은 외부 사이트에 존재하고 내 상점에서는 연결만 해주는 외부/연계 상품 등이 있습니다.

01 상품 목록 페이지

상품을 체계적으로 관리하려면 상품 목록 페이지에 익숙해져야 합니다. 상품을 추가하기 전에 상품 목록 페이지에 대해 알아보겠습니다.

그림 1-165 상품 목록 페이지

상품 목록 페이지는 일반 워드프레스의 글 목록 페이지와 비슷한 기능을 합니다. '상품 정렬' 링크를 클릭하면 모든 상품을 알파벳순으로 정렬합니다. 일괄 작업으로 편집할 수 있고 다양한 형태로 필터링할 수도 있습니다.

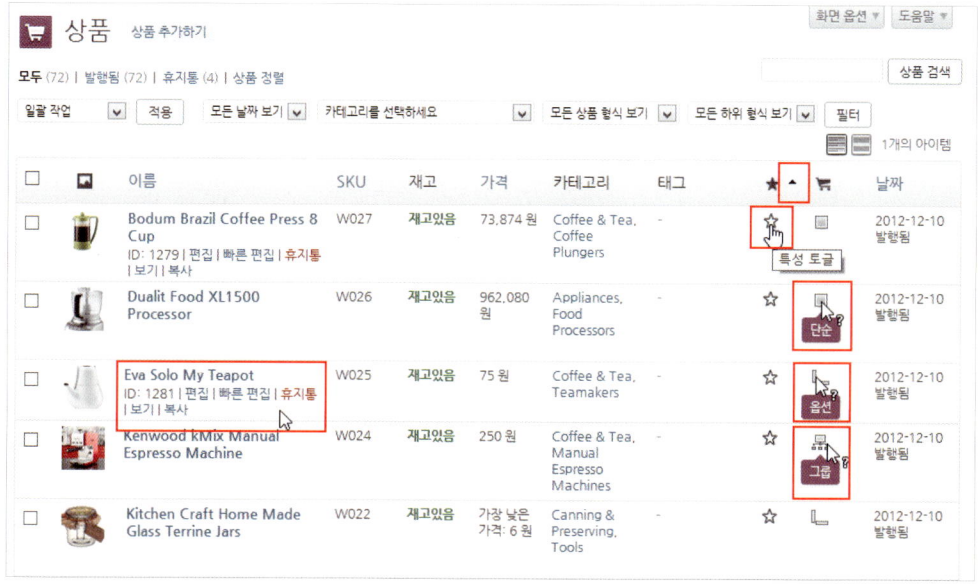

그림 1-166 상품 목록 페이지 기능

제목란의 검정색 별 아이콘은 특성 상품 여부를 표시합니다. 옆에 있는 삼각형을 클릭하면 특성 상품을 맨 위로 표시합니다. 개별 목록에서 흰색의 별 아이콘을 클릭해 검정색으로 만들면 특성 상품으로 전환됩니다. 장바구니 아이콘 아래의 개별 목록에 보이는 아이콘에 마우스를 올리면 단순 상품, 옵션 상품, 그룹 상품 여부를 알 수 있고 아이콘 모양이 다릅니다. 또한 개별 목록에는 바로가기 링크가 있으며 복사 기능은 하나의 상품으로 빠르게 여러 개의 상품을 추가하는 기능을 합니다.

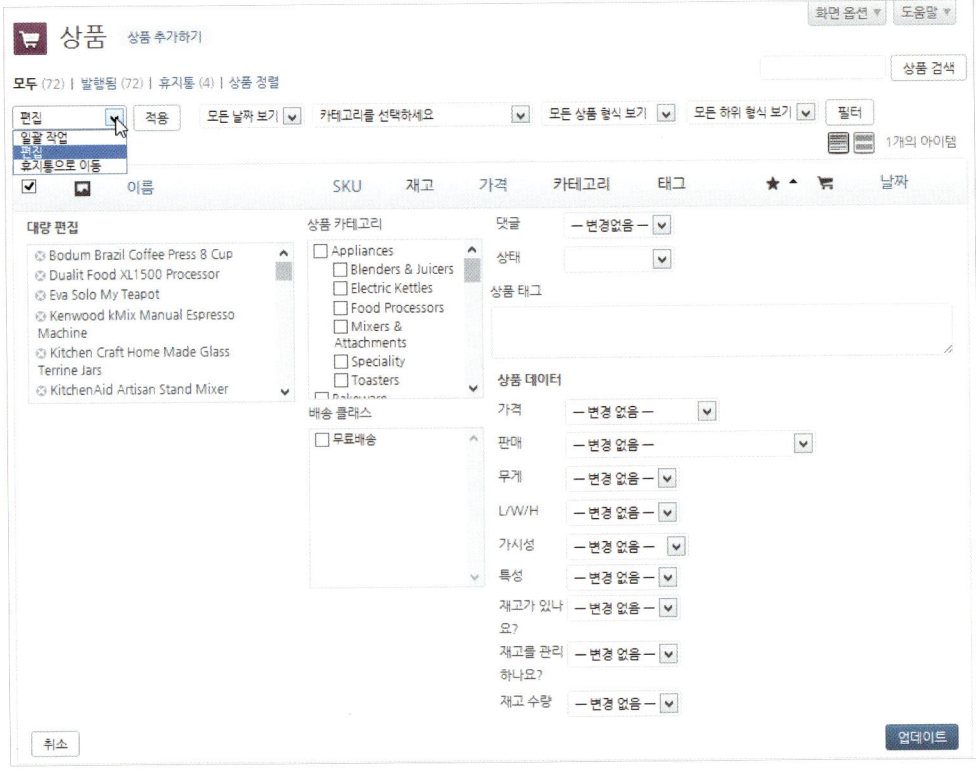

그림 1-167 상품 일괄 편집

일괄 작업에는 상품만 일괄 작업할 수 있게 돼 있어서 빠른 편집이 가능합니다.

02 단순 상품 추가

그림 1-168 단순 상품 추가하기

메뉴에서 '상품' → '상품 추가하기'를 클릭하면 위와 같은 화면이 나타납니다. 블로그 새 글 쓰기 화면과 거의 같죠. 가장 눈에 띄는 차이점은 상품 데이터 메타박스가 하나 더 있다는 것입니다. 나머지 메타박스는 새 글을 쓸 때와 같습니다. 보다시피 글 입력상자가 두 곳이 있는데, 상단 부분은 상품 상세 설명을 입력하는 곳이고 사이트 전면에서 탭으로 관리됩니다. 아랫부분의 요약은 상품에 대한 요약 설명을 입력하며, 대부분의 국내 쇼핑몰에는 이런 부분이 없지만 2장에서 콘텐츠 슬라이더를 사용할 경우 요약 글을 가져와 표시하므로 추가하는 편이 좋습니다.

2.1 상품 카테고리

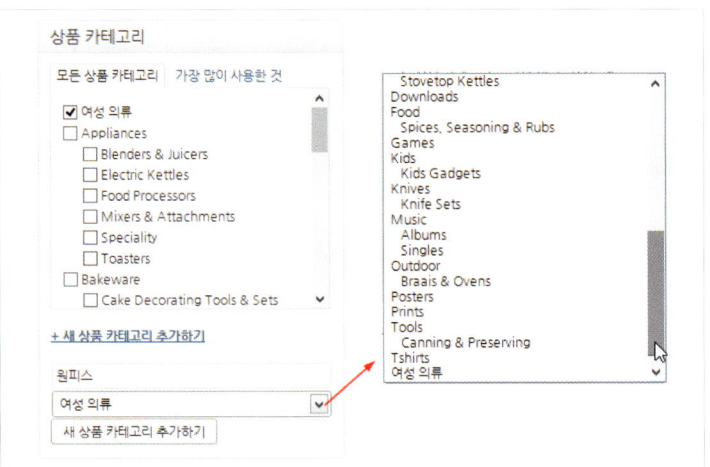

그림 1-169 카테고리 메타박스

상품 카테고리에서 '+새 상품 카테고리 추가하기' 링크를 클릭하면 아래에 입력상자가 나타납니다. '여성의류'로 입력하고 새 상품 카테고리 추가하기 버튼을 클릭합니다. 다시 '원피스'로 입력하고 드롭다운 메뉴에서 여성 의류를 찾아 선택한 다음 '새 상품 카테고리 추가하기' 버튼을 클릭하면 하위 카테고리로 등록됩니다. 상품 태그는 블로그에서도 태그는 잘 사용하지 않으니 생략합니다. 하지만 카테고리는 아주 중요한 역할을 하므로 반드시 입력해야 합니다.

2.2 상품 데이터 입력

상품 데이터 메타박스에서 어떻게 입력하느냐에 따라 상품의 속성에 따른 상품 종류가 달라집니다.

일반 탭

그림 1-170 상품 데이터 일반 탭

SKU는 물음표 아이콘에 마우스를 올리면 도움말이 나오듯이 재고 관리 단위를 의미합니다. SKU는 대형 쇼핑몰에서 반드시 사용하는 요소입니다. 정상가격에 가격을 입력합니다. 천 단위 기호는 자동으로 나오며 직접 추가하면 에러가 발생합니다. 세일 상품일 경우 세일 가격을 입력하고 스케줄 링크를 클릭하면 바로 아래에 세일 스케줄을 설정할 수 있는 입력상자가 나타납니다. 달력 아이콘을 클릭해 설정합니다. 세금 상태와 세금 클래스에서 상품에 따라 미리 설정해둔 세금 클래스를 선택합니다.

저장소 탭

그림 1-171 저장소 탭

'재고를 관리하나요?' 항목에 체크하면 바로 아래에 재고 수량을 입력할 수 있는 상자가 나타납니다. 이 부분을 설정하지 않으면 상품 페이지에서 '재고 있음' 표시가 되지 않습니다. 재고 상태는 재고가 있더라도 재고 없음으로 표시할 수 있는 기능을 합니다. 미재고 주문(Back order)이란 재고가 없는 상태에서 주문을 허용하는 방법입니다. 이 경우 상품 입고 날짜를 요약 글에 추가합니다. 개별 판매는 재고가 충분하지 않거나 할인 세일 시 상품을 하나씩만 구매할 수 있게 하는 기능입니다. 이곳에 체크하면 상품 페이지에서 수량 입력상자가 나타나지 않습니다.

배송 탭

그림 1-172 배송 탭

상품의 실제 사이즈가 아니라 포장된 상태의 배송과 관련된 무게, 규격을 입력합니다. 이 부분은 배송 업체와 긴밀한 관련이 있겠죠. 배송 클래스는 이미 설정했으니 선택만 하면 됩니다. 작은 상자이니 작은 상품을 선택합니다.

연결된 상품 탭

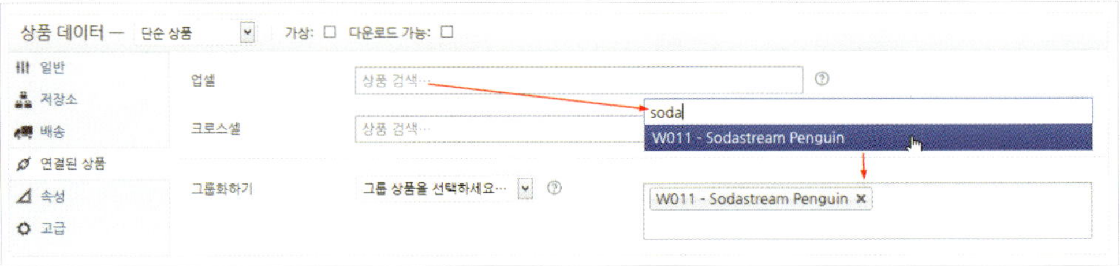

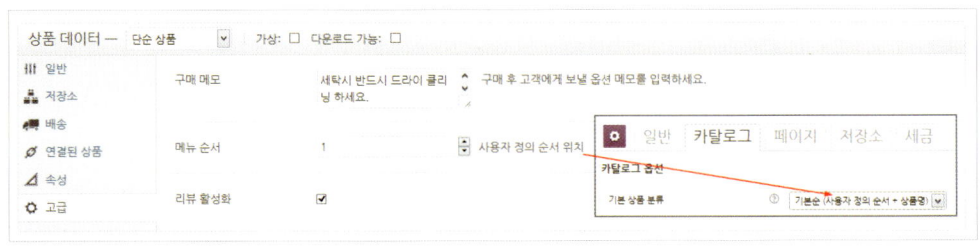

그림 1-173 연결된 상품 탭

업셀과 크로스셀은 용어는 생소하지만 쇼핑몰에서 아주 많이 사용되는 개념입니다. 업셀은 현재 구매하는 상품보다 더 기능이 좋으면서 비싼 제품을 제시하는 방식이고, 크로스셀은 현재 구매하는 상품 외에 관련된 다른 상품을 제시해서 더 많은 상품을 구매하도록 하는 방식입니다. 단지 우커머스에서 업셀은 상품 상세 페이지 하단에 '관심 상품…'이라는 제목 아래에 나타나고 크로스 셀은 장바구니 페이지에 나타난다는 차이가 있습니다. 입력란을 클릭하고 상품 이름을 입력하면 몇 글자만 입력해도 상품 목록이 나타나고, 상품을 클릭하면 위 그림과 같이 추가되고 제거할 수 있습니다. '그룹화하기'는 그룹 상품을 설정할 때 필요하고 '속성' 탭은 옵션 상품을 설정할 때 필요하므로 나중에 설명하겠습니다.

고급 탭

그림 1-174 고급 탭

'구매 메모'는 고객이 구매 후 필요한 정보를 입력하는 곳입니다. '메뉴 순서'는 같은 카테고리의 상품이라도 상위에 배치하고 싶을 때 사용합니다. 이 항목은 '카탈로그' 설정 페이지에서 '기본순'으로 설정했을 때 메뉴 순서를 설정했다면 우선순위에 따라 나타납니다. '리뷰 활성화'는 상품 페이지에서 리뷰 탭을 활성화합니다.

2.3 특성 이미지 설정

웹사이트에서 이미지는 시각적 효과로 인해 아주 중요한 역할을 합니다. 쇼핑몰은 상품의 장점을 최대한 노출시켜 고객으로 하여금 구매 욕구를 불러일으켜야 하는 만큼 이미지의 중요성은 어떤 사이트보다 더 중요하다고 할 수 있습니다.

적절한 이미지의 선택

그림 1-175 이미지 옵션

'카탈로그' 설정 부분에는 위와 같은 부분이 있었습니다. 여기서는 세 가지 이미지를 설정할 수 있는데, 가로/세로 크기가 같아서 정사각형으로 돼 있습니다. 이미지를 업로드하면 우커머스가 자동으로 잘라서 저장합니다. 그런데 상품의 형태가 정사각형이라면 좋겠는데, 상하로 긴 상품이라면 난감해집니다. 좌측 사진을 업로드하면 아래 우측 상품 그림과 같이 잘라진 이미지가 나타납니다. 이를 해결하기 위해 위 설정에서 높이 부분의 수치를 제거하고 '원본 비율 무시'를 체크해제하고 업로드하면 아래의 두 번째 상품 그림처럼 길게 나오는데, 문제는 다른 상품 이미지 사이에 공간이 발생한다는 점입니다. 그래서 위의 두 번째 그림처럼 정사각형으로 된 이미지로 잘라서 업로드해야 합니다.

그림 1-176 최선의 상품 이미지 선택

그런데 이 방법이 최선일까요? 상품 크기가 작아서 제대로 보려면 클릭해서 상세 페이지로 들어가야 합니다. 이런 점을 개선하기 위해 메이슨리(Masonry)라는 제이쿼리 플러그인이 개발됐는데, 이 플러그인을 이용하면 아래 그림과 같이 효율적인 상품 페이지를 만들 수 있습니다.

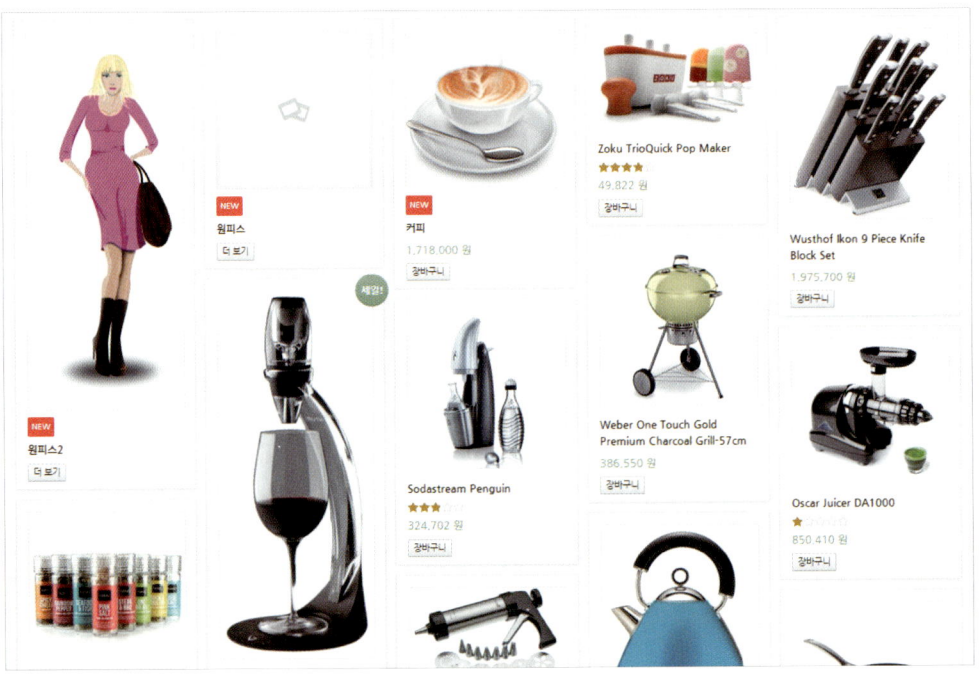

그림 1-177 개선된 상품 이미지

하지만 위 방법도 상세 페이지에 들어가면 아래처럼 긴 이미지가 나타나서 문제가 됩니다.

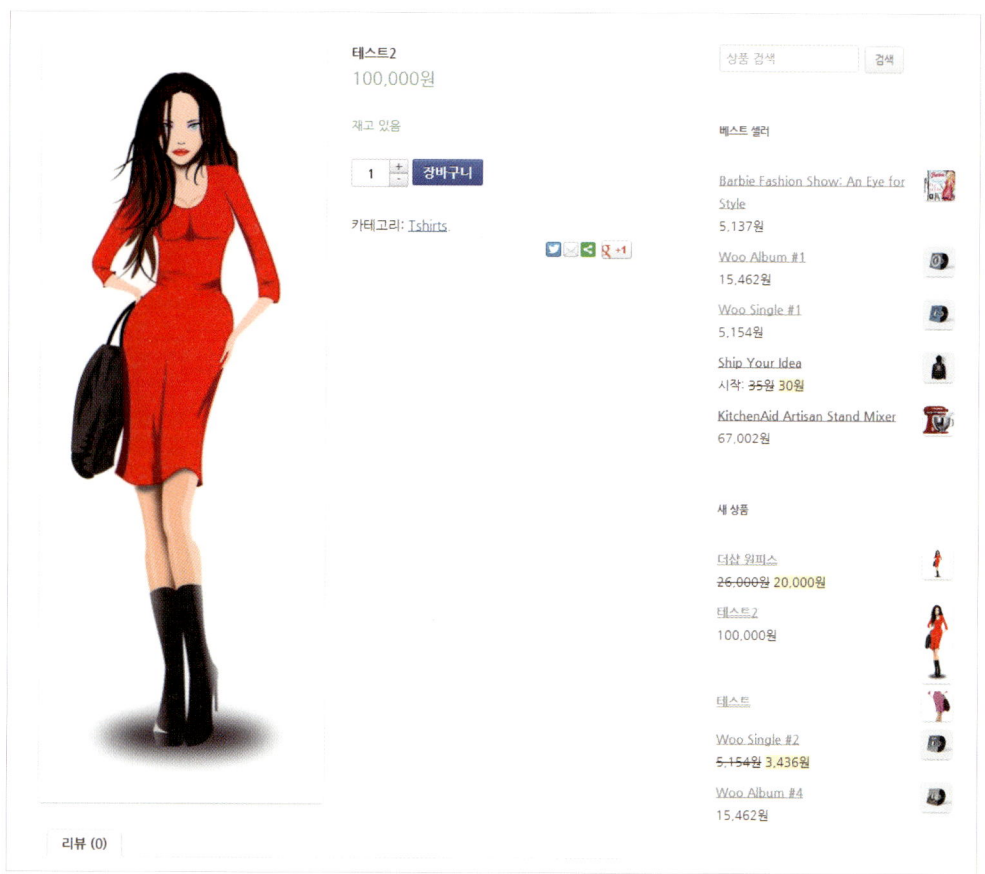

그림 1-178 개선된 상품 이미지의 문제점

이런 복잡한 문제를 해결하려면 어느 부분에서든 한 곳은 포기해야 합니다. 여기서는 정사각형의 이미지를 사용해 업로드하기로 하고, 문제점을 해결하는 방법은 테마 수정 편에서 알아보겠습니다.

2.4 이미지 업로드

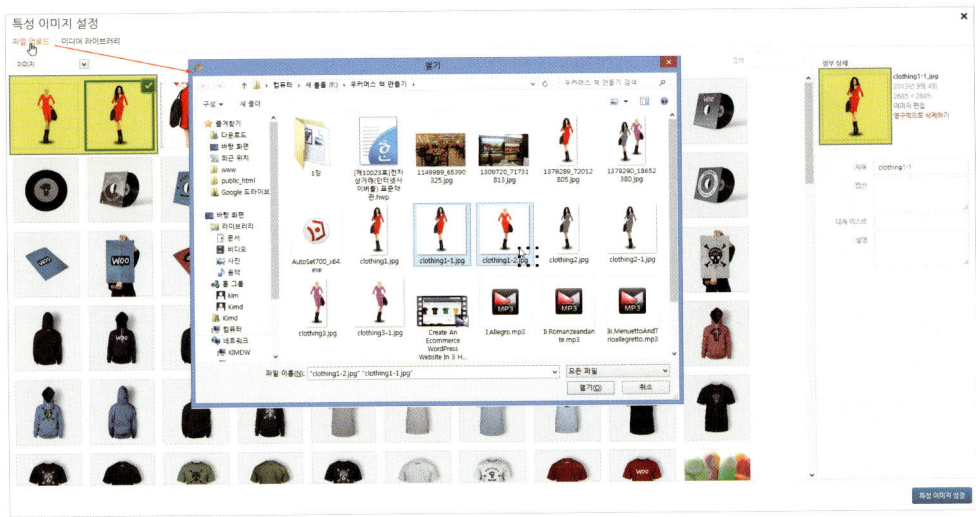

그림 1-179 특성 이미지 업로드

상품 편집 화면에서 우측 하단의 특성 이미지 메타박스에서 특성 이미지 링크를 클릭하면 설정 화면이 나타납니다. '파일 업로드' 링크를 클릭해 두 개의 이미지를 선택합니다. 업로드할 때는 Shift 키나 Ctrl 키를 이용해 여러 개의 파일을 한번에 선택할 수 있습니다. 업로드가 완료된 후 주 이미지를 선택해 우측 하단의 버튼을 클릭하면 특성 이미지 메타박스에 정사각형의 이미지가 나타납니다.

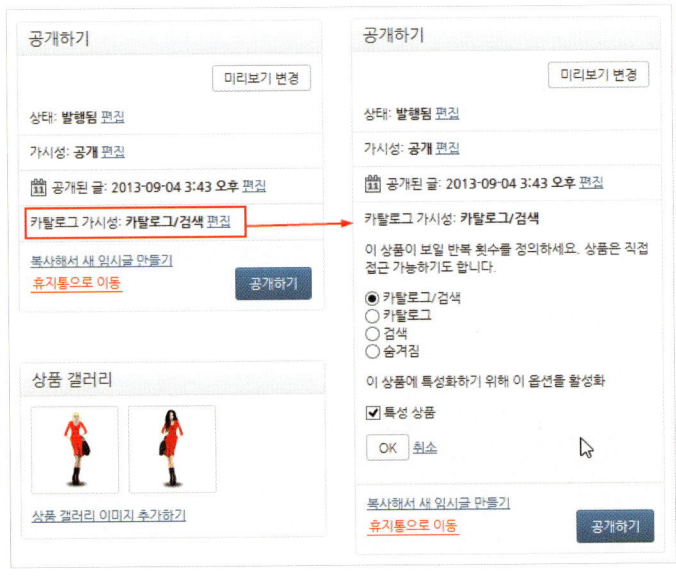

그림 1-180 공개하기 메타박스 설정

상품 갤러리 메타박스(좌측 하단 그림)에서 링크를 클릭해 특성 이미지로 사용한 것과 나머지 하나를 이미지로 추가합니다. 상품 갤러리는 우커머스에 기본으로 설치된 기능으로서, 동일한 상품에 대해 다양한 모양의 이미지를 추가하면 상세 페이지에서 큰 이미지로 슬라이드 쇼를 볼 수 있습니다.

마지막으로 공개하기 메타박스에서 카탈로그 가시성의 편집 링크를 클릭합니다. 이 상품의 검색과 노출을 설정합니다. 특성 상품 위젯에 나타나게 하려면 체크박스에 체크한 다음 OK 버튼을 클릭합니다. 그런 다음 '공개하기' 버튼을 클릭하면 상품 추가가 완료됩니다.

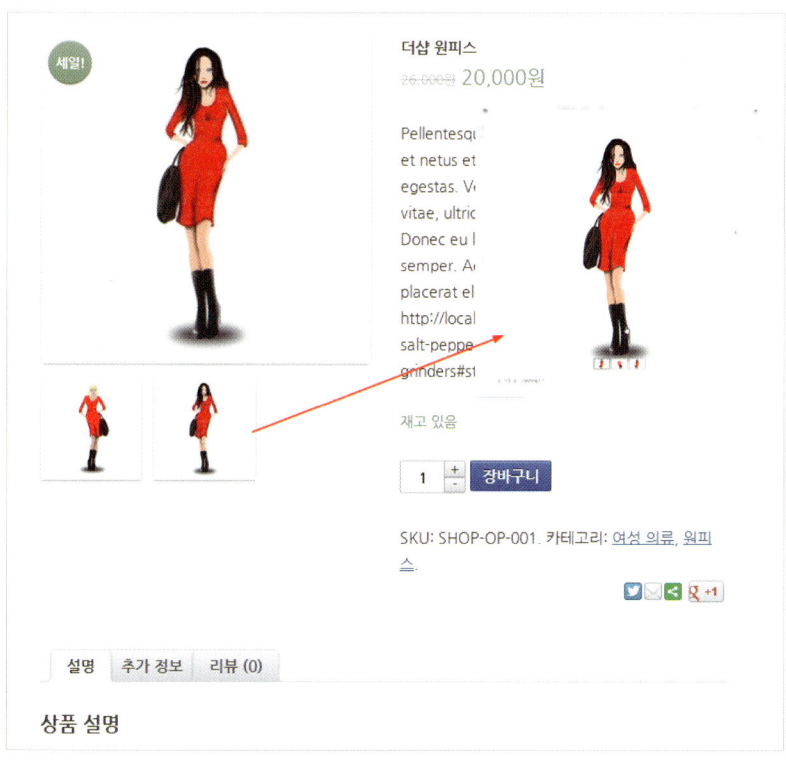

그림 1-181 추가된 상품의 확인

상세 페이지에 들어와서 원하는 대로 나타나는지 확인합니다. 갤러리 이미지를 클릭하면 큰 이미지의 슬라이드 쇼 창이 나타나고 하단의 추가정보 탭을 클릭하면 무게와 상품 포장 치수가 나옵니다. 그럼 이번에는 클라우드 줌 플러그인을 설치해보겠습니다.

2.5 클라우드 줌 플러그인 설치

설치된 플러그인 화면에서 WooCommerce Cloud Zoom Image Plugin을 활성화합니다.

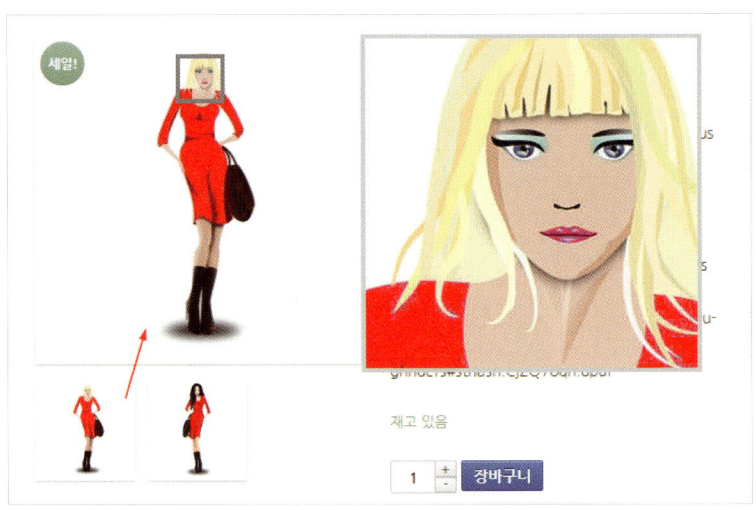

그림 1-182 클라우드 줌 플러그인

이와 비슷한 무료 플러그인이 두 가지 더 있지만 방금 설치한 클라우드 줌 플러그인은 버전이 0.1임에도 설치만으로도 바로 사용할 수 있는 훌륭한 플러그인입니다. 상품 이미지에 마우스를 올리면 우측에 큰 이미지로 이미지가 확대됩니다. 마우스 커서의 크기는 원본 이미지에 반비례합니다. 원본 이미지가 크면 커서의 크기가 작습니다. '설정' → 'mCloud Zoom'에서 설정을 변경할 수 있습니다. 인터넷 익스플로러에서는 이미지에 마우스를 올려도 줌 이미지가 나타나지 않는데, 이를 수정하려면 투명 배경 이미지를 추가해야 합니다. 이 부분에 대해서는 다음 장에서 알아보겠습니다.

우커머스 메뉴에서 '설정' → '일반' 탭의 스크립트 항목에서 라이트 박스를 비활성화하면 갤러리 이미지를 클릭했을 때 상품 이미지로 변경됩니다. 라이트 박스를 활성화해도 이런 효과는 있지만 큰 이미지에 가려서 바뀌는 모습을 볼 수 없습니다.

05 다운로드 가능한 상품 추가

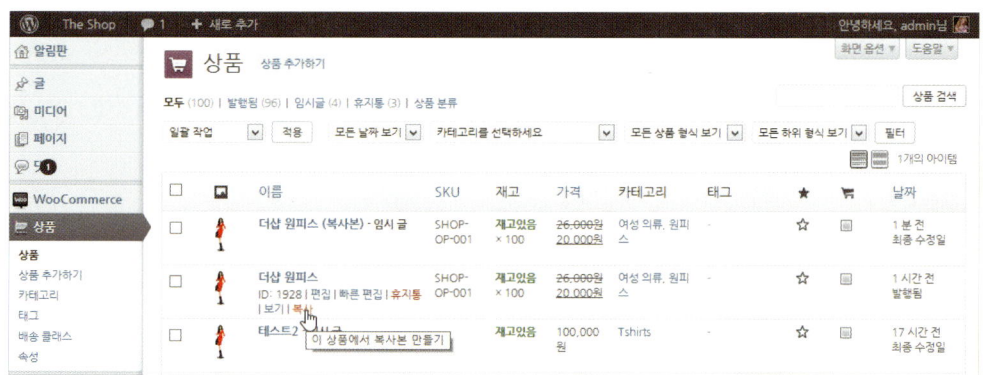

그림 1-183 다운로드 가능 상품 추가

비슷한 상품의 빠른 상품 추가는 기존의 상품을 복사해서 이뤄집니다. 상품 목록 페이지에서 목록에 마우스를 올리면 링크가 여러 개 나타나는데, 여기서 '복사'를 클릭하면 바로 상품 편집 화면이 나오고 목록 페이지에는 위와 같이 '(복사본) – 임시 글'로 목록에 추가됩니다.

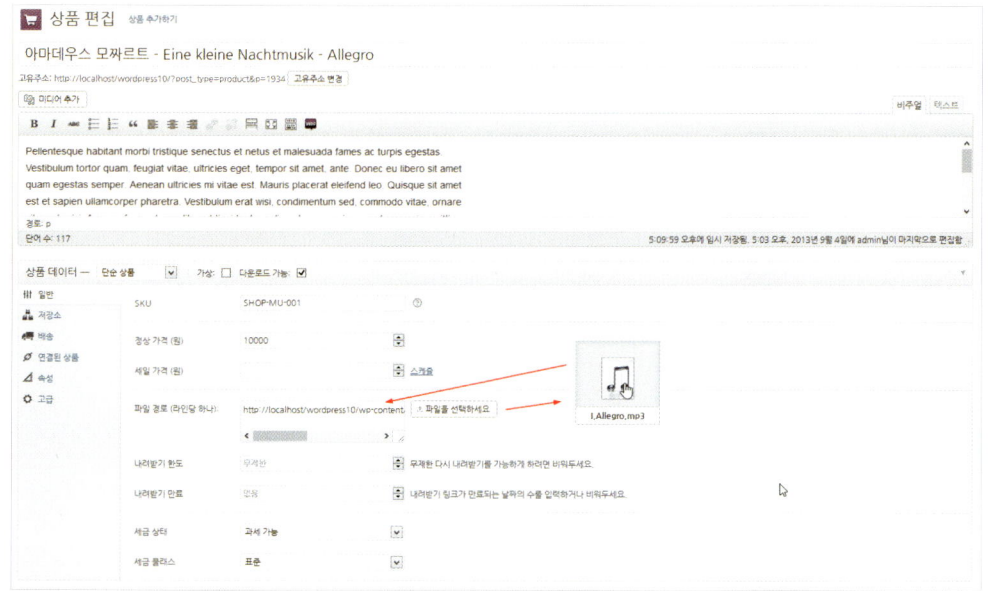

그림 1-184 다운로드 가능 상품 일반 탭 설정

제목과 내용을 수정하고 단순 상품의 우측에서 '다운로드 가능'에 체크하면 추가 옵션이 나타납니다. SKU와 가격을 입력하고 '파일을 선택하세요' 버튼을 클릭해 음악 파일을 업로드하면 파일 경로가 추가됩니다. 이어서 '내려받기 한도'를 설정합니다. 무제한인 경우 비워둡니다. '내려받기 만료'는 일정 기간이 지나면 상품의 다운로드가 만료되게 합니다. 나머지는 설정이 모두 같으므로 이전 상품과 다른 내용을 수정합니다. 다운로드 가능 상품은 재고 관리가 필요하지 않고 배송이라는 개념이 없습니다. 그러니 내용을 모두 비워둡니다.

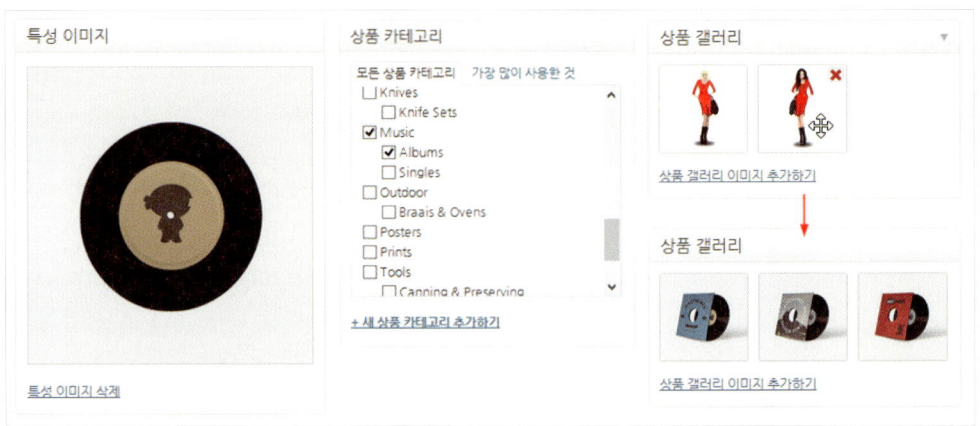

그림 1-185 카테고리, 상품 갤러리 설정

특성 이미지는 기존에 음반 이미지가 있으니 이 이미지를 이용하면 되고, 상품 카테고리도 이전에 설정한 카테고리는 선택해제하고 이미 Music이 있으니 이것을 선택합니다. 상품 갤러리는 기존의 썸네일에 마우스를 올리면 삭제 아이콘이 나타납니다. 두 개의 썸네일을 제거하고 음반 이미지를 추가합니다. 참고로 이 MP3 파일은 퍼블릭 도메인(Public Domain)으로 저작권 제한이 없습니다.

그림 1-186 주문 보기 페이지에서 파일 내려받기

이런 상품을 구매하고 결제를 완료한 후 관리자가 완료됨으로 처리하면 이메일에 다운로드 링크가 포함돼서 전송되고 '나의 계정'에서 '주문 보기'로 들어오면 '보기' 버튼이 표시됩니다. 이 버튼을 클릭하면 주문 상세 페이지에 파일 내려받기 링크가 있어서 이곳에서도 파일을 내려받을 수 있습니다.

04 가상 상품

그림 1-187 가상 상품

가상 상품은 단순 상품 중에서 가장 단순한 상품입니다. 웹 디자인 용역이나 상담과 같은 어떤 물리적인 형태가 없는 상품으로서 배송도 필요 없고 저장소도 없습니다. 그래서 '가상' 체크박스에 체크하면 '배송' 탭이 사라집니다. '저장소' 탭이 있는 것은 품절로 표시했을 때 현재는 서비스 중지라는 것을 표시하기 위해서인 듯합니다.

05 옵션 상품

옵션 상품을 추가하려면 속성을 미리 설정해야 합니다. 의류의 경우 색상과 사이즈가 다른 상품이 반드시 있기 마련입니다. 즉, 상품은 하나지만 여러 가지 옵션이 있을 수 있습니다. 상품을 편집할 때 직접 속성을 설정할 수도 있지만 많이 사용하는 속성은 미리 설정해 두고 사용하는 편이 편합니다. 속성은 한번 설정해두면 클래스와 마찬가지로 여러 상품에서 사용될 수 있습니다. 여기서는 속성을 설정하는 두 가지 방법을 알아보겠습니다.

5.1 속성 메뉴에서 설정하는 방법

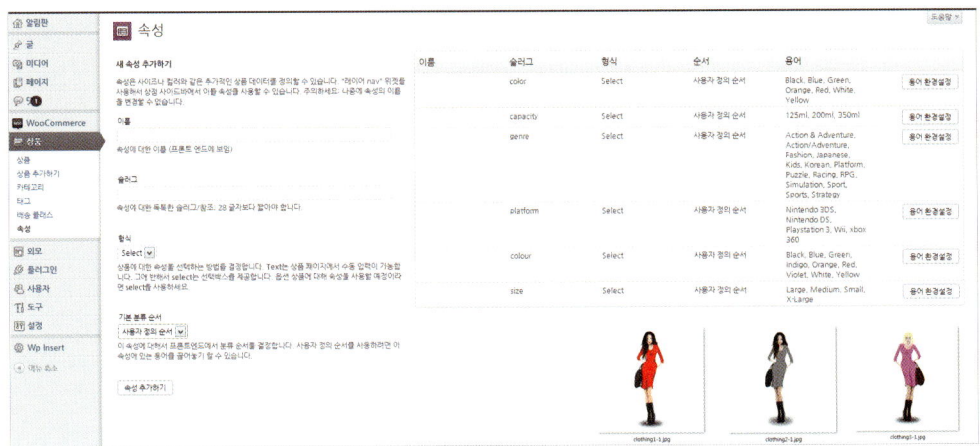

그림 1-188 옵션 상품의 색상 속성 설정

'상품' → '속성'을 선택하면 이미 속성이 정의돼 있는데, 기존의 상품 중에서 옵션 상품에 사용된 것들입니다. 형식에서 텍스트로 직접 입력할 것인지 선택상자가 나올 것인지 선택할 수 있습니다. 한 종류의 원피스에 대해 3가지 색상과 3가지 사이즈를 설정할 예정이므로 기존의 속성을 수정합니다. Red는 있으므로 Gray와 Pink만 추가합니다. 페이지 우측의 '용어 환경 설정' 버튼을 클릭해 추가합니다.

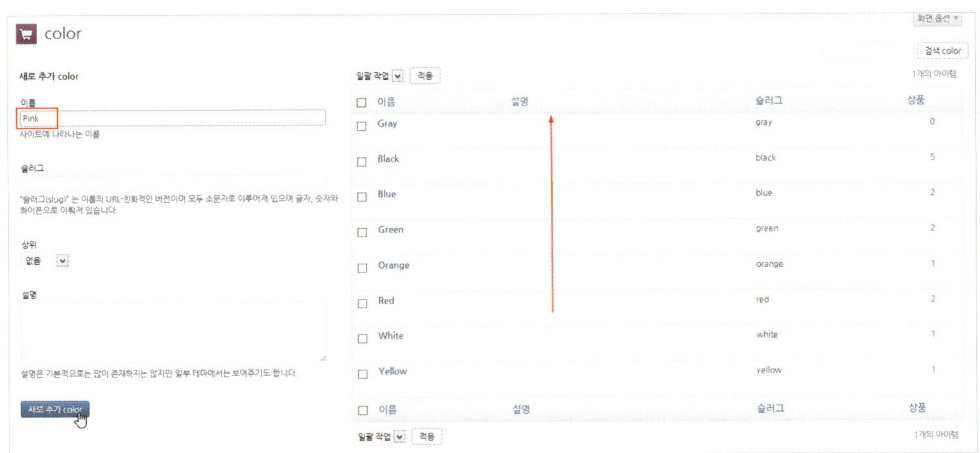

그림 1-189 속성 위치 변경

색상 이름을 입력하고 '추가' 버튼을 클릭한 다음 빨간색을 상단으로 옮겨 사용자 정의 순서를 바꾸면 전면 페이지에서 나타나는 순서를 정할 수 있습니다.

그림 1-190 옵션 상품 사이즈 설정

속성 메뉴를 클릭해 Size의 '용어 환경설정' 버튼을 클릭해 3종류의 사이즈를 추가합니다. 사이즈는 국내의 경우 두 자리 숫자로 설정합니다.

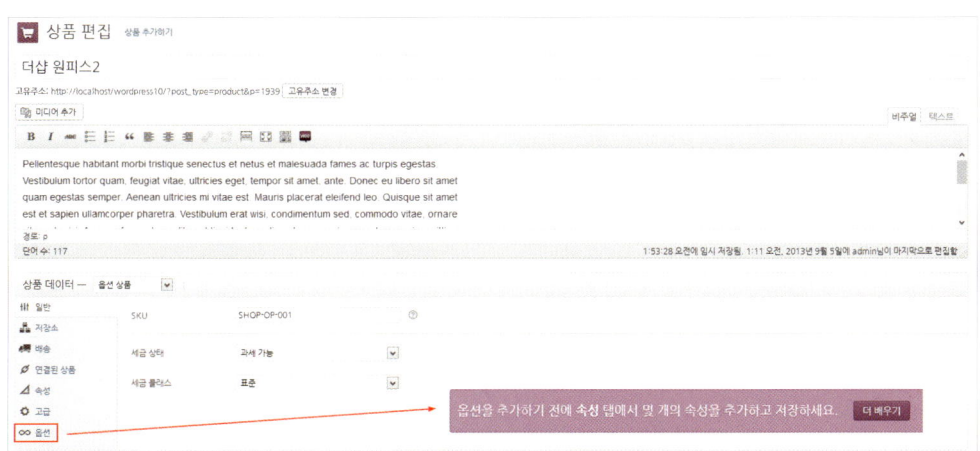

그림 1-191 옵션 상품의 옵션 탭

이전의 상품을 복사해서 편집합니다. 제목을 수정하고 상품 데이터 메타박스에서 옵션 상품을 선택하면 우측의 두 개의 체크박스가 사라지고 가격 입력박스도 사라집니다. 옵션 상품은 각각의 옵션에서 가격을 설정하게 돼 있습니다. 옵션 탭을 클릭하면 위와 같은 메시지가 나옵니다. 따라서 먼저 '속성' 탭을 클릭합니다.

05. 상품 추가   167

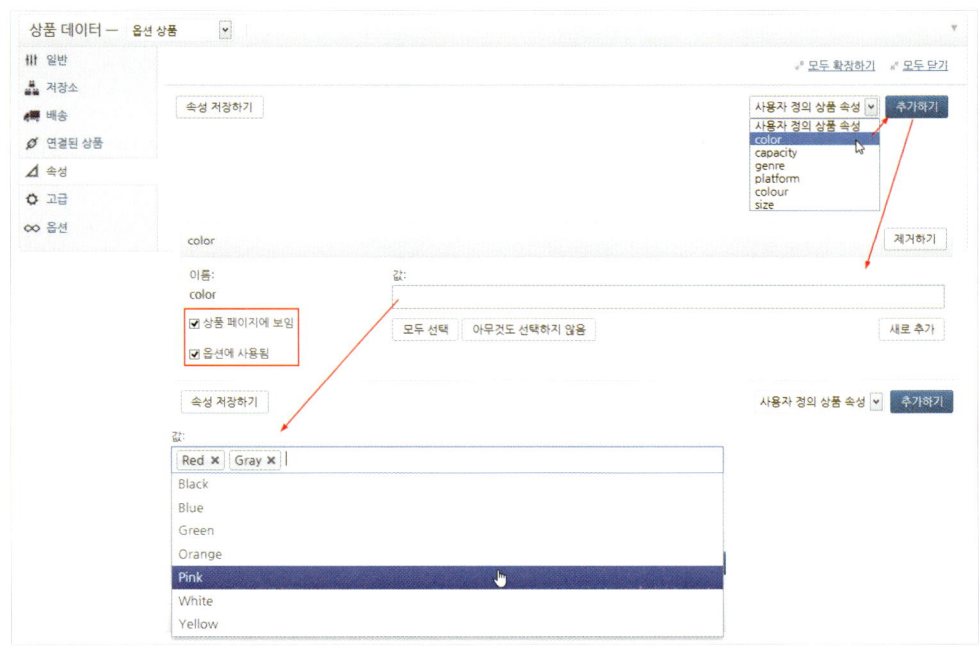

그림 1-192 옵션 상품의 색상 속성 설정

'사용자 정의 상품 속성' 드롭다운 메뉴를 클릭해 color를 선택하고 '추가하기' 버튼을 클릭하면 입력상자가 나타납니다. 좌측의 두 개의 체크박스에 체크하고 입력상자를 클릭한 후 색상을 선택하면 계속 추가됩니다. 속성에 있는 모든 색을 선택하려면 '모두 선택' 버튼을 클릭하고 '아무것도 선택하지 않음' 버튼을 클릭하면 선택된 색상이 모두 제거됩니다. 속성에서 추가한 3가지 색상을 선택하고 하단의 '속성 저장하기' 버튼을 클릭합니다. 사이즈를 추가하기 위해 하단의 '사용자 정의 상품 속성'을 클릭해 size를 선택한 후 '추가하기' 버튼을 클릭합니다.

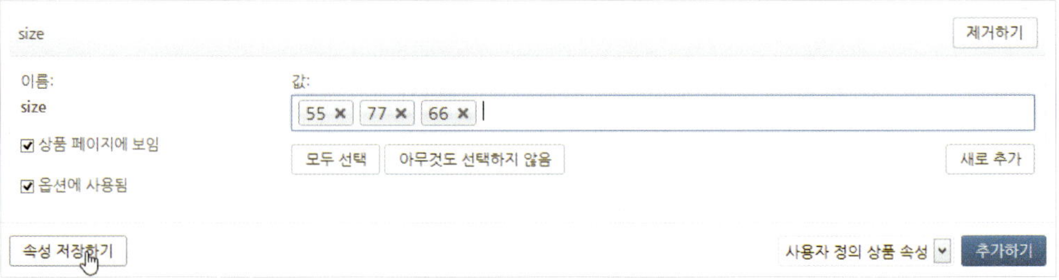

그림 1-193 옵션 상품의 사이즈 속성 설정

같은 방법으로 사이즈를 선택하고 '속성 저장하기' 버튼을 클릭합니다.

5.2 상품 편집 화면에서 직접 입력하는 방법

그림 1-194 상품 편집 페이지에서 속성 만들기

'사용자 정의 상품 속성'이 선택된 상태에서 '추가하기' 버튼을 클릭하면 입력상자가 나타납니다. 속성 이름을 입력하고 두 개의 체크박스에 체크한 다음 값에 속성 값을 파이프 키를 사용해 분리해서 입력하고 '속성 저장하기' 버튼을 클릭합니다. '추가하기' 버튼을 클릭해 같은 방법으로 사이즈도 입력합니다.

옵션 설정

다양한 실험을 위해 다음과 같이 일괄 편집을 사용하면 편리합니다. 이미 만들어진 옵션에 대해 일괄적으로 제거하거나 가격을 변경할 수도 있고, 옵션을 개별적으로 수정하려면 '제거하기' 버튼 옆의 세모 아이콘을 클릭합니다. 일괄 편집의 메뉴를 선택한 후 '가기' 버튼을 클릭하면 입력상자가 나타납니다.

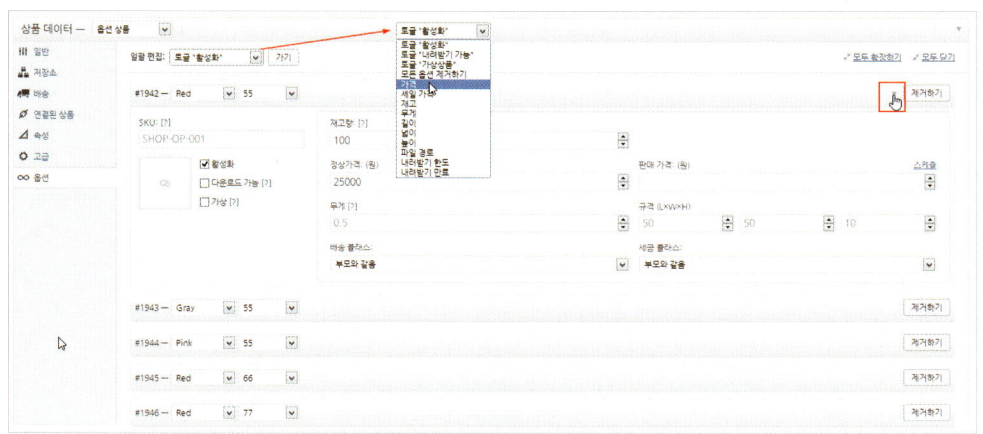

그림 1-195 옵션 설정

모든 옵션 내용이 같을 경우 - 가장 빠른 방법

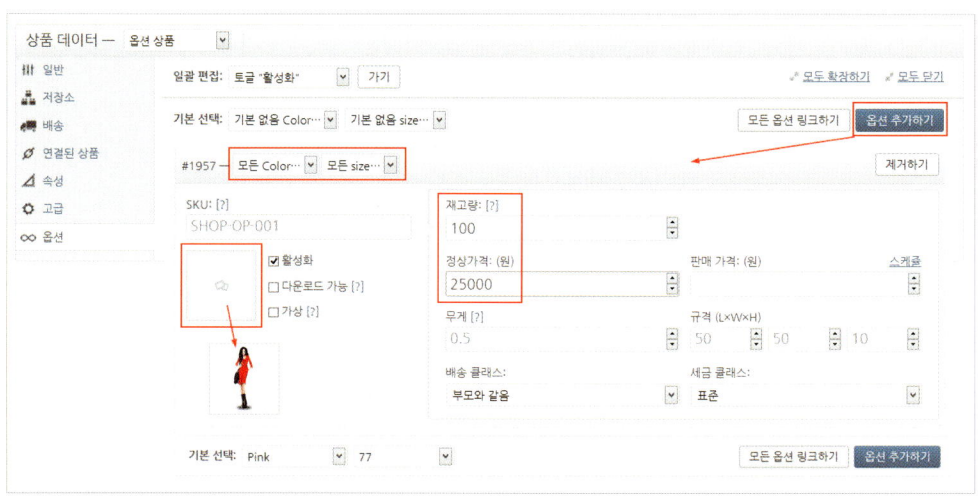

그림 1-196 가장 빠른 옵션 추가하기

옵션 탭에서 '옵션 추가하기' 버튼을 클릭하면 입력상자가 나타납니다. 모든 색상과 사이즈가 선택된 상태에서 재고량과 정상가격을 입력합니다. 다른 입력 내용은 복사해 온 내용이 그대로 있습니다. 그런 다음 이미지 박스를 선택해 이미지를 추가합니다.

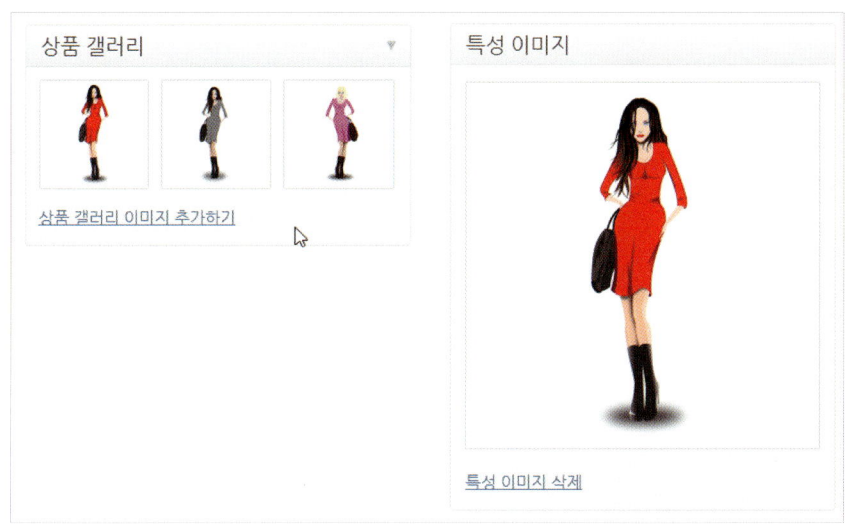

그림 1-197 상품 갤러리, 특성 이미지 설정

상품 갤러리 메타박스에서 이전의 같은 색의 이미지 하나를 제거하고 회색과 핑크색의 2가지 이미지를 추가합니다. 특성 이미지는 그대로 사용하고 '공개하기(업데이트)' 버튼을 클릭합니다.

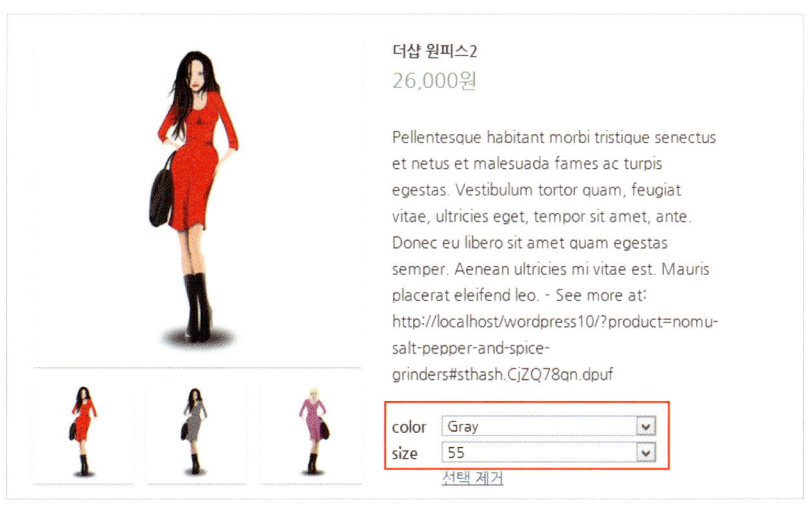

그림 1-198 빠른 방법의 단점

상품 상세 페이지에서 색상 선택 박스에서 색상을 선택하고 사이즈를 선택하면 이미지의 변화는 없고 갤러리 이미지를 선택해야 변경됩니다. 간편한 방법이지만 다른 색을 선택했을 때 이미지가 변경되지 않는다는 단점이 있습니다. 그래서 세 가지 색상의 옵션만 변경하는 방법을 이용합니다. 이미 만들어진 모든 옵션을 일괄 편집의 '모든 옵션 제거하기'를 클릭해 제거합니다.

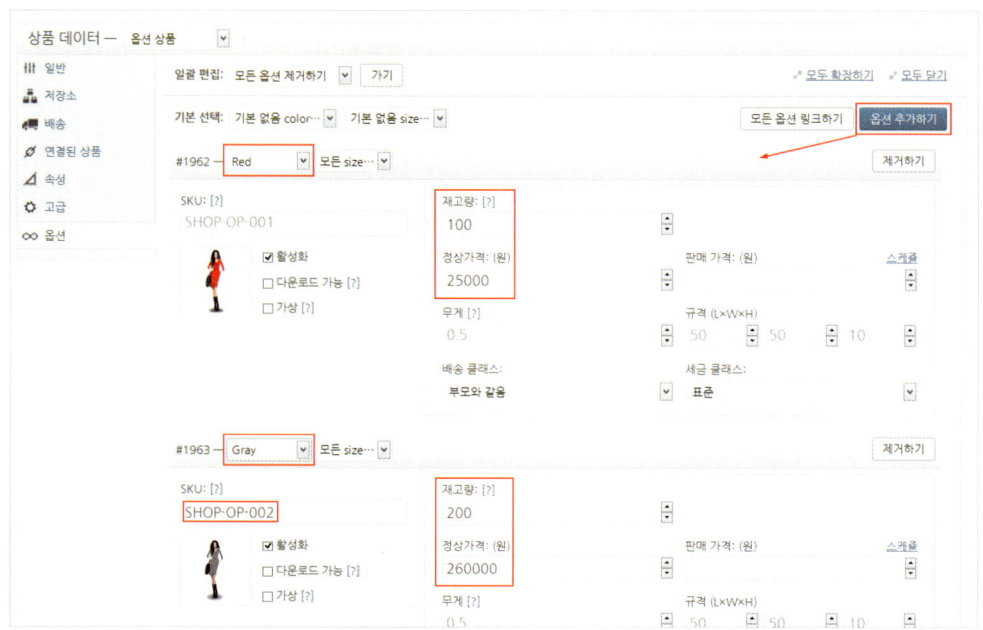

그림 1-199 세 가지 옵션 변경에 의한 방법

'옵션 추가하기' 버튼을 클릭하고 모든 color을 Red로 선택한 다음 모든 Size는 그대로 두고 재고량과 가격을 입력합니다. 다시 옵션 추가하기 버튼을 클릭해 이번에는 Gray 색을 선택하고 재고량과 가격을 입력합니다. 나머지 두 가지 색도 같은 방법으로 설정하고 각 옵션에 대해 이미지를 다른 색으로 추가합니다. 이렇게 하면 상품 상세 페이지에서 색을 선택하고 사이즈를 선택할 때마다 다른 색의 이미지가 나타납니다.

옵션이 모두 다른 경우 - 가장 복잡하지만 모든 색상과 사이즈에 대해 옵션과 이미지를 변경 가능

그림 1-200 모든 옵션이 다른 경우

'옵션 추가하기' 버튼을 클릭하고 모든 color에서 Red를, 모든 size에서 55 사이즈의 조합을 선택해 각 항목을 설정하는데, 이런 조합을 만들자면 총 9번의 옵션 추가 과정을 거쳐야 해서 번거롭습니다. 그래서 '모든 옵션 링크하기'를 사용합니다. 우선 제거하기 버튼을 클릭해 옵션을 제거합니다.

그림 1-201 모든 옵션 표시

'모든 옵션 링크하기' 버튼을 클릭하면 알림 메시지 창이 나오고 한번에 최대 50개의 조합을 만들 수 있습니다. 확인 버튼을 클릭하면 9개의 옵션이 추가됐다고 나옵니다. '확인'을 클릭하면 하단에 모든 조합이 나타납니다. 이전의 상품을 사용했으니 재고량과 정상 가격을 제외하고 그대로 나타납니다. 재고량과 가격을 각 옵션에 입력하고 필요한 경우 SKU는 서로 다르게 지정합니다. 재고량과 가격이 같다면 일괄 편집을 이용해 같은 수치를 입력합니다. 이미지는 각 옵션에 대해 개별적으로 추가해야 하며, 생략할 경우 기본 색상의 이미지가 나타납니다. 하단의 기본 선택에서 기본 색상과 기본 사이즈를 선택하고 저장하면 상세 페이지에 처음 들어왔을 때 선택한 이미지가 나타납니다.

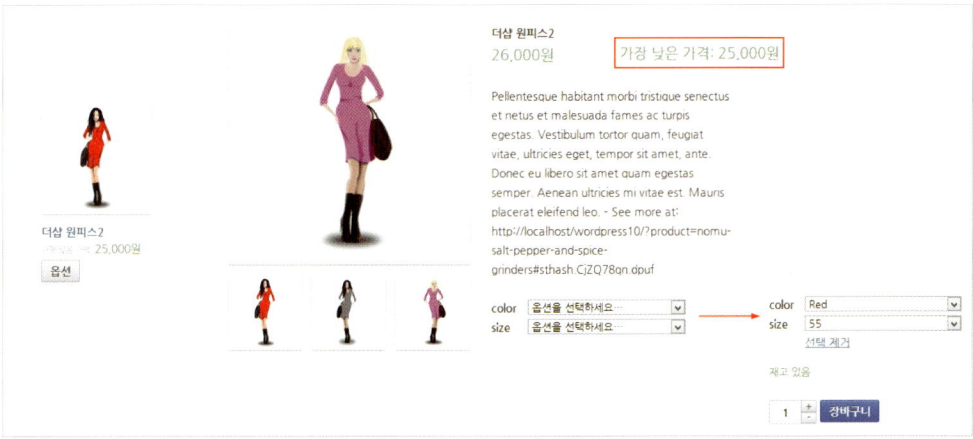

그림 1-202 상세 페이지의 옵션 상품

상품 페이지에서 버튼이 장바구니가 아닌 옵션으로 나타나는데, 이 버튼을 클릭하면 상세 페이지에서 옵션 선택 상자가 나타나고 옵션 선택을 모두 완료하면 장바구니 버튼이 나타납니다. 옵션 상품의 가격이 모두 같으면 하나의 가격만 나오지만 다른 경우 가장 낮은 가격이 나타납니다.

06 그룹 상품

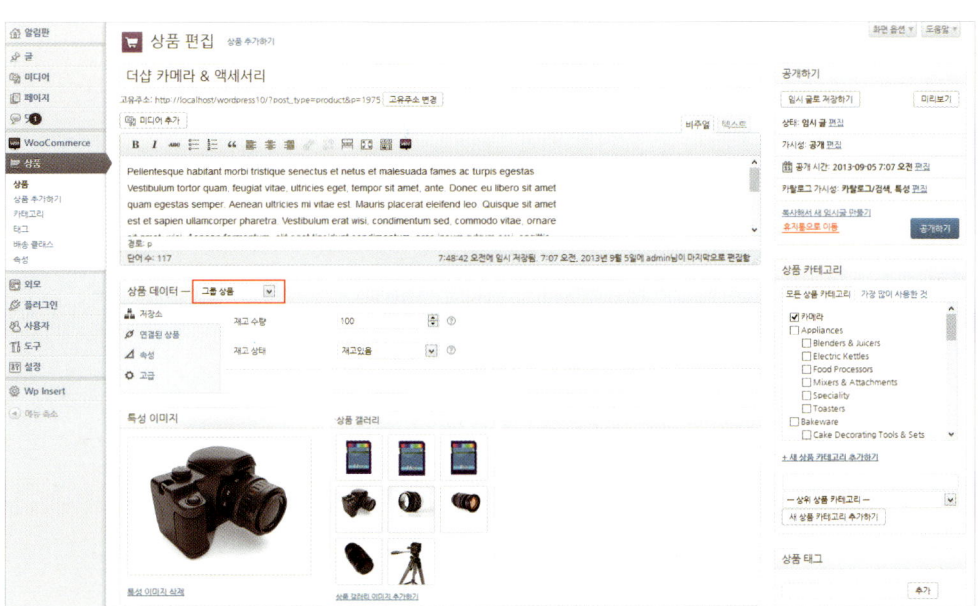

그림 1-203 그룹 상품

이전 상품을 복사해 제목을 수정하고 상품 형식을 그룹 상품으로 선택합니다. 그룹 상품으로 설정하면 가격을 입력할 수 있는 '일반' 탭과 '배송' 탭이 사라집니다. 하지만 그룹 상품의 부모 상품은 모든 자식 상품을 연결해 사이트 전면에 표시하는 역할을 하므로 자식 상품에 대한 상품 설명, 요약, 특성 이미지, 이미지 갤러리를 설정하고 카테고리와 기타 내용은 단순 상품에 준해 입력한 다음 '공개하기' 버튼을 클릭해 발행합니다.

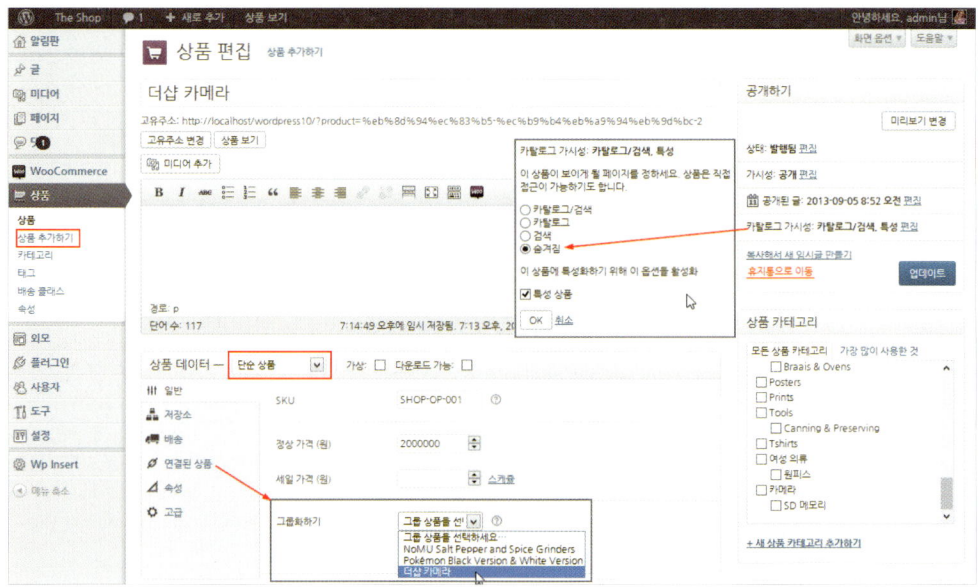

그림 1-204 그룹 상품의 자식 상품

자식 상품은 실제 판매되는 상품이므로 가격이나 배송 내용이 필요합니다. 하지만 상품 설명이나 카테고리, 특성 이미지 등 사이트에서 표시되는 내용은 필요하지 않으므로 이번에는 이전 상품을 복사해서 사용하지 않고 새로운 상품 추가하기로 상품을 만듭니다. '상품 추가하기' 링크를 클릭하고 제목을 설정한 다음 상품 형식을 '단순 상품'으로 선택합니다. 상품 데이터 메타박스의 내용은 모두 입력합니다. 특히 부모 상품과의 연결을 위해 '연결된 상품' 탭의 그룹 상품 선택상자에서 부모 상품을 선택해야 합니다. '공개하기' 메타박스에서 '카탈로그 가시성'을 '숨겨짐'으로 선택한 다음 '공개하기' 버튼을 클릭합니다. 같은 방법으로 바로 전에 추가한 자식 상품을 복사해 SD 메모리, 삼각대, 렌즈 등 카메라 관련 자식 상품을 추가합니다. 그런 다음 제목과 가격만 수정하면 됩니다.

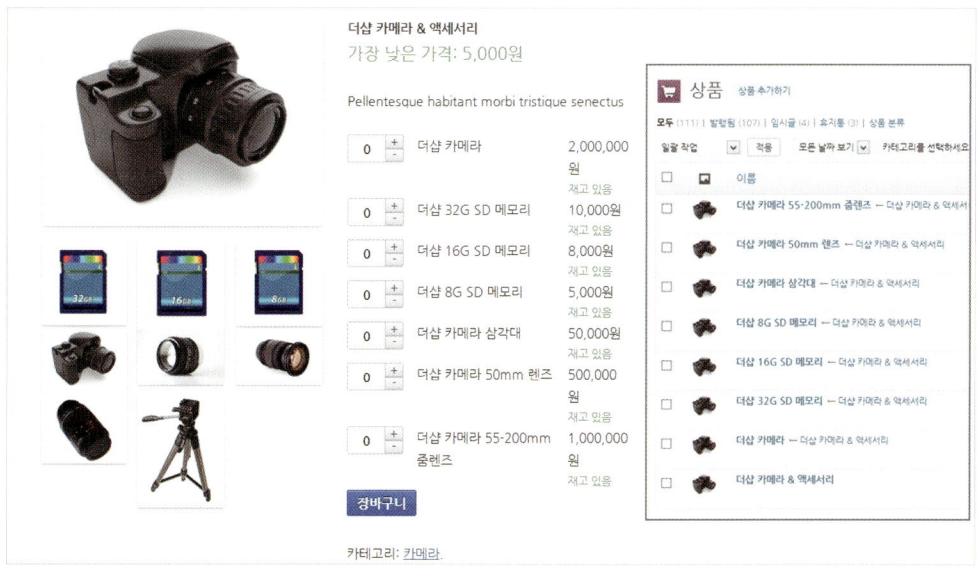

그림 1-205 상세 페이지의 그룹 상품

상세 페이지에서 보면 자식 상품들이 모두 나열되고 상품 목록 페이지에는 부모 자식 간의 제목이 화살표로 연결되고 있습니다. 이러한 방법이 일반적으로 사용되며, 자식 상품도 개별적으로 노출시키고 싶을 때는 일반 단순 상품과 같이 각 상품의 설명, 카테고리 등 모든 내용을 입력하고 저장할 때 '카탈로그 가시성'을 '숨겨짐'으로 설정하지 않으면 됩니다. 이 같이 설정하면 아래 그림처럼 나타납니다.

그림 1-206 카탈로그 가시성 열림 상태

각 상품의 제목에는 링크가 있고 상품 페이지에는 개별 상품이 나타납니다.

07 외부/연계 상품

이 방법은 내 쇼핑몰에는 상품이 없고 외부 사이트의 쇼핑몰을 링크해서 구매가 발생하면 이익을 분배하는 방식으로 우커머스의 상품 방식 중 가장 간편한 형태의 상품입니다.

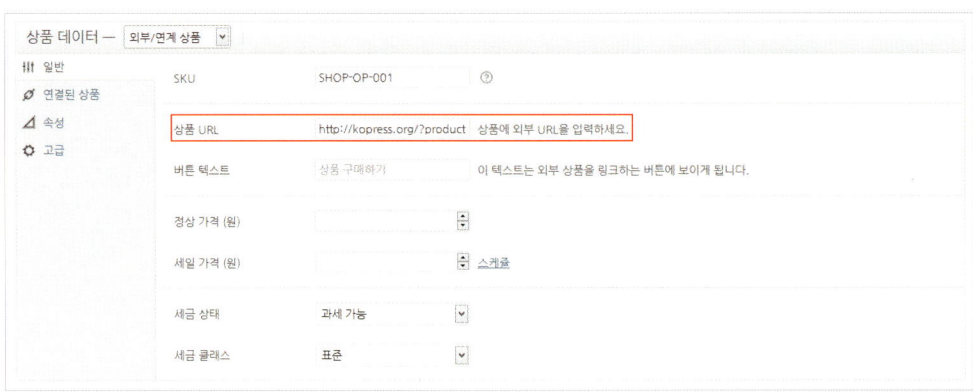

그림 1-207 외부/연계 상품

상품 방식을 외부/연계 상품으로 선택하면 '배송' 및 '저장소' 탭이 사라지고 일반 탭에 상품 URL이 나타납니다. 이곳에 해당 사이트의 URL을 삽입합니다.

그림 1-208 상세 페이지의 외부/연계 상품

모든 옵션과 장바구니 버튼이 사라지고 '상품 구매하기' 버튼이 나오며, 이 버튼을 클릭하면 해당 사이트로 이동합니다.

08 CSV 파일로 상품 추가하기

CSV(Comma-Separated Values) 파일로 상품 데이터를 만들어 한꺼번에 많은 상품을 업로드할 수 있습니다. 우커머스에는 기본으로 업로드하는 기능이 없고, 우커머스에서 유료로 판매하는 확장 플러그인을 사용할 수도 있지만 무료 플러그인도 몇 가지 있습니다. 다만 한글은 아직 지원되지 않습니다. 제가 사용해본 것 중 쉽고 간편한 방법으로 업로드해보겠습니다. CSV 파일은 엑셀로 목록을 만들어서 생성해도 되고 메모장을 이용해 만들어도 됩니다. 우커머스 플러그인 폴더를 보면 확장자가 csv인 더미 데이터 파일이 있습니다. 이 파일을 엑셀에서 열면 다음과 같은 내용이 나타납니다.

M34

	A	B	C	D	E	F	G	H	I	J
1	post_title	post_name	ID	post_excer	post_cont	post_status	menu_ord	post_date	post_parent	comment_
2	Woo Logo	woo-logo	15	Pellentesc	Pellentesc	publish	0	13-06-07 10:35	0	open
3	Premium Quality	premium-quality	19	Pellentesc	Pellentesc	publish	0	13-06-07 10:41	0	open
4	Ship Your Idea	ship-your-idea	22	Pellentesc	Pellentesc	publish	0	13-06-07 10:46	0	open
5	Ninja Silhouette	ninja-silhouette	31	Pellentesc	Pellentesc	publish	0	13-06-07 10:49	0	open
6	Woo Ninja	woo-ninja	34	Pellentesc	Pellentesc	publish	0	13-06-07 10:52	0	open
7	Happy Ninja	happy-ninja	37	Pellentesc	Pellentesc	publish	0	13-06-07 10:53	0	open
8	Ship Your Idea	ship-your-idea-2	40	Pellentesc	Pellentesc	publish	0	13-06-07 11:00	0	open
9	Woo Ninja	woo-ninja-2	47	Pellentesc	Pellentesc	publish	0	13-06-07 11:02	0	open
10	Patient Ninja	patient-ninja	50	Pellentesc	Pellentesc	publish	0	13-06-07 11:03	0	open
11	Happy Ninja	happy-ninja-2	53	Pellentesc	Pellentesc	publish	0	13-06-07 11:05	0	open
12	Ninja Silhouette	ninja-silhouette-2	56	Pellentesc	Pellentesc	publish	0	13-06-07 11:07	0	open
13	Woo Logo	woo-logo-2	60	Pellentesc	Pellentesc	publish	0	13-06-07 11:12	0	open
14	Ship Your Idea	ship-your-idea-3	67	Pellentesc	Pellentesc	publish	0	13-06-07 11:22	0	open
15	Flying Ninja	flying-ninja	70	Pellentesc	Pellentesc	publish	0	13-06-07 11:25	0	open
16	Premium Quality	premium-quality-2	73	Pellentesc	Pellentesc	publish	0	13-06-07 11:27	0	open
17	Woo Ninja	woo-ninja-3	76	Pellentesc	Pellentesc	publish	0	13-06-07 11:28	0	open
18	Woo Logo	woo-logo-3	79	Pellentesc	Pellentesc	publish	0	13-06-07 11:29	0	open
19	Woo Album #1	woo-album-1	83	Pellentesc	Pellentesc	publish	0	13-06-07 11:33	0	open
20	Woo Album #2	woo-album-2	87	Pellentesc	Pellentesc	publish	0	13-06-07 11:34	0	open
21	Woo Album #3	woo-album-3	90	Pellentesc	Pellentesc	publish	0	13-06-07 11:35	0	open
22	Woo Single #1	woo-single-1	93	Pellentesc	Pellentesc	publish	0	13-06-07 11:36	0	open
23	Woo Album #4	woo-album-4	96	Pellentesc	Pellentesc	publish	0	13-06-07 11:37	0	open
24	Woo Single #2	woo-single-2	99	Pellentesc	Pellentesc	publish	0	13-06-07 11:38	0	open

그림 1-209 CSV 상품 파일

1번 행에 제목이 있는데, 이곳을 헤더라고 합니다. 2번째 행부터는 각 헤더에 해당하는 상품 데이터가 나열됩니다. 이 파일을 텍스트 편집기에서 열면 다음과 같습니다.

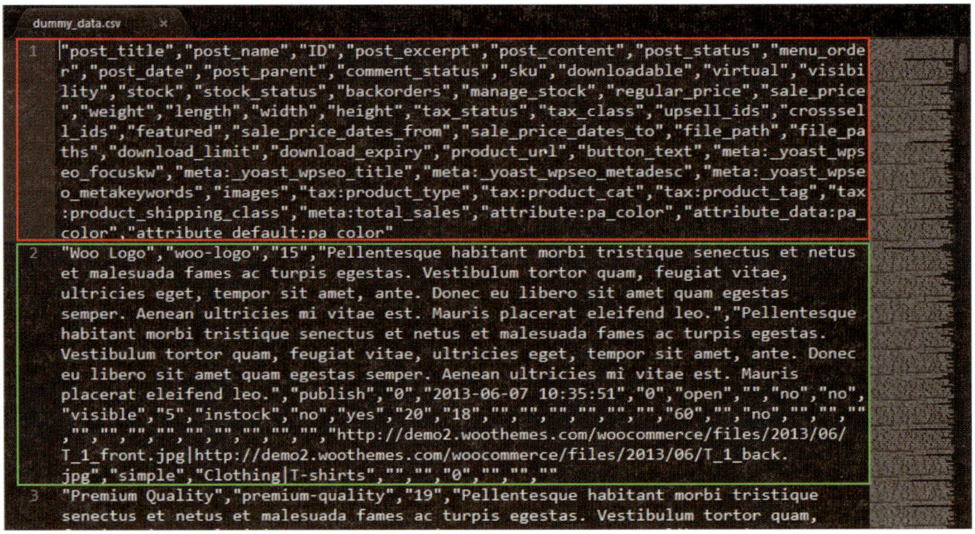

그림 1-210 CSV 파일을 텍스트 편집기에서 볼 경우

형태는 다르지만 데이터의 내용은 같습니다. 다소 불편하긴 하지만 엑셀이 없는 경우 위와 같이 단순한 편집기에서 작성해도 됩니다. 아무튼 이 같은 형식이 CSV 파일의 기본 형태입니다. 따옴표로 데이터를 감싸고 각 데이터는 콤마로 분리됩니다.

그러면 이 파일을 상품 데이터로 업로드하는 방법을 알아보겠습니다. 설치된 플러그인 화면에서 Woo Product Importer를 활성화합니다.

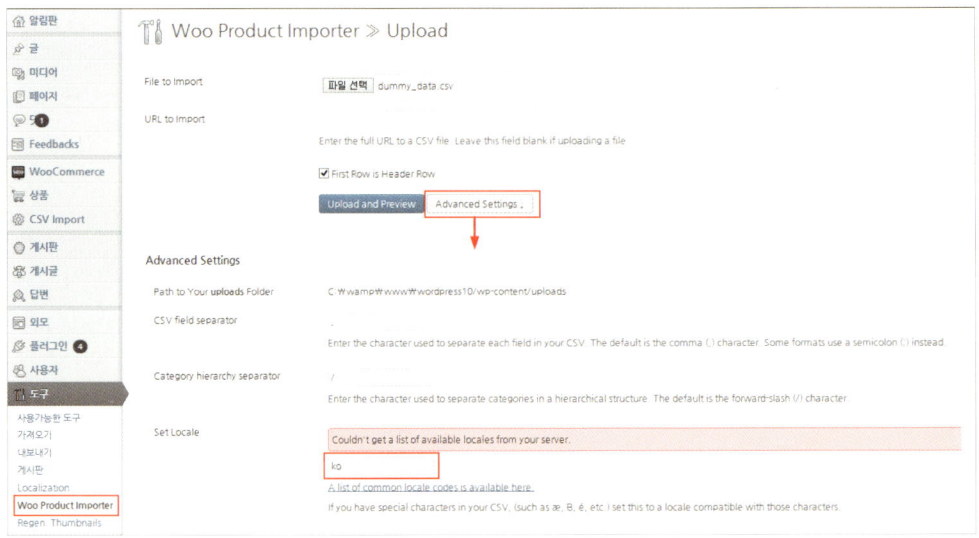

그림 1-211 Woo Product Importer 플러그인 설정

'도구' → 'Woo Product Importer'에서 '파일 선택' 버튼을 클릭하고 이 파일을 업로드합니다. First Row is Header Row에 체크하고 Advanced Settings 버튼을 클릭한 다음, Set Locale에 보면 서버에서 언어 설정 코드가 없다고 나타납니다. 입력상자 아래의 링크를 클릭하면 여러 국가의 언어 코드가 있는 화면이 나옵니다. 한글 코드인 ko나 ko_KR를 위 입력박스에 입력하고 진행해도 별다른 효과가 없습니다. 즉, 아직까진 한글이 지원되지 않는 상태입니다. Upload and Preview 버튼을 클릭합니다.

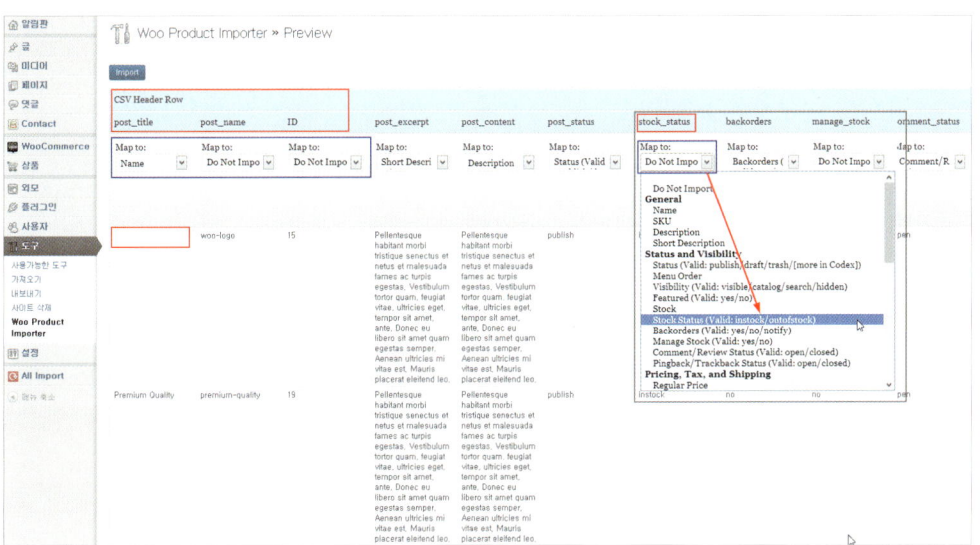

그림 1-212 CSV 파일 가져오기 결과 수정

CSV 파일의 헤더와 이 플러그인에서 지원하는 헤더가 다르므로 Do Not Import라고 나오는 부분을 확인해서 선택합니다. 예를 들어, 우측으로 스크롤하다 보면 instock_status에 Do Not Import라고 나타나는데 선택상자를 클릭하고 Stock Status를 선택하면 됩니다. 첫번째 항목의 상품 이름을 한글로 수정해서 업로드했더니 전혀 나타나지 않습니다. 상단에서 Import 버튼을 클릭합니다.

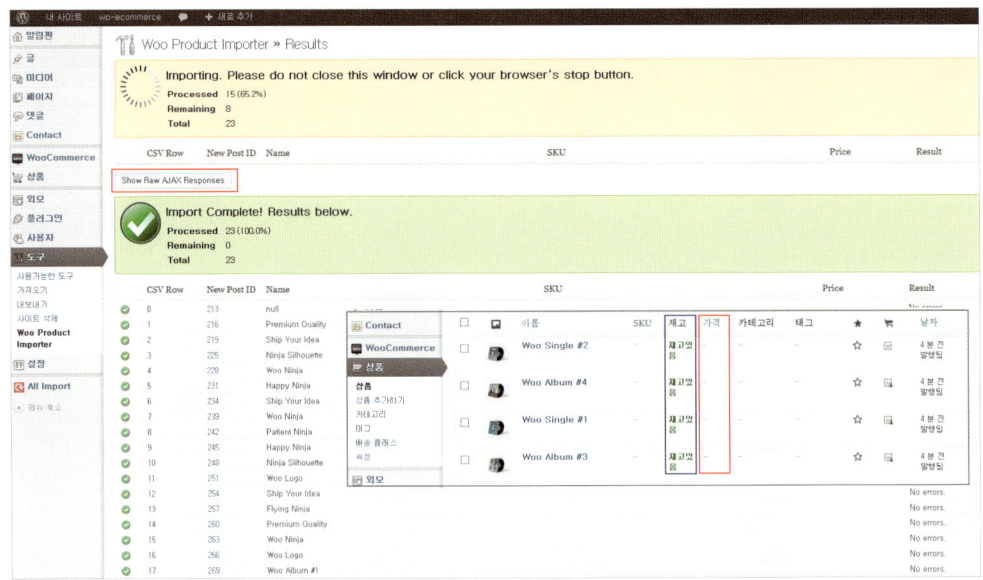

그림 1-213 가져오기 실행

로딩 중 이미지가 나타나면서 가져오기가 진행됩니다. Show Raw AJAX Responses 버튼을 클릭하면 진행되고 있는 행이 나타나고 가져오기가 완료되면 체크 아이콘과 진행 결과가 표시됩니다. 결과를 알아보기 위해 상품 목록으로 가보면 상품이 나타나고 재고 상태에 반영되어 제대로 표시되며, 가격은 일치시키지 않아 나타나지 않습니다.

CSV 파일을 이용하는 방법은 많은 상품을 간편하게 추가할 수 있는 방법입니다. 하지만 아직까지 한글을 제대로 지원하지 않는다는 문제가 있는데, 연구해보면 해결책이 나올 듯합니다. 한글이 지원될 때까지 한글로 입력하는 부분만 제외하고 업로드한 다음 추가로 수정하면 될 것입니다. 상품 내보내기는 설치된 플러그인에서 WooCommerce - Store Exporter를 사용하면 되고 자세한 사용법은 제 블로그에도 올리겠습니다.

09 상품 카테고리

블로그 글과 상품의 카테고리는 같은 역할을 하지만 상품 카테고리에는 특별한 기능이 하나 있습니다.

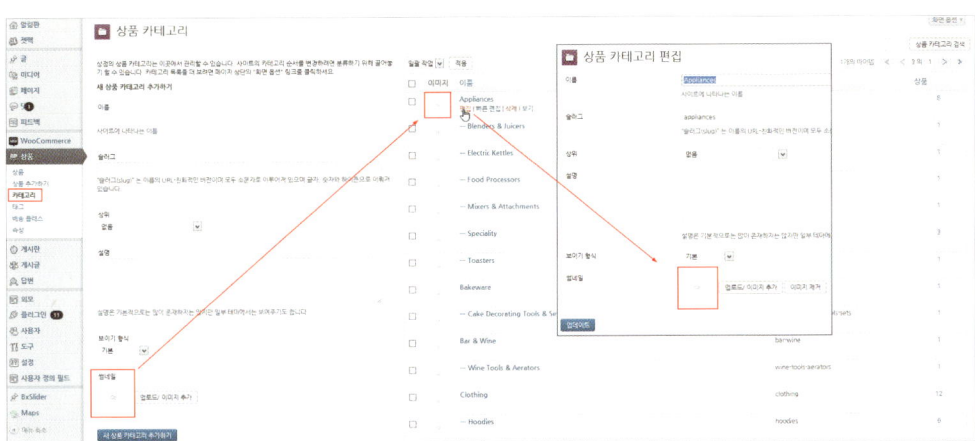

그림 1-214 상품 카테고리 추가 페이지

상품 카테고리를 미리 만들 수 있는 페이지에서 카테고리를 만들 때 썸네일 이미지를 추가할 수 있는 곳이 있습니다. 여기서 썸네일 이미지는 카테고리 이미지로 사용되며, 이미 등록한 카테고리는 편집 링크를 클릭해 추가로 등록할 수 있습니다.

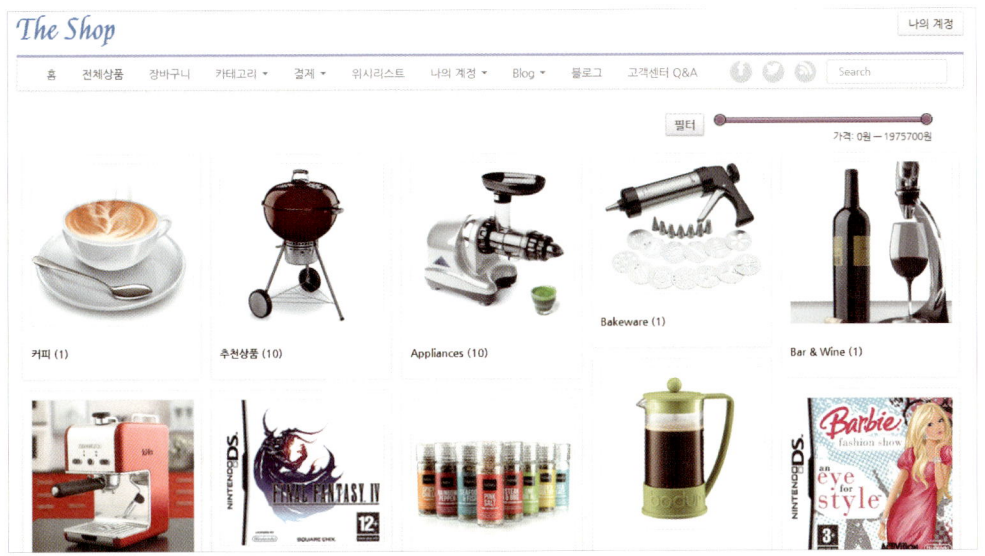

그림 1-215 카테고리 대표 이미지

우커머스 메뉴에서 '설정' → '카탈로그' 탭의 상품 페이지 표시 항목에서 '하위 카테고리 표시'를 선택하면 상품 페이지에 들어올 때 개별 상품이 나오는 것이 아니라 카테고리로 우선 들어오고 카테고리를 선택하면 상품 이미지가 나타납니다. 이 부분은 '카탈로그' 탭 편에서 이미 설명한 바 있습니다.

주문 페이지 06

우커머스에서 주문 관리 페이지는 고객이 주문한 이후로 주문이 완료될 때까지 모든 주문 관련 사항을 관리하는 곳입니다. 이곳에는 전체 주문을 한눈에 볼 수 있는 주문 목록 페이지가 있고 개별 주문을 상세하게 볼 수 있는 주문 편집 페이지가 있습니다.

01 주문 관리 페이지

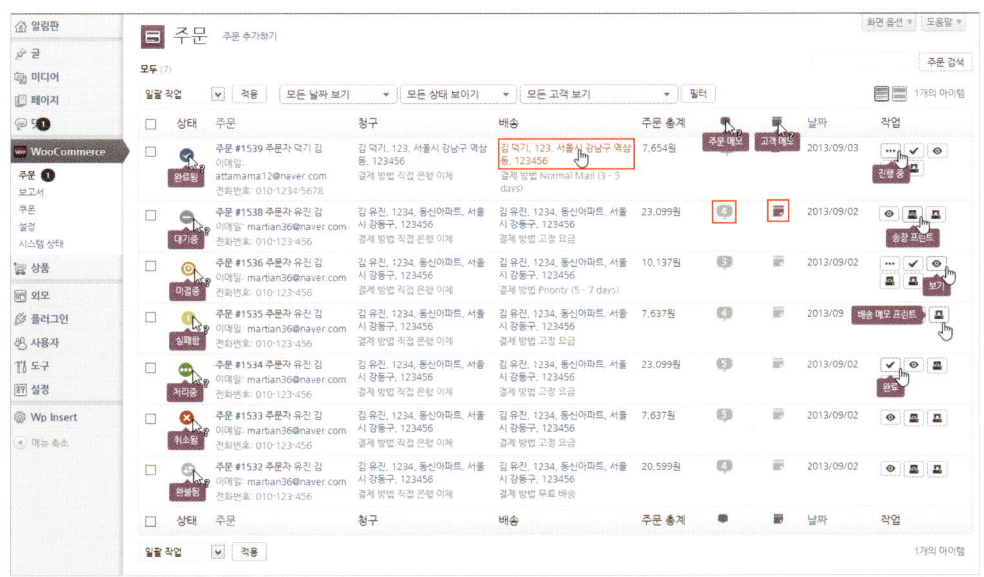

그림 1-216 주문 관리 페이지

상단에서 일괄 작업과 필터링을 할 수 있고 상태 부분에는 아이콘이 있어서 주문 상태를 확인할 수 있습니다. 주문 메모의 숫자는 주문 진행 과정의 메모이며, 고객 메모는 고객이 주문 시 작성한 메모로서 보라색이면 메모가 존재한다는 의미입니다. 우측 작업 열에는 보통 3개의 아이콘이 있어서 진행 중, 완료, 보기가 표시됩니다. 진행 중 아이콘을 클릭하면 대기 중에서 진행 중으로 전환되며, 완료는 모든 상태를 완료 상태로 전환합니다. 보기 아이콘을 클릭하면 주문 편집 페이지로 이동합니다. 두 개의 아이콘이 추가된 것은 송장 프린트 플러그인이 설치돼서 그렇습니다. 주소 링크를 클릭하면 아래처럼 구글 지도가 나타납니다.

그림 1-217 구글 맵

02 주문 편집 페이지

고객이 결제 페이지에서 '주문 확정' 버튼을 클릭하면 주문이 완료되며, 고객에게는 주문이 완료됐음을 알리는 이메일이 전송됩니다. 쇼핑몰 관리자에게는 이때부터 주문이라는 하나의 글(Post)이 만들어집니다. 주문은 글에 준해 아이디가 만들어지므로 글 아이디처럼 일련번호가 아닌 주문 번호가 부여됩니다. 이전에 주문 번호를 일련번호로 만드는 플러그인을 설치했습니다.

주문은 발생부터 완료될 때까지 주문 상태가 존재하는데 각 상태의 내용을 보면 다음과 같습니다. 우커머스에서는 각 상태를 알기 쉽게 표시하기 위해 아이콘으로 나타냅니다.

그림 1-218 주문 관리 페이지의 아이콘

- 대기중: 주문이 발생했고 상품 대금이 미지불된 상태입니다.
- 미결중: 대금 지불을 대기하고 있는 상태로 재고가 감소됩니다.
- 실패함: 지불이 실패하거나 거절된 상태입니다.
- 취소됨: 관리자나 고객에 의해 주문이 취소됐으며 더 이상 진행되지 않습니다.
- 처리중: 지불이 완료되고 재고가 감소했으며 주문 완료를 기다리는 상태입니다.
- 환불됨: 관리자에 의해 대금이 환불된 상태입니다.
- 완료됨: 주문 처리가 완료된 상태입니다.

주문이 완료되면 결제 방법에 따라 주문 상태가 다릅니다. 수표나 은행 입금으로 결제한 경우 입금이 완료되기 전까지는 대기 중이며 입금이 확인되면 관리자가 완료됨으로 처리합니다. 이후에 상품을 발송하거나 내려받기 가능한 상품은 다운로드가 가능해집니다. 신용카드나 페이팔에 의한 결제는 결제 게이트웨이의 처리에 따라 대금 회수가 완료된 상태로 되므로 상품 발송이 이뤄지고 내려받기 가능한 상품은 우커머스의 설정에 의해 처리 중으로 표시되더라도 다운로드가 가능해집니다.

위와 같은 모든 상태를 관리할 수 있는 곳이 주문 편집 페이지입니다. 이 페이지에서는 주문 상태뿐 아니라 재고 변경, 이메일 재발송, 세금 변경, 배송 변경 등 각종 사항을 변경할 수 있습니다.

2.1 주문 상세 박스

그림 1-219 주문 상세 박스

주문 상세 박스 좌측에는 주문 상태를 변경하거나 날짜, 주문자, 고객 메모를 변경할 수 있습니다. 주문의 변경은 주로 관리자가 임의로 주문을 추가할 때 사용합니다. 고객의 주문이 관리자의 필요에 의해 또는 관리자의 실수로 삭제됐을 경우 복구가 불가능하므로 임의로 주문을 새로 만들어야 하죠. 이곳에서는 고객 상세와 주문 상품, 세금 등 각종 정보를 추가하고 이메일까지 발송할 수 있습니다.

그림 1-220 청구 상세, 배송 상세

주문 상세 우측에는 청구 주소와 배송 주소가 있으며 '편집' 링크를 클릭해 각 주소를 변경하거나 주소를 가져올 수 있습니다.

2.2 주문 아이템 박스

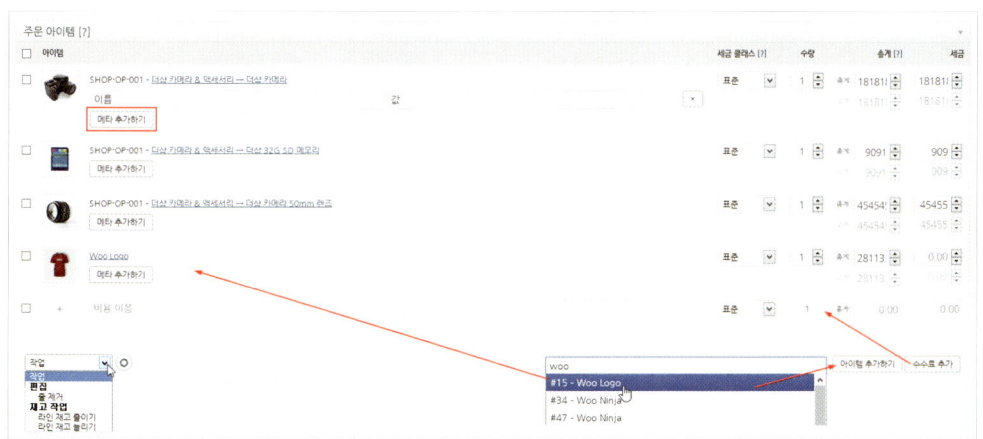

그림 1-221 주문 아이템 박스

주문 상품의 '메타 추가하기' 버튼을 클릭하면 두 개의 필드가 나타나 옵션을 추가할 수 있으며, 각 상품의 세금 클래스, 수량, 총계, 세금을 변경할 수 있습니다. 일괄 작업도 가능하며, '아이템 추가하기' 버튼을 클릭해 상품을 추가하거나 수수료를 추가할 수 있습니다.

그림 1-222 내려받기 가능 상품 허용

내려받기 가능한 상품을 추가한 경우 해당 상품의 파일에 접근할 수 있게 허용해야 다운로드가 가능해집니다. 또한 다운로드 횟수나 기간을 정한 경우 이 제한이 지나면 더는 접근이 불가능한데, 고객으로부터 요청이 있어서 제한을 해제할 경우 이곳에서 접근 허용을 하면 됩니다.

2.3 주문작업 박스

그림 1-223 주문 작업 박스

우측 상단의 주문 작업 메타박스에서 변경된 주문을 저장할 수 있고, 드롭다운 메뉴에서 보내고자 하는 이메일 항목을 선택해 우측의 아이콘을 클릭하면 재발송할 수 있습니다. 주문 내용을 변경한 경우 반드시 '주문 저장하기' 버튼을 클릭하고 이메일 보내기를 해야 적용됩니다. 고객 송장은 항상 보내지는 것이 아니므로 고객이 원할 경우에만 보낼 수 있습니다. 하지만 이미 알아봤듯이 송장으로서의 형식이 갖춰지지 않아 템플릿을 편집해야 합니다.

주문총계 박스

그림 1-224 주문 총계 박스

주문 총계 메타박스에서는 할인, 배송, 세금 행, 세금총계를 수정할 수 있습니다. '세금 행 추가하기' 링크를 클릭해 추가하거나 제거할 수도 있습니다.

2.5 주문 메모

그림 1-225 주문 메모, 주문 프린트

주문 메모는 주문이 발생한 이후 시간의 흐름에 따라 결제와 관련해 메모가 추가되기도 하고 주문 상태를 변경하면 추가되기도 합니다. 임의로 고객용 메모(보라색 배경)를 발송하거나 개인용 메모(회색 배경)를 추가할 수 있습니다. 고객용 메모를 추가한 후 이메일로 발송할 수도 있습니다. 플러그인을 설치한 경우 송장, 배송 메모를 출력할 수 있는 주문 프린트 메타박스가 만들어집니다.

07 쿠폰 사용과 보고서

∩7 쿠폰 사용

쿠폰은 기존 고객을 유지하거나 신규 고객을 유치하기 위해 자주 사용됩니다. 쿠폰을 사용하려면 우커머스 메뉴에서 '설정' → '일반' 탭에서 '쿠폰 사용 활성화'가 체크돼 있어야 합니다. 여기서는 쿠폰에 대해 설명하고 무료 배송 쿠폰을 설정하는 방법을 알아보겠습니다.

그림 1-226 쿠폰 추가하기

'우커머스' → '쿠폰'을 선택한 다음 '쿠폰 추가하기' 링크를 클릭합니다. 쿠폰 이름은 알아보기 쉽게 영문과 숫자를 이용해 만들고 필요한 경우 쿠폰 설명에 내용을 입력합니다. '할인 형식'에서는 장바구니 전체에 대해 금액으로 할인할 것인지 퍼센트로 할인할 것인지, 또는 개별 상품에 대해 금액 할인할 것인지 퍼센트로 할인할 것인지 선택합니다.

'쿠폰 금액 또는 퍼센트'는 위에서 선택한 쿠폰 형식이 금액 기준인지 퍼센트인지에 따라 해당 수치를 입력합니다. 퍼센트로 할인할 것으로 선택하고 금액을 입력하면 어떤 결과가 나올까요? 할인 금액을 1000원으로 실험해봤더니 결제금액이 0으로 나옵니다. 혼동을 방지하기 위해 번역을 추가했습니다.

'무료 배송 활성화'에 체크하고 우커머스 메뉴에서 '설정' → '배송' 탭의 '무료 배송 방법'에서 '유효한 무료 배송 쿠폰'으로 선택하고 저장합니다. 이하 내용은 무료 배송 쿠폰에만 적용할 것이라면 설정하지 않아도 됩니다.

'개별 사용'은 여러 개의 쿠폰을 동시에 사용하는 것을 방지합니다.

'세금 전 적용'은 세금까지 할인 대상으로 할 필요는 없으므로 대부분 체크해서 사용합니다.

'세일 아이템 제외'는 세일 품목에도 할인 쿠폰을 적용할 것인지 선택합니다.

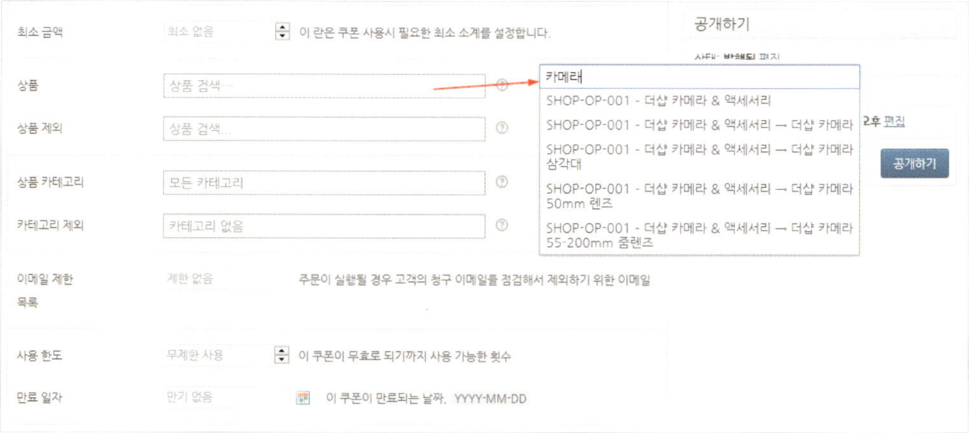

그림 1-227 쿠폰 설정

'최소 금액'은 쿠폰을 사용하기 위한 최소 금액입니다.

일정한 상품을 대상으로 쿠폰을 적용하고 싶다면 상품란에 상품을 입력합니다. 검색어를 입력하면 자동으로 찾아주며 검색 목록에서 나타나는 상품 중에서 선택합니다. 상품이 많으면 바로 나타나지 않고 약간 시간이 걸리며 한글 인식이 조금 느립니다. 그래서 SKU 번호를 이용할 수도 있습니다.

수십 개의 상품에 쿠폰을 적용하고 싶다면 상품란에 일일이 입력하기보다는 쿠폰 적용 품목이라는 카테고리를 금액이나 퍼센트별로 여러 개 만들어놓고 상품 목록 페이지에서 원하는 상품을 체크하고 일괄 편집으로 이 카테고리에 넣은 다음 아래의 상품 카테고리를 적용하는 방법을 이용하는 편이 좋습니다.

'상품 제외'는 쿠폰 적용에 제외할 상품을 의미하며, 카테고리 내의 상품 전체에 대해 적용하고자 한다면 '상품 카테고리'란을 이용합니다.

'이메일 제한 목록'은 특정한 이메일을 쓰는 사용자에게는 쿠폰이 적용되지 않게 합니다.

'사용 한도'는 쿠폰을 사용할 수 있는 횟수이며, 대부분 한번 사용하는 것으로 합니다. 이 부분을 비워두면 무제한으로 사용됩니다.

'만료 일자'는 쿠폰의 만료 일자입니다.

설정이 완료되면 '공개하기' 버튼을 클릭합니다.

그림 1-228 쿠폰 사용하기

장바구니에서 쿠폰을 입력하고 '쿠폰 적용하기' 버튼을 클릭하면 배송 비용이 고정 요금 2,500원에서 무료 배송으로 전환됩니다.

그림 1-229 쿠폰 재사용

쿠폰은 한번 만들어 두면 내용을 편집해서 다시 사용할 수도 있습니다.

02 보고서

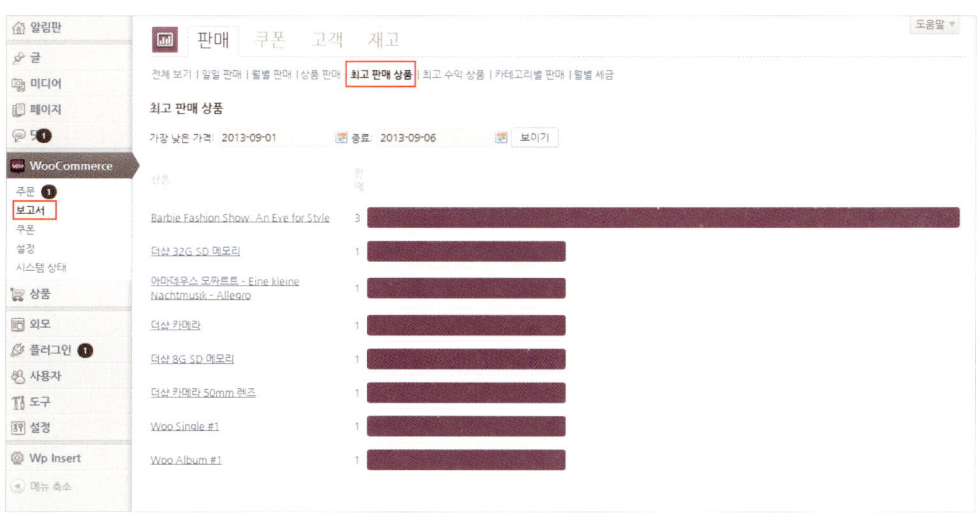

그림 1-230 보고서

우커머스의 보고서 페이지에서는 상점에서 발생하는 각종 통계를 확인할 수 있습니다. 아주 상세하게 만들어져 있어 상점 분석에 아주 유용하며, 각 탭과 링크를 클릭해보면 충분히 알 수 있는 내용이므로 자세한 설명은 생략합니다.

플러그인과 함수 사용 08

우커머스는 다른 쇼핑몰 플러그인에 비해 근래에 출시됐지만 아주 인기가 높아서 관련 플러그인이 예상외로 많습니다. 우커머스용 무료 플러그인만 사용해도 어느 정도 쇼핑몰의 기능은 충분히 갖출 수 있을 것입니다. 이번에는 이러한 플러그인의 사용법을 알아보겠습니다.

01 YITH 플러그인

YITH는 우커머스 쇼핑몰 관련 테마를 제작하는 회사로, 모든 테마가 아주 훌륭하며 관련 플러그인도 개발해서 무료로 사용하게 하고 있습니다.

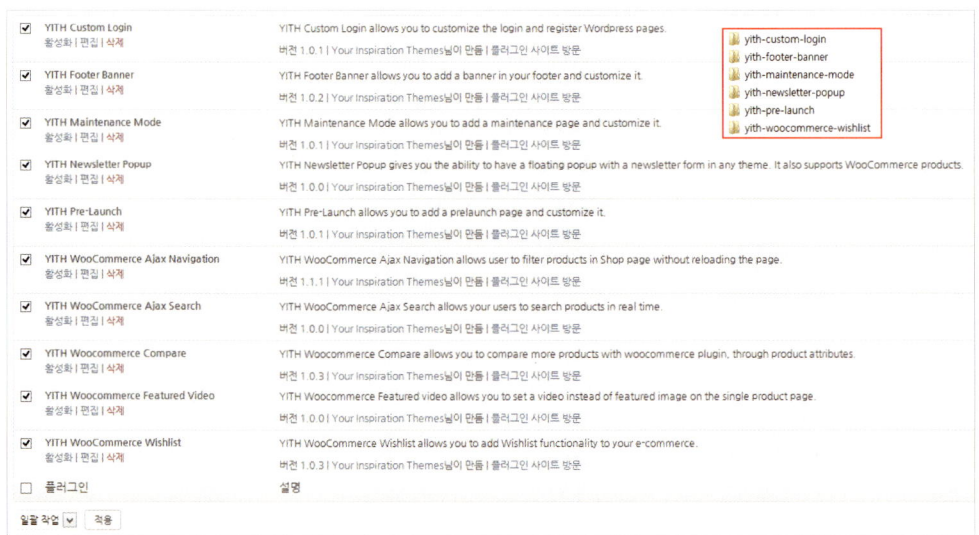

그림 1-231 yith 플러그인

설치된 플러그인 화면에서 하단으로 내려와 첫 번째 플러그인을 체크하고 Shift 키를 누른 채 마지막 플러그인을 체크하면 한번에 체크됩니다. 이처럼 일괄 작업을 통해 한번에 플러그인을 활성화합니다.

이 회사에서 만든 플러그인은 개별 플러그인의 언어 폴더에 언어 파일을 넣고 사용하게 해둬서 플러그인을 업데이트하면 언어 파일이 제거됩니다. 그래서 전체 언어 폴더에 붙여넣고 이 경로를 인식시켜야 하므로 아래와 같이 플러그인을 업데이트할 때마다 파일을 수정해야 합니다.

각 플러그인의 폴더로 들어가면 init.php 파일이 있습니다. 이 파일을 편집기에서 열고 아래의 코드를 찾습니다.

```
load_plugin_textdomain( 'yit', false, dirname( plugin_basename( __FILE__ ) ). '/languages/' );
```

위 코드 바로 밑에 아래의 코드를 추가합니다. 그러고 나서 위 코드는 제거해도 됩니다.

```
load_plugin_textdomain('yit', false, '../languages/yith-woocommerce-wishlist');
```

빨간색 부분은 전체 언어 폴더에서 언어 파일이 있는 곳이므로 플러그인마다 이름이 다르니 변경해서 사용합니다. 한글 언어 파일이 있는 플러그인은 무리 없이 사용할 수 있으니 여기서는 위시리스트 사용법만 알아보겠습니다.

02 위시리스트

이 플러그인은 상품 상세 페이지에서 장바구니 버튼과 같이 있으면서 상품을 위시리스트에 보내고 계속 쇼핑할 수 있게 하는 기능을 합니다.

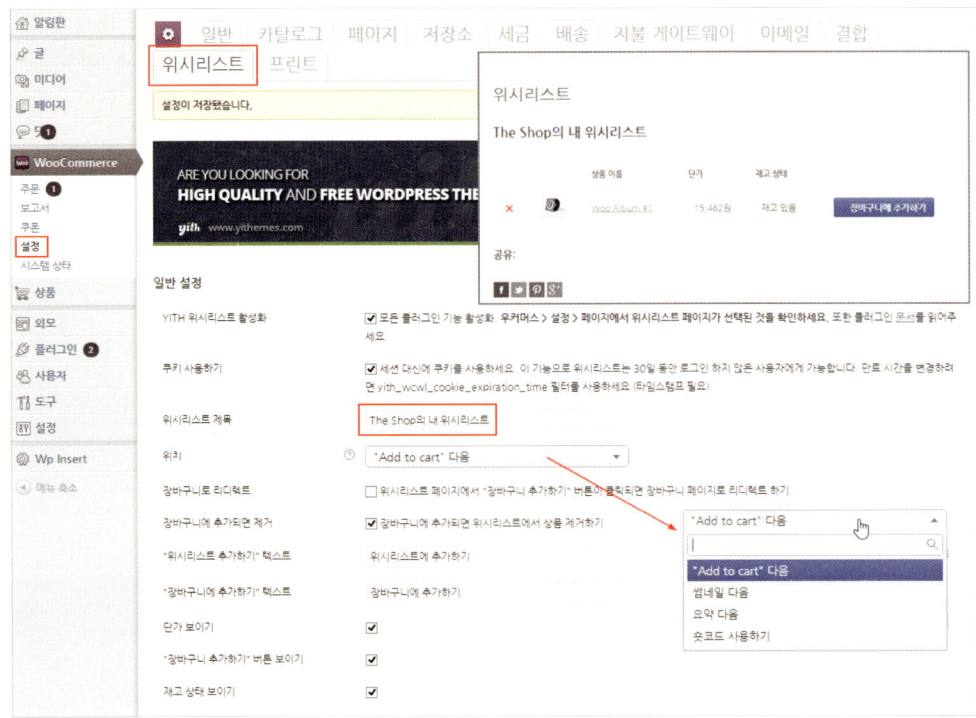

그림 1-232 위시리스트 설정

우커머스 메뉴에서 '설정'으로 들어가서 '위시리스트' 탭을 선택합니다. 처음 두 개의 항목은 보면 쉽게 이해할 수 있는 내용입니다.

위시리스트 제목을 원하는 대로 설정하고 '위치'에서 선택상자를 클릭해 원하는 곳에 배치합니다.

'장바구니로 리디렉트'는 우측 상단에 보이는 이미지가 위시리스트 페이지인데, 이곳에서 '장바구니 추가하기' 버튼을 클릭했을 때 장바구니로 바로 가게 한다는 의미입니다. 체크하지 않은 경우 위시리스트에 계속 있으면서 상단에 '장바구니에 상품이 추가됐다'는 메시지와 함께 장바구니 보기 버튼이 나타납니다.

'장바구니에 추가되면 제거'는 위시리스트 페이지에서 '장바구니에 추가하기' 버튼을 클릭하면 이 페이지에서 상품을 제거한다는 것입니다.

그다음 두 개의 입력박스는 원하는 대로 편집하면 됩니다. 대부분의 경우 '위시리스트'와 '장바구니'로 지정합니다.

나머지 세 개의 체크박스는 위시리스트 페이지에서 단가와 재고, 버튼이 보이게 합니다.

위 그림 아래의 내용은 스타일과 소셜 & 공유이며, 모두 체크하고 사용합니다.

이 플러그인을 설치하고 나면 '페이지' → '모든 페이지'에 등록된 페이지에 위시리스트 페이지가 자동으로 만들어지지만 사이트 전면에 나타나도록 메뉴와 우커머스 메뉴의 '설정'에서 이를 반영해야 합니다.

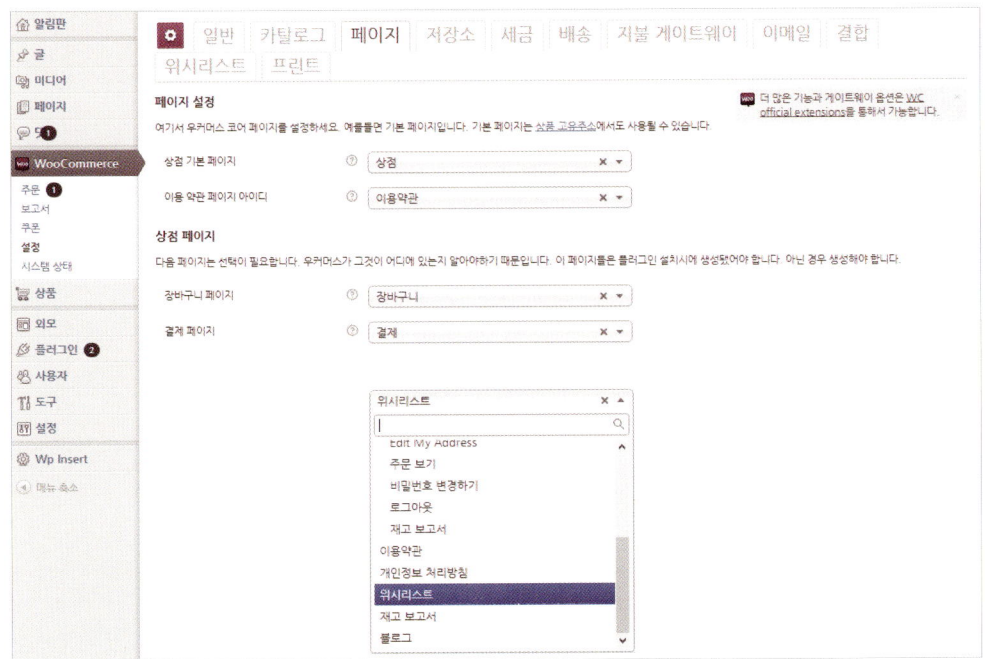

그림 1-233 위시리스트 페이지 설정

우커머스의 '설정' → '페이지'에서 하단으로 내려가면 새로 만들어진 위시리스트 선택상자가 있습니다. 이곳에서 위시리스트를 선택하고 저장합니다. 그런 다음 '외모' → '메뉴'로 가서 페이지 메타박스에서 위시리스트를 선택해 메뉴에 추가합니다. 주메뉴로 하거나 '나의 계정'의 하위 메뉴로 지정할 수 있습니다.

그림 1-234 상세 페이지에서 위시리스트 버튼

상세 페이지에서 위시리스트 버튼을 클릭하면 메시지가 나오고 위시리스트 보기 링크가 나타납니다. 이 링크를 클릭하면 위시리스트 페이지로 이동합니다.

03 우커머스 선물 포장 옵션

상세 페이지에서 장바구니 옆에 배치되며, 일정 금액을 추가하면 선물 포장이 가능하다는 메시지와 체크박스가 추가됩니다. 설치된 플러그인 화면에서 woocommerce-product-gift-wrap을 활성화합니다.

그림 1-235 선물 포장 옵션

이 플러그인을 활성화하고 나면 '설정' → '일반' 탭에 설정하는 부분이 추가됩니다. 체크박스에 체크하고 원하는 금액을 입력한 다음, 메시지는 다음과 같이 수정합니다.

{checkbox} {price}에 선물 포장을 추가할 수 있습니다.

중괄호가 있는 부분은 단축 코드의 역할을 하므로 그대로 유지하고 한글 부분만 위치를 변경합니다. 상세 페이지에서는 우측 그림처럼 나타납니다.

그림 1-236 선물 포장의 주문 편집 페이지에서 표시

장바구니에는 옵션이 추가되고 주문 편집 페이지에도 선물 포장이 나타납니다.

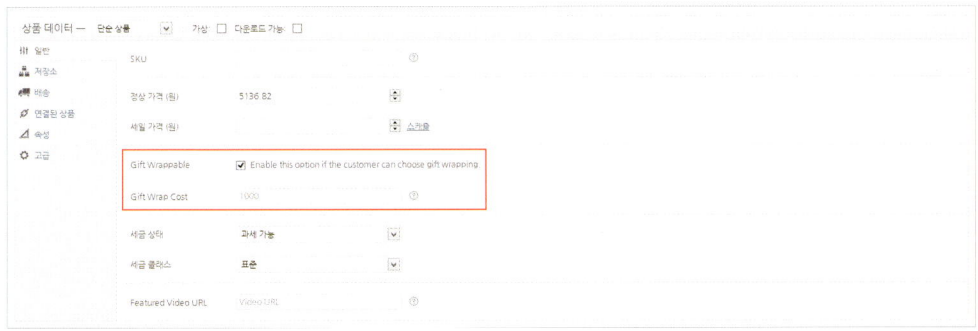

그림 1-237 개별 상품의 선물 포장 비활성화

상품을 추가할 때 개별적으로 활성화하거나 포장 비용을 다르게 설정할 수 있습니다.

04 새 상품 배지

설정한 기간 내의 상품에 'New'를 표시할 수 있는 플러그인입니다. 설치된 플러그인 화면에서 woocommerce-new-product-badge를 활성화합니다.

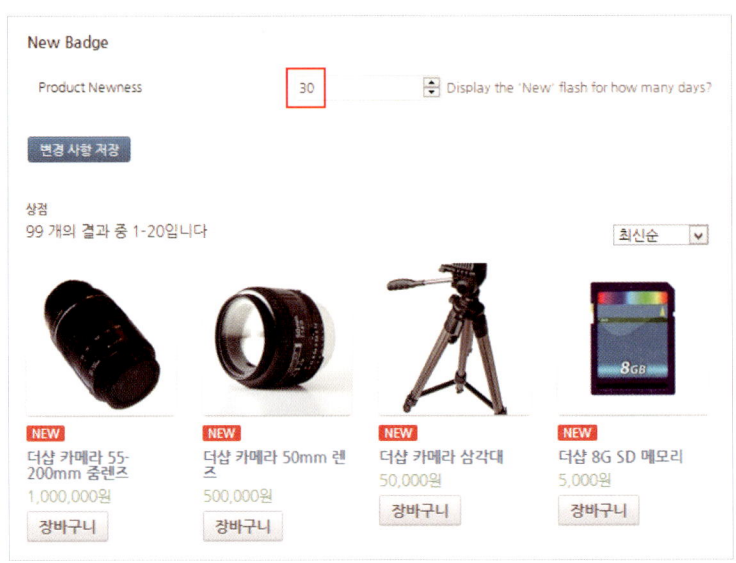

그림 1-238 새 상품 뱃지

우커머스 메뉴의 '설정' → '카탈로그' 탭의 하단에서 날짜를 설정하고 저장한 다음 상점 페이지에서 보면 위에서 정한 기간 내의 상품은 위 그림과 같이 새 상품으로 표시됩니다.

05 우커머스 장바구니 메뉴

현재의 장바구니는 메뉴에서 클릭해야 장바구니 페이지가 나옵니다. 플러그인을 이용하면 사이드바나 메뉴바, 혹은 고정된 탭으로 장바구니 버튼을 배치하고 장바구니 내용을 바로 확인할 수 있습니다. 여기서는 woocommerce-menu-bar-cart라는 플러그인을 사용해보겠습니다. 나머지 두 플러그인은 첨부 파일에 있으니 직접 사용해보세요.

그림 1-239 장바구니 메뉴

설치된 플러그인 화면에서 활성화하면 우커머스 메뉴에 하위 메뉴로 나타납니다. 설정은 아주 간단합니다. 상단에서 메뉴를 선택하고 하단에서 메뉴바에서 어느 쪽에 배치할지 선택하고 저장한 후 사이트 전면을 새로고침하면 메뉴바에 나타납니다. 무료 버전이라서 사용할 수 없는 부분이 있습니다.

그림 1-240 메뉴바의 장바구니

상품을 장바구니에 넣으면 바로 장바구니에 반영되며 이 메뉴를 클릭하면 장바구니로 이동합니다.

06 사용자 정의 탭

설치된 플러그인 화면에서 woocommerce-custom-product-tabs-lite를 활성화합니다.

그림 1-241 사용자 정의 탭 플러그인

상품 편집 화면에 들어가면 Custom Tab이라는 새로운 탭이 나타납니다. 탭 제목을 입력하고 콘텐츠로 일반 텍스트나 HTML을 입력할 수 있습니다.

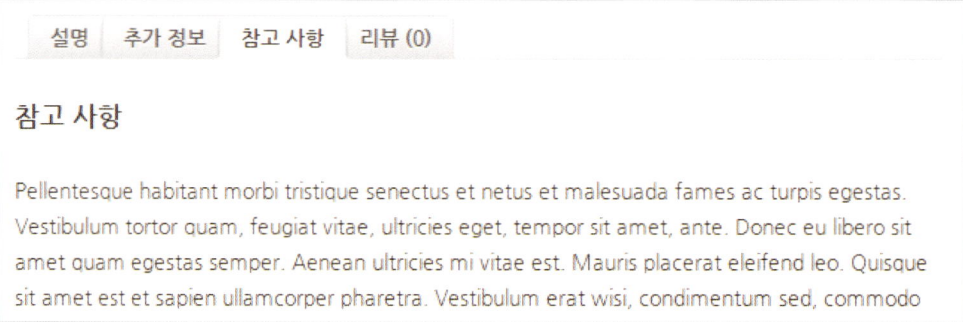

그림 1-242 사용자 정의 탭 적용

상세 페이지에서 탭을 선택하면 입력한 내용이 나타납니다. 참고사항이 세 번째로 나타나는데, 이를 마지막으로 보내려면 우커머스 필터 코드를 사용합니다.

07 탭 순서 바꾸기

```php
add_filter( 'woocommerce_product_tabs', 'woo_reorder_tabs', 98 );
function woo_reorder_tabs( $tabs ) {

    $tabs['reviews']['priority'] = 5;           // Reviews first
    $tabs['description']['priority'] = 10;      // Description second
    $tabs['additional_information']['priority'] = 15;   // Additional information third

    return $tabs;
}
```

위의 코드를 functions.php 파일에 추가하고 저장한 다음 상세 페이지를 새로고침하면 다음과 같이 리뷰가 가장 먼저 나타나고 활성화됩니다.

그림 1-243 탭 순서 바꾸기

탭의 순서는 $tabs['reviews']['priority'] = 5;에서 숫자가 좌우합니다. 플러그인을 사용해 사용자 정의 탭을 추가했는데, 이 탭의 우선순위는 29입니다. 그래서 순서상 마지막에 나타나는 것입니다. 추가정보를 가장 우선으로 나오게 하려면 5보다 작은 수를 입력하면 됩니다.

08 관련 상품을 탭으로 이동하기

우커머스에서는 기본적으로 관련 상품을 각 탭의 하단에 나타나게 해서 관련 상품을 계속 노출시킵니다. 일반적으로 관련 상품은 하나의 탭에 배치해 보고 싶을 때만 클릭해서 보이게 합니다. 이렇게 하려면 다음과 같은 코드를 추가합니다.

```
/*
 * Remove related products from product page
 */
remove_action( 'woocommerce_after_single_product_summary', 'woocommerce_output_related_products', 20);

/*
 * Register custom tab
 */
function woo_custom_product_tab( $tabs ) {

    $custom_tab = array(
        'custom_tab' => array(
            'title'    => __('관련상품','woocommerce'),
            'priority' => 90,
            'callback' => 'woo_custom_product_tab_content'
        )
    );

    return array_merge( $custom_tab, $tabs );
}
```

첫 번째 remove_action은 관련 상품을 제거합니다. 두 번째 함수에서는 관련 상품이 포함된 사용자 정의 탭을 만들어 배치합니다. 이 경우 관련 상품의 우선순위는 90입니다.

그림 1-244 관련 상품의 탭으로 이동

보다시피 관련 상품이라는 탭이 하나 더 만들어졌고 상품도 이동했습니다.

탭과 관련해서 플러그인을 설치해 사용자 탭을 추가하거나 탭을 다른 곳에 배치하거나 관련 상품을 탭으로 배치하는 등 다양한 옵션이 추가되면 아래와 같이 상품 설명이 없을 경우 에러가 발생합니다. 원래는 설명이 없을 경우 탭이 나타나지 않아야 하죠. 그래서 위와 같이 할 때는 반드시 설명을 추가해야 합니다.

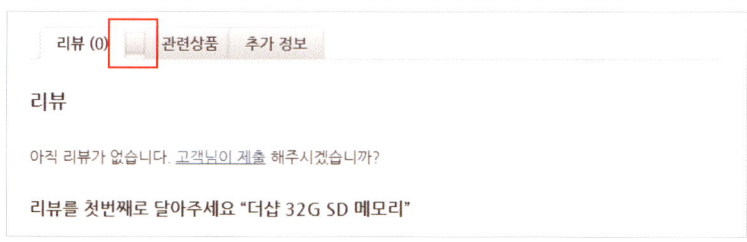

그림 1-245 탭 관련 에러

2장
쇼핑몰 디자인

01 _ Twenty Twelve 테마 수정
02 _ ipin 테마 사용하기
03 _ 우커머스 템플릿 구조
04 _ 상세 페이지 수정
05 _ 장바구니 및 결제 페이지 수정
06 _ 블로그 페이지 수정
07 _ 초기 화면 만들기
08 _ 워드프레스 플러그인 만들기 및 위젯화
09 _ 기타 페이지, 푸터 만들기
10 _ 인터넷 익스플로러 스타일시트 수정

2장에서 진행할 내용은 다음과 같이 요약할 수 있습니다.

1. Twenty Twelve 테마 수정
1장에서 사용한 Twenty Twelve 테마에 메이슨리와 무한 스크롤 플러그인을 적용하는 방법을 알아봅니다.

2. ipin 테마 사용
2장에서 사용할 ipin 테마를 이용해 자식테마를 만들고 기본적인 레이아웃과 썸네일 재생성, 우커머스를 위한 페이지 재설정 등 앞으로 진행하는 데 필요한 준비 작업을 진행합니다.

3. 우커머스 템플릿 구조
우커머스는 별도의 스타일시트를 사용하고 있어서 어떤 테마든 설치하고 나면 충돌이 일어납니다. 테마에 우커머스 템플릿 파일을 추가하고 테마에 어울리게 스타일시트를 수정하는 방법을 파악하기 위해 우커머스의 템플릿 구조를 분석합니다.

4. 상세 페이지 수정
우커머스의 템플릿 파일은 상점에 필요한 각종 페이지를 표시하는데, 특히 상세 페이지가 중요합니다. 템플릿 파일의 여러 곳을 수정해 테마와 어울리도록 수정하는 방법을 알아봅니다.

5. 장바구니 및 결제 페이지 수정
상점과 관련된 기타 페이지들을 수정합니다. 상점과 상세 페이지와는 달리 테마의 템플릿 파일을 사용하므로 별도의 템플릿 파일을 만들어 모든 레이아웃을 일치시킵니다. 여기에는 장바구니, 결제 페이지, 주소 편집 페이지가 포함되고, 특히 결제 페이지에서는 주소 입력상자의 수를 늘려 주소를 여러 개 입력할 수 있게 합니다.

6. 블로그 페이지 수정
쇼핑몰에서도 블로그를 운영하면 사이트가 검색엔진에 노출되므로 고객 유입 효과가 큽니다. 블로그를 주기적으로 운영할 수 있게 페이지를 수정하는 방법을 알아봅니다.

7. 초기 화면 만들기
사이트에서 초기 화면은 아주 중요한 역할을 합니다. 관문 역할을 하므로 갖가지 다양한 상품을 슬라이더를 통해 노출할 수 있게 제이쿼리 플러그인을 이용해 카테고리 상품을 나열하게 합니다.

8. 워드프레스 플러그인 만들기 및 위젯화
초기 화면에서 만든 플러그인을 워드프레스 플러그인으로 만들고 이를 위젯으로 만드는 방법을 알아봅니다. 위젯을 만들면 사이트에서 어느 곳에든 손쉽게 배치할 수 있으며, 플러그인이 되므로 다른 사이트에서도 사용할 수 있습니다.

9. 기타 페이지, 푸터 만들기

고객 질문 페이지와 찾아오는 길 페이지를 만들고 푸터에는 사이트맵 역할을 할 수 있게 다양한 메뉴를 등록해서 사용할 수 있게 합니다.

10. 인터넷 익스플로러 스타일시트 수정

인터넷 익스플로러는 사용 비중이 줄어들기는 하지만 국내에서는 아직까지 비중이 높아서 미디어쿼리나 CSS3를 지원하지 않는 IE8 이하 버전을 위한 스타일시트도 만들어야 합니다.

1장에서는 우커머스의 기능을 알아보기 위해 Twenty Twelve 워드프레스 기본 테마를 사용했습니다. 이번 장에서는 웹 프로그래밍 언어인 CSS, 제이쿼리(jQuery)를 이용해 본격적인 테마 수정 작업을 하겠습니다. 우선 이전 장에서 사용한 Twenty Twelve 테마의 상품 페이지에서 메이슨리와 무한 스크롤 제이쿼리 플러그인을 이용해 높이가 다른 이미지를 사용하더라도 빈 공간이 생기지 않게 만들고 스크롤해서 내리면 다음 페이지가 자동으로 나타나는 기능을 추가하겠습니다.

이어서 이미 무한 스크롤과 메이슨리 기능이 있는 무료 테마를 사용해 처음부터 완료 시까지 전체 쇼핑몰을 재디자인하고 제이쿼리 슬라이더 플러그인을 이용해 상점 콘텐츠 슬라이드 플러그인 만들기, 위젯 만들기를 통해 상점 전면 페이지에서 상품을 진열하는 방법을 알아보겠습니다.

Twenty Twelve 테마 수정

01 제이슨리와 무한 스크롤 플러그인 적용

두 가지 기능을 추가하기 위해 제이쿼리 플러그인을 내려받아 설치하고 functions.php 파일에서 이들 파일을 인식하게 만듭니다. 하나는 상점 아이템의 높이가 달라도 빈 공간 없이 레이아웃을 정렬하게 하는 메이슨리 플러그인이고, 다른 하나는 스크롤해서 내리면 페이지 처리 없이 다음 페이지가 자동으로 나타나게 하는 무한 스크롤 플러그인입니다.

1.1 제이쿼리 파일 추가

첨부 파일의 제이쿼리 플러그인 폴더(js 파일 폴더)에서 jquery.infinitescroll.min.js과 jquery.masonry.min.js 파일을 복사해 twentytwelve-child 테마 폴더의 js 폴더로 붙여 넣습니다. js 폴더에서는 custom.js라는 파일을 하나 만들고 편집기에서 연 다음 아래의 코드를 입력합니다.

```
jQuery(document).ready(function($){
    // 추가 코드가 들어갈 자리
});
```

앞으로 제이쿼리 관련 스크립트는 위 코드에서 주석으로 처리한 지점에 입력합니다.

1.2 functions.php 파일에 제이쿼리 파일 링크

functions.php 파일을 편집기에서 열고 다음의 코드를 추가하고 저장합니다.

```
function custom_scripts_styles(){
    global $wp_styles;
    if (!is_singular() ) {
        wp_enqueue_script('masonry', get_stylesheet_directory_uri() . '/js/jquery.masonry.min.js', array('jquery'), null, true);
        wp_enqueue_script('js-custom', get_stylesheet_directory_uri() . '/js/custom.js', array('jquery'), null, true);
        wp_enqueue_script('infinitescroll', get_stylesheet_directory_uri() . '/js/jquery.infinitescroll.min.js', array('jquery'), null, true);
    }
}

add_action( 'wp_enqueue_scripts', 'custom_scripts_styles' );
```

위 코드는 앞에서 추가한 js 파일을 워드프레스가 인식하게 합니다. if 조건문에 !is_singular()가 들어간 것은 상세 페이지에서도 관련 상품이 여러 개 있으면 메이슨리가 적용되는데, 관련 상품을 탭으로 배치한 경우 탭을 클릭했을 때 상품이 겹쳐서 나오기 때문에 이를 방지하고자 한 것입니다. 상세 페이지는 single 페이지이므로 is_singular()는 "싱글 페이지인 경우"라는 의미의 조건 태그입니다. 앞에 느낌표가 있으면 "이 페이지를 제외"라는 의미가 되므로 상세 페이지에는 메이슨리가 적용되지 않습니다.

```
wp_enqueue_script('masonry', get_stylesheet_directory_uri() . '/js/jquery.masonry.min.js', array('jquery'), null, true);
```

위 코드에서 masonry는 임의의 이름입니다. 추가되는 파일마다 이름이 달라야 합니다. get_stylesheet_directory_uri()는 자식테마가 있는 경로를 만드는 템플릿 태그입니다. 이 태그 다음에 점을 하나 추가하면 다음의 코드와 연결하는 기능을 합니다. 제이쿼리 파일을 추가할 때는 항상 위와 같은 형식을 사용합니다.

1.3 custom.js 파일 편집

이 파일을 편집기에서 열고 다음 코드를 추가하고 저장합니다.

```
var $container = $('.products');

$container.imagesLoaded( function(){
  $container.masonry({
    itemSelector : '.product'
  });
});
```

상품 페이지는 상품이 목록(list) 형태로 돼 있습니다. ul 태그와 li 태그를 사용하고 있는 것이죠. 이들 태그에는 우커머스에 의해 특정한 선택자가 추가돼 있습니다. 즉, ul에는 .products가, li에는 .product가 지정돼 있습니다. 요소 검사를 해보면 아래와 같습니다. ul 태그에 있는 클래스 선택자는 $container 부분에 입력하고 li 태그에 있는 선택자는 itemSelector 부분에 입력합니다.

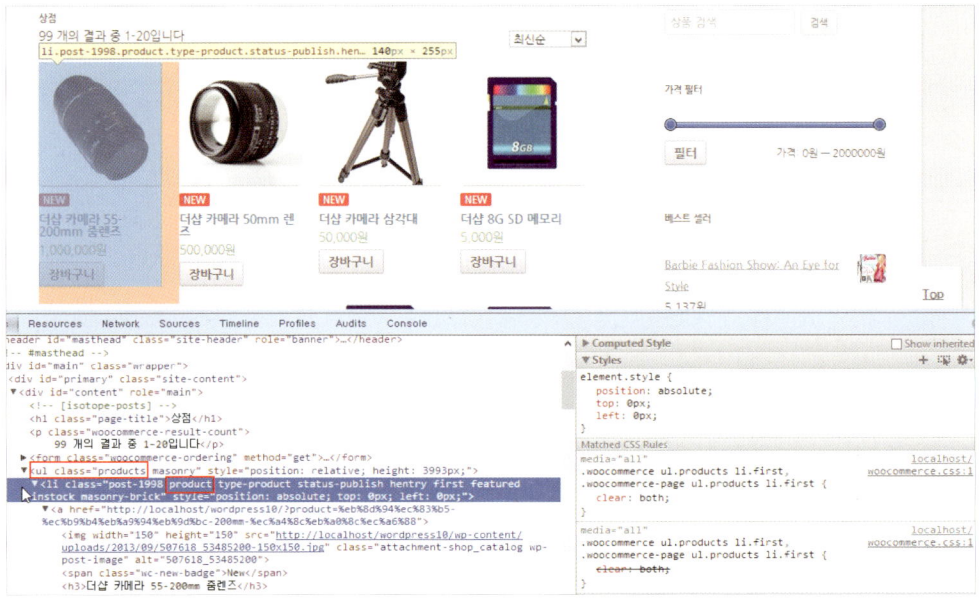

그림 2-1 상품 아이템의 요소 검사

상점 페이지에서 보면 아래처럼 한 개의 행에 4개의 상품이 있던 것이 3개로 줄고 상품의 배열이 어긋나고 있습니다. 이것은 masonry에 의해 빈 공간을 아래의 상품이 메우고 있는 것입니다. 한 행에 3개의 상품이 나타나는 것은 우측에 공간이 부족해서 다음 상품이 아래로 내려가기 때문입니다.

그림 2-2 메이슨리 플러그인 적용

1.4 스타일시트 편집하기

ul의 공간을 우측으로 20픽셀 늘리고, li 태그에 대해서는 우측과 하단에 마진과 폭을 설정합니다. 마진에 마이너스를 적용하면 다른 요소에 영향을 주지 않고 요소의 폭이 늘어나는 효과가 있습니다.

```
.woocommerce ul.products, .woocommerce-page ul.products {
margin-right:-20px !important;
}

.woocommerce ul.products li.product, .woocommerce-page ul.products li.product {
margin: 0 20px 20px 0 !important;
width: 140px !important;
}
```

이렇게 하면 하나의 행에 4개의 상품이 나타납니다.

Twenty Twelve 테마는 반응형 테마라서 미디어쿼리를 사용하고 있습니다. 그래서 웹 브라우저의 폭의 변화에 따라 상품의 배치도 제대로 적용되도록 미디어쿼리를 설정해야 합니다. 위의 코드를 수정해 미디어쿼리에 삽입하고 브라우저 폭에 따른 상품 li의 폭을 수정합니다.

```css
/* =Media queries
-------------------------------------------------------------- */

@media (max-width: 600px) {
    .woocommerce ul.products li.product, .woocommerce-page ul.products li.product {
    margin: 0 20px 20px 0 !important;
    width: 140px !important;
    }
    #wp_skitter {
        display: none;
    }
}

@media (min-width: 601px) and (max-width: 1120px) {
    .woocommerce ul.products li.product, .woocommerce-page ul.products li.product {
    margin: 0 20px 20px 0 !important;
    width: 130px !important;
    }
}

@media (min-width: 1121px) {
    .woocommerce ul.products li.product, .woocommerce-page ul.products li.product {
    margin: 0 20px 20px 0 !important;
    width: 140px !important;
    }
}
```

헤더에 배치된 슬라이더(#wp_skitter)는 반응형 디자인을 지원하지 않으므로 작은 사이즈에서는 보이지 않게 설정합니다.

메이슨리의 애니메이션 효과를 위해 다음의 코드를 스타일시트에 추가합니다.

```css
/**** Transitions ****/
.masonry,
```

```css
.masonry .masonry-brick {
  -webkit-transition-duration: 0.7s;
     -moz-transition-duration: 0.7s;
      -ms-transition-duration: 0.7s;
       -o-transition-duration: 0.7s;
          transition-duration: 0.7s;
}

.masonry {
  -webkit-transition-property: height, width;
     -moz-transition-property: height, width;
      -ms-transition-property: height, width;
       -o-transition-property: height, width;
          transition-property: height, width;
}

.masonry .masonry-brick {
  -webkit-transition-property: left, right, top;
     -moz-transition-property: left, right, top;
      -ms-transition-property: left, right, top;
       -o-transition-property: left, right, top;
          transition-property: left, right, top;
}
```

1.5 무한 스크롤 사용하기

custom.js에 다음의 코드를 추가합니다. 상점 페이지의 내비게이션에는 .woocommerce-pagination 선택자가 있습니다. 이것을 제이쿼리로 보이지 않게(.css({'visibility':'hidden', 'height':'1px'});) 설정하고 내비게이션 선택자(navSelector)로 .woocommerce-pagination을 지정한 후 다음 페이지로 가는 선택자(nextSelector)로 .woocommerce-pagination ul li a를 지정합니다. itemSelector는 이전과 같이 .product입니다.

```js
$('.woocommerce-pagination').css({'visibility':'hidden', 'height':'1px'});
$container.infinitescroll({
navSelector  : '.woocommerce-pagination',
nextSelector : '.woocommerce-pagination ul li a',
itemSelector : '.product',
loading: {
```

```
      finishedMsg: '로드할 페이지가 더 이상 없습니다.',
      msgText : "<em>다음 페이지를 로딩합니다.</em>",
      img: 'http://i.imgur.com/6RMhx.gif'
    }
  },
  function(newElements) {
    var $newElems = $(newElements);
    $newElems.imagesLoaded(function(){
      $container.masonry('appended', $newElems );
        });
    }
);
```

무한 스크롤 후에 더는 페이지 내용이 없을 경우 종료 메시지인 finishedMsg가 표시됩니다. 다음 페이지가 있으면 msgText의 내용이 나타납니다. 페이지 내용을 로드하는 동안 img의 로딩 중 이미지가 나타납니다.

스타일시트에는 다음의 코드를 추가합니다.

```
/* Infinite Scroll loader */
#infscr-loading {
  text-align: center;
  z-index: 100;
  position: fixed;
  left: 45%;
  bottom: 330px;
  width: 220px;
  padding: 10px;
  background: #000;
  opacity: 0.8;
  color: #FFF;
  -webkit-border-radius: 10px;
    -moz-border-radius: 10px;
         border-radius: 10px;
}
```

하단으로 스크롤해서 내리면 다음 페이지가 로드될 때까지 아무것도 나타나지 않으므로 로딩 중 이미지와 메시지가 나타나게 하는 것입니다. 수정한 사항을 모두 저장하고 상점 페이지에서 새로고침한 다음 아래로 스크롤하면 다음 페이지가 계속 나타날 것입니다.

그림 2-3 무한 스크롤 플러그인 적용

02 상단 이동 버튼 추가하기

하단으로 이동한 후 다시 상단으로 올라가려면 한참을 스크롤해야 합니다. 그래서 이번에는 한번에 페이지 상단으로 이동하는 제이쿼리 함수를 사용해 보겠습니다. 우선 twentytwelve-child 테마의 footer.php 파일을 열고 다음과 같이 링크를 추가합니다.

```
<div id="scrolltotop"><a href="#"><?php _e('Top', 'twentytwelve'); ?></a></div>
    </div><!-- #main .wrapper -->
    <footer id="colophon" role="contentinfo">
```

custom.js 파일에 다음의 코드를 추가합니다. 위 링크를 처음에는 보이지 않게 했다가 100픽셀 이상 스크롤해서 내리면 링크가 나타나며, 이 링크를 클릭하면 fast의 속도로 페이지 상단으로 애니메이션을 통해 이동합니다.

```
var $scrolltotop = $("#scrolltotop");
$scrolltotop.css('display', 'none');

$(function () {
    $(window).scroll(function () {
        if ($(this).scrollTop() > 100) {
            $scrolltotop.slideDown('fast');
```

01. Twenty Twelve 테마 수정 **219**

```
        } else {
            $scrolltotop.slideUp('fast');
        }
    });

    $scrolltotop.click(function () {
        $('body,html').animate({
            scrollTop: 0
        }, 'fast');
        return false;
    });
});
```

버튼 형태로 만들기 위해 아래의 코드를 스타일시트에 추가합니다. 포지션이 고정이고 브라우저의 우측에서 15픽셀만큼 떨어져 있습니다.

```
#scrolltotop {
bottom: 0;
position: fixed;
right: 15px;
z-index: 999;
}

#scrolltotop a {
color: #666;
display: block;
font-weight: bold;
line-height: 1em;
padding: 20px 20px;
text-align: center;
text-shadow: 0 1px rgba(255,255,255,0.8);
-webkit-border-top-left-radius: 5px;
-webkit-border-top-right-radius: 5px;
-moz-border-radius-topleft: 5px;
-moz-border-radius-topright: 5px;
border-top-left-radius: 5px;
border-top-right-radius: 5px;
-webkit-box-shadow: 0 1px 3px rgba(0, 0, 0, 0.3);
-moz-box-shadow: 0 1px 3px rgba(0, 0, 0, 0.3);
box-shadow: 0 1px 3px rgba(0, 0, 0, 0.3);
```

```
background: rgb(252,252,252);
background: -moz-linear-gradient(top, rgba(252,252,252,1) 0%, rgba(241,241,241,1) 100%);
background: -webkit-gradient(linear, left top, left bottom, color-stop(0%,rgba(252,252,252,1)), color-stop(100%,rgba(241,241,241,1)));
background: -webkit-linear-gradient(top, rgba(252,252,252,1) 0%,rgba(241,241,241,1) 100%);
background: -o-linear-gradient(top, rgba(252,252,252,1) 0%,rgba(241,241,241,1) 100%);
background: -ms-linear-gradient(top, rgba(252,252,252,1) 0%,rgba(241,241,241,1) 100%);
background: linear-gradient(to bottom, rgba(252,252,252,1) 0%,rgba(241,241,241,1) 100%);
filter: progid:DXImageTransform.Microsoft.gradient( startColorstr='#fcfcfc', endColorstr='#f1f1f1',GradientType=0 );
}
```

03 regenerate-thumbnails 플러그인으로 이미지 파일 재생성

그러면 지금까지 작업한 내용의 효과를 극대화하기 위해 이미지 높이를 늘려 보겠습니다. 우커머스 '설정' → '카탈로그' 탭의 하단에 아래와 같이 이미지 옵션이 있습니다. 카탈로그 이미지의 높이를 비우고 '원본 비율 무시'에 체크해제한 다음 저장합니다. 도움말을 보면 설정을 변경한 후 썸네일을 재생성해야 한다고 합니다. 링크를 클릭하면 플러그인 페이지로 이동하는데, 이미 플러그인을 설치했으므로 설치된 플러그인 화면에서 Regenerate Thumbnails를 활성화합니다.

그림 2-4 이미지 파일 크기 설정

'도구' → 'Regen. Thumbnails'로 가면 아래와 같은 화면이 나오는데, 이곳에서 사이트의 모든 이미지를 새로운 사이즈로 재생성할 수 있습니다. 이미지를 새로운 사이즈로 재생성하는데는 시간이 오래 걸리니 여기서는 몇 개만 실험해보겠습니다.

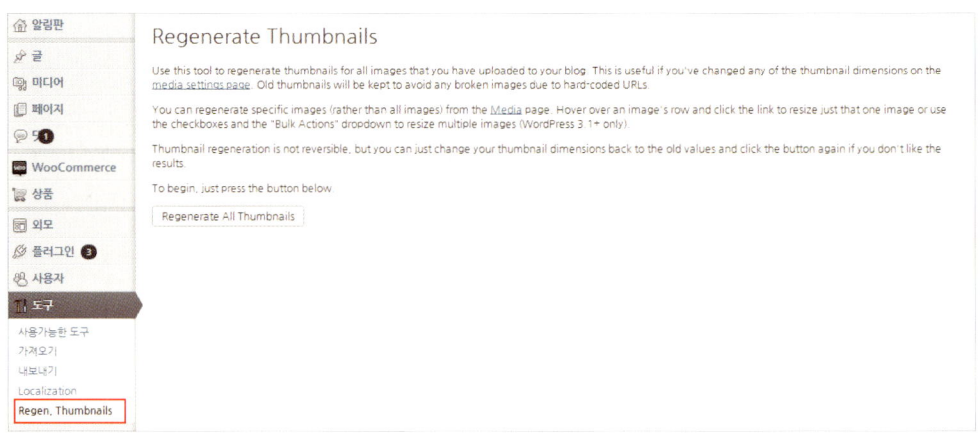

그림 2-5 이미지 파일 재생성

샘플 상품 가운데 상하로 긴 이미지가 몇 개 있는데, 미디어 라이브러리에서 Vinturi로 검색해서 목록에 마우스를 올리고 Regenerate Thumbnails를 클릭하면 재생성 작업이 진행됩니다.

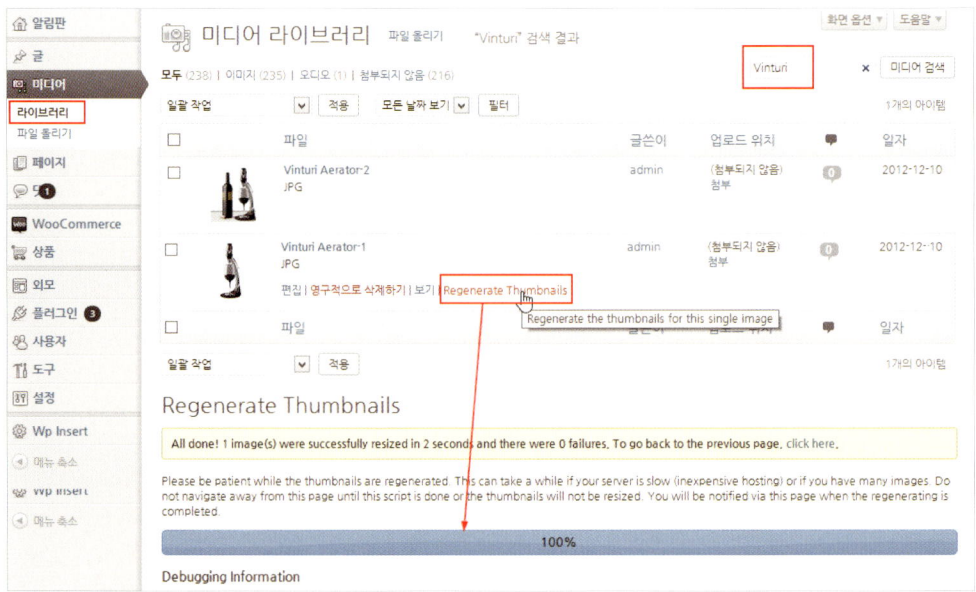

그림 2-6 일부 이미지 파일 재생성

상품 페이지에서 새로고침한 다음 스크롤해서 내리다 보면 긴 이미지로 변경된 상품이 나타납니다.

그림 2-7 긴 이미지 재생성 결과

ipin 테마 사용하기 02

이번에 사용할 ipin 테마는 무료 버전이지만 위에서 사용한 무한스크롤과 메이슨리 기능이 이미 갖춰져 있습니다. 이 테마를 선택한 가장 큰 이유는 트위터 부트스트랩 프레임워크 기반이라서 테마 수정이 편리하기 때문입니다. ipin 테마를 이용해 이번 장 이후에 만들 페이지와 기능을 대략적으로 보면 다음과 같습니다.

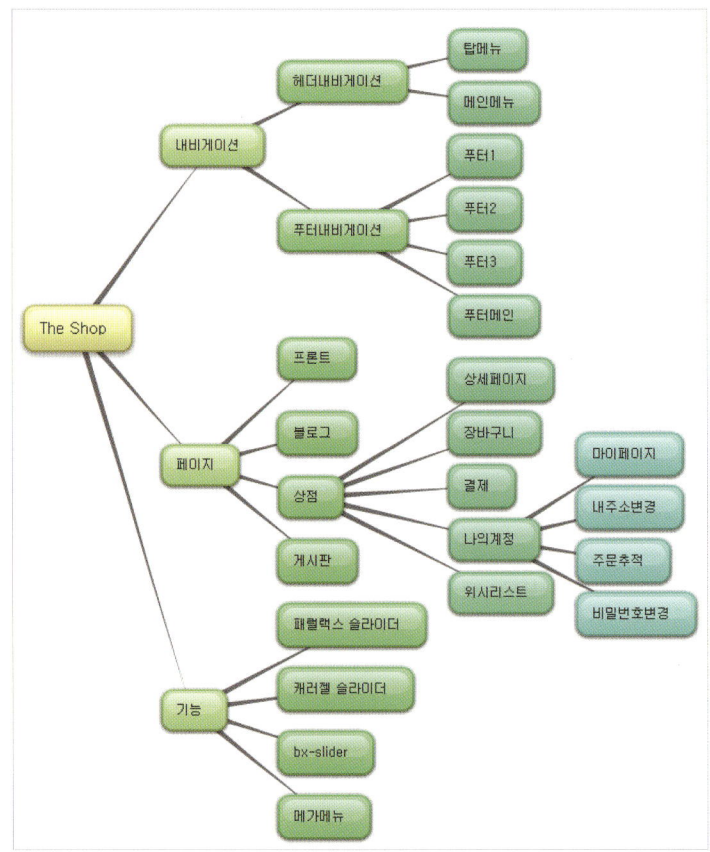

그림 2-8 사이트 로드맵

01 ipin-child 자식테마 만들기

ipin 자식테마는 아래의 링크로 이동하면 내려받을 수 있습니다. 이 테마를 내려받아 압축을 풀고 테마 폴더에 붙여넣습니다.

http://ericulous.com/Twenty Twelve/09/21/wp-theme-ipin-pinterest-clone/

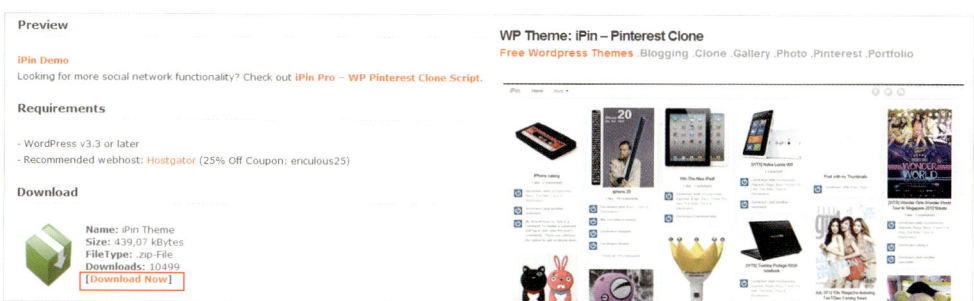

그림 2-9 테마 내려받기

이 테마는 파일이 많지 않고 구조가 단순해서 Twenty Twelve 테마처럼 계속 확장해서 사용하기에 아주 좋습니다.

이 테마도 계속 업데이트되고 있으며, 여기서는 자식테마를 만들어 수정할 예정이므로 윈도우 탐색기에서 테마 폴더를 복사해서 붙여넣고 폴더명을 ipin-child로 변경합니다. 자식테마 폴더를 클릭해 파일의 내용을 수정합니다.

```
/*
Theme Name: iPin-child
Theme URI: http://ericulous.com/Twenty Twelve/09/21/wp-theme-ipin-pinterest-clone/
Author: Genkisan
Author URI: http://ericulous.com/
Description: Pinterest inspired design
Version: 1.2
License: GNU General Public License v2 or later
License URI: http://www.gnu.org/licenses/gpl-2.0.html
Tags: pinterest, photo, gallery, portfolio
template: ipin
*/
@import url('../ipin/style.css');
```

style.css 파일을 편집기에서 열고 주석 부분을 위와 같이 수정한 다음 주석 아래의 모든 코드를 제거합니다. 그런 다음 부모 테마의 스타일시트를 가져오기합니다.

functions.php 파일을 열고 모두 제거한 다음 이전에 Twenty Twelve 테마의 functions. php 파일에서 메이슨리와 관련된 다음의 코드를 제외하고 모두 복사해서 붙여넣습니다.

```
function custom_scripts_styles() {
    global $wp_styles;
    if (!is_singular() ) {
        wp_enqueue_script('masonry', get_stylesheet_directory_uri() . '/js/jquery.masonry.min.js', array('jquery'), null, true);
        wp_enqueue_script('js-custom', get_stylesheet_directory_uri() . '/js/custom.js', array('jquery'), null, true);
        wp_enqueue_script('infinitescroll', get_stylesheet_directory_uri() . '/js/jquery.infinitescroll.min.js', array('jquery'), null, true);
    }
}
add_action( 'wp_enqueue_scripts', 'custom_scripts_styles' );
```

관리자 화면이 나눔고딕체로 나타나게 만들었던 스타일시트인 admin.css를 twentytwelve/css에서 복사해 ipin-child/css 폴더에 붙여넣습니다.

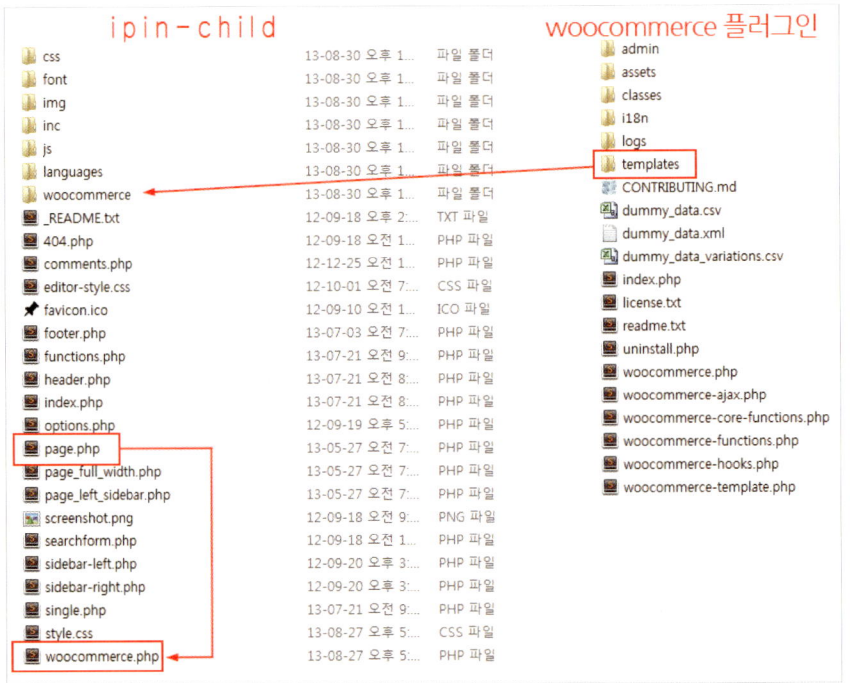

그림 2-10 우커머스 템플릿 파일 추가하기

플러그인 폴더에서 woocommerce로 들어가면 template 폴더가 있습니다. 이 폴더를 복사해서 테마 폴더로 붙여넣고 이름을 woocommerce로 변경합니다. page.php 파일은 복사해서 woocommerce.php 파일로 이름을 변경합니다. 이렇게 해놓으면 우커머스 레이아웃을 변경하더라도 우커머스 플러그인을 업데이트할 경우 전혀 영향을 받지 않습니다. woocommerce 폴더에는 우커머스 관련 상점페이지, 상세페이지, 이메일 등 모든 템플릿이 들어있습니다.

많은 파일을 열고 작업해야 하므로 어떤 때는 두 개의 텍스트 편집기를 사용해야 합니다. 주 편집기는 앱타나를 사용하고 코드를 검색하거나 비교할 때는 서브라임 텍스트를 사용합니다. 서브라임에는 폴더 전체에서 특정 선택자나 코드를 간편하게 검색할 수 있는 기능이 있습니다.

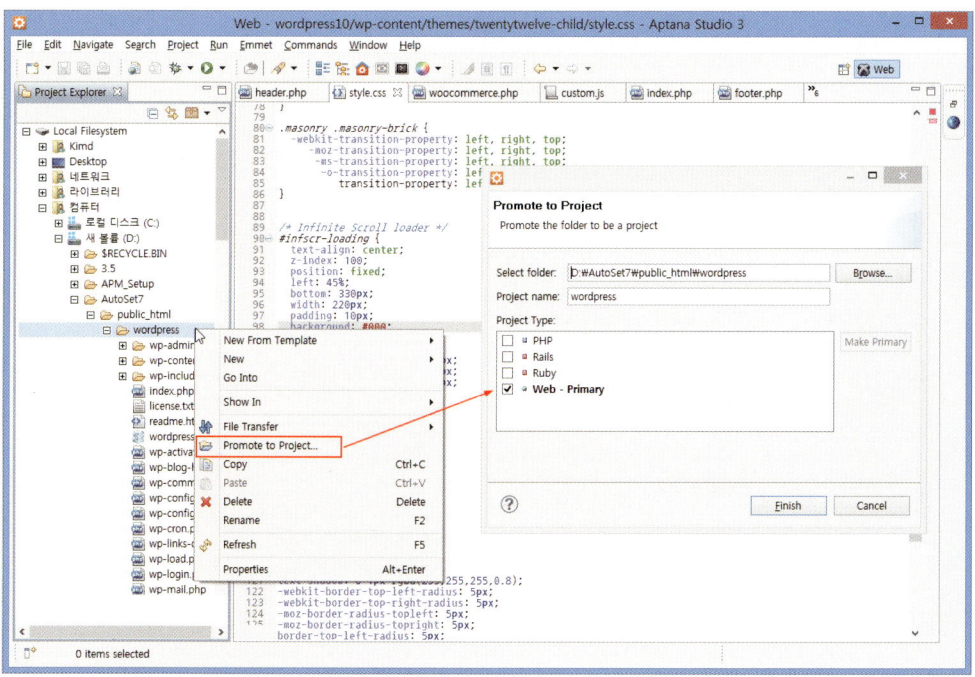

그림 2-11 앱타나 스튜디오 프로젝트 폴더 만들기

앱타나 스튜디오 3를 처음 설치하고 나면 여러 개의 패널이 나타납니다. Project Explorer 패널만 남기고 모두 제거합니다. Project Explorer 패널의 Local Filesystem 앞에 있는 플러스 아이콘을 클릭해서 워드프레스가 설치된 폴더로 들어가서 폴더에 마우스 오른쪽 버튼을 클릭하고 나오는 메뉴에서 Promote to Project를 선택합니다. Web-Promary가 체크된 것을 확인하고 Finish 버튼을 클릭하면 프로젝트 폴더가 만들어집니다. 굳이 프로젝트 폴더를 만들지 않아도 되므로 트리 구조에서 폴더의 파일을 열어 사용해도 됩니다. 워드프레스 폴더를 작업 폴더로 선택한 이유는 워드프레스 테마뿐만 아니라 플러그인 폴더도 열어야 할 일이 많기 때문입니다.

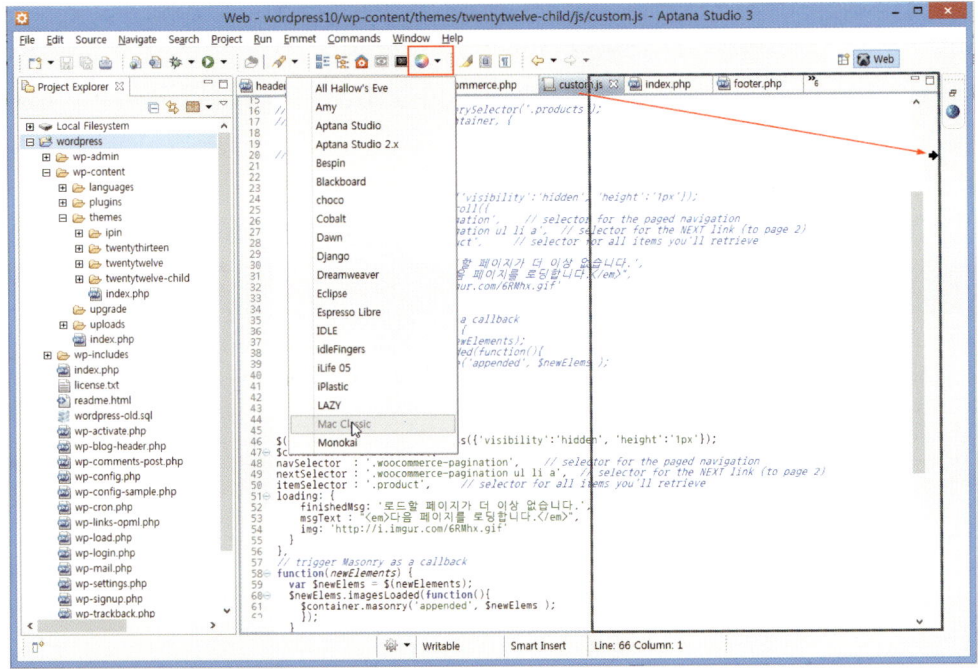

그림 2-12 앱타나 스튜디오의 화면 분할

상단 메뉴에서 색상이 있는 아이콘 옆의 세모 아이콘을 클릭해서 스킨을 바꿀 수 있습니다. 탭을 클릭한 후 드래그해서 편집 화면의 좌측이나 우측 끝으로 이동하면 화면을 두 개로 분리할 수 있습니다.

02 상점 페이지 레이아웃 만들기

```
1   <?php get_header(); ?>
2
3   <div class="container">
4     <div class="row">
5       <div class="span9">
6         <div class="row">
7           <div id="double-left-column" class="span6 pull-right">
8             <?php while (have_posts()) : the_post(); ?>
9               <div id="post-<?php the_ID(); ?>" <?php post_class('post-wrapper'); ?>>
10                <div class="h1-wrapper">
11                  <h1><?php the_title(); ?></h1>
12                </div>
13
14                <div class="post-content">
15                  <?php
16                  the_content();
17                  wp_link_pages( array( 'before' => '<p><strong>' . __('Pages:', 'ipin') . '</strong>', 'after' => '</p>'
18                  ) );
19                  edit_post_link(__('Edit Page', 'ipin'),'<p>[ ',' ]</p>');
20                  ?>
21                </div>
22
23                <div class="post-comments">
24                  <div class="post-comments-wrapper">
25                    <?php comments_template(); ?>
26                  </div>
27                </div>
28              </div>
29            <?php endwhile; ?>
30          </div>
31
32          <div id="single-right-column" class="span3">
33            <?php get_sidebar('left'); ?>
34          </div>
35        </div>
36      </div>
37
38      <div class="span3">
39        <?php get_sidebar('right'); ?>
40      </div>
41    </div>
42
43    <div id="scrolltotop"><a href="#"><i class="icon-chevron-up"></i><br /><?php _e('Top', 'ipin'); ?></a></div>
44  </div>
45  <?php get_footer(); ?>
46
```

그림 2-13 우커머스 상점 페이지 파일의 구조

이 테마의 기본 페이지 템플릿은 트위터 부트스트랩을 이용해 레이아웃을 만들고 있습니다. 부트스트랩에서는 사이드바나 콘텐츠 영역의 컬럼을 만들기 위해 ".span+숫자" 형태의 선택자를 사용합니다. 전체 폭은 .span12를 사용하는 12컬럼 레이아웃입니다. 전체 컬럼을 나누려면 .span+숫자를 사용해 총 12가 되면 됩니다. (.span+숫자) + (.span+숫자)의 조합이 있는 곳에는 항상 .row가 있는 div으로 감싸야 합니다.

위 코드에서 보면 콘텐츠 영역은 .span6이 있고 좌측 사이드바는 .span3이 있습니다. 외곽에는 이것들을 감싸는 .row가 있습니다. 이 영역을 다시 .span9로 감싸고 .span3이 있는 우측 사이드바와 합해서 합계 .span12가 되는 것이며, 이를 다시 .row가 감싸고 있습니다. 이를 그림으로 나타내면 다음과 같습니다.

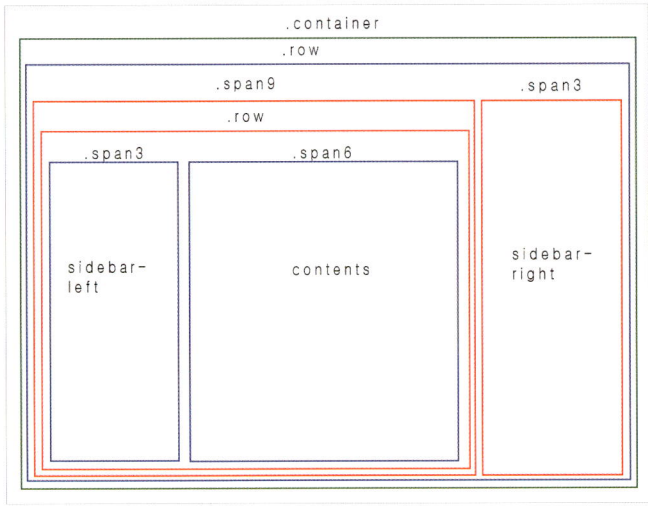

그림 2-14 상점 페이지 레이아웃

보다시피 3단 레이아웃을 사용하고 있는데, 쇼핑몰에서는 콘텐츠 영역이 좁으므로 여기서는 좌측 사이드바를 사용하지 않겠습니다.

그림 2-15 상점 페이지 수정

테마 폴더에서 woocommerce.php 파일을 열고 빨간색 박스의 코드는 제거합니다. 콘텐츠 영역을 지운 자리에 <?php woocommerce_content(); ?>를 추가합니다. 이 코드는 우커머스의 콘텐츠를 가져오는 역할을 합니다. 콘텐츠 영역을 담당하는 .span9를 .span12로 바꾸는데, 이것은 상품 페이지를 전체 폭으로 사용하기 위해서입니다. ipin 테마는 핀터레스트의 레이아웃을 응용하고 있으므로 상점의 첫 페이지에는 사이드바가 없고 상품만 나열됩니다.

```
<?php get_header(); ?>

<div class="container">
  <div class="row">
    <div class="span12">
      <div id="double-left-column">
        <?php woocommerce_content(); ?>
      </div>
    </div>

    <div class="span3">
      <?php get_sidebar('right'); ?>
    </div>
  </div>

  <div id="scrolltotop"><a href="#"><i class="icon-chevron-up"></i><br /><?php _e('Top', 'ipin'); ?></a></div>
</div>

<?php get_footer(); ?>
```

그림 2-16 상점 페이지 수정 결과

그러면 상품 상세 페이지에 필요한 하단의 우측 사이드바는 어떻게 처리하느냐가 문제인데, 이 문제는 조건문을 사용하면 간단하게 해결됩니다.

워드프레스는 콘텐츠가 나타나는 각 페이지마다 body 태그에 다른 선택자가 나타납니다. 이는 페이지가 어떤 것이냐에 따라 조건을 부여할 수도 있다는 의미입니다. 그래서 상점 페이지 같은 경우 archive라는 선택자가 나타나고, 이는 is_archive()라는 조건 태그를 사용하면 이 페이지에만 특별한 설정을 할 수 있는 것입니다. 상세페이지는 싱글 페이지에 해당하므로 is_single()이 됩니다.

그러면 위의 코드에서 사이드바는 다음과 같이 수정합니다.

```
<div class="span3">
    <?php if (is_single()) { get_sidebar('right'); } ?>
</div>
```

싱글인 경우, 즉 상세 페이지일 경우에만 우측 사이드바를 가져오라는 것이죠.

그러면 상세 페이지에 들어왔을 때 전체 폭으로 나타나고 사이드바는 하단으로 밀려나는데, 이것도 조건 태그를 사용해 '.span+숫자'를 조정하면 됩니다.

```
<div <?php if (is_single()) { echo 'class="span9"'; } else { echo 'class="span12"'; } ?>>
        <div id="double-left-column">
            <?php woocommerce_content(); ?>
        </div>
```

div 태그의 class="span12" 부분을 수정하는데, 싱글인 경우 class="span9"를 출력하고 그 밖의 경우에는 class="span12"를 출력하라는 의미입니다.

그러면 woocommerce.php의 전체 코드는 다음과 같습니다.

```
<?php get_header(); ?>

<div class="container">
    <div class="row">
        <div <?php if (is_single()) { echo 'class="span9"'; } else { echo 'class="span12"'; } ?>>
                <div id="double-left-column">
                    <?php woocommerce_content(); ?>
                </div>

        </div>

        <div class="span3">
            <?php if (is_single()) { get_sidebar('right'); } ?>
        </div>
    </div>

    <div id="scrolltotop"><a href="#"><i class="icon-chevron-up"></i><br /><?php _e('Top', 'ipin'); ?></a></div>
</div>

<?php get_footer(); ?>
```

03 테마 교체와 상품 페이지 수정

3.1 테마의 교체

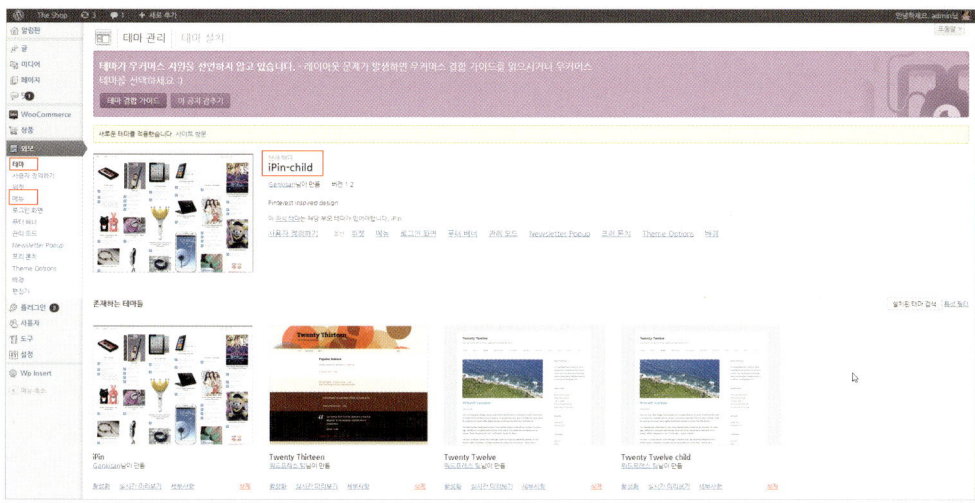

그림 2-17 자식 테마의 교체

관리자 화면의 '외모' → '테마'로 가서 ipin-child를 활성화한 다음 '외모' → '메뉴'를 클릭합니다. 상단의 보라색 메시지 창은 '이 공지 감추기' 버튼을 클릭해 제거합니다. woocommerce.php 파일을 만들고 <?php woocommerce_content(); ?>를 추가한 작업이 이 공지의 내용입니다.

그림 2-18 메뉴 설정

메인메뉴가 선택된 것과 메뉴 구조에 Twenty Twelve 테마에서 설정한 메뉴가 있는 것을 확인하고 하단에서 Top Navigation에 체크한 다음 '메뉴 저장' 버튼을 클릭합니다.

3.2 자식테마 스타일시트와 자바스크립트 등록

ipin 테마의 스타일시트 링크는 header.php 파일에 link 태그를 이용해 연결됩니다. 보통 안전한 스타일시트 연결로 functions.php 파일에 등록하고 사용하죠. 이 부분은 자바스크립트도 마찬가지입니다. 또한 스타일시트나 자바스크립트의 우선순위(Priority) 관리를 위해서도 반드시 필요합니다. 그래서 이 부분을 수정합니다. header.php 파일 상단에서 아래의 코드를 제거합니다.

```
<link href="<?php echo get_template_directory_uri(); ?>/css/bootstrap.css" rel="stylesheet">
<link href="<?php echo get_template_directory_uri(); ?>/css/font-awesome.css" rel="stylesheet">
<link href="<?php echo get_template_directory_uri(); ?>/style.css" rel="stylesheet">
```

다음으로 functions.php 파일에 다음의 코드를 추가합니다. 위의 코드를 보면 get_template_directory_uri로 돼 있는데 이것은 부모 테마 폴더의 경로를 표시하는 템플릿 태그입니다. 반면 아래의 get_stylesheet_directory_uri는 자식테마의 경로를 표시하는 템플릿 태그입니다. 자식테마를 사용하고 있으니 변경해야 합니다.

```
function ipin_scripts_child (){
    wp_enqueue_script('custom-js', get_stylesheet_directory_uri() . '/js/custom.js', array('jquery'), null, true);
    wp_enqueue_style('bootstrap', get_stylesheet_directory_uri() . '/css/bootstrap.css');
    wp_enqueue_style('font-awesome', get_stylesheet_directory_uri() . '/css/font-awesome.css');
    wp_enqueue_style('ipin-child', get_stylesheet_directory_uri() . '/style.css', array('woocommerce_frontend_styles') );

}
add_action('wp_enqueue_scripts', 'ipin_scripts_child');
```

custom.js는 제이쿼리 스크립트를 추가하기 위한 자바스크립트로서, 이미 Twenty Twelve 테마를 수정할 때 살펴본 바 있습니다. js 폴더에 이 파일을 만들어둡니다. 그다음 3개의 스타일시트는 header.php 파일에서 제거한 스타일시트입니다. 마지막은 자식테마 스타일시트입니다. 스타일시트나 자바스크립트의 등록과 사용은 위와 같이 함수와 액션을 사용하며, 함수명과 액션의 이름이 동일합니다(ipin_scripts_child).

마지막에 자식테마 스타일시트를 등록할 때 array를 사용했는데 이것은 스타일시트의 의존성(dependency)을 관리합니다. custom.js 파일도 jquery와 의존 관계입니다. 자식테마 스타일시트가 woocommerce_frontend_styles와 의존관계에 있다는 것은 우커머스 스타일시트가 먼저 적용되고 자식테마 스타일시트가 나중에 적용돼서 테마 스타일시트가 더 높은 우선순위를 차지한다는 의미입니다. 스타일시트는 나중에 적용된 것이 우월하죠. 보통은 플러그인의 스타일시트의 우선순위가 높아서 우선순위를 초기화하려면 항상 !important를 사용해야 합니다.

이처럼 플러그인과 함께 사용할 때 테마 스타일시트의 우선순위를 높게 만들려면 array에 등록한 스타일시트 이름을 추가하면 됩니다. 등록한 스타일시트 이름은 위의 경우 ipin-child나 font-awesome과 같은 것을 의미합니다. 위의 예에서 순서상 부트스트랩 스타일시트가 먼저 적용되고 그다음 순서대로 적용되는데, 만일 부트스트랩 파일이 테마 스타일시트보다 우선순위를 높게 하려면 다음과 같이 적용하면 됩니다.

```
wp_enqueue_style('bootstrap', get_stylesheet_directory_uri() . '/css/bootstrap.css', array('ipin-child') );
```

그러면 위에서 woocommerce_frontend_styles와 같은 스타일시트 등록 이름은 어떻게 알아내는지 궁금해집니다. 이 이름은 플러그인에서 직접 찾아야 합니다. 서브라임 텍스트 편집기를 이용해 스타일시트 등록 이름을 알아내는 방법을 알아보겠습니다.

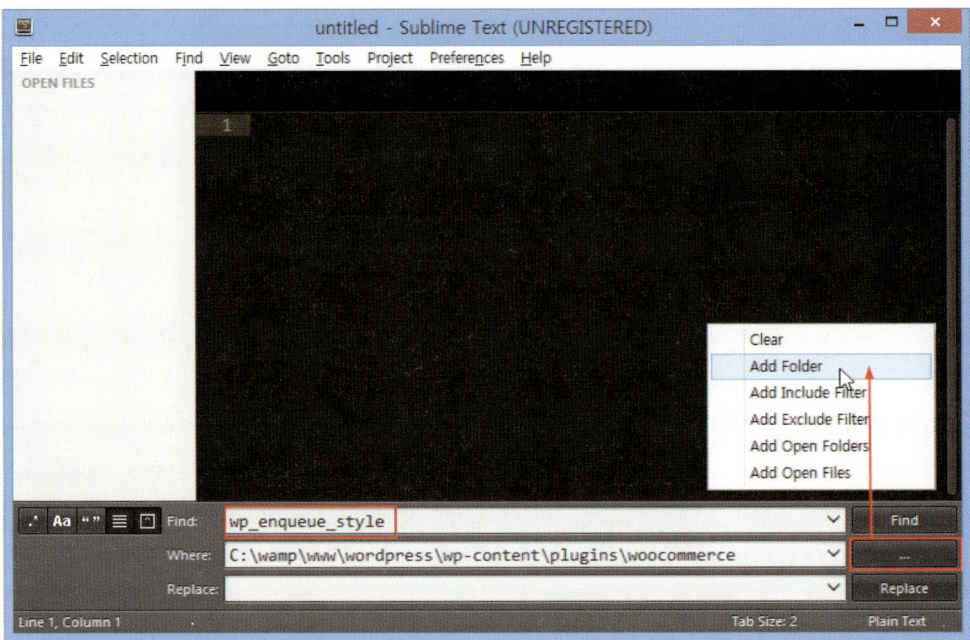

그림 2-19 서브라임 텍스트 편집기에서 검색하는 방법

편집기를 열고 Ctrl+Shift+F 키를 누르면 하단에 패널이 나타납니다. Find에 찾고자 하는 검색어를 입력합니다. 코드가 생소하다면 항상 원본에서 복사해서 사용하는 방법이 안전합니다. 왜냐하면 밑줄인지 대시인지 구분이 안 되는 경우도 있고 글자를 잘못 입력할 수도 있기 때문이죠. 다음으로 Find 버튼 아래의 버튼을 클릭하면 옵션이 나타납니다. 여기서 입력란에 있는 내용을 제거하거나 추가, 포함, 열린 폴더 추가, 열린 파일 추가가 가능합니다. Add Folder를 선택하면 브라우저 창이 나타납니다.

우커머스 플러그인 폴더를 찾아서 선택하면 Where에 경로가 나타납니다. Find 버튼을 클릭하면 다음과 같이 검색어 관련 파일과 내용이 나타납니다.

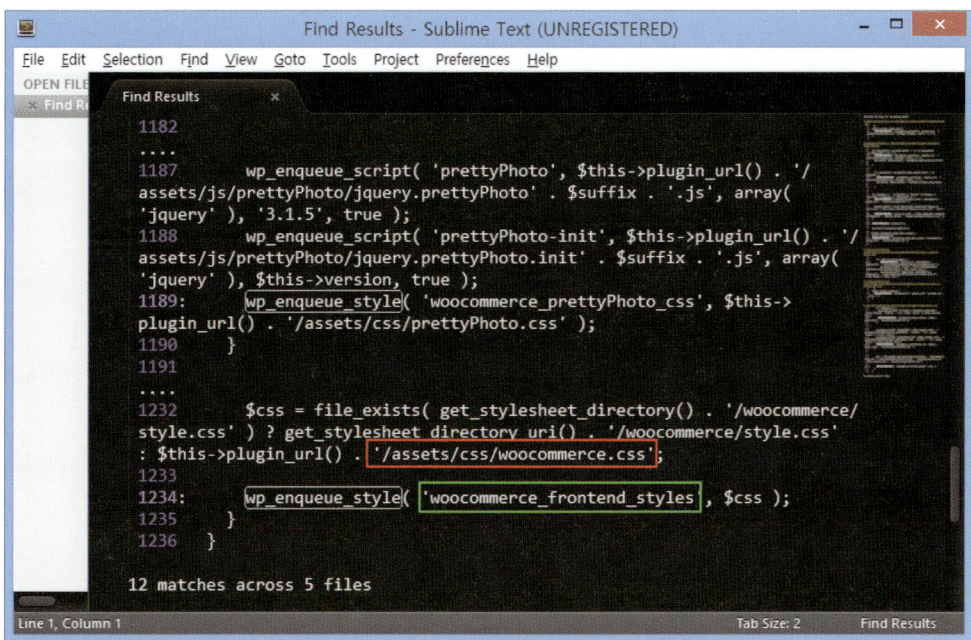

그림 2-20 서브라임 텍스트에서의 검색 결과

우커머스의 파일이 아주 많아서 많이 검색됩니다. 검색어는 흰색 테두리로 표시되므로 이를 기준으로 스크롤해서 내리면서 스타일시트 파일이 있는 곳을 찾습니다. 이 파일이 있는 곳을 보면 등록 이름이 woocommerce_frontend_styles라는 사실을 알 수 있습니다.

위와 같은 검색 방법은 우커머스 플러그인을 사용해 테마를 수정하고자 할 때 필수입니다. 나중에 자주 사용하게 될 테니 미리 잘 알아두는 편이 좋습니다.

여기까지 진행하고 수정사항을 모두 저장합니다. 이제 상품이 많이 나타나야 하니 관리자 화면의 '설정' → '읽기'에서 글을 20개로 늘립니다. 그런데 사이트 전면에서 페이지를 새로고침하면 아래와 같이 레이아웃이 제대로 나타나지 않습니다.

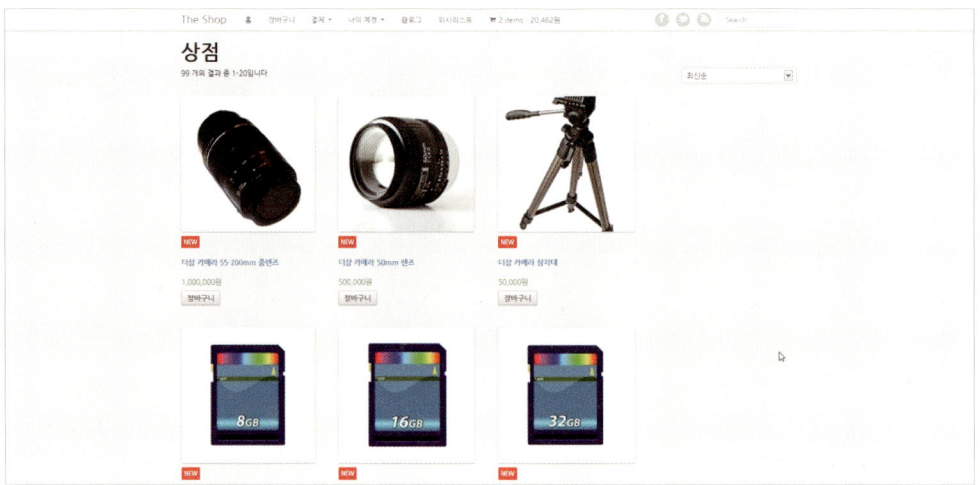

그림 2-21 상점 페이지의 최초 모양

메뉴는 테마 스타일시트에서 설정된 대로 나오지만 상점 페이지는 우커머스 스타일시트와 테마 스타일시트가 서로 어울리지 않아서 이렇게 나오는 것이며, 이런 부분에서 테마에 우커머스를 설치하면 수정해야 할 부분이 많습니다. 특히 ipin은 특이한 테마라서 더욱 그렇습니다. 이제까지는 테마를 수정하기 위한 준비단계였으며 이제 실제로 테마 수정을 시작해보겠습니다.

3.3 제이슨리, 무한 스크롤 플러그인 옵션 설정하기

functions.php 파일을 편집기에 열고 다음의 코드를 입력합니다.

```
function ipin_footer_scripts_child() {
    if (!is_singular()) {
    ?>
    <script>
jQuery(document).ready(function($){

    var $masonry = $('#masonry');
    $('#masonry li').addClass('thumb');
    $masonry.imagesLoaded( function(){
        $masonry.masonry({
            itemSelector : '.thumb',
            isFitWidth: true
```

```
            }).css('visibility', 'visible');
            $('#ajax-loader-masonry').hide();
        });

        $('.woocommerce-pagination').css({'visibility':'hidden', 'height':'1px'});
        $masonry.infinitescroll({
            navSelector  : '.woocommerce-pagination',
            nextSelector : '.woocommerce-pagination ul li a',
            itemSelector : '.thumb',
            loading: {
                msgText: '<em>다음 페이지를 로딩 합니다.</em>',
                finishedMsg: '로드할 페이지가 더 이상 없습니다.',
                img: 'http://i.imgur.com/6RMhx.gif',
                finished: function() {},
            },
        }, function(newElements) {
            var $newElems = $(newElements).css({opacity: 0});

            $newElems.imagesLoaded(function(){
                $('#infscr-loading').fadeOut('normal');
                $newElems.animate({opacity: 1});
                $masonry.masonry('appended', $newElems, true);
            });
        });
    });
    </script>
<?php } }
add_action('wp_footer', 'ipin_footer_scripts_child');
```

Twenty Twelve 테마를 수정할 때 본 스크립트입니다. 싱글 페이지에서 메이슨리를 적용하면 자바스크립트 에러가 발생하므로 조건문을 추가해서 상점 상세 페이지는 제외했습니다.

ipin 테마는 #masonry라는 아이디와 .thumb이라는 클래스 선택자로 메이슨리 레이아웃을 만들고 있습니다. 그러니 이 선택자를 우커머스의 템플릿에서 적당한 곳을 찾아서 넣어야 합니다. 무한 스크롤 부분은 이전과 같지만 itemSelector 부분만 .thumb으로 변경됐습니다.

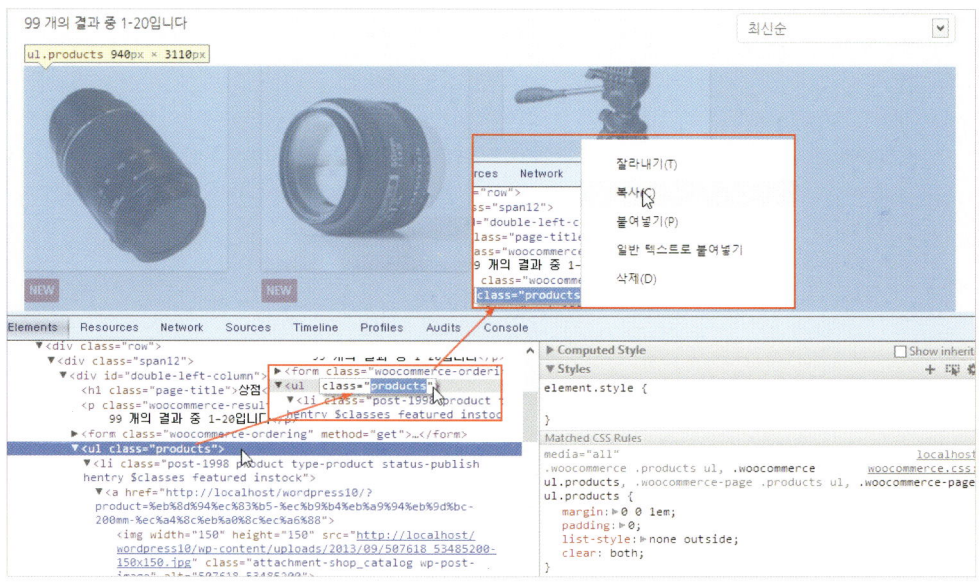

그림 2-22 검색어 선택

상점 페이지에서 요소 검사를 통해 상품 전체를 감싸는 ul 태그를 찾습니다. ul class="products"입니다. 선택자 부분을 더블클릭하면 선택자만 하이라이트됩니다. 좀 더 범위를 한정해서 검색하고 싶다면 class="product"까지 클릭한 후 드래그해서 블록을 설정한 다음 마우스 오른쪽 버튼을 클릭해서 복사합니다. 아니면 검색할 때 직접 입력해도 됩니다.

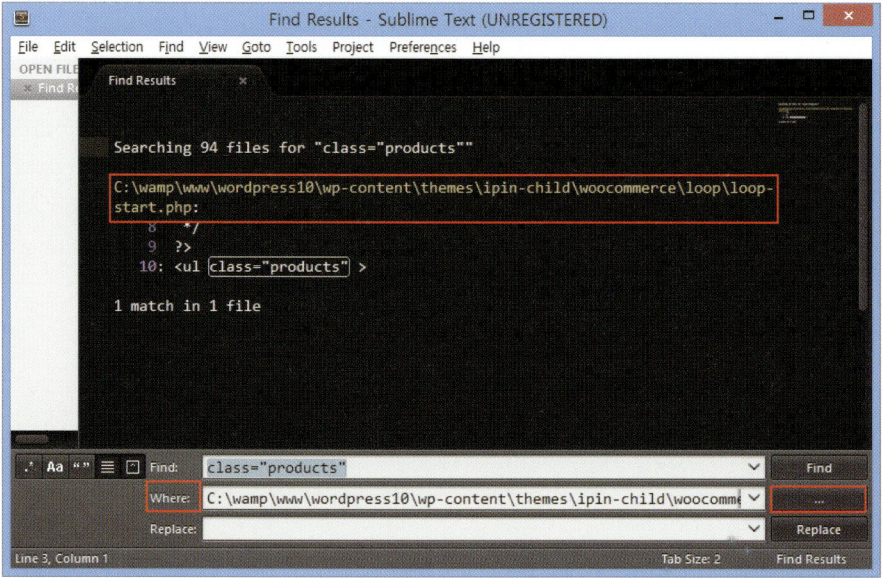

그림 2-23 검색 결과

검색 화면에 이전에 검색된 것이 있으면 Ctrl+A키와 Ctrl+X 키를 차례로 눌러 제거합니다. 검색어를 입력하고 Where에 이번에는 테마 폴더에 있는 woocommerce 폴더를 지정합니다. 검색을 실행하면 단 하나가 나타납니다. 이렇게 좀 더 범위를 한정해서 검색어를 입력하면 빨리 찾을 수 있습니다. 경로가 표시되므로 해당 경로에서 파일을 열고 편집합니다.

그림 2-24 메이슨리 플러그인을 위한 아이디 선택자 추가

해당 경로에서 파일을 열고 id="masonry"를 추가합니다. 다음으로 .thumb을 입력할 곳을 찾습니다.

그림 2-22의 그림에서 ul 태그 바로 아래의 li 태그가 .thumb 선택자가 추가될 곳인데, 이 li 태그에 보면 여러 가지 선택자가 추가돼 있습니다. 특히 post-1998과 같은 클래스 선택자는 코드로 직접 입력해주는 것이 아니라 함수에 의해 자동으로 만들어집니다. 클래스 선택자를 만들어주는 템플릿 태그가 있는데, 바로 post_class()입니다. 괄호 안에 무엇이 들어가 있는지 모르므로 괄호를 제외하고 검색어로 입력해봅니다.

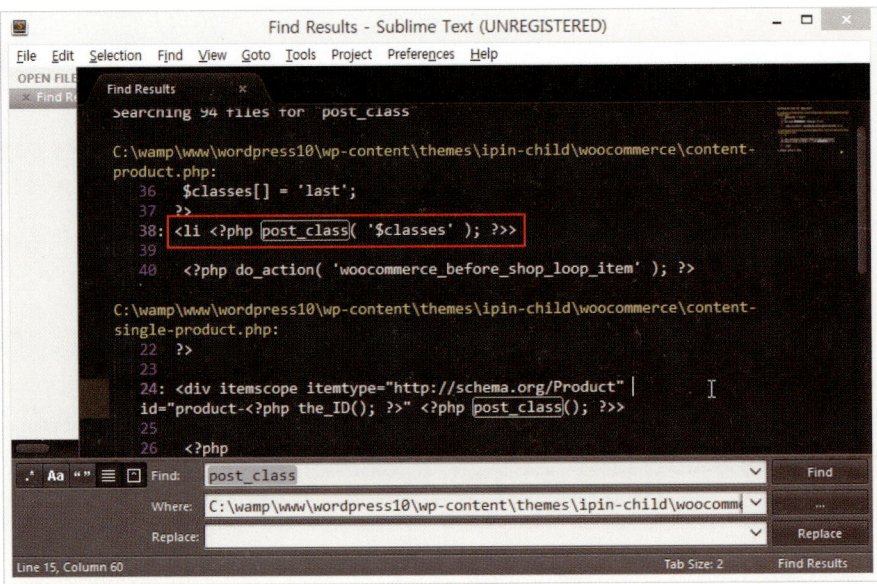

그림 2-25 클래스 선택자 검색

검색 결과로 두 개가 표시되며, 찾고자 하는 것은 li 태그 부분입니다. 해당 경로에 있는 content-product.php 파일을 열고 수정합니다. 줄 번호도 기억해두세요.

```
<li <?php post_class( 'thumb' ); ?>>
```

38번째 줄에서 코드를 찾아 $classes를 제거하고 thumb을 입력합니다. 이제 두 가지 필요한 선택자를 추가했으니 상점 페이지는 제대로 나올 것입니다. 확인하기 전에 다음의 코드를 스타일시트에 추가하면 화면 폭을 줄일 때 상품 박스가 이동하면서 애니메이션 효과가 나타납니다.

```
/**** Transitions ****/
.masonry,
.masonry .masonry-brick {
  -webkit-transition-duration: 0.7s;
    -moz-transition-duration: 0.7s;
     -ms-transition-duration: 0.7s;
      -o-transition-duration: 0.7s;
         transition-duration: 0.7s;
}
```

```
.masonry {
  -webkit-transition-property: height, width;
     -moz-transition-property: height, width;
      -ms-transition-property: height, width;
       -o-transition-property: height, width;
          transition-property: height, width;
}

.masonry .masonry-brick {
  -webkit-transition-property: left, right, top;
     -moz-transition-property: left, right, top;
      -ms-transition-property: left, right, top;
       -o-transition-property: left, right, top;
          transition-property: left, right, top;
}
```

그림 2-26 메이슨리 플러그인을 적용한 결과

변경사항을 모두 저장한 다음 웹 브라우저를 새로고침하면 위 그림과 같이 잘 나옵니다. 특히 이전에 썸네일을 재생성한 긴 이미지가 제대로 나타나고 화면 폭을 줄이면 상품 열의 수가 바뀌면서 반응형 디자인이 지원됩니다. 그러면 이제 모든 이미지에 대해 썸네일을 다시 한번 재생성해보겠습니다.

3.4 썸네일 재생성

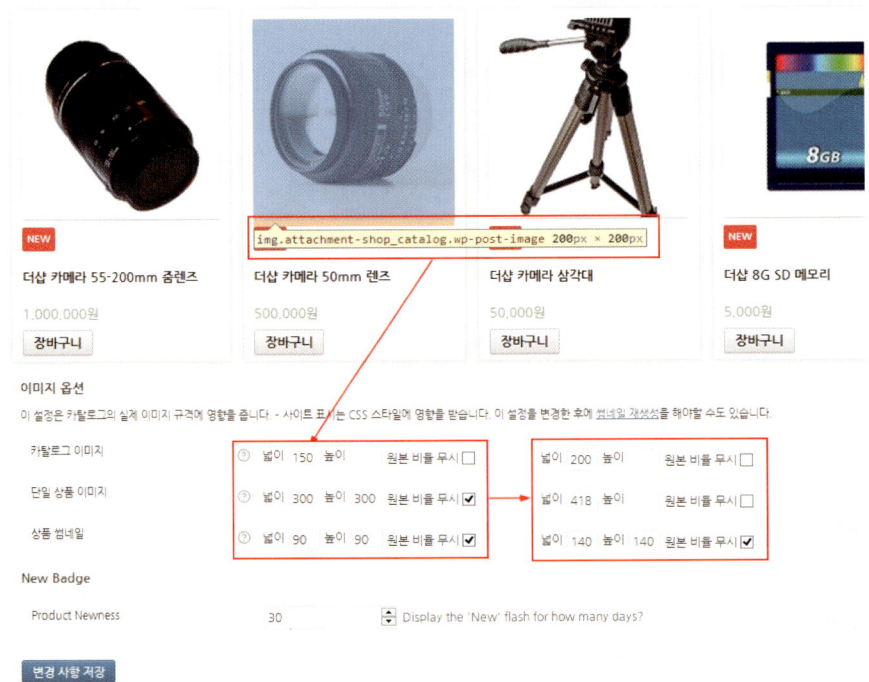

그림 2-27 썸네일의 재생성

썸네일을 재생성하기 전에 재생성될 썸네일의 크기를 결정해야 합니다. 상품 페이지의 이미지를 대상으로 요소 검사를 하면 폭이 200px로 나타납니다. 그런데 카탈로그 이미지는 150픽셀이죠. 이미지를 강제로 늘리면 이미지 품질이 좋지 않습니다. 그래서 이미지 박스 폭에 맞게 수정해서 입력합니다. 또한 앞으로 사용할 상세 페이지의 이미지도 폭을 늘려야 하니 우측의 그림처럼 수정합니다. 위에서 카탈로그 이미지는 상품 목록들이 나타나는 상점 페이지의 이미지이고, 단일 상품 이미지는 상세 페이지의 좌측 상단에 나타나는 큰 이미지, 상품 썸네일은 단일 상품 이미지 아래에 있는 갤러리 이미지입니다. 저장한 다음 도구 메뉴에 있는 Regenerate Thumbnails 플러그인을 이용해 재생성하고 다시 확인해보세요.

이제부터는 상품을 추가할 때 이미지를 업로드하면 위에서 정해진 수치로 잘라질 것이므로 처음부터 어떤 크기로 나타나게 할지 결정해야 합니다. 이전에 알아본 대로 기다란 이미지를 그냥 올릴 것이 아니라 가로/세로 비율을 감안해서 올려야 전체 디자인에 좀더 어울리는 레이아웃이 만들어질 것입니다.

04 상품 상세 페이지 레이아웃 변경

우커머스의 템플릿 파일은 거의 모두 상세 페이지에 집중돼 있습니다. 그래서 템플릿 구조를 잘 파악해야 제대로 편집할 수 있습니다.

메뉴에서 장바구니를 클릭하면 좌우 사이드바가 있는 3컬럼의 레이아웃으로 나타납니다. 이것을 하나의 사이드바만 있는 2컬럼 레이아웃으로 변경해보겠습니다. ipin 테마는 우측 사이드바가 있는 템플릿이 있으니 이것을 사용하면 됩니다.

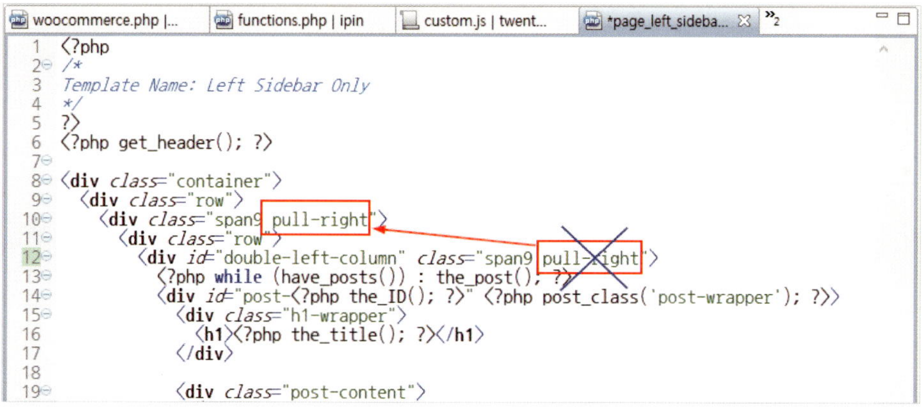

그림 2-28 좌측 사이드바 페이지 템플릿 만들기

테마 폴더에서 page_left_sidebar.php를 열고 #double-left-column 선택자와 같이 있는 div의 pull-right를 제거해 위의 .span9로 이동하고 저장합니다. 사이드바를 좌측에 배치하고 싶은 경우 이 템플릿을 사용합니다.

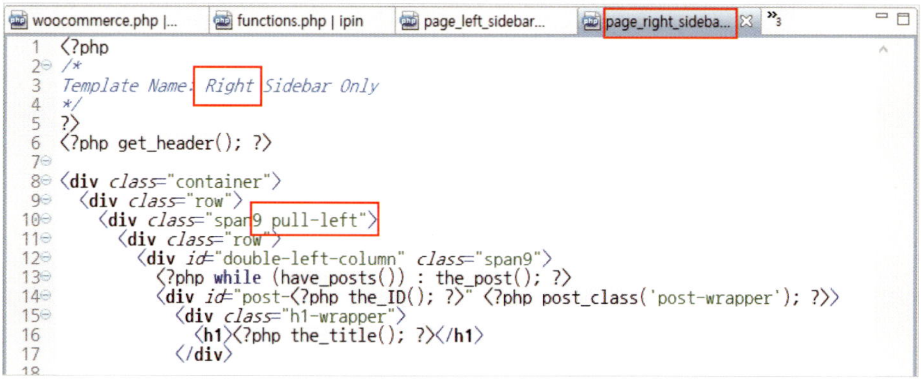

그림 2-29 우측 사이드바 템플릿 만들기

윈도우 탐색기에서 page_left_sidebar.php 파일을 복사해서 붙여넣은 다음 이름을 page_right_sidebar.php로 수정하고, 이 파일을 편집기에서 연 다음 위와 같이 수정합니다. 사이드바를 우측에 배치하고 싶은 경우 이 템플릿을 사용합니다.

그림 2-30 템플릿 파일 일괄 적용

'페이지' → '모든 페이지'로 가서 제목 옆의 체크박스를 클릭하고 상점 부분만 체크해제한 다음 일괄 편집의 '편집'을 클릭하고 '적용' 버튼을 누릅니다. 그런 다음 템플릿 항목에서 Right Sidebar Only를 선택하고 '업데이트' 버튼을 클릭합니다. 이제 모든 페이지에 이 템플릿이 적용됩니다.

'외모' → '위젯'으로 가서 위젯 영역의 sidebar-right에 상품 검색, 베스트 상품 등 여러 개의 위젯을 배치한 후 사이트 전면에서 확인합니다.

3컬럼 레이아웃을 사용할 때는 기본 템플릿을 선택하면 됩니다.

우커머스 템플릿 구조 03

ipin 테마의 페이지 템플릿에 <?php woocommerce_content(); ?>만 삽입해도 우커머스 관련 모든 페이지가 테마에 나타납니다. 우커머스의 모든 콘텐츠가 이 템플릿 태그에 집중되고 있는 것이죠. 그러면 템플릿 구조를 파악하기 위해 서브라임 텍스트를 이용해보겠습니다.

01 상점 페이지 템플릿 구조

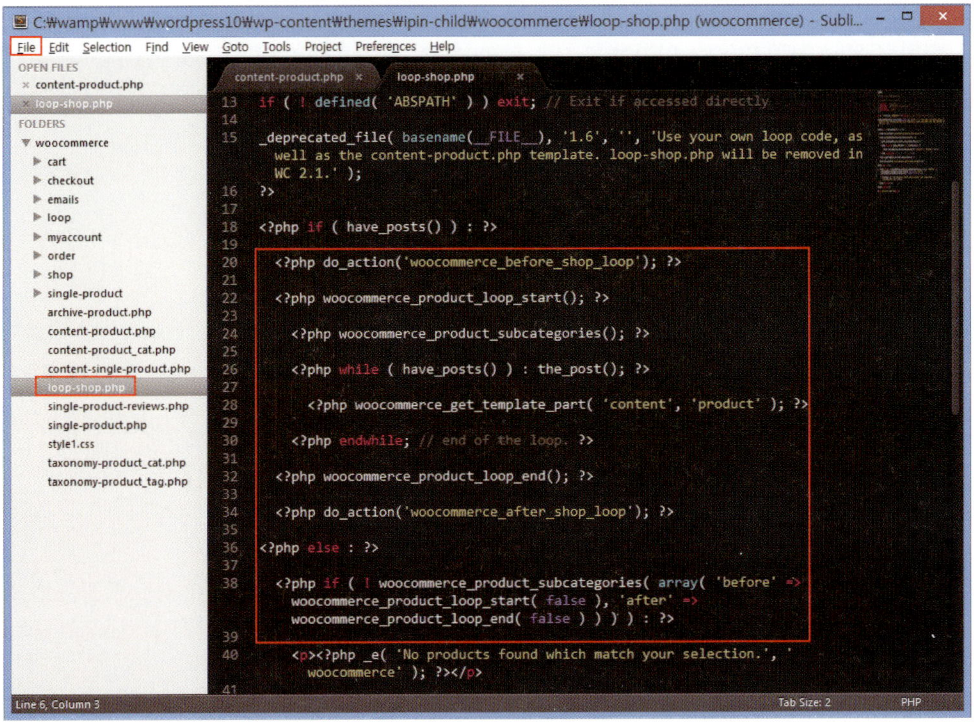

그림 2-31 상점 페이지에 대한 기본 템플릿

서브라임 텍스트는 3 버전을 사용하는 것이 좋습니다. 3 버전에서 파일을 여는 속도가 아주 빨라졌습니다. 메뉴에서 File → Open Folder를 선택하고 테마 폴더에서 woocommerce를 선택하면 사이드바에 모든 폴더와 파일이 나타납니다. 열린 파일은 사이드바 상단에 보입니다. 여기서 loop-shop.php 파일을 열어보면 상단에 2.1 버전에서는 폐기될 예정이라는 내용을 확인할 수 있습니다. 사실 지금도 이 파일을 삭제하더라도 작동하는 데는 문제가 없습니다. 하지만 템플릿 구조를 파악하기 위해 파일 내용을 살펴봅니다.

우커머스는 템플릿 폴더 안에 94개의 파일이 있는데, 서로 유기적으로 연결돼 있습니다. 아주 간단한 파일부터 복잡한 파일까지 다양하죠. 이것들을 서로 연결하는 것은 액션와 필터입니다. 워드프레스에서는 플러그인을 통해 코어 파일의 기능을 확장하게 하며, 플러그인에서 주로 사용하는 것은 액션과 필터입니다. 액션은 새로운 기능을 추가하는 데 사용하고, 필터는 기존의 기능을 변경하기 위해 사용합니다. 코드에 do_action과 같은 코드가 있으면 액션이고, apply_filter와 같은 코드가 있으면 필터입니다. 플러그인에서는 함수를 사용해 다른 곳에 있는 파일 내용을 가져오기도 합니다. 위에서 woocommerce_product_loop_start();는 루프, 즉 반복문의 시작 부분을 가져오는 역할을 합니다.

그러면 기준이 되는 woocommerce_get_template_part('content', 'product');부터 살펴보겠습니다. 이 코드는 우커머스의 템플릿 가운데 파일명에 content-product가 있는 파일의 내용을 가져오는 역할을 합니다. 이 파일을 열어보겠습니다.

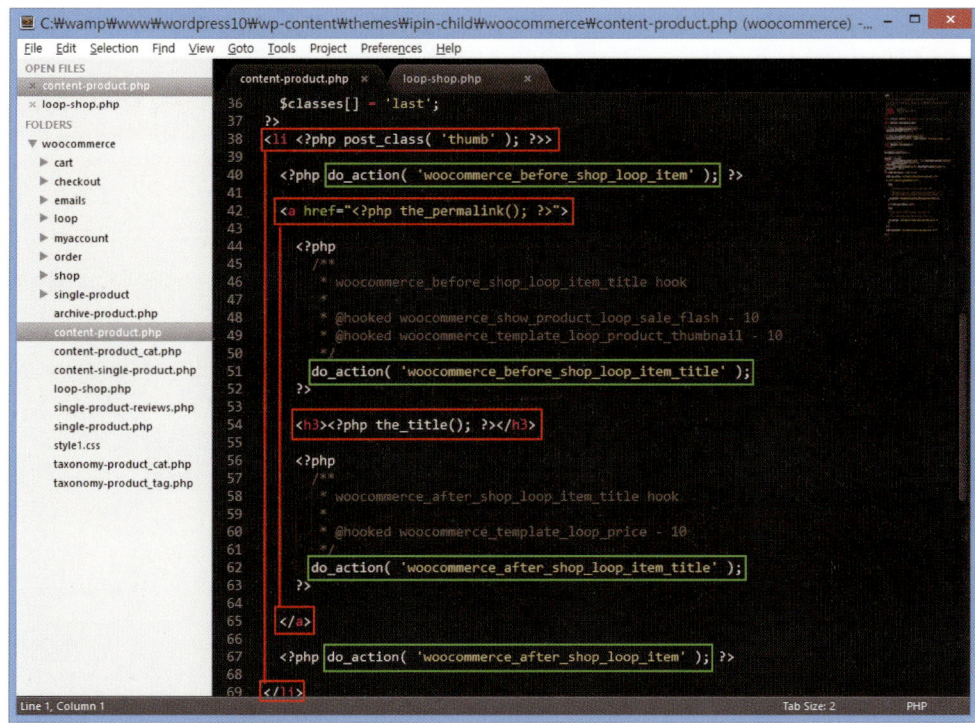

그림 2-32 상점 페이지 템플릿의 구조

이전에 메이스너리 레이아웃을 위해 추가한 선택자인 thumb이 보입니다. 이것이 있는 li 태그 안에는 상세 페이지로 가기 위한 the_permalink(); 링크가 있습니다. 이 안에는 제목을 기준으로 이전에는 woocommerce_before_shop_loop_item_title 액션이 있고 이후에는 woocommerce_after_shop_loop_item_title라는 액션이 있습니다. 주석으로 처리된 설명이 있지만 이름만 봐서는 무슨 일을 하는지 전혀 알 수가 없지만, 상품 페이지에서 하나의 상품을 생각하면 됩니다. 구체적으로 알아보기 위해 상점 페이지에서 하나의 상품을 대상으로 요소 검사를 해보겠습니다.

그림 2-33 상품 아이템 파일의 구조

li 태그 하나를 분석해보겠습니다. 제목인 h3 태그를 기준으로 위에는 이미지와 세일 배지가 있고 아래에는 평가, 가격, 장바구니 버튼이 있습니다. 그러면 앞에서 본 액션 코드가 어떤 기능을 하는지 어렴풋이 알 수 있습니다. 즉, woocommerce_before_shop_loop_item_title은 세일 배지와 이미지를 가져오는 기능을 하고, woocommerce_after_shop_loop_item_title은 평가, 가격을 가져오며, woocommerce_after_shop_loop_item은 장바구니 버튼을 가져옵니다. 이들 액션은 우커머스 코어 파일에서 작업을 하고, 레이아웃과 관련된 파일은 우커머스의 loop 폴더에 있습니다.

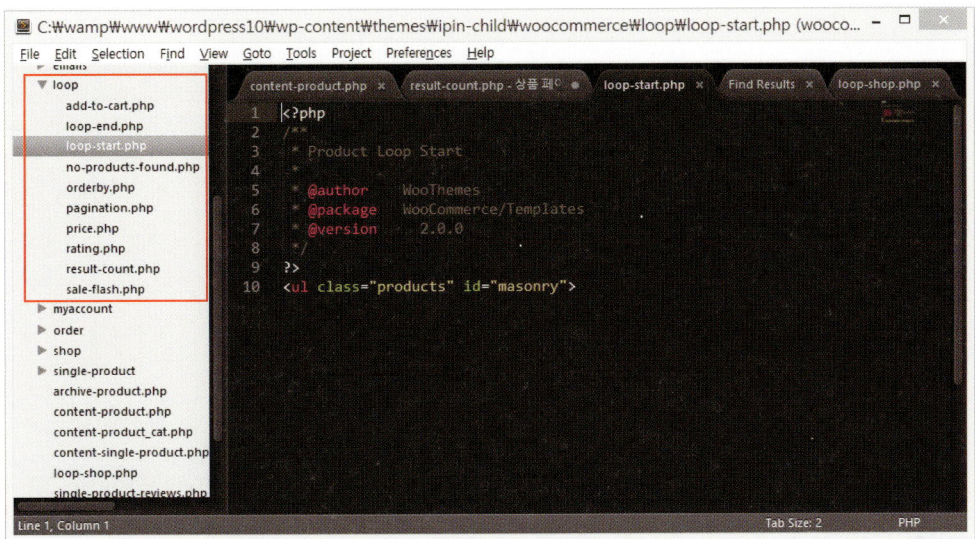

그림 2-34 상품 페이지 관련 파일

loop 폴더를 펼치고 파일을 하나씩 열어서 어떤 태그와 선택자가 있는지 파악해서 정리하면 다음과 같습니다.

파일이름	내용
result-count.php	상품 페이지의 좌측 상단에서 검색 결과를 표시 p .woocommerce-result-count

orderby.php	상품 페이지의 우측 상단에서 필터링 표시
	
	  form .woocommerce-ordering
	    select .orderby

loop-start.php	루프 시작 ul .products : woocommerce_product_loop_start

content-product.php	상품 루프
	
	  li .thumb
	  a permalink : 단일 상품 페이지로 가는 링크
	    - woocommerce_before_shop_loop_item_title : 상품 썸네일 이미지
	  the_title : 상품 이름

sale-flash.php	세일 배지 span .onsale : woocommerce_before_shop_loop_item

03. 우커머스 템플릿 구조

파일이름	내용
rating.php	평가
price.php	가격
	span .price : woocommerce_after_shop_loop_item_title
add-to-cart.php	장바구니 추가하기
	a .button : woocommerce_after_shop_loop_item
pagination.php	페이지 처리
loop-end.php	루프 종료
	/ul

표 2-1 상품 페이지 템플릿 파일의 용도

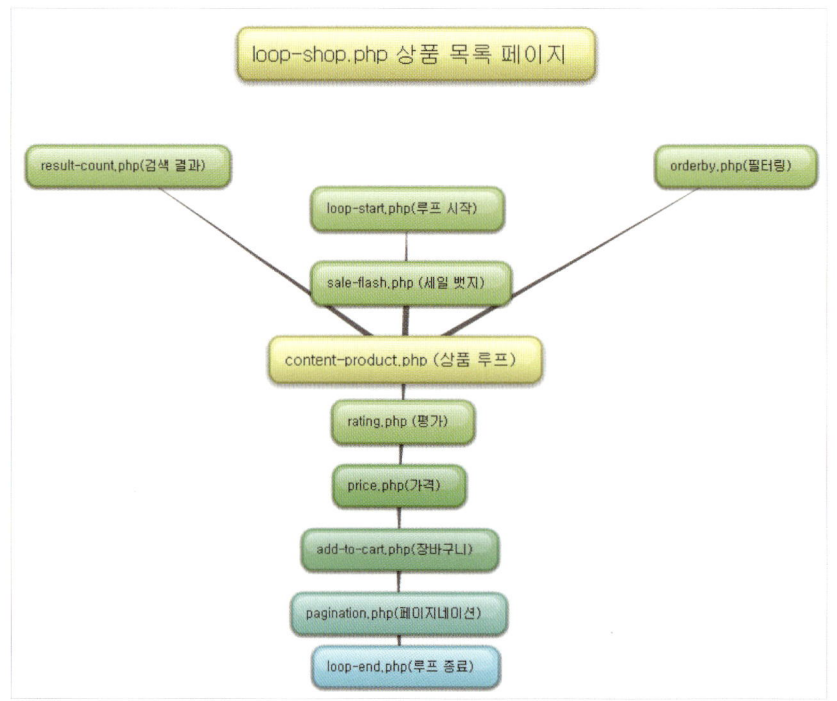

그림 2-35 상품 페이지 파일의 구조

템플릿을 수정할 때 이들 태그나 선택자를 대상으로 스타일시트나 제이쿼리로 수정하면 되고, 필요한 경우 부트스트랩 선택자를 추가할 수도 있습니다.

02 상세 페이지 템플릿 구조

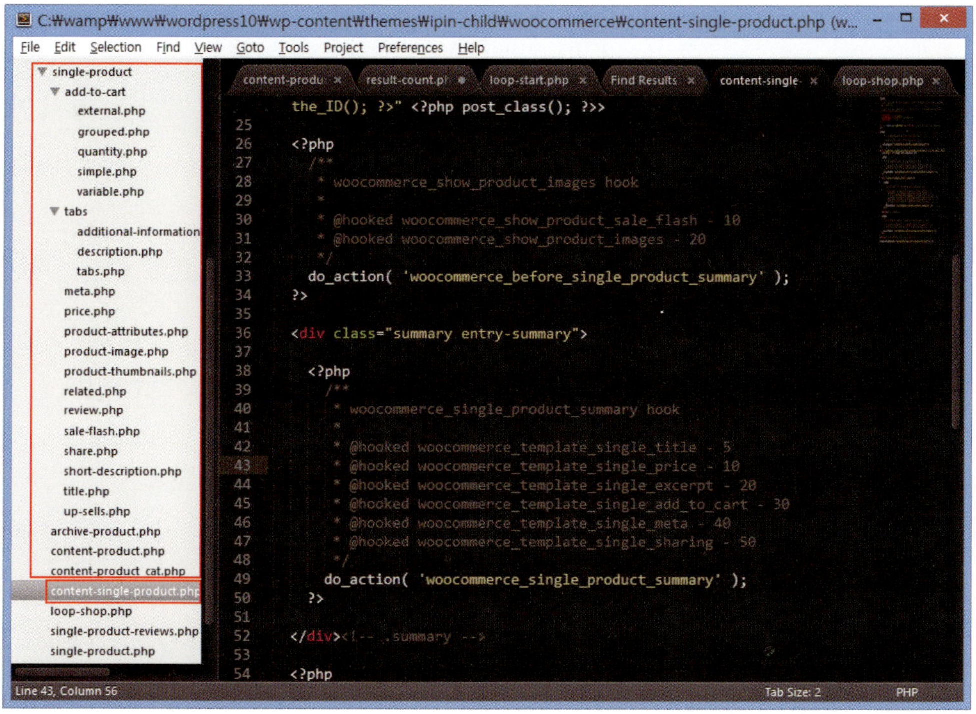

그림 2-36 상세 페이지 관련 파일

상세 페이지는 content-single-product.php가 담당합니다. 이곳을 시작으로 많은 파일들이 연결돼 있으며, 모든 파일은 single-product 폴더에 있습니다. 각 파일을 열어 단순 상품을 기준으로 태그와 파일을 연결해보면 다음과 같습니다.

파일 이름 또는 필터	내용
woocommerce_before_single_product	장바구니 추가 메시지 표시
sale-flash.php	세일 배지
content-single-product.php	상품 상세 페이지 메인 div #product-<?php the_ID(); ?>, <?php post_class(); ?>

product-image.php	상품 메인 이미지
	
	    div .images - woocommerce_before_single_product_summary
	      a .woocommerce-main-image
	        img .attachment-shop_single

파일 이름 또는 필터	내용
product-thumbnails.php	상품 썸네일 이미지 　　div .thumbnails
title.php	제목
price.php	가격
short-description.php	요약
simple.php	단순 상품
quantity.php	수량 　　div .quantity 　　input .input-text qty text 　　button .single_add_to_cart_button : 장바구니 버튼
meta.php	sku, 카테고리, 태그 　　div .product_meta 　　span .sku_wrapper : sku 번호 　　span .sku 　　span .posted_in - 카테고리, 태그
share.php	공유 버튼
product-attributes.php	상품 속성
review.php	리뷰 　　li #li-comment-<?php comment_ID() ?>
up-sells.php	업셀 　　div .upsells.products
related.php	관련 상품 　　div .related .products
tabs.php	탭 　　div .woocommerce-tabs 　　ul .tabs 　　li .<?php echo $key ?>_tab 　　　　div .tab-content 　　　　　　div .panel .entry-content #tab-<?php echo $key ?>
description.php	상품 설명 　　<h2><?php echo $heading; ?></h2>
additional-information.php	추가정보 　　<h2><?php echo $heading; ?></h2>

표 2-2 상세 페이지 관련 파일의 용도

그림 2-37 상세 페이지 파일의 구조

04 상세 페이지 수정

같은 상품을 보면서 편집하기 위해 주소 표시줄에서 홈 URL 이후에 ?product=kenwood-kmix-two-slice-toaster를 추가하고 엔터 키를 누릅니다. 전체 경로는 localhost/wordpress/?product=kenwood-kmix-two-slice-toaster가 됩니다.

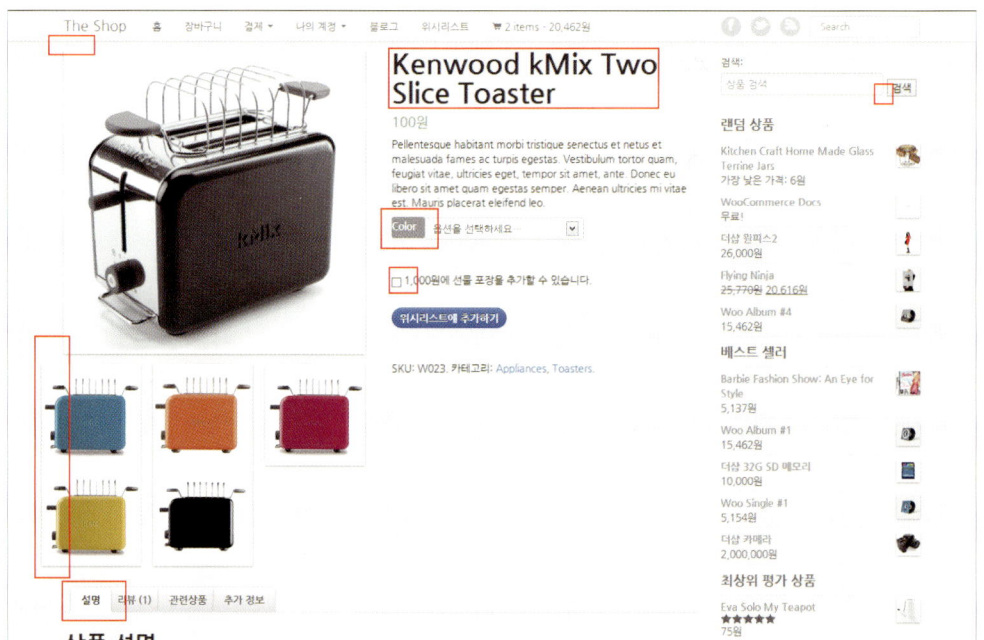

그림 2-38 수정 전 상세 페이지

갤러리 이미지가 있는 상세 페이지가 나타나는데, 보다시피 수정해야 할 곳이 많습니다. 위에서부터 지적하자면 메뉴와 상품 페이지 간의 간격이 좁고 제목 글자가 큽니다. 상품 검색 입력상자와 버튼이 어긋나 있습니다. 옵션 선택박스와 레이블, 선물 포장의 체크박스도 어긋나 있습니다. 갤러리 이미지는 레이아웃을 벗어나 있고 선택된 탭은 배경색과 다릅니다. 일반적으로 선택된 탭과 배경색은 일치하는 것이 보통입니다. 그러면 이러한 사항들을 포함해서 몇 가지 수정해보겠습니다.

01 상품 이미지 영역 수정

우선 인터넷 익스플로러에서 클라우드 줌의 줌 이미지가 나타나지 않는 부분을 수정하겠습니다. 이 문제를 해결하는 방법은 아주 간단합니다. 다음과 같이 테마 스타일시트에 배경 이미지 속성만 설정하면 됩니다. 실제 이미지를 넣을 필요도 없습니다.

```
.mousetrap { background:url(bg.png); }
```

그림 2-39 상세 페이지 이미지와 메뉴바 오버랩

페이지를 스크롤해서 내리면 상품 이미지가 메뉴바보다 위로 나타납니다. 이미지 줌 플러그인을 사용하고 있기 때문이죠. ipin 테마는 부트스트랩의 메뉴바를 고정(fixed)된 것으로 사용하고 있는데, z-index의 값이 1030입니다. 그런데 이미지 줌은 9999입니다. 그래서 이 수치를 1030보다 낮은 값인 1029로 설정하면 됩니다. 테마 스타일시트를 열고 다음과 같이 입력합니다.

```
#wrap {
    z-index: 1029 !important;
}
```

지면상 코드의 양을 줄이기 위해 스타일시트를 앞으로는 한 줄로 표시하겠지만 실제 스타일시트에는 알아보기 쉽게 위와 같이 입력하세요.

갤러리 이미지가 좌측으로 벗어난 것은 우커머스가 부트스트랩에서 사용하는 클래스 선택자인 thumbnails를 사용하고 있기 때문입니다. 이것의 좌측 마진이 −30px이므로 0으로 설정하면 제자리로 돌아옵니다. 또한 각 이미지의 하단 마진이 없어서 접해 있으므로 우측 마진과 같은 수치로 하단 마진을 설정합니다.

```
.images .thumbnails {      margin-left:0; }
.images .thumbnails a {    margin-bottom: 3.8%; }
```

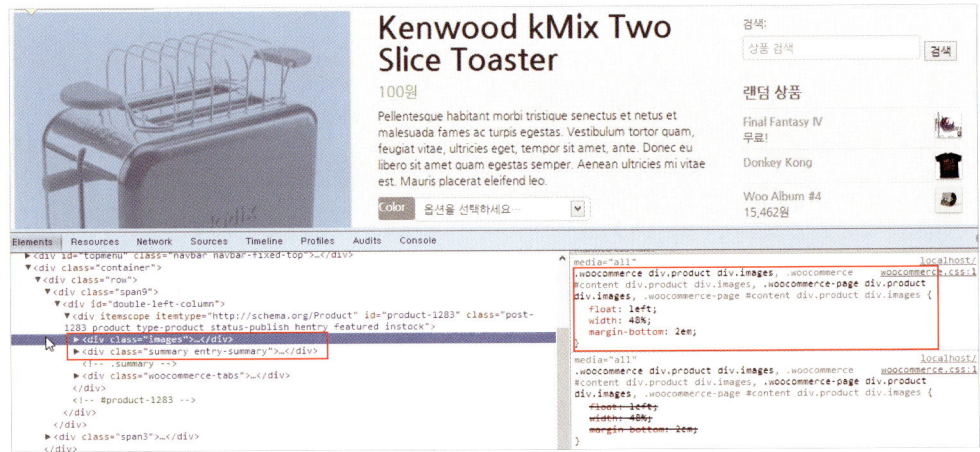

그림 2-40 상세 페이지 이미지 영역과 옵션 영역

이미지 크기를 줄이고 싶을 경우 이미지 영역과 옵션 영역이 각각 48%의 폭을 사용하고 있으므로 이 부분을 조절하면 됩니다. 스타일시트 창에서 그대로 복사해서 필요한 부분만 설정하면 됩니다.

```css
.woocommerce div.product div.images, .woocommerce #content div.product div.images,
.woocommerce-page div.product div.images, .woocommerce-page #content div.product div.images { width: 40%; }
.woocommerce div.product div.summary, .woocommerce #content div.product div.summary,
.woocommerce-page div.product div.summary, .woocommerce-page #content div.product div.summary { width: 56%; }
```

스마트폰 사이즈에서는 양쪽의 폭이 그대로 유지되는 것보다는 100%로 설정하고 float되고 있는 것을 아래와 같이 제거하면(none) 이미지 부분은 상단에, 옵션 영역은 하단에 배치됩니다.

```css
/* Landscape phones and down */
@media (max-width: 480px) {
.woocommerce div.product div.images, .woocommerce #content div.product div.images,
.woocommerce-page div.product div.images, .woocommerce-page #content div.product div.images, .woocommerce div.product div.summary, .woocommerce #content div.product div.summary, .woocommerce-page div.product div.summary, .woocommerce-page #content div.product div.summary, .woocommerce .col2-set .col-1, .woocommerce-page .col2-set .col-1, .woocommerce .col2-set .col-2, .woocommerce-page .col2-set .col-2  { float:none; width:100%;}
}
```

결제 페이지에서 청구주소와 배송주소 부분도 작은 화면에서 상하로 분리되게 했습니다.

02 옵션 영역 수정

옵션 부분의 레이블은 우커머스가 부트스트랩의 .label 선택자를 사용하고 있어서 나타나는 현상으로, 다음과 같이 수정합니다.

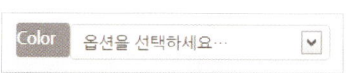

그림 2-41 변경하기 전의 옵션 선택 상자

```
.woocommerce div.product form.cart .variations td.label { padding:4px 5px 0 5px ;
background:#fff; color:#333; border:1px solid #ccc; margin-right:6px; text-shadow: 0 0px
0 rgba(0, 0, 0, 0.25);}
```

그림 2-42 변경한 후의 옵션 선택 상자

옵션을 선택하면 '선택 제거' 링크가 나타납니다. 이 부분을 버튼으로 처리하려면 변수 상품 관련 파일인 single-product\add-to-cart\variable.php 파일을 열고 69번째 줄에서 다음과 같이 부트스트랩의 작은 버튼 주황색 선택자를 추가하면 됩니다.

```
<a class="reset_variations btn btn-danger btn-small" href="#reset">
```

그림 2-43 선택 제거 버튼

수량 입력 박스에서 마이너스 버튼이 하단으로 배치된 것은 이곳에 부트스트랩 마진이 설정 됐기 때문입니다. 다음과 같이 0으로 재설정합니다.

```
.woocommerce .quantity input.qty, .woocommerce #content .quantity input.qty,
.woocommerce-page .quantity input.qty, .woocommerce-page #content .quantity input.qty {
margin-bottom:0; }
```

선물 포장 체크박스는 다음과 같이 설정합니다. 장바구니 버튼과 간격을 10px로 설정합니다.

```
input[name="gift_wrap"] { margin-top:-2px; margin-left:10px;}
```

위시리스트 버튼의 둥근 모서리는 다른 버튼과 같은 수치를 적용합니다.

.wishlist_table .add_to_cart, .yith-wcwl-add-button > a.button.alt {   border-radius: 2px; }

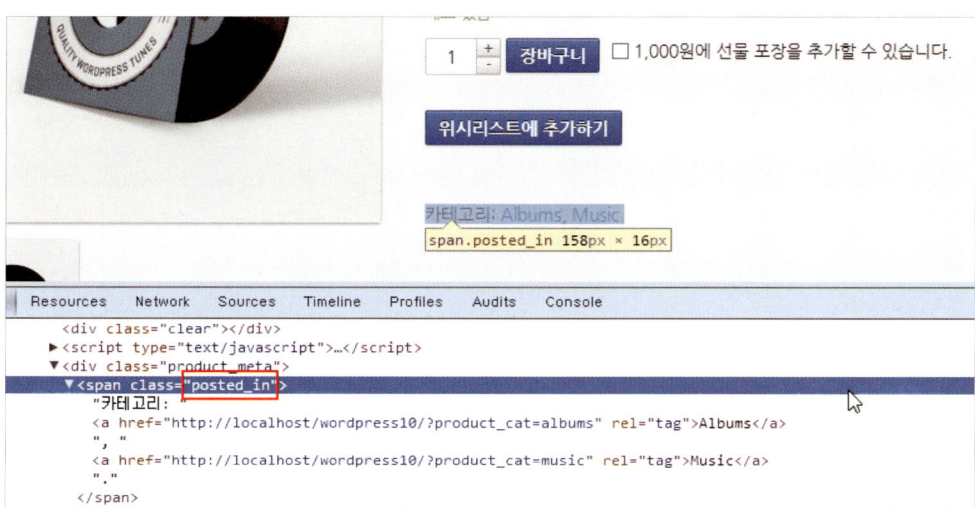

그림 2-44 카테고리 링크

카테고리 링크에 부트스트랩의 label 선택자를 추가해 버튼 형태로 만들어보겠습니다. 템플릿 파일을 찾아 a 태그에 선택자를 넣어도 되겠지만 제이쿼리를 이용하면 훨씬 빠르고 편리합니다. 이미 만들어둔 custom.js 파일에 아래 코드를 추가합니다. 앞으로 이와 같은 간단한 제이쿼리 코드를 자주 사용하게 될 것입니다.

```
jQuery(document).ready(function($){

    $('.posted_in a').addClass('label');

});
```

아주 간단한 제이쿼리 코드만 알아둬도 웹디자인을 할 때 아주 편리합니다. 위 코드는 posted_in이라는 클래스 선택자 내부에 a 태그가 있으면 label이라는 선택자를 추가하라는 의미입니다.

03 검색 박스 수정

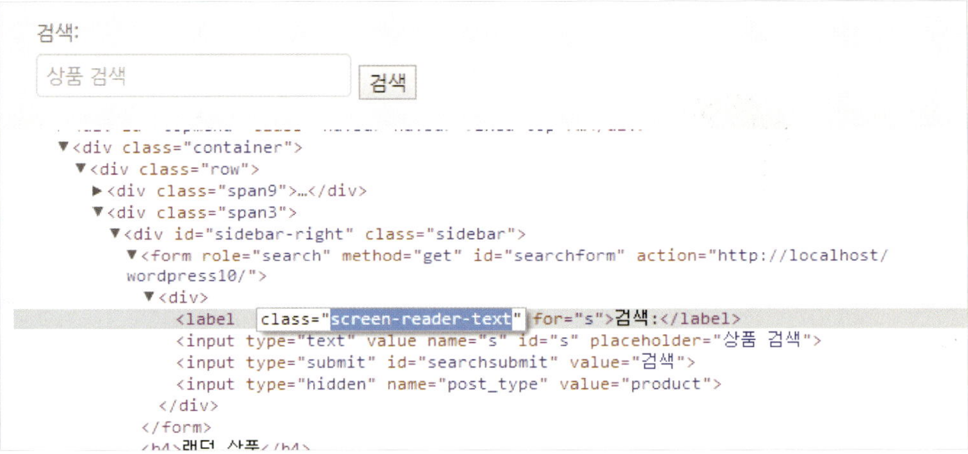


```
▼<div class="container">
  ▼<div class="row">
    ▶<div class="span9">…</div>
    ▼<div class="span3">
      ▼<div id="sidebar-right" class="sidebar">
        ▼<form role="search" method="get" id="searchform" action="http://localhost/
        wordpress10/">
          ▼<div>
              <label class="screen-reader-text" for="s">검색:</label>
              <input type="text" value name="s" id="s" placeholder="상품 검색">
              <input type="submit" id="searchsubmit" value="검색">
              <input type="hidden" name="post_type" value="product">
            </div>
          </form>
```

그림 2-45 검색 상자

어떤 경우에는 템플릿에 없어서 우커머스 코어 파일에서 복사해서 사용할 때가 있습니다. 검색 박스에 부트스트랩의 레이아웃을 적용하고자 하는데, 코어 파일을 직접 수정할 수는 없죠. 그래서 screen-reader-text를 검색어로 우커머스 플러그인 폴더에서 찾으면 하단에서 다음과 같이 검색됩니다.

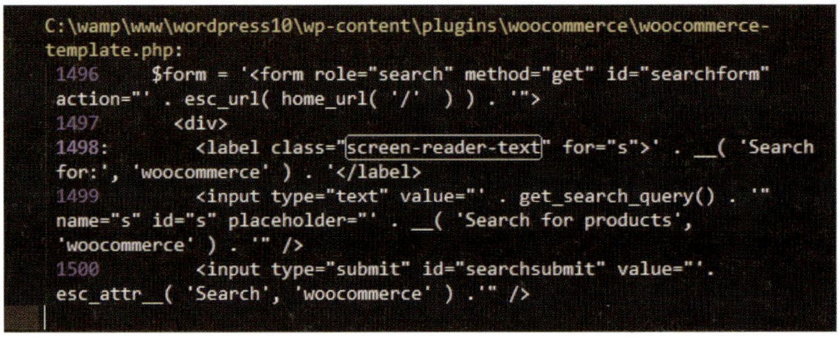

```
C:\wamp\www\wordpress10\wp-content\plugins\woocommerce\woocommerce-
template.php:
 1496      $form = '<form role="search" method="get" id="searchform"
 action="' . esc_url( home_url( '/'  ) ) . '">
 1497         <div>
 1498:           <label class="screen-reader-text" for="s">' . __( 'Search
 for:', 'woocommerce' ) . '</label>
 1499            <input type="text" value="' . get_search_query() . '"
 name="s" id="s" placeholder="' . __( 'Search for products',
 'woocommerce' ) . '" />
 1500            <input type="submit" id="searchsubmit" value="'.
 esc_attr__( 'Search', 'woocommerce' ) .'" />
```

그림 2-46 검색 상자의 코드 검색

plugins\woocommerce\woocommerce-template.php 파일을 편집기에서 열고 다음의 코드를 복사해 functions.php 파일에 붙여넣은 다음 빨간색 부분의 코드를 추가하고 저장합니다.

```php
if ( ! function_exists( 'get_product_search_form' ) ) {

    /**
     * Output Product search forms.
     *
     * @access public
     * @subpackage    Forms
     * @param bool $echo (default: true)
     * @return void
     */
    function get_product_search_form( $echo = true  ) {
        do_action( 'get_product_search_form'  );

        $search_form_template = locate_template( 'product-searchform.php' );
        if ( '' != $search_form_template  ) {
            require $search_form_template;
            return;
        }

        $form = '<form role="search" class="form-search" method="get" id="searchform" action="' . esc_url( home_url( '/'  ) ) . '">
            <div>
                <label class="screen-reader-text" for="s">' . __( 'Search for:', 'woocommerce' ) . '</label>
                <input type="text" class="input-medium" value="' . get_search_query() . '" name="s" id="s" placeholder="' . __( 'Search for products', 'woocommerce' ) . '" />
                <input type="submit" class="btn" id="searchsubmit" value="'. esc_attr__( 'Search', 'woocommerce' ) .'" />
                <input type="hidden" name="post_type" value="product" />
            </div>
        </form>';

        if ( $echo  )
            echo apply_filters( 'get_product_search_form', $form );
        else
            return apply_filters( 'get_product_search_form', $form );
    }
}
```

그림 2-47 검색 상자 수정 후

새로고침하면 잘 정리된 검색박스가 나타납니다. btn에 btn-primary를 추가하면 파란색 버튼이 됩니다.

04 탭 수정

그림 2-48 탭의 배경 색상

탭을 보면 선택된 탭의 색상과 콘텐츠의 배경 색상이 달라서 상당히 어색합니다. 탭은 열린 탭의 콘텐츠 배경과 같은 색이어야 자연스럽습니다. 그래서 전체 배경 색상을 다음과 같이 흰색으로 지정하면 됩니다.

```
body.single { background: #fff; }
body { background:url('img/fabric_of_squares_gray.png'); }
```

상세 페이지만 흰색 배경으로 하고 다른 페이지는 패턴 이미지를 사용했습니다. 첨부 파일에서 위 코드에 기재된 파일을 테마 폴더의 img 폴더에 넣고 위와 같이 설정하면 됩니다.

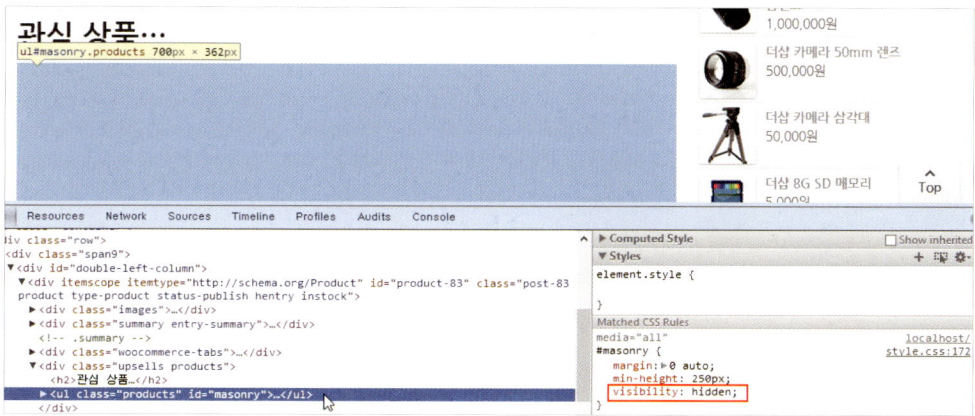

그림 2-49 관련 상품 아이템

탭은 관련상품과 관심상품이 배치되는 곳인데, 이러한 상품에도 메이슨리 플러그인이 적용됩니다. 그런데 메이슨리 플러그인을 설정할 때 싱글 페이지에는 적용되지 않게 해서 이들 상품이 나타나지 않고 있습니다. 현재 부모 테마의 스타일시트에서 보이지 않게 설정돼 있는데, 이 스타일시트를 자식테마에서는 보이게끔 설정하면 됩니다. 이렇게 하면 장바구니 페이지에서도 크로스셀 상품이 표시됩니다.

```css
#masonry { visibility: visible; }
.related #masonry li, .upsells #masonry li, .cross-sells #masonry li { width: 120px; }
#masonry h3 { line-height: 20px; font-size: 1.2em;}
```

상품의 이미지가 크게 나오므로 관련 상품, 업셀 상품, 크로스셀 상품에 대해 작게 줄였습니다. 또한 상품 제목의 상하 폭이 크므로 반으로 줄이고 글자 크기는 약간 늘렸습니다. 이 부분은 상품 페이지에도 적용됩니다.

리뷰 팝업 라이트박스 수정

그림 2-50 리뷰 라이트 박스 링크

우커머스 '설정' → '일반' 탭의 자바스크립트 항목에서 '라이트박스 활성화'에 체크하면 상품 갤러리 이미지를 클릭하거나 '리뷰' 탭의 '리뷰 추가하기' 버튼 또는 '고객님이 체출' 링크를 클릭했을 때 라이트박스가 나타납니다. 일반적으로 라이트박스는 배경이 어두운 색인데, 우커머스는 기본적으로 흰색으로 나타나 구분하기가 어렵습니다. 이 부분을 백드롭(backdrop)이라고 하며, 다음과 같이 스타일시트에 코드를 추가하면 됩니다.

```css
div.pp_overlay {background: #111 !important;opacity: 0.7 !important;}
```

보다시피 배경색을 아주 어둡게 하고 투명도를 조절합니다.

그림 2-51 위젯 이미지

사이드바의 상품 이미지를 보면 크기가 아주 작습니다. 그래서 크기를 늘리고 이미지를 좌측으로 배치해보겠습니다.

```css
.woocommerce ul.cart_list li img, .woocommerce ul.product_list_widget li img,
.woocommerce-page ul.cart_list li img, .woocommerce-page ul.product_list_widget li img {
float: left; width: 60px; margin-right:10px; }
```

float를 left로 지정하고 폭을 늘린 다음 우측 마진을 10픽셀로 설정하면 됩니다. 이번에는 위젯 제목 앞에 아이콘을 배치해보겠습니다.

05 폰트 어썸 아이콘 사용하기

ipin 테마에는 기본적으로 폰트 어썸 폰트 아이콘이 설치돼 있습니다. 아래의 링크로 가면 폰트 아이콘 이름이 있어서 이름만 알면 바로 사용할 수 있습니다.

http://fortawesome.github.io/Font-Awesome/icons/

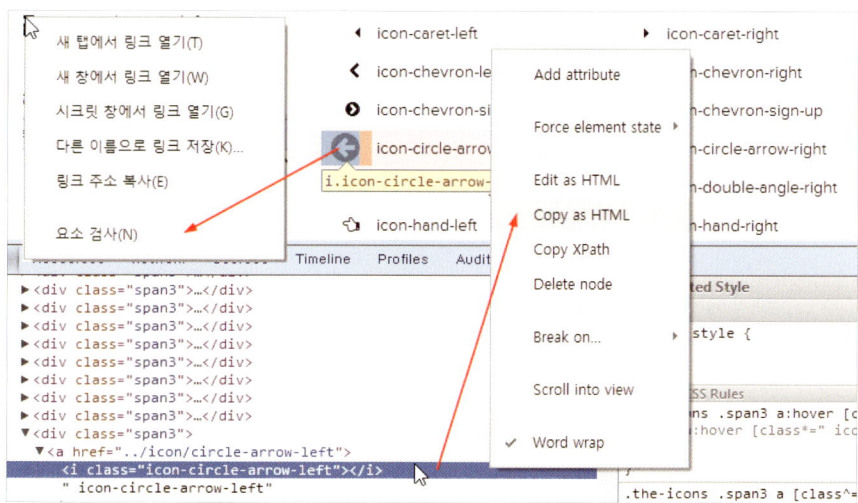

그림 2-52 폰트 아이콘 코드 복사

원하는 아이콘에서 마우스 오른쪽 버튼을 클릭하고 요소 검사를 선택한 후 HTML 창에서 하이라이트된 코드를 대상으로 마우스 오른쪽 버튼을 클릭해 copy as HTML을 선택합니다. 이 코드를 테마에서 원하는 곳에 붙여넣으면 됩니다. 여기서는 위의 화살표 아이콘을 사용하겠습니다.

```
<div id="sidebar-right" class="sidebar">
<?php if ( !dynamic_sidebar('sidebar-right') ) : ?>
    <h4><?php _e('Archives', 'ipin'); ?></h4>
    <ul>
        <?php wp_get_archives( 'type=monthly' ); ?>
    </ul>
<?php endif ?>
</div>
```

아이콘을 위젯 제목에 붙여넣으려고 하니 사이드바 템플릿에는 위와 같이 간단하게 돼 있습니다. 위젯은 워드프레스 코어에서 만들어지기 때문이죠. 그래서 제이쿼리를 이용해 요소를 지정해 아이콘을 추가합니다.

```
$('.posted_in a').addClass('label');
$('.sidebar h4').prepend('<i class="icon-circle-arrow-left"></i>');
```

custom.js 파일을 열고 이전에 사용한 제이쿼리 코드 다음에 위와 같이 추가합니다. 이전에는 클래스 선택자를 추가했었죠. 이번에는 코드 전체를 추가했습니다. 이럴 때는 prepend라는 메서드를 사용합니다. 앞에 추가한다는 뜻이고, 뒤에 추가한다면 append를 사용합니다. 대상은 .sidebar에 있는 h4 태그입니다. 변경사항을 저장한 다음 새로고침하면 모든 위젯 제목에 아래 첫 번째 그림처럼 나타납니다. 이것을 우측 그림처럼 변경하겠습니다.

그림 2-53 폰트 아이콘 적용 후

```
.sidebar i:before { margin-right:10px; font-size: 50px; position:relative;top:10px; }
```

아이콘에 대해 폰트 크기를 설정하고 색상은 옅은 회색으로 지정합니다. 다음으로 글자를 아이콘의 중앙에 배치하기 위해 포지션을 위와 같이 설정합니다.

그런데 모든 제목에 같은 아이콘이 배치돼서 이를 다른 아이콘으로 변경하려면 몇 가지 사항을 수정해야 합니다. 이것은 나중을 위해서도 필요한 과정입니다.

06 사이드바 위젯 등록

ipin 테마의 functions.php에 보면 사이드바 위젯 영역은 다음과 같이 간단하게 만들어져 있습니다.

```
register_sidebar(array('name' => 'sidebar-right', 'before_widget' => '', 'after_widget' => '', 'before_title' => '<h4>', 'after_title' => '</h4>'));
```

id와 description도 없고 before_widget도 비어있습니다. 대부분의 사이드바 등록은 다음과 같이 이뤄집니다.

```
register_sidebar( array(
'name' => 'sidebar-right',
'id' => 'sidebar-right',
```

```
'description' => '우측 사이드바',
'before_widget' => '<div id="%1$s" class="widget-container %2$s">',
'after_widget' => '</div>',
'before_title' => '<h4 class="widget-title">',
'after_title' => '</h4>',
) );
```

위와 같이 해야 위젯마다 자동으로 해당 위젯의 id와 class도 만들어집니다. 그래서 자식테마의 functions.php 파일에 새로 만들어 사용해야 합니다. 부모 테마의 함수에서 등록한 사이드바를 제거하는 것이 좋은데 코드를 건드리지 않고 제거하려면 다음과 같이 자식테마의 functions.php 파일에 추가하면 됩니다.

```
function remove_some_widgets(){
    unregister_sidebar( 'sidebar-id' );
}
add_action( 'widgets_init', 'remove_some_widgets', 11 );
```

그런데 부모 테마의 functions.php에는 아이디도 없습니다. 그래서 그대로 사용하면 관리자 화면의 위젯 영역에서 비어있는 위젯 영역이 나타납니다. 따라서 위젯 영역을 사용할 때 혼동을 방지하기 위해 제거하고 사용합니다.

```
register_sidebar(array('name' => 'sidebar-left', 'before_widget' => '', 'after_widget' => '', 'before_title' => '<h4>', 'after_title' => '</h4>'));
register_sidebar(array('name' => 'sidebar-right', 'before_widget' => '', 'after_widget' => '', 'before_title' => '<h4>', 'after_title' => '</h4>'));
```

부모 테마의 functions.php에서 위 코드를 제거한 다음 자식테마의 functions.php에 다음의 정상적인 사이드바 등록 코드를 추가합니다.

```
register_sidebar( array(
'name' => 'sidebar-right',
'id' => 'sidebar-right',
'description' => '우측 사이드바',
'before_widget' => '<div id="%1$s" class="widget-container %2$s">',
'after_widget' => '</div>',
'before_title' => '<h4 class="widget-title">',
'after_title' => '</h4>',
) );
```

```
register_sidebar( array(
'name' => 'sidebar-left',
'id' => 'sidebar-left',
'description' => '좌측 사이드바',
'before_widget' => '<div id="%1$s" class="widget-container %2$s">',
'after_widget' => '</div>',
'before_title' => '<h4 class="widget-title">',
'after_title' => '</h4>',
) );
```

앞으로 위젯을 많이 등록해서 사용할 것이므로 추가되면 위의 코드 다음에 추가합니다.

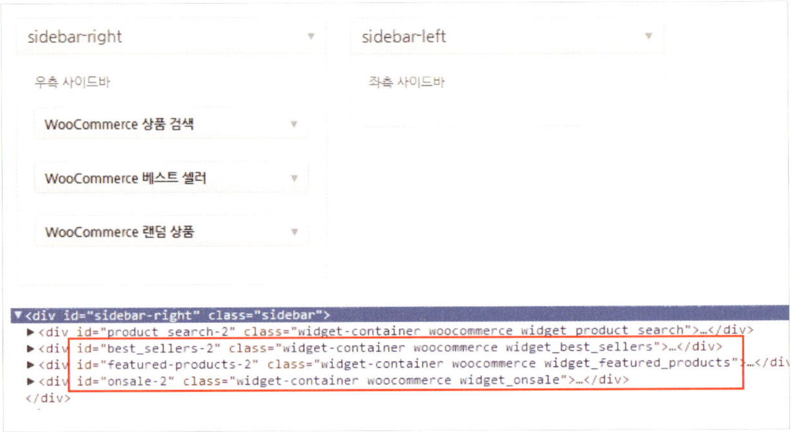

그림 2-54 사이드바 위젯 영역

관리자 화면의 위젯 영역에는 새로운 사이드바 위젯이 나타나고 위젯 이름도 보입니다. 위젯들을 다시 배치하고 사이트 전면에서 사이드바를 대상으로 요소 검사를 하면 필요한 id와 class 선택자도 해당 위젯의 이름으로 자동으로 만들어진다는 사실을 알 수 있습니다. 그러면 이제 각 위젯의 제목에 다른 폰트 아이콘을 배치할 수 있습니다.

```
$('.widget_best_sellers h4').prepend('<i class="icon-thumbs-up"></i>');
$('.widget_featured_products h4').prepend('<i class="icon-check"></i>');
$('.widget_onsale h4').prepend('<i class="icon-strikethrough"></i>');
```

custom.js에 위 코드와 같이 수정합니다. 아이디와 클래스 선택자가 두 개 있는데, 아이디 선택자의 경우 테마를 다른 곳에 설치할 때마다 숫자가 바뀝니다. 따라서 여기서는 클래스 선택자를 사용합니다. 이제 선택자가 다르므로 각 아이콘의 색상도 다르게 할 수 있습니다.

```
.widget_onsale i {color: #f00;}
```

그림 2-55 폰트 아이콘을 적용한 결과

07 메뉴바 수정

현재 메인 메뉴바는 고정돼 있어 스크롤해도 그대로 있습니다. 이를 평상시에는 메뉴바 위에 로고가 나타나게 하고 스크롤해서 내리면 고정되는 메뉴바로 만들어보겠습니다.

```
34
35      <div id="topmenu" class="navbar navbar-fixed-top">
36        <div class="navbar-inner">
37          <div class="container">
38            <a class="btn btn-navbar" data-toggle="collapse" data-target=".nav-collapse">
39              <i class="icon-bar"></i>
40              <i class="icon-bar"></i>
41              <i class="icon-bar"></i>
42            </a>
43
44            <?php $logo = of_get_option('logo'); ?>
45            <a class="brand<?php if ($logo != '') { echo ' logo'; } ?>" href="<?php echo esc_url( home_url( '/' ) ); ?>">
46              <?php if ($logo != '') { ?>
47                <img src="<?php echo $logo ?>" alt="Logo" />
48              <?php } else {
49                bloginfo('name');
50              }
51              ?>
52            </a>
53
54            <nav id="nav-main" class="nav-collapse" role="navigation">
```

그림 2-56 로고 코드 이동 배치

ipin 테마의 로고 부분은 메뉴바와 함께 있어서 큰 로고 이미지를 올릴 수도 없습니다. 그래서 이것을 꺼내서 메뉴바 상단에 배치하고 메뉴바는 스크롤하면 함께 이동하도록 바꾸겠습니다. 우선 상단에 .container div을 만들고 그 안에 header 태그를 배치한 다음 이 안에 위 코드를 옮겨서 배치합니다. 이 container는 헤더 부분 전체를 감싸야 하므로 닫는 태그는 하단에 배치합니다.

```
<div class="container">
    <header>
        <?php $logo = of_get_option('logo'); ?>
        <h1><a class="brand<?php if ($logo != '') { echo ' logo'; } ?>" href="<?php echo esc_url( home_url( '/' ) ); ?>">
        <?php if ($logo != '') { ?>
            <img src="<?php echo $logo ?>" alt="Logo" />
        <?php } else {
            bloginfo('name');
        }
        ?>
        </a></h1>
    </header>
    <div id="topmenu" class="navbar navbar-fixed-top">
    생략
</div><!--.container-->
```

그러고 나면 위와 같이 됩니다. a 태그를 h1 태그로 감싸고 메뉴바의 .navbar-fixed-top은 제거합니다. 구글 폰트 플러그인을 설정한 곳('설정' → 'Google Fonts')으로 가서 다음과 같이 수정합니다. 두 번째 폰트 설정 부분입니다.

```
.site-header h1 a, header h1 a { font-family: Felipa ; }
```

그림 2-57 로고 코드를 옮긴 결과

그러면 위와 같이 메뉴바가 상단 고정에서 벗어나 로고 아래에 배치되면서 스크롤하면 함께 이동 합니다. 로고 위의 빈 공간은 나중에 수정하고 우선 이 메뉴바를 스크롤해서 내리면 상단에 고정되도록 수정해보겠습니다.

```
$(window).scroll(function () {
    var scroll = $(window).scrollTop();
    if (scroll >= 120) {
  $("#topmenu").addClass("navbar-fixed-top");
} else {
  $("#topmenu").removeClass("navbar-fixed-top");
}
});
```

custom.js에 위의 코드를 추가합니다. 윈도우가 스크롤해서 120픽셀 이동한 상태이면 #topmenu에 .navbar-fixed-top을 추가하고 그 밖의 경우는 이 선택자를 제거하는 스크립트입니다. 특정 부분에서만 사용하는 스크립트이니 깊이 이해할 필요는 없고 필요할 때 복사해서 사용하면 됩니다. 이제 변경사항을 저장한 후 페이지를 새로고침하고 페이지를 스크롤하면 메뉴바가 상단에 고정될 것입니다.

그림 2-58 서브 메뉴와 이미지의 오버랩

메뉴바가 상단 고정이 아닌 상태에서는 메뉴에 마우스를 올리면 서브메뉴가 이미지 뒤로 나타납니다. 고정 상태에서는 z-index가 있지만 스크롤되는 메뉴바는 이것이 없으므로 이를 설정해 줍니다.

```
.navbar .nav {z-index: 1030;}
```

04. 상세 페이지 수정

08 툴바와 상점 공지 부분 수정

현재 사이트 상단은 부모 테마의 padding-top:55px; 설정으로 인해 여백이 많습니다. 이는 워드프레스 툴바와 메뉴바가 고정 배치되는 것을 감안해서입니다. 그래서 적당한 크기인 30픽셀로 설정하고 상점 공지글을 활성화했을 때 어떻게 나타나는지 알아보겠습니다.

```
body { background:url('img/fabric_of_squares_gray.png'); padding-top:30px;}
```

상점 공지글이 없는 경우

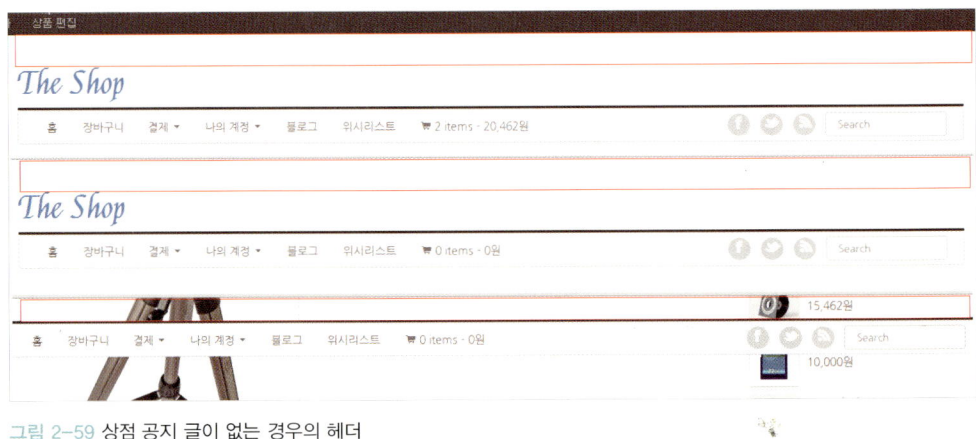

그림 2-59 상점 공지 글이 없는 경우의 헤더

관리자가 로그인한 상태에서는 첫 번째 이미지처럼 툴바가 있고 여백이 25픽셀 있습니다. 두 번째 이미지는 관리자가 아닌 방문자가 사이트에 접속하면 25픽셀의 여백이 있는데 스크롤해서 내리면 메뉴바가 고정되면서 3번째 이미지처럼 나타납니다.

상점 공지 글이 있는 경우

그림 2-60 상점 공지 글이 있는 경우의 헤더

관리자가 로그인된 상태의 첫 번째 이미지는 정상이지만 스크롤해서 내리면 메뉴바가 상점 공지글 뒤로 숨어버립니다. 방문자의 화면은 둘 다 정상으로 표시됩니다.

이처럼 각 상황에 따라 다르게 나타나기 때문에 상점 공지 글을 활성화할 필요가 있는 경우에는 설정을 변경했다가, 공지 글을 비활성화한 후에는 원래대로 돌려야 한다는 불편한 점이 있습니다. 이 부분은 사이트에서 중요한 것은 아니지만 알아두면 다른 곳에도 활용할 수 있으므로 해결 방법을 알아보겠습니다.

상황 설정은 4가지입니다.

1. 상점 공지 글이 있고 툴바가 있는 경우
2. 상점 공지 글이 있고 툴바가 없는 경우
3. 상점 공지 글이 없고 툴바가 있는 경우
4. 둘 다 없는 경우

위와 같은 상황을 설정하고 제이쿼리로 코드를 작성해 custom.js에 붙여넣으면 됩니다.

```
if($('p').hasClass('demo_store') && $('body').hasClass('admin-bar')){
    $('#topmenu.navbar').css('top', '64px');
}
if($('p').hasClass('demo_store') && !$('body').hasClass('admin-bar')){
    $('#topmenu.navbar').css('top', '36px');
}
if(!$('p').hasClass('demo_store') && $('body').hasClass('admin-bar')){
    $('#topmenu.navbar').css('top', '28px');
    $('body').css('padding-top', '0px');
}
if(!$('p').hasClass('demo_store') && !$('body').hasClass('admin-bar')){
    $('#topmenu.navbar').css('top', '0px');
    $('body').css('padding-top', '0px');
}
```

.css는 제이쿼리 메서드로서 타겟에 스타일시트를 설정하는 기능을 합니다. 괄호 안에는 속성과 값을 콤마로 분리해서 따옴표 안에 입력합니다. hasClass는 '클래스 선택자가 있는 경우'를 의미합니다. 느낌표(!)가 추가되면 없는 경우를 의미합니다. &&는 and를 의미하며, 이것이 있는 곳의 양쪽 조건이 둘 다 만족하는 경우를 의미합니다.

첫 번째 조건문의 예를 들면 p 태그에 .demo_store 선택자가 있는 경우(공지 글 활성화 상태)와 body 태그에 .admin-bar 선택자가 있는 경우를 의미합니다. 나머지는 위의 4가지 상황 설정과 같습니다.

이렇게 설정하고 저장한 다음 페이지를 새로고침하고 보면 모든 상황에서 제대로 나타납니다.

05 장바구니 및 결제 페이지 수정

01 장바구니 페이지 수정

동일한 화면을 보기 위해 주소 표시줄에 ?product=woo-album-1을 입력하고 엔터 키를 누릅니다. 이전에 크로스셀을 설정한 경우 크로스셀 상품 이미지가 장바구니에 나타난다고 했습니다. 툴바에서 '상품 편집' 링크를 클릭하고 상품 데이터 메타박스의 '연결된 상품' 탭을 선택합니다. 크로스셀에서 woo를 입력한 후 목록이 나타나면 Woo Album #2를 선택한 다음 '업데이트' 버튼을 클릭하고 툴바에서 '상품 보기'를 선택합니다.

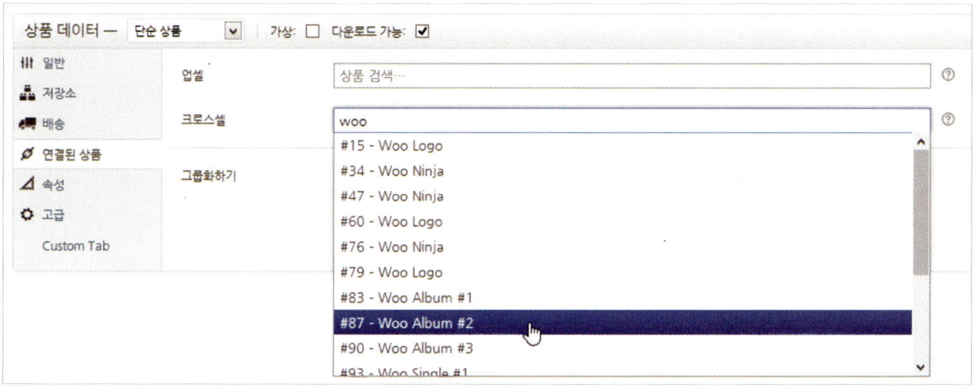

그림 2-61 크로스셀 상품 추가

이 상품을 장바구니에 넣고 보면 수정할 곳이 여러 군데 있습니다.

그림 2-62 장바구니 페이지의 상품 이미지

우선 이미지가 너무 작게 나타나는데, 이를 늘려줍니다. 선택자는 항상 요소 검사를 통해 스타일시트 창에 있는 것을 그대로 복사해서 재설정하고자 하는 부분만 수정하면 됩니다.

.woocommerce table.cart img, .woocommerce #content table.cart img, .woocommerce-page table.cart img, .woocommerce-page #content table.cart img {width: 70px;}

여기서 장바구니 목록 테이블에 부트스트랩의 테이블 선택자를 넣어보겠습니다.

그림 2-63 장바구니 페이지의 테이블 코드 검색

우커머스에서는 테이블을 여러 곳에서 사용하고 있는데, 테이블에서 사용하고 있는 선택자인 shop_table로 검색하면 5군데가 나옵니다. 해당 선택자가 있는 곳의 파일을 모두 찾아서 다음과 같이 3개의 부트스트랩 선택자를 추가합니다.

```
<table class="shop_table cart table table-hover table-striped" cellspacing="0">
```

table-hover는 테이블 행에 마우스를 올렸을 때 다른 색으로 나타나게 하고, table-striped는 한 줄 건너 다른 색으로 나타나게 합니다.

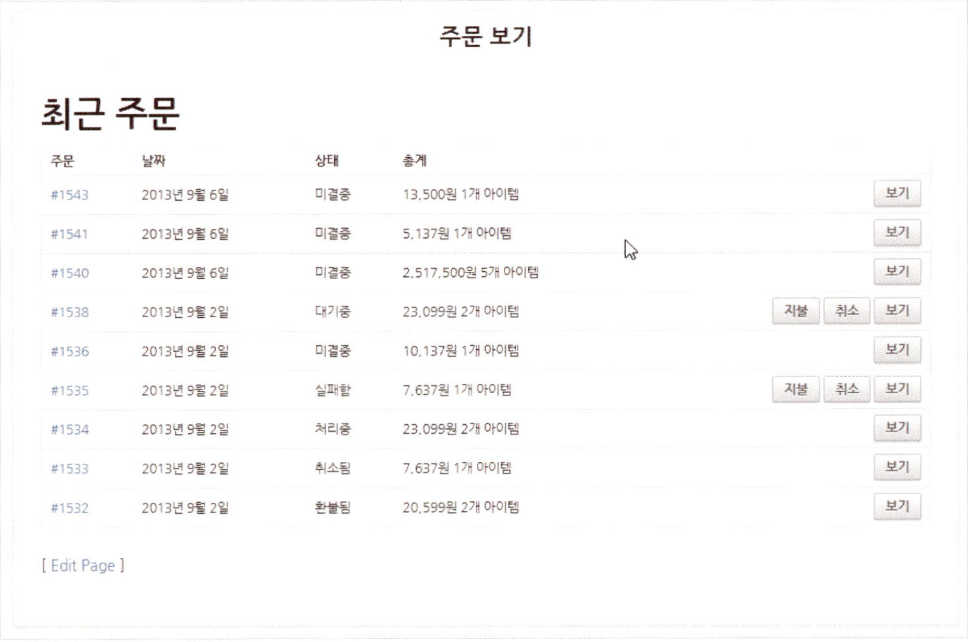

주문	날짜	상태	총계	
#1543	2013년 9월 6일	미결중	13,500원 1개 아이템	보기
#1541	2013년 9월 6일	미결중	5,137원 1개 아이템	보기
#1540	2013년 9월 6일	미결중	2,517,500원 5개 아이템	보기
#1538	2013년 9월 2일	대기중	23,099원 2개 아이템	지불 취소 보기
#1536	2013년 9월 2일	미결중	10,137원 1개 아이템	보기
#1535	2013년 9월 2일	실패함	7,637원 1개 아이템	지불 취소 보기
#1534	2013년 9월 2일	처리중	23,099원 2개 아이템	보기
#1533	2013년 9월 2일	취소됨	7,637원 1개 아이템	보기
#1532	2013년 9월 2일	환불됨	20,599원 2개 아이템	보기

그림 2-64 테이블 코드 적용 결과

이미 주문을 완료한 것이 있는 경우 스트라이프 효과로 인해 한 줄 건너 옅은 회색으로 나오고 마우스를 올리면 다른 색으로 변합니다.

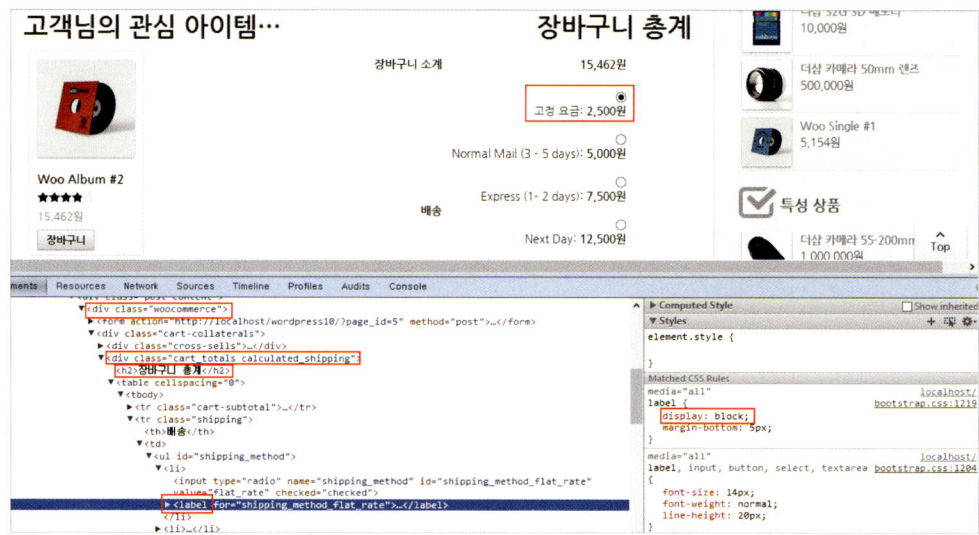

그림 2-65 장바구니 페이지 레이블과 라디오버튼

장바구니 총계 부분을 보면 라디오버튼과 글자가 상하로 배치돼 있는데, 요소 검사를 해보면 부트스트랩에 의해 label이 display:block;으로 설정돼서 그렇다는 사실을 알 수 있습니다. 이를 display:inline;으로 수정합니다. 그리고 글자가 우측으로 배치돼 있는데, div.cart_totals를 클릭하면 text-align:right;로 돼 있습니다. 이를 text-align:left;로 수정합니다.

```
.woocommerce .cart-collaterals .cart_totals, .woocommerce-page .cart-collaterals .cart_
totals { text-align: left; }
.woocommerce label { display:inline; }
.woocommerce h2 { font-size:1.5em; }
```

글자 크기도 상단의 제목 크기로 수정했습니다.

그림 2-66 배송 계산하기 링크

배송 계산하기 링크도 버튼으로 처리해 보겠습니다. 요소 검사를 통해 알아낸 shipping-calculator-button 선택자를 서브라임 텍스트에서 검색해 보면 ipin-child\woocommerce\cart\shipping-calculator.php에 있다고 나옵니다. 이 파일을 서브라임 텍스트에서 수정합니다. 아래 코드와 같이 이번에는 녹색의 큰 버튼으로 수정합니다. 웹 페이지에는 기본 색상의 버튼인 회색과 다른 한 가지 색의 버튼을 사용하는 것이 좋지만 실험을 위해 여러 스타일을 사용해보는 것입니다.

```
<a href="#" class="shipping-calculator-button btn btn-success btn-large">
```

입력상자의 상하 폭이 너무 좁아서 이를 늘립니다. 모바일에서 터치하는 데 지장이 없게 하는 것이죠. 이 부분은 결제 페이지에도 같은 선택자를 사용하고 있으므로 동일하게 적용됩니다.

```
.form-row input, .form-row select { height: 35px; }
```

코드 수정이 완료되면 장바구니 목록 테이블의 '결제로 진행하기' 버튼을 클릭합니다.

02 결제 페이지 수정

LG U+ 결제 플러그인을 설치하고 활성화하면 다음과 같이 간단하게 결제 페이지가 나타납니다.

그림 2-67 한국형 결제 플러그인 적용 시 결제 페이지 주소

원래는 아래 그림의 형태로 나타나는 것을 결제 플러그인에서 수정한 것입니다. 여기서는 이렇게 수정하는 방법을 알아보겠습니다. 참고로 여기서 다루는 내용은 수정하는 방법을 알기 위한 것이므로 결제 플러그인을 사용할 때는 이곳에서 만들어진 코드는 제거하고 플러그인을 활성화해야 충돌이 일어나지 않습니다.

그림 2-68 우커머스의 기본 결제 페이지

결제 페이지에 오면 우측 상단의 '청구주소로 배송하기'의 글자가 작고 체크박스와 공간이 많이 떨어져 있습니다. 그 외에는 별 문제가 없어 보입니다. 이전에 다른 곳에서 설정한 스타일이 이 페이지에도 적용되고 있는 것이죠. 하지만 자세히 살펴보면 이름과 성의 위치가 바뀌어 있고 주소도 서양식으로 돼 있습니다. 더구나 배송주소에는 이메일 주소와 전화번호는 나오지도 않습니다. 주문자가 직접 받는 것이 아닌 경우 받는 사람의 이메일이나 전화번호가 필요할 수도 있는데 말입니다.

또한 주소를 보면 우리나라의 경우 구, 군, 읍 등 여러 가지 세부 주소가 있는데 이 페이지를 보면 그렇지 못합니다. 하나의 입력박스에서 처리하기 위해 위와 같이 번역을 추가해놓기는

했습니다만 코드를 수정하면 얼마든지 입력상자를 추가하고 데이터베이스에 저장할 수 있으며, 관리자 화면의 주문 편집 페이지에도 나타나게 할 수 있습니다.

우선 다음과 같이 '청구주소로 배송하기' 체크박스 부분을 수정합니다.

```css
.woocommerce .checkout #shiptobilling label, .woocommerce-page .checkout #shiptobilling label {font-size: 14px;}
#shiptobilling .checkbox, .form-row-wide .checkbox {padding-left: 0px;}
```

2.1 청구주소 입력상자 순서 변경

결제 페이지의 입력상자의 순서를 변경하려면 아래의 코드를 사용합니다.

```php
add_filter('woocommerce_checkout_fields','reorder_woocommerce_fields');

function reorder_woocommerce_fields($fields) {

  $fields2['billing']['billing_first_name'] = $fields['billing']['billing_first_name'];
  $fields2['billing']['billing_last_name'] = $fields['billing']['billing_last_name'];
  $fields2['billing']['billing_email'] = $fields['billing']['billing_email'];
  $fields2['billing']['billing_phone'] = $fields['billing']['billing_phone'];
  $fields2['billing']['billing_company'] = $fields['billing']['billing_company'];
  $fields2['billing']['billing_address_1'] = $fields['billing']['billing_address_1'];
  $fields2['billing']['billing_address_2'] = $fields['billing']['billing_address_2'];
  $fields2['billing']['billing_city'] = $fields['billing']['billing_city'];
  $fields2['billing']['billing_postcode'] = $fields['billing']['billing_postcode'];
  $fields2['billing']['billing_country'] = $fields['billing']['billing_country'];
  $fields2['billing']['billing_state'] = $fields['billing']['billing_state'];
  $fields2['shipping'] = $fields['shipping'];
  $fields2['account'] = $fields['account'];
  $fields2['order'] = $fields['order'];

  return $fields2;
}
```

그림 2-68의 그림을 보면 국가가 맨 먼저 나오는데 위 코드를 functions.php 파일에 추가하고 저장한 다음 페이지를 새로고침하면 국가가 하단에 배치됩니다. 배송주소는 위 코드에서 $fields2['shipping'] = $fields['shipping'];를 제거하고 바로 위의 billing 부분의 전체 코

드를 복사해서 붙여넣고 billing 부분을 shipping로 수정하면 됩니다. 모두 순서를 변경할 수 있는 것이 아니라 우편번호는 다른 곳으로 이동해도 항상 주(billing_state) 다음에 배치됩니다. 위에서 볼 수 있듯이 우편번호는 국가 위에 있는데도 주 다음에 나타나죠.

우리나라의 이름 형식 대로 만들기 위해 성(billing_last_name)과 이름(billing_first_name)의 위치를 아래처럼 바꾸면 아래의 그림처럼 나타납니다.

```
$fields2['billing']['billing_last_name'] = $fields['billing']['billing_last_name'];
$fields2['billing']['billing_first_name'] = $fields['billing']['billing_first_name'];
```

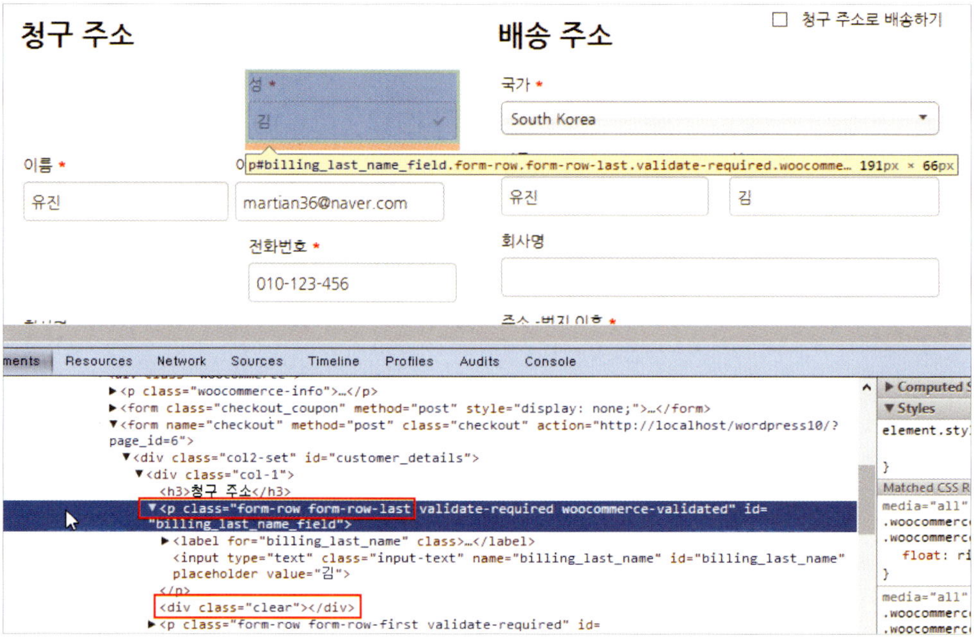

그림 2-69 이름과 성 입력상자의 변경 결과

이것은 p 태그 안에 있는 .form-row-last라는 선택자와 아래에 있는 〈div class="clear"〉〈/div〉 때문에 그렇습니다. 그래서 이 부분도 수정해야 합니다. 코드의 위치를 변경하는 것과 함께 설정 부분도 변경해야 하는 것이죠. 설정 변경은 다음과 같습니다.

```
$fields2['billing']['billing_last_name'] = array(
    'label'       => __('성', 'woocommerce'),
    'placeholder' => _x('성', 'placeholder', 'woocommerce'),
```

```
    'required'    => true,
    'class'       => array('form-row-first'),
    'clear'       => false
    );
$fields2['billing']['billing_first_name'] = array(
    'label'       => __('이름', 'woocommerce'),
    'placeholder' => _x('이름', 'placeholder', 'woocommerce'),
    'required'    => true,
    'class'       => array('form-row-last'),
    'clear'       => true
    );
$fields2['billing']['billing_email'] = $fields['billing']['billing_email'];
```

label은 입력상자 위에 나타나는 글자, placeholder는 입력상자 안에 기본으로 나타나는 글자이고 required는 필수 입력사항인지 결정합니다. class는 p 태그에 추가되는 선택자입니다. .form-row-first는 .form-row와 함께 사용하면서 행에서 앞에 배치되게 하고 .form-row-last는 뒤에 배치되게 합니다. .form-row-wide는 행의 전체 폭을 차지합니다. clear는 뒤에 있는 어떤 요소든 아래로 내려가게 합니다. 성에 .form-row-first가 있으니 앞으로 배치되고 clear가 false이니 뒤에 어떤 요소가 와도 나란히 배치됩니다. 이름은 .form-row-last가 있으니 우측으로 배치되고 clear가 true이니 다른 요소는 밑으로 내려가게 합니다.

2.2 입력상자의 추가

그러면 주소 부분에서 billing_city 하나의 입력상자로 돼 있는 부분을 제거하고 세분화해 보겠습니다. 여기서는 시/도, 구/군, 동, 읍/면으로 4가지 입력상자를 만들겠습니다.

```
$fields2['billing']['billing_company'] = $fields['billing']['billing_company'];
$fields2['billing']['billing_city'] = array(
    'label'       => __('시/도', 'woocommerce'),
    'placeholder' => _x('시/도', 'placeholder', 'woocommerce'),
    'required'    => true,
    'class'       => array('form-row-first'),
    'clear'       => false
    );
$fields2['billing']['billing_district'] = array(
    'label'       => __('구/군', 'woocommerce'),
```

```
    'placeholder'  => _x('구/군', 'placeholder', 'woocommerce'),
    'required'     => true,
    'class'        => array('form-row-last'),
    'clear'        => true
    );
$fields2['billing']['billing_town'] = array(
    'label'        => __('읍', 'woocommerce'),
    'placeholder'  => _x('읍', 'placeholder', 'woocommerce'),
    'required'     => false,
    'class'        => array('form-row-first'),
    'clear'        => false
    );
$fields2['billing']['billing_street'] = array(
    'label'        => __('동/면', 'woocommerce'),
    'placeholder'  => _x('동/면', 'placeholder', 'woocommerce'),
    'required'     => true,
    'class'        => array('form-row-last'),
    'clear'        => true
    );
$fields2['billing']['billing_address_1'] = $fields['billing']['billing_address_1'];
```

billing_company와 billing_address_1 사이에 위 코드와 같이 입력합니다. 읍은 필수가 아닌 항목으로 설정했습니다. 마지막으로 고객이 원하는 배송일자를 추가하겠습니다.

2.3 배송일자 추가

```
$fields2['billing']['billing_state'] = $fields['billing']['billing_state'];
$fields2['billing']['billing_date'] = array(
    'label'        => __('원하는 배송일자', 'woocommerce'),
    'placeholder'  => _x('2013-01-01', 'placeholder', 'woocommerce'),
    'type'         => 'text',
    'required'     => false,
    'class'        => array('form-row-first datepick'),
    'clear'        => true
    );
```

기본으로 2013-01-01이라는 날짜가 나오게 해서 이런 형식으로 입력한다는 것을 보여줍니다. 여기서 'type'=> 'text'와 datepick가 추가됐는데, 이것은 부트스트랩 데이트 피커라는 플러그인을 설치해 입력상자를 클릭하면 달력이 나오고 날짜를 클릭하면 바로 입력되게 하기 위해서입니다. 그러면 이 플러그인을 설치해보겠습니다.

- 부트스트랩 데이터 피커 플러그인: https://github.com/eternicode/bootstrap-datepicker

위 링크로 이동한 후 우측의 사이드바 하단에서 다운로드 버튼을 클릭해 zip 파일을 내려받습니다.

http://eternicode.github.io/bootstrap-datepicker/

위 링크로 가면 자세한 사용법이 나오고 하단에서 실험할 수도 있습니다.

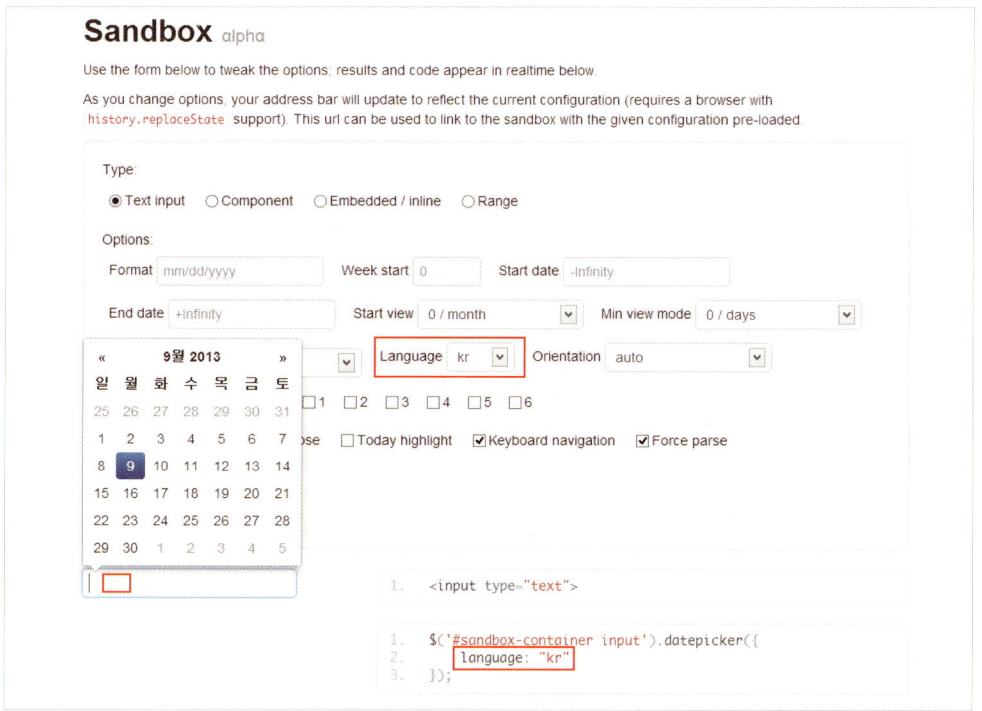

그림 2-70 데이트 피커 테스트

언어를 kr로 선택하고 입력상자를 클릭하면 달력이 한글로 나타납니다.

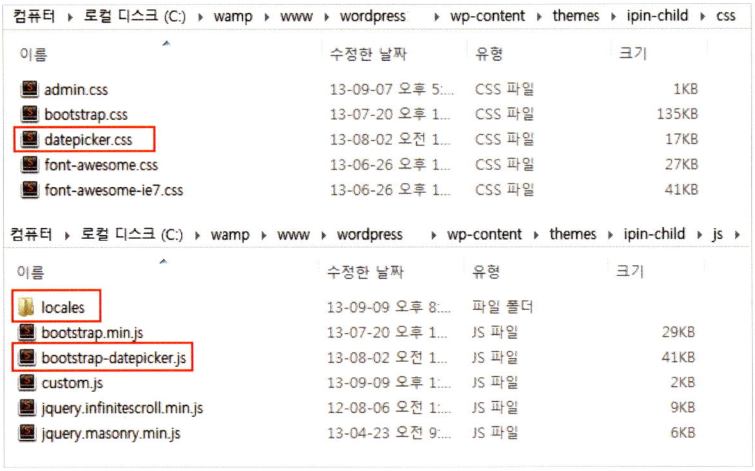

그림 2-71 데이트 피커 파일

압축을 풀고 css 폴더에서 datepicker.css를 복사해 테마의 css 폴더로, js 폴더에서 locales 폴더와 bootstrap-datepicker.js를 복사해 테마의 js 폴더에 붙여넣습니다.

```
wp_register_script('datepicker', get_stylesheet_directory_uri() .'/js/bootstrap-datepicker.js', array('jquery'), null, true);
wp_enqueue_script('datepicker');
wp_register_script('datepicker-locale', get_stylesheet_directory_uri() .'/js/locales/bootstrap-datepicker.kr.js', array('jquery'), null, true);
wp_enqueue_script('datepicker-locale');
wp_register_style('datepicker-style', get_stylesheet_directory_uri() .'/css/datepicker.css');
wp_enqueue_style('datepicker-style');
```

functions.php 파일에서 자바스크립트와 스타일시트를 추가하는 곳(function ipin_scripts_child())에 위와 같이 입력합니다. 참고로 이전에는 자바스크립트를 추가할 때 wp_enqueue_script만 사용했는데 원래는 위와 같이 wp_register_script를 먼저 하고 wp_enqueue_script를 해주는 것이 일반적입니다.

custom.js에는 다음의 코드를 추가합니다.

```
$('.datepick input, .datepicker').datepicker({ format: "yyyy-mm-dd", autoclose: true, language: "kr" });
```

데이터피커 플러그인은 input을 타겟으로 해야 합니다. .datepick 선택자가 input 태그를 감싸는 p 태그에 있으니 위와 같이 input을 추가합니다. .datepicker를 추가한 것은 어떤 입력상자든 이 선택자를 추가하면 이 플러그인에 의해 데이트피커를 사용할 수 있게 됩니다. 날짜 포맷 형식은 mm-dd-yyyy처럼 다르게 설정할 수도 있고 autoclose는 날짜를 선택하고 나면 달력이 자동으로 닫히는 기능을 합니다.

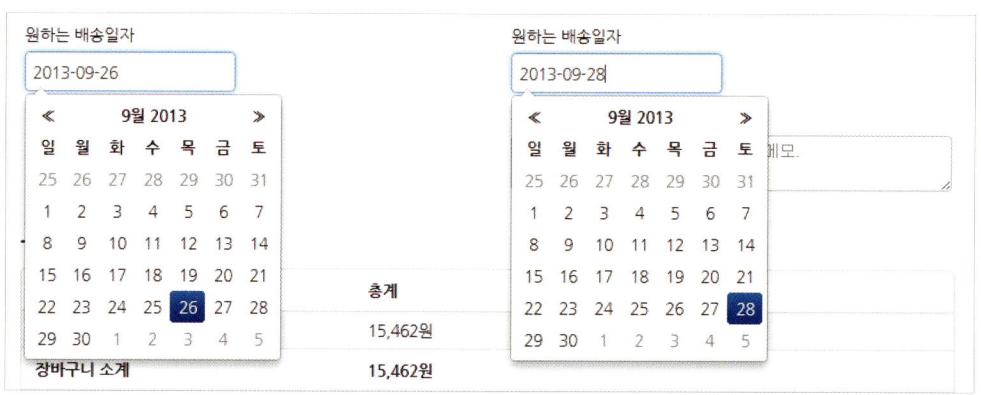

그림 2-72 데이트 피커 적용 결과

2.4 배송주소의 수정

이번에는 배송주소 부분을 수정하면서 전화번호와 이메일 주소까지 나오게 하겠습니다. 청구주소 부분의 코드를 복사해 billing을 shipping으로 수정합니다.

```
//배송주소
$fields2['shipping']['shipping_last_name'] = array(
    'label'       => __('성', 'woocommerce'),
    'placeholder' => _x('성', 'placeholder', 'woocommerce'),
    'required'    => true,
    'class'       => array('form-row-first'),
    'clear'       => false
    );
$fields2['shipping']['shipping_first_name'] = array(
    'label'       => __('이름', 'woocommerce'),
    'placeholder' => _x('이름', 'placeholder', 'woocommerce'),
    'required'    => true,
    'class'       => array('form-row-last'),
```

```php
        'clear'       => true
        );
    $fields2['shipping']['shipping_email'] = array(
        'label'       => __('이메일', 'woocommerce'),
        'placeholder' => _x('이메일', 'placeholder', 'woocommerce'),
        'required'    => true,
        'class'       => array('form-row-first'),
        'clear'       => false
        );
    $fields2['shipping']['shipping_phone'] = array(
        'label'       => __('전화번호', 'woocommerce'),
        'placeholder' => _x('전화번호', 'placeholder', 'woocommerce'),
        'required'    => true,
        'class'       => array('form-row-last'),
        'clear'       => true
        );
    $fields2['shipping']['shipping_company'] = $fields['shipping']['shipping_company'];
    $fields2['shipping']['shipping_city'] = array(
        'label'       => __('시/도', 'woocommerce'),
        'placeholder' => _x('시/도', 'placeholder', 'woocommerce'),
        'required'    => true,
        'class'       => array('form-row-first'),
        'clear'       => false
        );
    $fields2['shipping']['shipping_district'] = array(
        'label'       => __('구/군', 'woocommerce'),
        'placeholder' => _x('구/군', 'placeholder', 'woocommerce'),
        'required'    => true,
        'class'       => array('form-row-last'),
        'clear'       => true
        );
    $fields2['shipping']['shipping_town'] = array(
        'label'       => __('읍', 'woocommerce'),
        'placeholder' => _x('읍', 'placeholder', 'woocommerce'),
        'required'    => false,
        'class'       => array('form-row-first'),
        'clear'       => false
        );
    $fields2['shipping']['shipping_street'] = array(
        'label'       => __('동/면', 'woocommerce'),
        'placeholder' => _x('동/면', 'placeholder', 'woocommerce'),
```

```
    'required'    => true,
    'class'       => array('form-row-last'),
    'clear'       => true
     );
$fields2['shipping']['shipping_address_1'] = $fields['shipping']['shipping_address_1'];
$fields2['shipping']['shipping_address_2'] = $fields['shipping']['shipping_address_2'];
$fields2['shipping']['shipping_postcode'] = $fields['shipping']['shipping_postcode'];
$fields2['shipping']['shipping_country'] = $fields['shipping']['shipping_country'];
$fields2['shipping']['shipping_state'] = $fields['shipping']['shipping_state'];
$fields2['shipping']['shipping_date'] = array(
    'label'       => __('원하는 배송일자', 'woocommerce'),
    'placeholder' => _x('2013-01-01', 'placeholder', 'woocommerce'),
    'type'        => 'text',
    'required'    => false,
    'class'       => array('form-row-first datepick'),
    'clear'       => true
     );
```

배송주소에서 이메일과 전화번호는 원래 없던 것이므로 새로 만들어야 합니다.

2.5 주문 편집 페이지에 주소 불러오기

이렇게 만든 필드에 내용을 입력하고 '주문 확정' 버튼을 클릭하면 주문이 완료되고 데이터베이스에 저장됩니다. 그러면 이러한 새로운 정보를 데이터베이스에서 가져와 주문 편집 페이지에서 보여야 관리자가 알아볼 수 있죠. 이 부분도 설정만 하면 됩니다.

```
function your_custom_field_function_name($order){
    echo "<p><strong>구/군:</strong> " . $order->order_custom_fields['_billing_district'][0] . "</p>";
}

add_action( 'woocommerce_admin_order_data_after_billing_address', 'your_custom_field_function_name', 10, 1 );
```

위 코드와 같이 하나의 필드에 하나씩 설정합니다. 함수 이름과 add_action의 이름이 일치해야 하며, 새롭게 추가된 부분만 설정합니다. 추가되는 부분 전체를 보면 다음과 같습니다.

```
function your_custom_field_function_name($order){
```

```
        echo "<p><strong>구/군:</strong> " . $order->order_custom_fields['_billing_dis-
trict'][0] . "</p>";
}
add_action( 'woocommerce_admin_order_data_after_billing_address', 'your_custom_field_
function_name', 10, 1 );

function your_custom_field_function_name1($order){
    echo "<p><strong>읍:</strong> " . $order->order_custom_fields['_billing_town'][0] .
"</p>";
}
add_action( 'woocommerce_admin_order_data_after_billing_address', 'your_custom_field_
function_name1', 10, 1 );

function your_custom_field_function_name2($order){
    echo "<p><strong>동/면:</strong> " . $order->order_custom_fields['_billing_street']
[0] . "</p>";
}
add_action( 'woocommerce_admin_order_data_after_billing_address', 'your_custom_field_
function_name2', 10, 1 );

function your_custom_field_function_name3($order){
    echo "<p><strong>배송일자:</strong> " . $order->order_custom_fields['_billing_date']
[0] . "</p>";
}
add_action( 'woocommerce_admin_order_data_after_shipping_address', 'your_custom_field_
function_name3', 10, 1 );

function your_custom_field_function_name4($order){
    echo "<p><strong>배송일자:</strong> " . $order->order_custom_fields['_shipping_
date'][0] . "</p>";
}
add_action( 'woocommerce_admin_order_data_after_shipping_address', 'your_custom_field_
function_name4', 10, 1 );

function your_custom_field_function_name5($order){
    echo "<p><strong>이메일:</strong> " . $order->order_custom_fields['_shipping_email']
[0] . "</p>";
}
add_action( 'woocommerce_admin_order_data_after_shipping_address', 'your_custom_field_
```

```php
function_name5', 10, 1 );

function your_custom_field_function_name6($order){
    echo "<p><strong>전화번호:</strong> " . $order->order_custom_fields['_shipping_phone'][0] . "</p>";
}
add_action( 'woocommerce_admin_order_data_after_shipping_address', 'your_custom_field_function_name6', 10, 1 );

function your_custom_field_function_name7($order){
    echo "<p><strong>구/군:</strong> " . $order->order_custom_fields['_shipping_district'][0] . "</p>";
}
add_action( 'woocommerce_admin_order_data_after_shipping_address', 'your_custom_field_function_name7', 10, 1 );

function your_custom_field_function_name8($order){
    echo "<p><strong>읍:</strong> " . $order->order_custom_fields['_shipping_town'][0] . "</p>";
}
add_action( 'woocommerce_admin_order_data_after_shipping_address', 'your_custom_field_function_name8', 10, 1 );

function your_custom_field_function_name9($order){
    echo "<p><strong>동/면:</strong> " . $order->order_custom_fields['_shipping_street'][0] . "</p>";
}
add_action( 'woocommerce_admin_order_data_after_shipping_address', 'your_custom_field_function_name9', 10, 1 );
```

2.6 작업 결과의 확인

이제 실제로 입력해서 주문 확정을 한 다음 주문 편집 페이지에 나타나는지 확인해 보겠습니다.

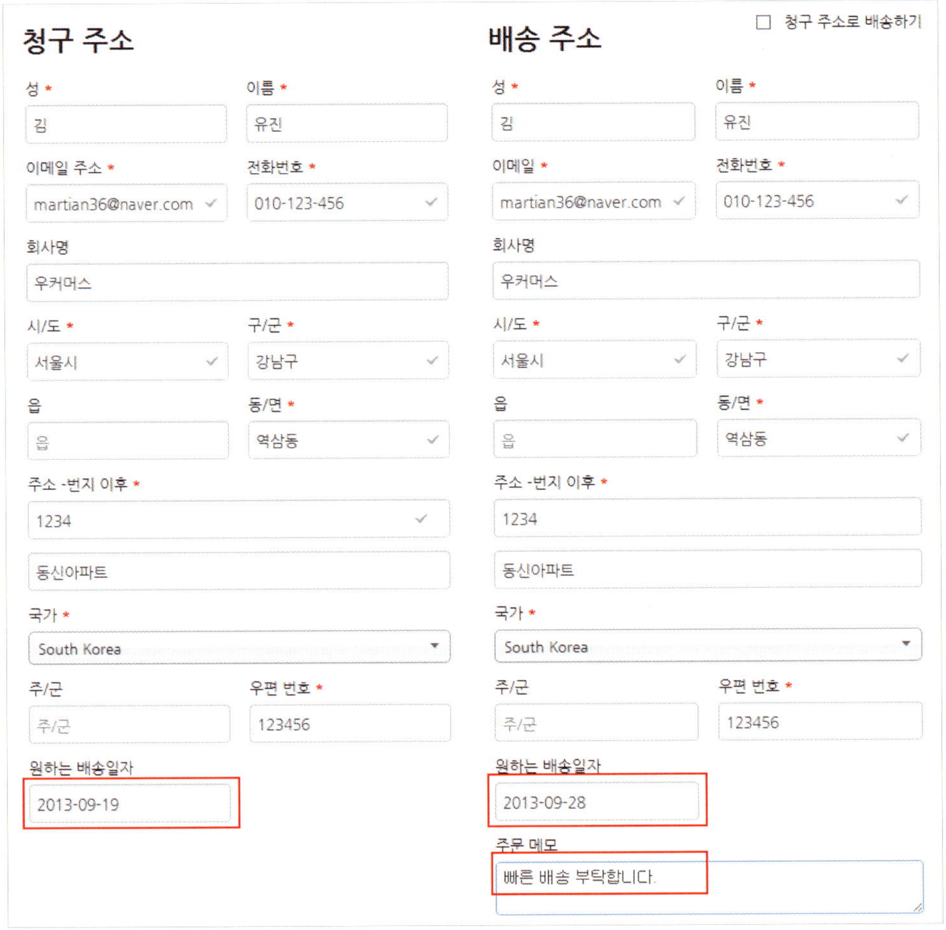

그림 2-73 결제 페이지 주문자 정보 입력

청구주소와 배송주소를 모두 입력했고 '청구주소로 배송하기'에 체크하지 않았습니다. 원하는 배송일자는 두 곳에 다르게 입력했습니다.

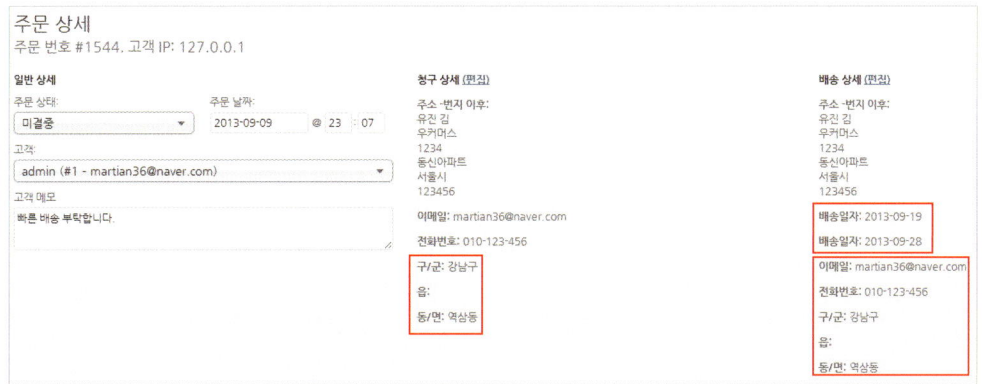

그림 2-74 변경된 정보 출력

주문 편집 페이지에 새로 추가된 필드가 나타납니다. 청구주소에 입력했던 배송일자는 배송 상세에 나타납니다.

그림 2-75 주소 정보의 보존

로그인하고 재구매할 경우 주소가 결제 페이지에 그대로 보존되어 나타납니다.

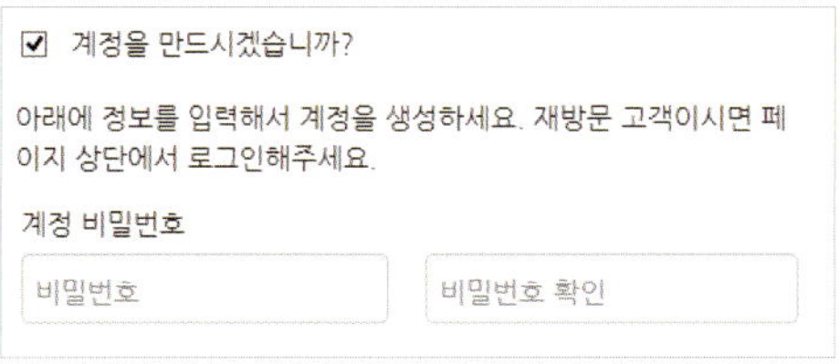

그림 2-76 비회원 계정 생성

05. 장바구니 및 결제 페이지 수정   295

회원가입을 하지 않고 결제하는 고객인 경우 청구주소 하단에 계정을 만들 것인지 메시지와 체크박스가 있고 이를 체크하면 비밀번호 입력란이 나타납니다. 주소 입력 시 이메일이 필수이므로 비밀번호만 입력하면 주문하면서 회원가입이 됩니다. 체크하지 않고 주문하는 경우 우커머스 설정에서 비회원 주문을 허용했을 때 결제가 진행됩니다. 비회원 주문은 주문 편집 페이지에서 주문자가 고객으로 표시되고 이메일을 입력했어도 참고자료로만 사용됩니다.

고객이 배송일자를 지정한 경우 이를 확인하지 못하고 지나칠 수 있으므로 주문 편집 페이지에서 강조해서 나타나게 할 필요가 있습니다. 빨간색으로 표시한다거나 하는 것이죠. 이전에 관리자 페이지를 스타일시트를 통해 테마에서 제어할 수 있었는데, 이번에는 자바스크립트로 제어하는 방법을 알아보겠습니다.

```
add_action('admin_enqueue_scripts','load_admin_custom_script');

function load_admin_custom_script( $hook ){
    wp_enqueue_script( 'admin-custom-script', get_template_directory_uri().'/js/admin-custom-script.js', array('jquery'));
}
```

functions.php 파일에 위와 같이 입력하고 저장합니다. js 폴더에 admin-custom-script.js 파일을 만든 다음 이 파일을 편집기에서 열고 다음과 같이 입력합니다.

```
jQuery(document).ready(function($){
    $('.order_data_column p:contains("배송일자:")').hide();
    $('.order_data_column p:contains("배송일자: 20")').show().css('color', 'red');

});
```

선택자를 특정할 수 없기 때문에 이번에는 다르게 해봤습니다. 위 내용은 p 태그에 '배송일자'라는 단어만 있을 경우, 즉 날짜가 없는 경우는 보이지 않게 합니다. 그런 다음 배송일자에 연도의 첫 두 개의 숫자가 있으면 보이게 하고, 덧붙여 스타일시트로 글자를 빨간색으로 표시합니다. 그러면 이제 다음과 같이 표시됩니다.

그림 2-77 배송 일자에 대한 제이쿼리 코드 적용 결과

날짜가 없는 부분은 나타나지 않고 있는 경우만 빨간색으로 표시됩니다.

03 내 주소 편집 페이지 수정

그림 2-78 편집 링크 수정

메뉴에서 '나의 계정' → '내 주소 편집'을 클릭하면 위와 같은 페이지가 나타납니다. 편집 링크에 버튼을 추가하겠습니다.

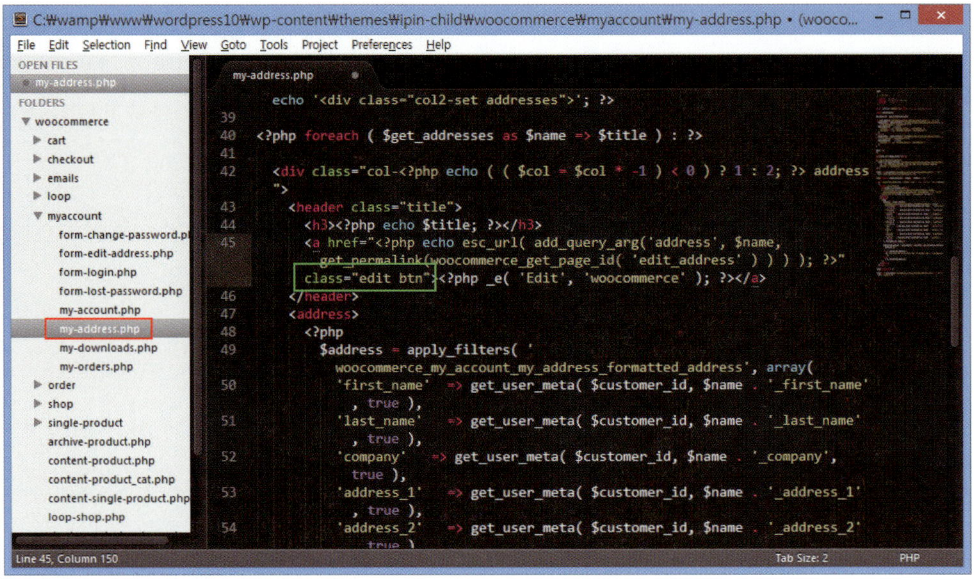

그림 2-79 편집 버튼 추가

템플릿 폴더의 myaccount → my-address.php 파일을 열고 .edit 선택자를 찾아 .btn을 추가하고 저장합니다. 페이지를 새로고침하고 이 버튼을 클릭합니다.

그림 2-80 주소 수정 페이지

이곳은 고객이 입력한 주소를 수정할 수 있는 곳인데, 결제 페이지에서 새로 만든 필드가 전혀 나오지 않습니다. 이곳도 결제 페이지에서 설정한 것처럼 변경해야 합니다. 기본 구조는 다음과 같습니다. 결제 페이지와 비슷하지만 필터 이름에서 checkout 대신 billing과 shipping으로 교체됐고 ['billing']과 ['shipping']이 없습니다.

```php
add_filter( 'woocommerce_billing_fields', 'custom_woocommerce_billing_fields' );

function custom_woocommerce_billing_fields( $fields ) {

    $fields2['billing_first_name'] = $fields['billing_first_name'];
    $fields2['billing_last_name'] = $fields['billing_last_name'];
    $fields2['billing_email'] = $fields['billing_email'];
    $fields2['billing_phone'] = $fields['billing_phone'];
    $fields2['billing_company'] = $fields['billing_company'];
    $fields2['billing_address_1'] = $fields['billing_address_1'];
    $fields2['billing_address_2'] = $fields['billing_address_2'];
    $fields2['billing_city'] = $fields['billing_city'];
    $fields2['billing_postcode'] = $fields['billing_postcode'];
    $fields2['billing_country'] = $fields['billing_country'];
    $fields2['billing_state'] = $fields['billing_state'];

    return $fields2;
}

add_filter( 'woocommerce_shipping_fields', 'custom_woocommerce_shipping_fields' );

function custom_woocommerce_shipping_fields( $fields ) {

    $fields2['shipping_first_name'] = $fields['shipping_first_name'];
    $fields2['shipping_last_name'] = $fields['shipping_last_name'];
    $fields2['shipping_email'] = $fields['shipping_email'];
    $fields2['shipping_phone'] = $fields['shipping_phone'];
    $fields2['shipping_company'] = $fields['shipping_company'];
    $fields2['shipping_address_1'] = $fields['shipping_address_1'];
    $fields2['shipping_address_2'] = $fields['shipping_address_2'];
    $fields2['shipping_city'] = $fields['shipping_city'];
    $fields2['shipping_postcode'] = $fields['shipping_postcode'];
    $fields2['shipping_country'] = $fields['shipping_country'];
    $fields2['shipping_state'] = $fields['shipping_state'];

    return $fields2;
}
```

이곳에도 추가된 주소 부분이 있으므로 수정해서 입력하면 다음과 같습니다. 먼저 청구주소 부분입니다.

```
add_filter( 'woocommerce_billing_fields', 'custom_woocommerce_billing_fields' );

function custom_woocommerce_billing_fields( $fields ) {

    $fields2['billing_last_name']   = array(
        'label'         => __('성', 'woothemes'),
        'placeholder'   => __('성', 'woothemes'),
        'required'      => true,
        'class'         => array('form-row-first')
    );
    $fields2['billing_first_name']  = array(
        'label'         => __('이름', 'woothemes'),
        'placeholder'   => __('이름', 'woothemes'),
        'required'      => true,
        'class'         => array('form-row-last')
    );
    $fields2['billing_email'] = $fields['billing_email'];
    $fields2['billing_phone'] = $fields['billing_phone'];
    $fields2['billing_company'] = $fields['billing_company'];
    $fields2['billing_city']    = array(
        'label'         => __('시/도', 'woothemes'),
        'placeholder'   => __('시/도', 'woothemes'),
        'required'      => true,
        'class'         => array('form-row-first'),
        'clear'         => false
    );
    $fields2['billing_district']    = array(
        'label'         => __('구/군', 'woothemes'),
        'placeholder'   => __('구/군', 'woothemes'),
        'required'      => true,
        'class'         => array('form-row-last'),
        'clear'         => true
    );
    $fields2['billing_town']    = array(
        'label'         => __('읍', 'woothemes'),
        'placeholder'   => __('읍', 'woothemes'),
        'required'      => false,
        'class'         => array('form-row-first'),
```

```
        'clear'              => false
    );
    $fields2['billing_street']    = array(
        'label'              => __('동/면', 'woothemes'),
        'placeholder'        => __('동/면', 'woothemes'),
        'required'           => true,
        'class'              => array('form-row-last'),
        'clear'              => true
    );
    $fields2['billing_address_1'] = $fields['billing_address_1'];
    $fields2['billing_address_2'] = $fields['billing_address_2'];
$fields2['billing_country'] = $fields['billing_country'];
    $fields2['billing_state'] = $fields['billing_state'];
    $fields2['billing_postcode'] = $fields['billing_postcode'];

    return $fields2;
}
```

다음으로 배송주소 부분입니다.

```
add_filter( 'woocommerce_shipping_fields', 'custom_woocommerce_shipping_fields' );

function custom_woocommerce_shipping_fields( $fields ) {

    $fields2['shipping_last_name']  = array(
        'label'              => __('성', 'woothemes'),
        'placeholder'        => __('성', 'woothemes'),
        'required'           => true,
        'class'              => array('form-row-first')
    );
    $fields2['shipping_first_name'] = array(
        'label'              => __('이름', 'woothemes'),
        'placeholder'        => __('이름', 'woothemes'),
        'required'           => true,
        'class'              => array('form-row-last')
    );
    $fields['shipping_email']  = array(
        'label'              => __('이메일', 'woothemes'),
        'placeholder'        => __('이메일', 'woothemes'),
        'required'           => true,
        'class'              => array('form-row-first'),
```

```php
    );
    $fields['shipping_phone'] = array(
        'label'         => __('전화번호', 'woothemes'),
        'placeholder'   => __('전화번호', 'woothemes'),
        'required'      => true,
        'class'         => array('form-row-last'),
        'clear'         => true
    );
    $fields2['shipping_company'] = $fields['shipping_company'];
    $fields2['shipping_city'] = array(
        'label'         => __('시/도', 'woothemes'),
        'placeholder'   => __('시/도', 'woothemes'),
        'required'      => true,
        'class'         => array('form-row-first'),
        'clear'         => false
    );
    $fields2['shipping_district'] = array(
        'label'         => __('구/군', 'woothemes'),
        'placeholder'   => __('구/군', 'woothemes'),
        'required'      => true,
        'class'         => array('form-row-last'),
        'clear'         => true
    );
    $fields2['shipping_town'] = array(
        'label'         => __('읍', 'woothemes'),
        'placeholder'   => __('읍', 'woothemes'),
        'required'      => false,
        'class'         => array('form-row-first'),
        'clear'         => false
    );
    $fields2['shipping_street'] = array(
        'label'         => __('동/면', 'woothemes'),
        'placeholder'   => __('동/면', 'woothemes'),
        'required'      => true,
        'class'         => array('form-row-last'),
        'clear'         => true
    );
    $fields2['shipping_address_1'] = $fields['shipping_address_1'];
    $fields2['shipping_address_2'] = $fields['shipping_address_2'];
    $fields2['shipping_country'] = $fields['shipping_country'];
    $fields2['shipping_state'] = $fields['shipping_state'];
```

```
    $fields2['shipping_postcode'] = $fields['shipping_postcode'];

    return $fields2;
}
```

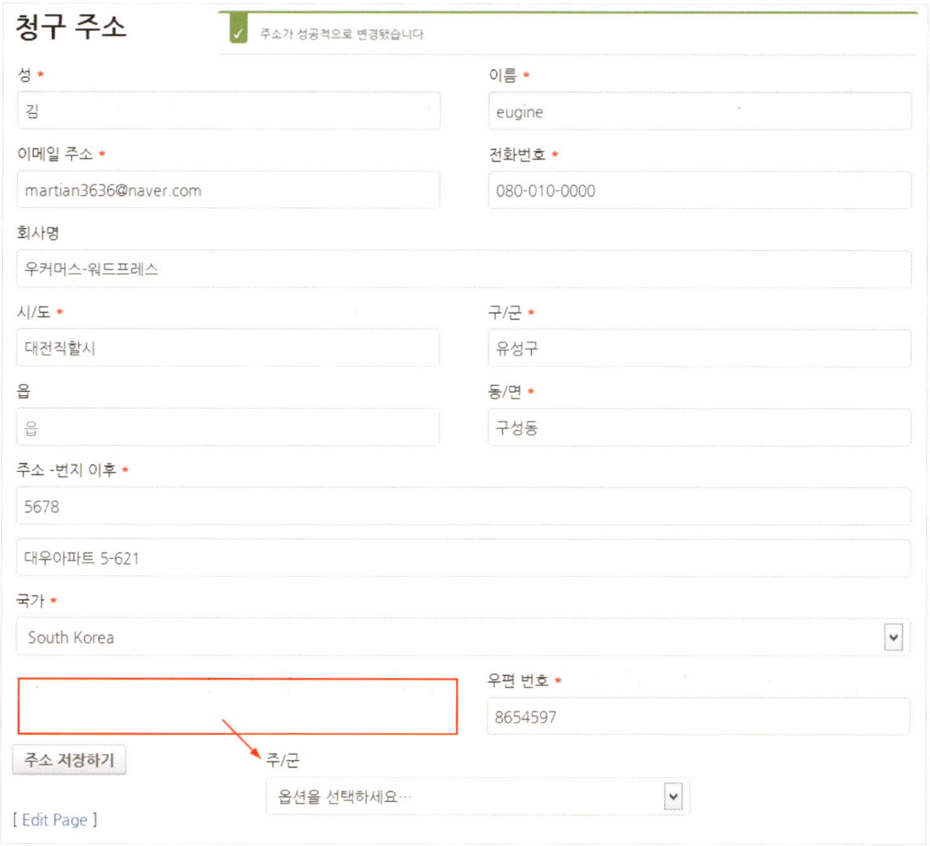

그림 2-81 주소 수정 페이지를 변경한 결과

항상 실험해 보는 습관을 들여야 합니다. 청구주소 화면에서 주소를 다르게 입력하고 '저장' 버튼을 클릭하면 나의 계정 페이지가 나오면서 상단에 주소 변경이 성공했다는 메시지가 나타납니다. 다시 청구주소 변경 페이지로 돌아오면 변경된 주소가 나타납니다. 우편번호 좌측의 공란은 국가에서 주(States)가 있는 나라를 선택한 경우 해당 주를 선택하기 위한 선택박스가 나타나는 곳입니다. 배송주소도 실험해보세요.

04 결제 플러그인 사용 시 수정하기

WooCommerce_PG_Plugin_LG 결제 플러그인을 사용하면서 수정할 부분을 알아보겠습니다. 이 부분은 웹 호스트에서 활성화한 상태에서 수정해야 하므로 앱타나 스튜디오를 열고 서버와 연결한 다음 작업합니다.

그림 2-82 우편번호 페이지 단축 코드 제거

우선 우편번호 페이지에서 단축 코드를 제거하고 업데이트 버튼을 클릭합니다.

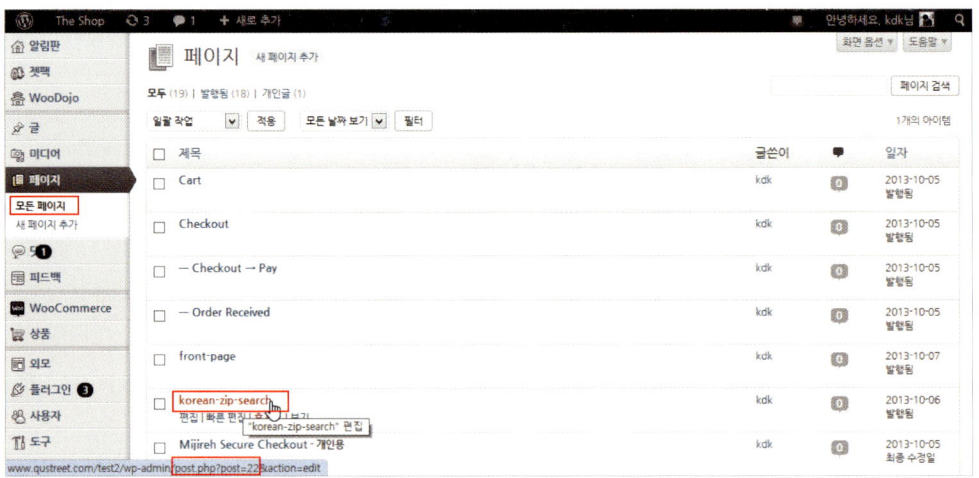

그림 2-83 우편번호 페이지 아이디 검색

모든 페이지에서 페이지 제목에 마우스를 올리면 좌측 하단에 페이지 아이디가 나타납니다. 여기서는 22입니다. 그러면 테마 폴더에 page-22.php 파일을 만들고 이곳에 기본적인 html 페이지 코드와 단축 코드를 추가하면 됩니다.

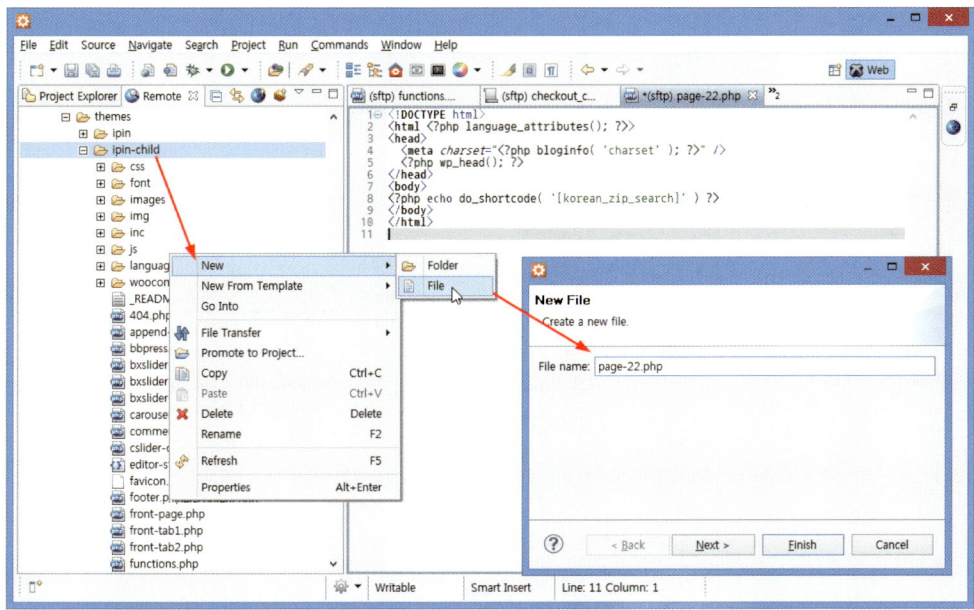

그림 2-84 우편번호 페이지 만들기

ipin-child 폴더를 대상으로 마우스 오른쪽 버튼을 클릭해서 New → File을 선택하고 page-22.php를 입력한 다음 Finish 버튼을 클릭합니다. 파일이 열리면 아래의 코드를 추가합니다.

```
<!DOCTYPE html>
<html <?php language_attributes(); ?>>
<head>
    <meta charset="<?php bloginfo( 'charset' ); ?>" />
    <meta name="viewport" content="width=device-width, initial-scale=1.0">
    <?php wp_head(); ?>
</head>
<body <?php body_class(); ?>>
    <div class="container">
        <?php echo do_shortcode( '[korean_zip_search]' ) ?>
    </div>
```

```
</body>
</html>
```

〈head〉 태그 내부의 세 가지 코드는 필수입니다. 특히 〈?php wp_head(); ?〉는 각종 스타일시트와 자바스크립트를 가져오는 부분이므로 이것이 없으면 레이아웃이 만들어지지 않습니다. body 태그 내부는 단축 코드를 가져오는 코드입니다. 〈meta name="viewport"~~〉 부분이 빠지면 글자가 작게 나타나서 화면을 확대해야 하는 불편이 있습니다.

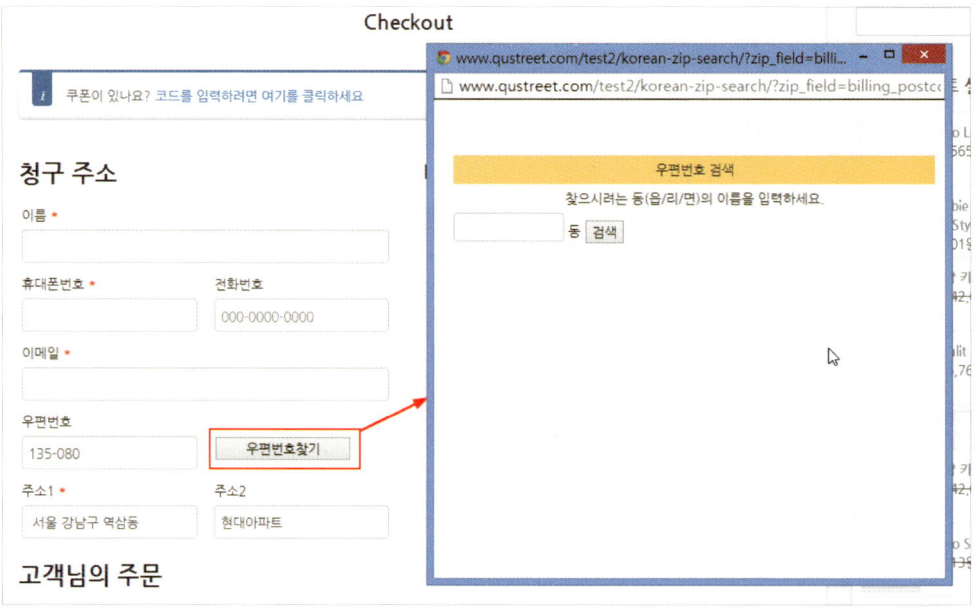

그림 2-85 우편번호 페이지를 수정한 결과

'우편번호찾기' 버튼을 클릭하면 이제 원하는 부분만 나타납니다. 이번에는 버튼을 부트스트랩 버튼으로 수정하고 레이아웃을 변경해보겠습니다.

wp-content/plugins/wc-paymant-korean-lg_v1.0/assets/js 폴더에서 address_custom.js 파일을 열고 8번째 줄과 20번째 줄에서 아래와 같이 코드를 수정합니다.

```
<button id ="postcode_button" class="btn btn-success" value="우편번호찾기"
style="width:105px;margin-right:250px" '+
```

청구주소 부분과 배송주소 부분 두 곳입니다. 다음으로 우편번호 페이지입니다. wp-content/plugins/wc-paymant-korean-lg_v1.0 폴더에서 functions.korean_zip_search.php 파일을 열고 72번째 줄 이후에 다음과 같이 코드를 수정합니다.

```html
<td style="padding-top:10px;">
<input name="query" type="text" id="txtSearch" size="10" style="width:100px;margin-bottom:0;" maxlength="20" value="<?=$query?>"/>
   동
  <input type="submit" name="button" class="btn btn-success" id="button" alt="검색" value="검색" style = "cursor:pointer;cursor:hand;"/>
</td>
```

플러그인 설치 가이드 PDF를 보면 아래 폴더에서 review_order.php 파일을 복사해 테마 폴더의 woocommerce/checkout 폴더에 붙여넣게 돼 있습니다. 이 파일을 열고 table 태그에 부트스트랩 선택자를 추가합니다.

```
wp-content/plugins/wc-paymant-korean-lg_v1.0/assets/woocommerce/checkout
<table class="shop_table table table-striped table-hover">
```

table 태그는 18번째 줄과 51번째 줄에 있습니다. 두 곳에 모두 추가합니다. 246번째 줄에서 다음처럼 패딩을 추가하는 부트스트랩 선택자를 추가합니다.

```html
<div id="payment" class="well well-small">
```

299번째 줄에서 다음과 같이 영문을 한글로 수정합니다.

```php
<label for="terms" class="checkbox"><?php _e('본인은 다음을 읽고 수락합니다:', 'kinetico'); ?> <a href="<?php echo esc_url( get_permalink(woocommerce_get_page_id('terms')) ); ?>" target="_blank"><?php _e('이용약관', 'kinetico'); ?></a></label>
```

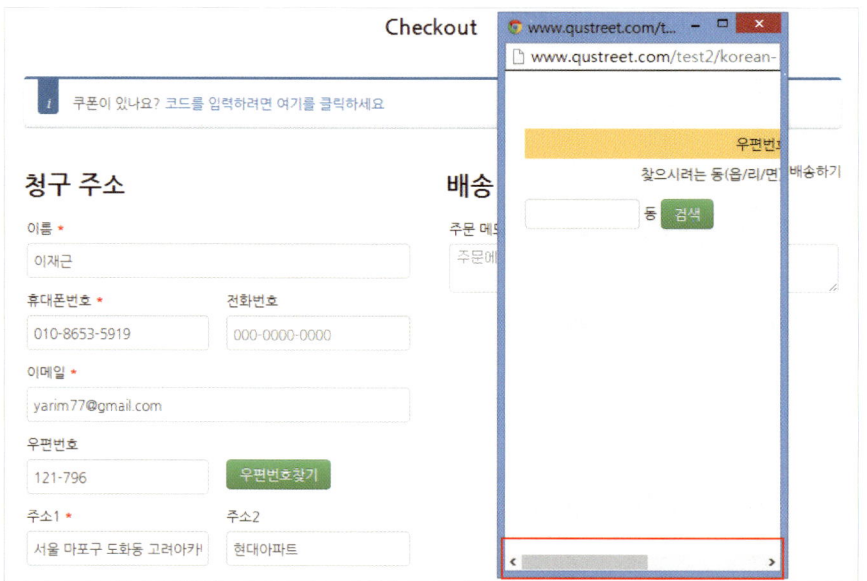

그림 2-86 결제 페이지를 수정한 결과

여기까지 진행하고 결제 페이지를 새로고침한 다음 확인합니다.

그림 2-87 우편번호 페이지를 수정하기 전 모습

'우편번호찾기' 버튼을 클릭하고 팝업창을 줄여보면 하단에 스크롤바가 나타나고 콘텐츠의 폭은 줄어들지 않습니다. 보다시피 반응형 디자인이 지원되지 않고 있는데, 이는 플러그인에서 폼의 요소의 폭이 픽셀로 정해져 있기 때문입니다. 이를 모두 퍼센트로 변경해야 합니다. 팝업 창의 폼은 functions.korean_zip_search.php에서 관리되고 있으므로 이 파일을 편집기에서 연 다음, 폭의 수치가 픽셀로 된 것은 모두 퍼센트로 바꿉니다.

```html
<table width="100%" border="0" cellspacing="0" cellpadding="0"> // 62번째 줄
<div width="100%"> // 85번째 줄
<table width="100%" border="0" cellspacing="1" cellpadding="1" bordercolordark="#CCCCCC" bordercolorlight="#FFFFFF"> // 96번째 줄
    <tr>
      <td width="20%" height="20" align="center"></td>
      <td width="80%" height="20" align="center"></td>
    </tr>
    <tr>
        <td width="20%" height="20" align="center" bgcolor="#e3e3e3">우편번호</td>
        <td width="80%" height="20" align="center" bgcolor="#e3e3e3">주소</td>
    </tr>
```

위 코드를 제외한 다른 부분의 폭은 변경하지 않아도 됩니다.

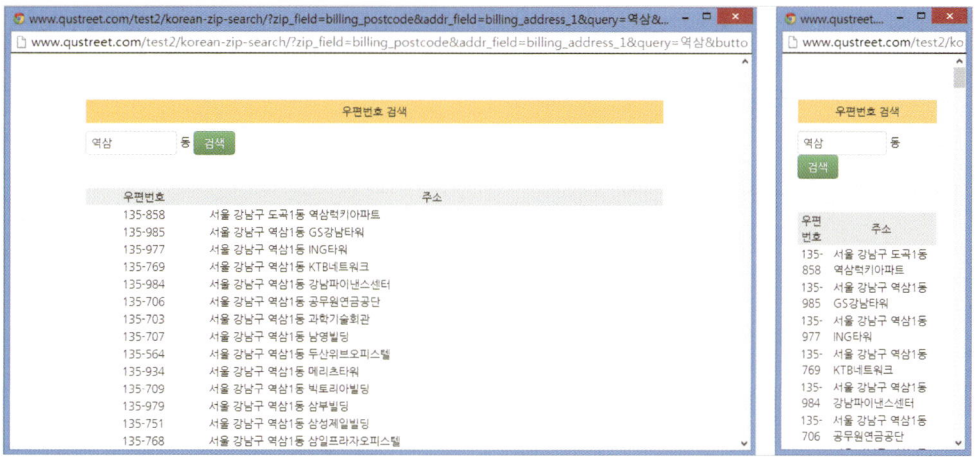

그림 2-88 우편번호 페이지를 수정한 결과 결과

팝업 창의 폭을 조절하면 레이아웃이 유연하게 바뀝니다. 스마트폰에서는 팝업 창 형태로 보이지는 않고 새로운 페이지로 나타나며, 주소를 선택하면 위의 창이 사라지면서 결제 페이지에 주소와 우편번호가 입력됩니다.

여기까지 하면 상점과 관련된 페이지 수정은 모두 마쳤습니다. 다음으로는 블로그 페이지 수정에 대해 알아보겠습니다.

블로그 페이지 수정 06

쇼핑몰이라고 해서 블로그를 전혀 운영하지 않을 수도 있지만 블로그를 동시에 운영하는 것이 좋습니다. 검색 엔진은 블로그 글을 다른 글보다 우선시하기 때문에 상점에 블로그 글이 있으면 검색엔진에도 노출되므로 고객 유입 효과가 큽니다. 다만 글을 주기적으로 올려줘야 검색엔진이 무시하지 않습니다. 요즘 어떤 기업이든 블로그를 만들어 운영하려고 하는 이유도 바로 그런 이유에서입니다.

01 더미 콘텐츠 플러그인 사용하기

지금은 블로그에 아무런 글도 없으므로 실험할 수가 없는 상태입니다. 백여 개 정도의 글이 필요하므로 이번에는 글을 자동으로 생성해주는 플러그인을 설치하고 사용법을 알아보겠습니다.

설치된 플러그인 화면에서 Oomph Dummy Content를 활성화합니다.

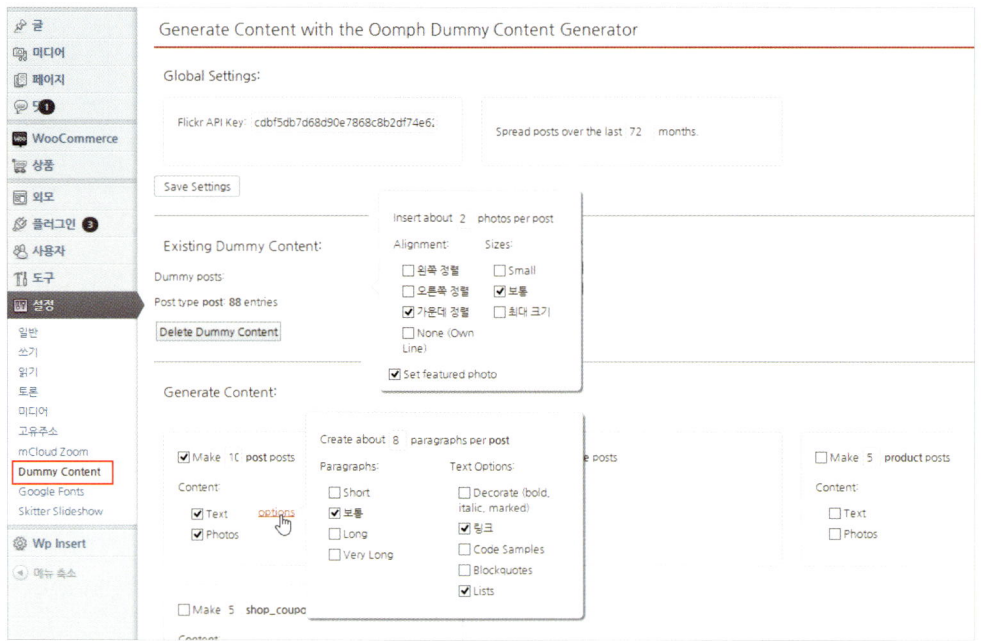

그림 2-89 더미 콘텐츠 추가하기

'설정' → 'Dummy Content'를 선택하면 설정 화면이 나타납니다. 플리커 API 키가 있으면 자신의 플리커 계정에서 이미지를 가져올 수 있다고 합니다. 사용하고 난 후 Delete 버튼을 클릭하면 생성한 글을 지울 수도 있습니다.

글 설정 부분에서 100을 입력하고 텍스트 옵션을 클릭해 몇 가지 옵션에 체크하고 포토에서 옵션을 클릭해 특성 이미지 설정을 합니다. 그러고 나서 하단의 Make it happen! 버튼을 클릭하고 기다리면 완료됩니다.

댓글도 있어야 하니 워드프레스 가져오기 기능을 이용해 첨부 파일에서 webdesign.wordpress.2012-10-21.xml을 업로드한 후 가져오기를 실행합니다.

그런 다음 '페이지' → '새로 추가하기'에서 '블로그'라는 이름의 새 페이지를 만들고 공개하기 버튼을 클릭합니다.

그림 2-90 블로그 페이지 만들기

'설정' → '읽기'에서 '글 페이지'를 '블로그'로 선택하고 '변경 사항 저장' 버튼을 클릭합니다. 그런 다음 '외모' → '메뉴'로 가서 블로그 페이지를 메뉴로 등록합니다.

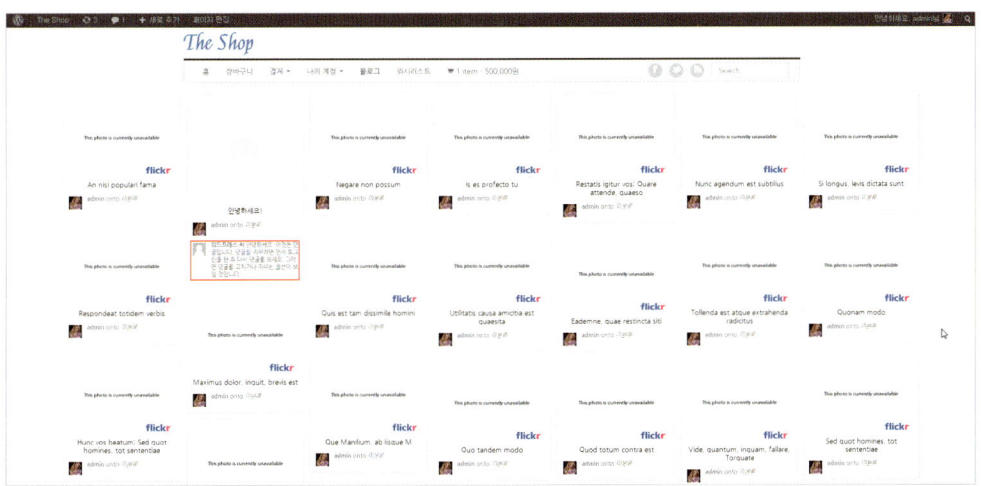

그림 2-91 블로그 페이지를 수정하기 전 모습

06. 블로그 페이지 수정

사이트 전면에서 블로그 메뉴를 클릭하면 위와 같이 나타납니다. 핀터레스트 사이트처럼 넓은 화면을 사용하는 것이 ipin 테마입니다. 그리고 댓글이 길게 나오는데 지은이 썸네일 이미지 높이만큼 나오게 할 것입니다. 그리고 하단으로 내리면 댓글이 여러 개 나타나는데, 한두 개 정도만 나오는 것이 좋겠습니다.

02 댓글 수 변경

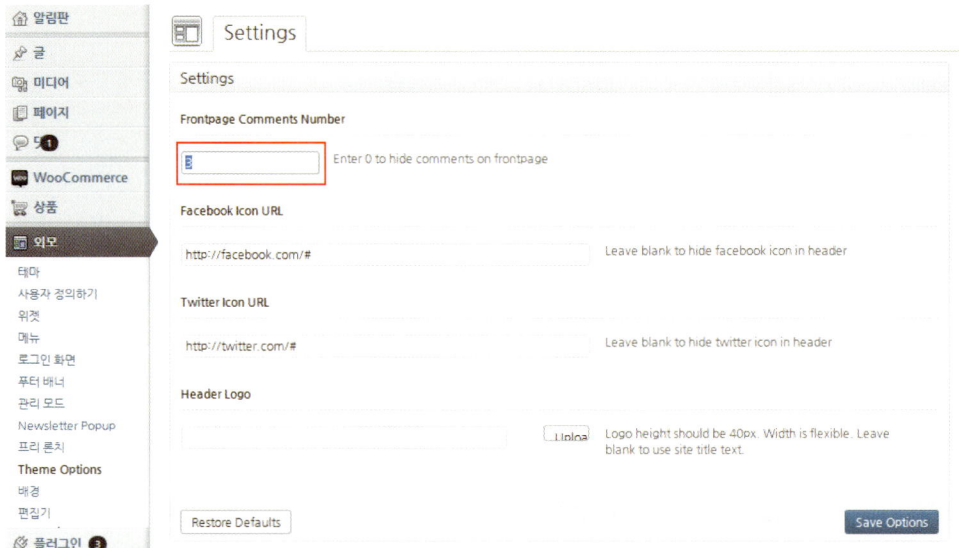

그림 2-92 테마 옵션

먼저 댓글의 수는 테마 옵션에 보면 ipin 테마를 설정하는 부분에 있습니다. 1로 입력하고 저장합니다. 헤더 로고를 업로드하는 기능도 여기에 있습니다. 메뉴바의 소셜 아이콘을 제거하려면 위에서 빈칸으로 만들면 됩니다.

```
<div class="container-fluid">
```

테마의 index.php 파일을 열고 상단에서 -fluid를 제거하면 블로그 글 상자가 레이아웃 범위 내로 들어옵니다.

functions.php 파일을 열고 다음 코드를 추가합니다.

```php
function my_get_comment_excerpt($comment_ID = 0, $num_words = 20) {
    $comment = get_comment( $comment_ID );
    $comment_text = strip_tags($comment->comment_content);
    $blah = explode(' ', $comment_text);
    if (count($blah) > $num_words) {
        $k = $num_words;
        $use_dotdotdot = 1;
    } else {
        $k = count($blah);
        $use_dotdotdot = 0;
    }
    $excerpt = '';
    for ($i=0; $i<$k; $i++) {
        $excerpt .= $blah[$i] . ' ';
    }
    $excerpt .= ($use_dotdotdot) ? '...' : '';
    return apply_filters('get_comment_excerpt', $excerpt);
}
```

댓글의 단어가 20개가 넘으면 잘라내고 . . .을 추가하는 필터입니다. 다시 index.php 파일의 댓글 설정 부분에서 빨간색 부분을 제거하고 <?php echo my_get_comment_excerpt($c->comment_ID, 10) ?>를 입력하고 저장합니다. 위에서 20으로 설정했더라도 이 코드에서 단어 수를 재설정할 수 있습니다.

```php
<div class="masonry-meta">
    <?php if ($show_avatars == '1') { ?>
    <div class="masonry-meta-avatar"><?php echo get_avatar( $comment->comment_author_email , '30'); ?></div>
    <div class="masonry-meta-comment">
    <?php } ?>
        <span class="masonry-meta-author"><?php echo $comment->comment_author; ?></span>
        <?php echo $comment->comment_content; ?>
    <?php if ($show_avatars == '1') { ?>
    </div>
    <?php } ?>
</div>
```

그림 2-93 블로그 댓글을 수정한 결과

이제 댓글은 하나만 나타나고 길이는 줄었습니다. 위에서 글 하나를 클릭해서 들어가면 3단의 레이아웃으로 돼 있습니다. 좌측 사이드바를 제거하겠습니다.

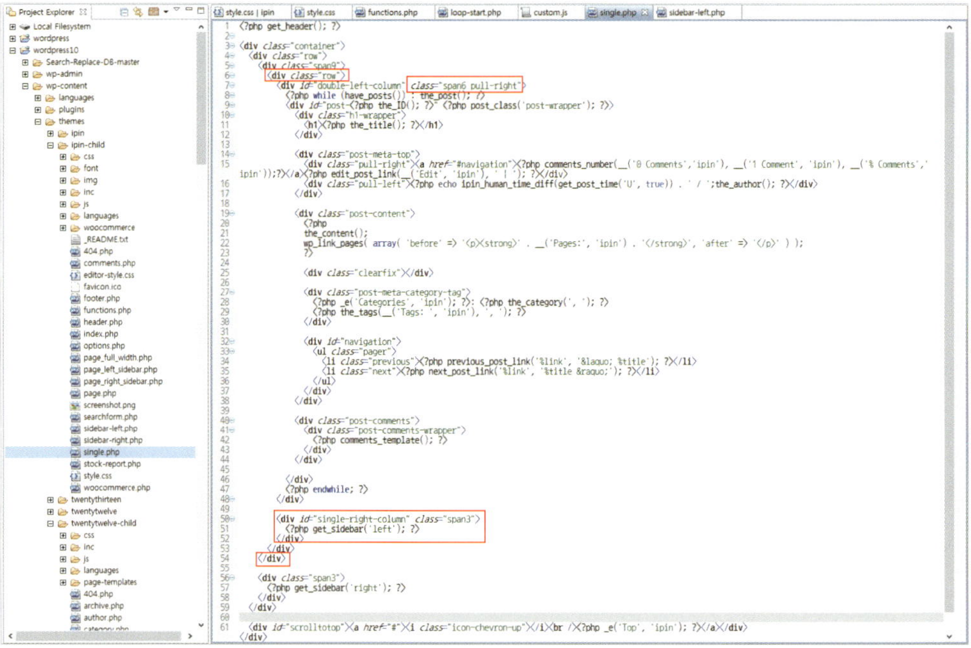

그림 2-94 블로그 싱글 페이지 수정

single.php 파일을 열고 빨간색으로 표시된 부분을 제거하고 저장한 다음 새로고침하면 됩니다.

# 초기 화면 만들기 07

01 front-page.php 파일 만들기

워드프레스의 템플릿 계층 구조에 의해 테마 폴더에 front-page.php 파일이 있으면 다른 설정이 없어도 초기 화면으로 인식합니다. 이 페이지는 간단한 구조가 되겠지만 get_template_part()를 이용해 테마에서 만든 템플릿을 가져오거나 dynamic_sidebar()를 이용해 사이드바를 가져와 출력하게 됩니다. 사이드바는 반드시 사이드바에만 있는 것이 아니라 푸터나 헤더에도 배치할 수 있으며, 위젯 화면에서 플러그인을 만들어 자유롭게 배치할 수 있습니다.

테마 폴더에 front-page.php 파일을 만들고 관리자 화면의 '페이지' → '새 페이지 추가하기'에서 제목을 front-page로 지정하고 저장합니다. '설정' → '읽기'에서 전면 페이지를 front-page로 선택한 다음 저장합니다. 상품 전체를 볼 수 있는 상점 페이지가 전면 페이지에서 사라졌으니 '외모' → '메뉴'로 가서 페이지 메타박스의 모두보기 탭을 선택한 다음 상점 페이지를 메인메뉴에 등록하고 홈 메뉴 아래로 이동합니다.

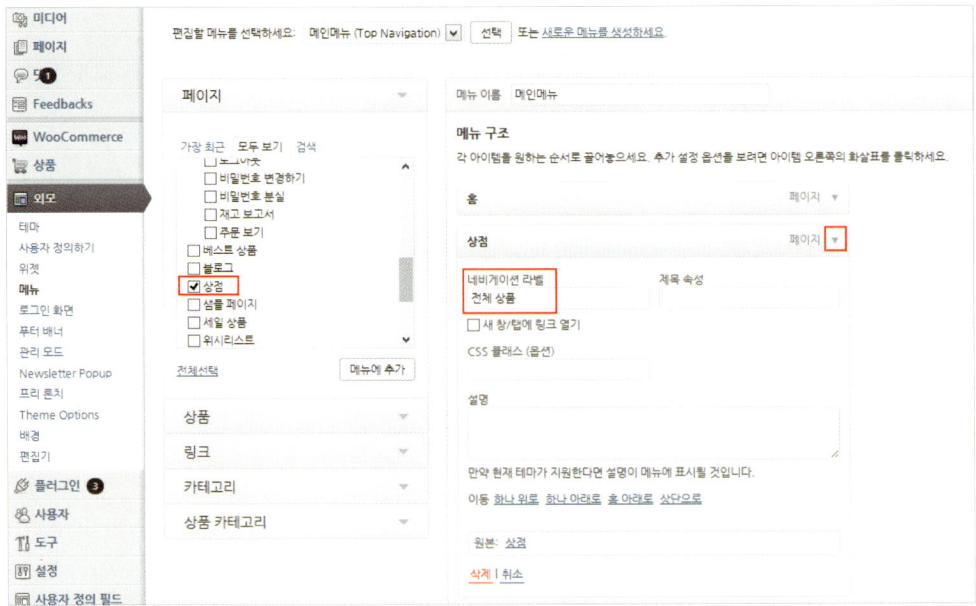

그림 2-95 상점 페이지 만들기

상점이라는 용어가 어색하므로 상점 메뉴를 확장하고 '전체 상품'으로 수정한 다음 저장합니다.

편집기에 front-page.php 파일을 열고 다음의 코드를 입력합니다.

```
<?php get_header(); ?>
<div class="slider">

</div>
<div class="container">
    <div class="row">
        <div class="span9">

        </div>
        <div class="span3 front-sidebar">

        </div>
    </div>
    <div class="row">
        <div class="span12 footer-widget">
```

```
            </div>
        </div>
</div>

<?php get_footer(); ?>
```

사이드에서 확인하면 콘텐츠의 내용이 없어서 헤더의 메뉴와 푸터만 나타납니다. 우선 .slider에 다이내믹 콘텐츠 슬라이더를 추가해보겠습니다. 다이내믹 콘텐츠 슬라이더란 슬라이더에 나타나는 내용이 단순한 글자와 이미지가 있는 것이 아니라 카테고리로 설정된 상품의 내용 중 일부를 가져와 자동으로 출력하게 하는 것입니다. 이렇게 하면 슬라이더를 수정하지 않아도 카테고리에 상품이 추가되거나 특정 상품을 슬라이더에 포함시키고자 하면 상품에 카테고리만 설정하면 되는 것입니다. 이러한 콘텐츠 슬라이더는 대부분이 유료입니다. 직접 만들어 보는 것도 재미있는 일입니다.

02 패럴랙스 콘텐츠 슬라이더 사용하기

2.1 플러그인 설치

콘텐츠 슬라이더를 사용하려면 우선 제이쿼리 플러그인으로 만들어진 콘텐츠 슬라이더가 필요합니다. 많지는 않지만 검색해보니 적당한 디자인으로 된 것이 몇 개 있더군요. 이 가운데 몇 가지를 사용해 헤더 영역, 콘텐츠 영역, 사이드바, 푸터 등에 만들어서 배치하겠습니다. 또한 이렇게 만든 슬라이더를 워드프레스 플러그인 및 위젯으로 만들어 원하는 곳에 손쉽게 배치해서 사용하고 카테고리도 선택할 수 있을 테지만 다른 옵션 설정은 책의 범위를 벗어나니 쉽게 사용할 수 있는 범위 내에서만 진행하겠습니다.

- http://tympanus.net/codrops/Twenty Twelve/03/15/parallax-content-slider-with-css3-and-jquery/
- http://tympanus.net/codrops/2011/08/16/circular-content-carousel/

위 링크로 가면 콘텐츠 슬라이더가 있습니다. 첫 번째 패럴랙스 슬라이더는 요소의 움직임이 서로 달라서 입체효과를 주는 것을 말합니다. 우선 파일을 내려받아 압축을 풀고 플러그인을 설치합니다.

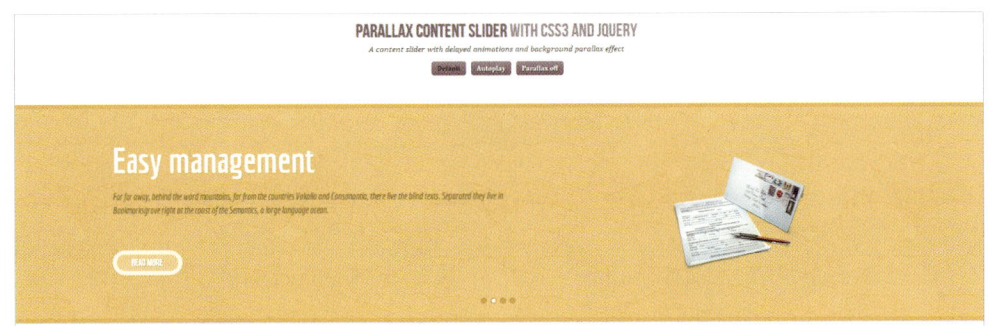

그림 2-96 패럴랙스 슬라이더

이 플러그인은 워드프레스 플러그인(WP Parallax Content Slider)으로 만들어져 있는 것이 있지만 글 카테고리만 가능하고 상품 카테고리는 출력되지 않습니다. 그래서 상품의 카테고리가 나타나도록 새로 만들어야 합니다.

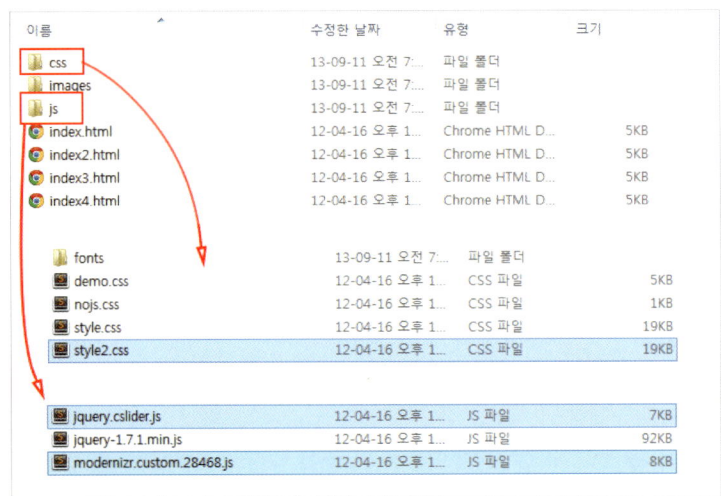

그림 2-97 패럴랙스 슬라이더 파일

css 폴더에서 style2.css 파일을 복사해 ipin-child 테마의 css로 붙여넣고 이름을 cslider-style2.css로 변경합니다. images 폴더는 그대로 복사해서 ipin-child 테마에 붙여넣습니다. js 폴더에서 두 개의 자바스크립트를 복사해 ipin-child의 js 폴더에 붙여넣습니다.

```
wp_register_script('cslider', get_stylesheet_directory_uri().'/js/jquery.cslider.js',
array('jquery'), null, true);
wp_enqueue_script('cslider');
wp_register_style('cslider-style', get_stylesheet_directory_uri().'/css/cslider-style2.
css');
wp_enqueue_style('cslider-style');
wp_register_script('modernizr', get_stylesheet_directory_uri().'/js/modernizr.
custom.28468.js', array('jquery'), null, true);
wp_enqueue_script('modernizr');
wp_enqueue_style('ipin-child', get_stylesheet_directory_uri() . '/style.css',
array('woocommerce_frontend_styles') );
```

functions.php 파일에 스타일시트와 자바스크립트를 등록합니다. 스타일시트는 항상 테마 스타일시트(style.css)보다 이전에 삽입합니다.

index.html 파일을 편집기에서 열고 다음의 코드 부분을 찾아서 복사합니다. ipin-child 테마에 cslider-content.php로 새로운 파일을 만들고 이 파일을 편집기에서 열고 아래의 복사한 코드를 붙여넣은 다음 각 img 태그의 이미지 경로 앞에 〈?php echo get_stylesheet_directory_uri(); ?〉/를 추가합니다.

```
<div id="da-slider" class="da-slider">
    <div class="da-slide">
        <h2>Warm welcome</h2>
        <p>When she reached the first hills of the Italic Mountains, she had a last view back on the skyline of her hometown Bookmarksgrove, the headline of Alphabet Village and the subline of her own road, the Line Lane.</p>
        <a href="#" class="da-link">Read more</a>
        <div class="da-img"><img src="<?php echo get_stylesheet_directory_uri(); ?>/images/1.png" alt="image01" /></div>
    </div>
    <div class="da-slide">
        <h2>Easy management</h2>
        <p>Far far away, behind the word mountains, far from the countries Vokalia and Consonantia, there live the blind texts. Separated they live in Bookmarksgrove right at the coast of the Semantics, a large language ocean.</p>
        <a href="#" class="da-link">Read more</a>
        <div class="da-img"><img src="<?php echo get_stylesheet_directory_uri(); ?>/images/2.png" alt="image01" /></div>
    </div>
```

```
    <div class="da-slide">
        <h2>Revolution</h2>
        <p>A small river named Duden flows by their place and supplies it with the
necessary regelialia. It is a paradisematic country, in which roasted parts of sentences
fly into your mouth.</p>
        <a href="#" class="da-link">Read more</a>
        <div class="da-img"><img src="<?php echo get_stylesheet_directory_uri(); ?>/
images/3.png" alt="image01" /></div>
    </div>
    <div class="da-slide">
        <h2>Quality Control</h2>
        <p>Even the all-powerful Pointing has no control about the blind texts it is an
almost unorthographic life One day however a small line of blind text by the name of
Lorem Ipsum decided to leave for the far World of Grammar.</p>
        <a href="#" class="da-link">Read more</a>
        <div class="da-img"><img src="<?php echo get_stylesheet_directory_uri(); ?>/
images/4.png" alt="image01" /></div>
    </div>
    <nav class="da-arrows">
        <span class="da-arrows-prev"></span>
        <span class="da-arrows-next"></span>
    </nav>
</div>
```

그런 다음 테마 style.css에는 다음의 코드를 추가합니다.

```
#da-slider {background-image: url(images/waves.gif);background-position: 0px 0px;}
```

custom.js에는 다음의 옵션 스크립트를 추가합니다.

```
$('#da-slider').cslider({
    autoplay    : true,
    bgincrement    : 50,
    interval : 6000
});
```

autoplay는 자동 슬라이드 기능이고 false로 설정하면 내비게이션 아이콘을 클릭해야 슬라이드됩니다. bgincrement는 배경 이미지 이동 속도입니다. interval은 각 슬라이드의 간격이고, 단위는 밀리초입니다.

front-page.php의 .slider에 다음의 코드를 추가합니다.

```
<div class="slider">
    <?php get_template_part('cslider', 'content'); ?>
</div>
```

파일 이름인 cslider-content.php의 대시를 기준으로 앞의 cslider는 괄호의 앞에, content는 뒤에 입력합니다. 외부 파일을 가져오는 방법으로 <?php include 'cslider-content.php'; ?>를 사용해도 됩니다.

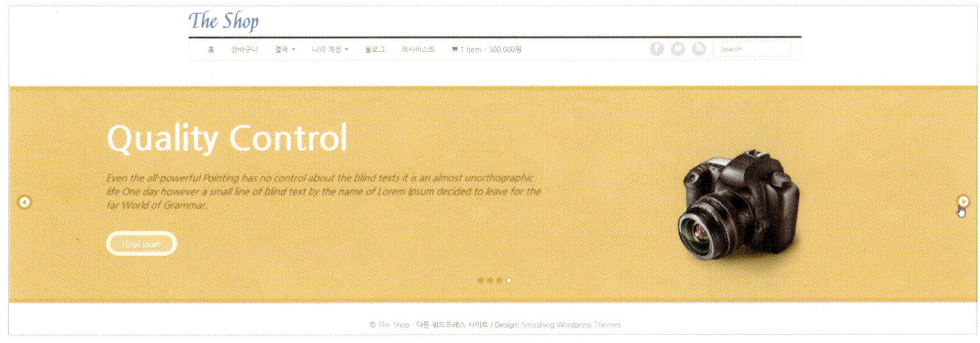

그림 2-98 패럴랙스 슬라이더 테스트

모두 저장하고 난 후 사이트 전면에서 새로고침하면 애니메이션되는 모습을 볼 수 있습니다. 이처럼 제이쿼리 플러그인을 워드프레스에 추가할 때는 항상 기본 상태에서 실험하고 난 후 다음 단계로 넘어가야만 시행착오를 줄일 수 있습니다.

2.2 반복문의 추가

다음으로 우커머스의 상품 반복문을 추가하는 방법을 알아보겠습니다.

```
<ul class="products">
  <?php
    $args = array(
      'post_type' => 'product',
      'posts_per_page' => 12
      );
    $loop = new WP_Query( $args );
    if ( $loop->have_posts() ) {
```

```
      while ( $loop->have_posts() ) : $loop->the_post();
        woocommerce_get_template_part( 'content', 'product' );
      endwhile;
    } else {
      echo __( 'No products found' );
    }
    wp_reset_postdata();
  ?>
</ul><!--/.products-->
```

우커머스의 기본적인 상품 반복문은 위와 같습니다. 글 타입이 상품이고, 페이지당 12개의 상품을 출력하며, 상품이 없을 경우 No products found가 출력됩니다. 여기에 제목과 요약, 이미지, 링크 등을 추가하면 다음과 같습니다.

```
<ul class="products">
    <?php
        $args = array( 'post_type' => 'product', 'posts_per_page' => 12, 'product_cat'
=> 'Appliances', 'orderby' => 'rand' );
        $loop = new WP_Query( $args );
        while ( $loop->have_posts() ) : $loop->the_post(); global $product; ?>

            <h2>Appliances</h2>

            <li class="product">

                <a href="<?php echo get_permalink( $loop->post->ID ) ?>"
title="<?php echo esc_attr($loop->post->post_title ? $loop->post->post_title : $loop-
>post->ID); ?>">

                <?php woocommerce_show_product_sale_flash( $post, $product ); ?>

                <?php if (has_post_thumbnail( $loop->post->ID )) echo get_the_
post_thumbnail($loop->post->ID, 'shop_catalog'); else echo '<img src="'.woocommerce_
placeholder_img_src().'" alt="Placeholder" width="300px" height="300px" />'; ?>

                <h3><?php the_title(); ?></h3>

                <span class="price"><?php echo $product->get_price_html(); ?></
span>
```

```
                    </a>
                    <?php woocommerce_template_loop_add_to_cart( $loop->post, $product
); ?>
                </li>
        <?php endwhile; ?>
        <?php wp_reset_query(); ?>
</ul><!--/.products-->
```

위 코드는 상품 페이지에 나타나는 상품 박스의 기본 구조에서 따온 것입니다. 모든 상품을 출력하기보다는 특정 카테고리를 선택하기 위해 'product_cat' => 'Appliances'가 추가됐고 순서는 무작위(rand)입니다. Appliances는 현재 사이트에 있는 카테고리입니다.

상품의 세일 배지를 담당하는 woocommerce_show_product_sale_flash가 추가됐고 썸네일 이미지를 가져오는 get_the_post_thumbnail가 추가됐으며, 이미지가 없을 경우 사이즈가 300*300px에 해당하는 우커머스의 기본 이미지를 가져옵니다.

상품 제목과 장바구니 버튼을 마지막으로 반복문이 종료됩니다. 이 코드를 위의 cslider-content.php 파일의 하단에 추가하고 저장한 다음 사이트에서 확인하면 다음과 같이 나타납니다.

그림 2-99 카테고리 상품 출력

위에서 아래로 이 카테고리의 상품이 나타납니다. 이제 이 코드와 슬라이더의 코드를 조합하기만 하면 됩니다. 실험을 위해 추가한 위 코드를 제거하고 cslider-content.php에서 〈div class="da-slide"〉~~〈/div〉 부분 하나만 남기고 제거합니다.

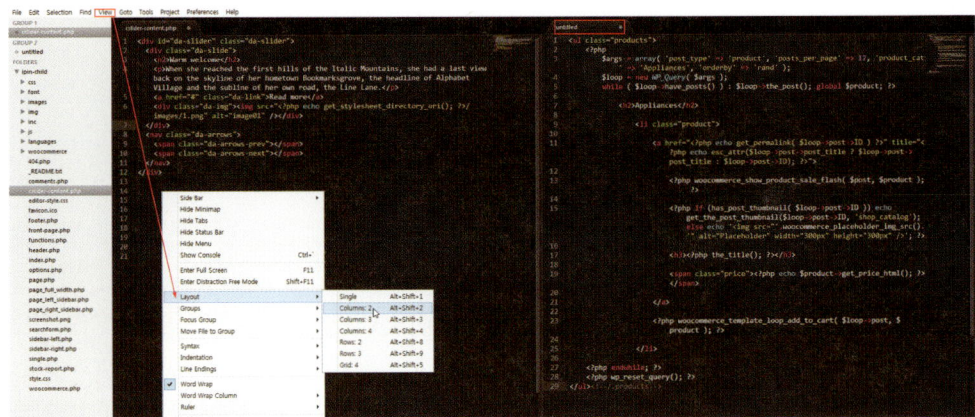

그림 2-100 서브라임 텍스트를 두 개의 화면으로 나누기

서브라임 텍스트에서 화면을 두 개로 나누려면 View → Layout → Column 2를 선택합니다. 탭을 이동할 때는 탭을 클릭해서 다른 컬럼으로 끌어놓습니다. 슬라이더 코드를 좌측에, 반복문은 Ctrl+N 키를 눌러 새 파일 창을 만든 다음 붙여넣습니다. 컬러로 나오지 않으면 메뉴에서 View → Syntax → PHP를 클릭합니다. 위 상태에서 상품 반복문의 코드를 하나씩 슬라이더 레이아웃으로 옮기면 됩니다.

```
<div id="da-slider" class="da-slider bg-ani">
    <?php
        $args = array( 'post_type' => 'product', 'posts_per_page' => 10, 'product_cat' => 'Appliances', 'orderby' => 'rand' );
        $loop = new WP_Query( $args );
        while ( $loop->have_posts() ) : $loop->the_post(); global $product; ?>

        <div class="da-slide">
```

우선 #da-slider와 .da-slide 사이에 반복문의 시작 부분을 삽입합니다.

```
<h2><?php the_title(); ?></h2>
```

다음으로 제목에 제목을 불러오는 템플릿 태그를 붙여넣습니다.

그다음으로 요약 글을 불러오는 코드를 넣어야 하는데, 반복문 코드에는 없습니다. 다음의 코드를 추가합니다.

```
<p><?php echo apply_filters( 'woocommerce_short_description', $post->post_excerpt ) ?></p>
```

슬라이더에서 더보기 부분은 아래와 같이 돼 있습니다.

```
<a href="#" class="da-link">Read more</a>
```

여기서는 선택자를 유지해야 하므로 다음과 같이 수정합니다.

```
<a class="da-link" href="<?php echo get_permalink( $loop->post->ID ) ?>" title="<?php echo esc_attr($loop->post->post_title ? $loop->post->post_title : $loop->post->ID); ?>">더보기</a>
```

다음으로 이미지 부분의 div.da-img에 woocommerce 선택자를 추가하고 반복문의 코드를 그대로 붙여넣습니다.

```
<div class="da-img woocommerce">
   <?php woocommerce_show_product_sale_flash( $post, $product ); ?>
   <?php if (has_post_thumbnail( $loop->post->ID )) echo get_the_post_thumbnail($loop->post->ID, 'shop_single'); else echo '<img src="'.woocommerce_placeholder_img_src().'" alt="image01" width="300px" height="300px" />'; ?>
</div>
```

반복문에는 이미지를 가져오는 템플릿 태그가 get_the_post_thumbnail($loop->post->ID, 'shop_catalog')로 돼 있으나 이것은 이미지 크기가 작습니다. 그래서 상품 상세 페이지의 이미지인 shop_single을 사용했습니다. 참고로 우커머스에서 사용하는 이미지의 코드 명칭은 다음과 같습니다. 만일 기본 코드에서 다르게 입력돼 있는 경우 필요에 따라 변경해서 사용하면 됩니다.

- shop_single: 상품 상세 페이지 큰 이미지
- shop_thumbnail: 상품 상세 페이지 갤러리 이미지
- shop_catalog: 상품 목록 페이지 이미지

장바구니와 가격은 필요없으니 제외하고 마지막으로 반복문이 종료되는 부분을 추가합니다.

```
<?php endwhile; ?>
    <?php wp_reset_query(); ?>
    <nav class="da-arrows">
        <span class="da-arrows-prev"></span>
        <span class="da-arrows-next"></span>
    </nav>
</div>
```

전체 코드는 다음과 같습니다.

```
<div id="da-slider" class="da-slider">
<?php
    $args = array( 'post_type' => 'product', 'posts_per_page' => 10, 'product_cat' =>
'Appliances', 'orderby' => 'rand' );
    $loop = new WP_Query( $args );
    while ( $loop->have_posts() ) : $loop->the_post(); global $product; ?>

    <div class="da-slide">
        <h2><?php the_title(); ?></h2>
        <p><?php echo apply_filters( 'woocommerce_short_description', $post->post_ex-
cerpt ) ?></p>
        <a class="da-link" href="<?php echo get_permalink( $loop->post->ID ) ?>"
title="<?php echo esc_attr($loop->post->post_title ? $loop->post->post_title : $loop-
>post->ID); ?>">더보기</a>
        <div class="da-img woocommerce">
            <?php woocommerce_show_product_sale_flash( $post, $product ); ?>
      <?php if (has_post_thumbnail( $loop->post->ID )) echo get_the_post_
thumbnail($loop->post->ID, 'shop_single'); else echo '<img src="'.woocommerce_place-
holder_img_src().'" alt="Placeholder" width="300px" height="300px" />'; ?>
        </div>
    </div>
        <?php endwhile; ?>
    <?php wp_reset_query(); ?>
    <nav class="da-arrows">
        <span class="da-arrows-prev"></span>
        <span class="da-arrows-next"></span>
    </nav>
</div>
```

2.3 레이아웃 수정

모두 저장하고 사이트에서 새로고침하면 슬라이더가 제대로 작동될 것입니다. 배경 이미지가 단조롭고 전체 레이아웃에 어울리지 않으니 스타일시트를 변경하겠습니다. 먼저 배경 이미지는 현재 작은 패턴 이미지를 사용하고 있는데, 사진 이미지를 포토샵으로 블러 처리한 후 패턴화해서 사용하는 것이 좋습니다.

그림 2-101 패럴랙스 슬라이더 배경 이미지

위와 같은 백화점이나 쇼핑몰 상가의 이미지 일부분을 잘라서 복사한 다음 수평으로 뒤집기를 반복하면 됩니다.

```css
#da-slider {background-image: url(images/bg.jpg);background-position: 0px 0px;border-top: 8px solid #e4e3e3;border-bottom: 8px solid #e4e3e3;box-shadow: 0px 1px 1px rgba(0,0,0,0.2), 0px -2px 1px #fff;}
.da-img .attachment-shop_single {width: 230px; }
```

배경 이미지를 다시 배치하고 상하 테두리를 추가합니다. 상품 이미지가 너무 크니 폭을 줄입니다.

```css
.da-slide h2 {font-size: 40px;line-height: 50px;}
.da-arrows span, .da-dots span {background: #acacac;}
.da-slide p {color: #fff ;}
```

제목 글자의 크기와 상하 폭을 수정하고 내비게이션 관련 버튼의 배경 색상을 수정합니다. 요약글의 색상을 배경에 맞게 수정합니다.

다음과 같이 미디어쿼리를 추가하고 큰 사이즈의 미디어쿼리에 추가로 입력합니다. 큰 화면에서 제목과 요약, 더보기 버튼이 좌측에 치우치는 문제를 수정하는 것입니다.

```css
@media (min-width: 1200px) {
.da-slide .da-img {top:50px;}
.da-slide-current h2, .da-slide-current p, .da-slide-current a {margin-left: 150px;}
```

```css
.da-slide h2, .da-slide p, .da-slide .da-link {margin-left: 150px;}

}
@media (min-width: 980px) and (max-width: 1199px) {

}
/* Portrait tablet to landscape and desktop */
@media (min-width: 768px) and (max-width: 979px) {

}
/* Landscape phone to portrait tablet */
@media (max-width: 767px) {

}
/* Landscape phones and down */
@media (max-width: 480px) {

}
```

그림 2-102 상품 제목과 이미지의 오버랩

요약글은 글자 수가 많으면 줄어들지만 제목은 이미지와 겹칩니다. 제목을 수정하면 되겠지만 제이쿼리 플러그인을 사용해 전반적으로 제목의 길이를 일정하게 만들어보겠습니다. 아래 링크에서 파일을 내려받아 압축을 풀고

https://github.com/tbasse/jquery-truncate

jquery.truncate.js 파일을 js 폴더에 붙여넣습니다.

```php
wp_register_script('truncate', get_stylesheet_directory_uri().'/js/jquery.truncate.js',
array('jquery'), null, true);
wp_enqueue_script('truncate');
```

functions.php 파일에 등록한 다음 custom.js 파일에 다음과 같이 추가합니다. 해당 선택자에 대해 글자수를 40으로 제한하고 초과된 부분은 . . .으로 처리합니다.

```
//글자 수 줄이기
$('.da-slide h2').truncate({
    length: 40
});
```

그런데 제이쿼리 플러그인을 많이 사용하다 보면 위 플러그인이 제대로 작동하지 않아서 원하는 수 대로 글자가 나타나지 않을 수도 있습니다. 그러면 위 코드를 제거하고 다음과 같은 함수를 사용합니다.

```
function short_title($after = '', $length) {
    $mytitle = explode(' ', get_the_title(), $length);
    if (count($mytitle)>=$length) {
        array_pop($mytitle);
        $mytitle = implode(" ",$mytitle). $after;
    } else {
        $mytitle = implode(" ",$mytitle);
    }
        return $mytitle;
}
```

위 코드를 functions.php 파일에 붙여넣고 글자가 나오는 부분은 다음과 같이 입력합니다.

```
<h2><?php echo short_title('...', 3); ?></h2>
```

괄호 안의 수는 글자 수가 아니라 단어 수이며, 3을 입력하면 두 개의 단어가 나오고 그다음에 말 줄임표가 나타납니다.

그림 2-103 한글 제목

보다시피 한글도 잘 처리됩니다.

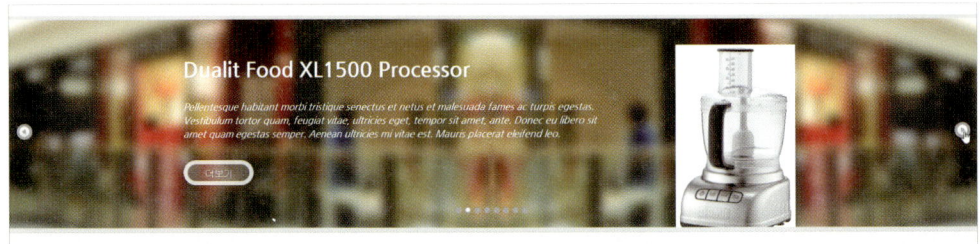

그림 2-104 긴 이미지의 불균형

이미지를 올리다 보면 위처럼 균형이 맞지 않아 레이아웃이 보기 좋지 않은 경우가 있습니다. 상품 카테고리에서 이 상품을 제거하거나 이미지를 수정해야 하죠. 이러한 플러그인을 사용할 경우 특정 카테고리의 상품이 나타나게 할 수도 있지만 고객에게 가장 보이고 싶은 상품을 카테고리를 만들고 이 카테고리만 나타나게 하는 것도 좋은 방법입니다. 그러면 이렇게 하는 방법을 알아보겠습니다.

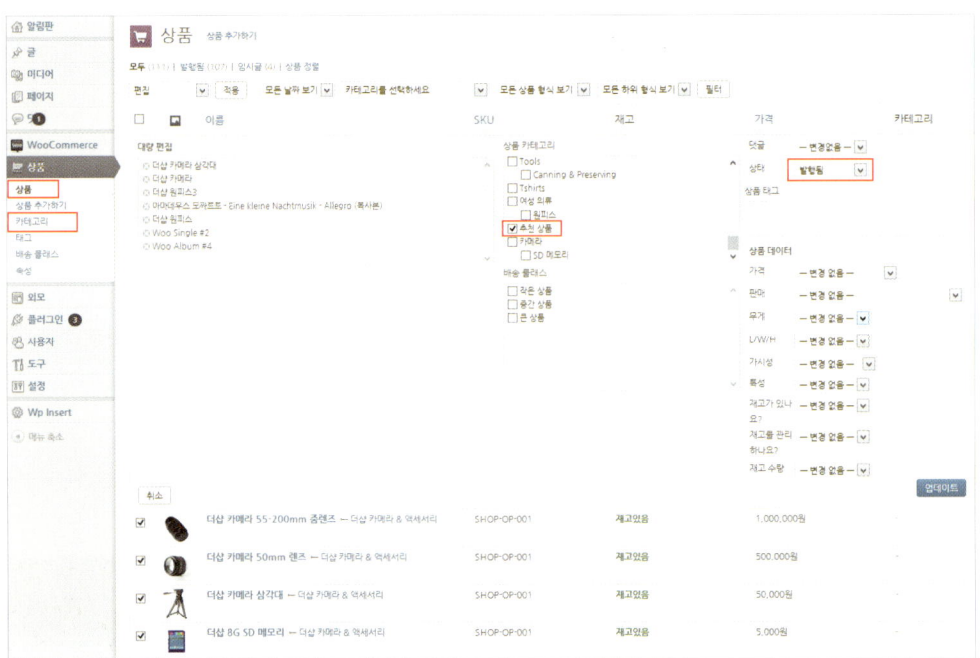

그림 2-105 추천 상품 카테고리 만들기

상품 카테고리에서 '추천 상품'으로 카테고리를 만들고 저장한 다음 상품에서 몇 가지 상품을 선택합니다. 다음 과정을 위해 Woo Single #2를 포함시킵니다. 여기서 이미지가 길거나 균형이 맞지 않는 상품을 제외해야겠죠. 일괄 편집에서 카테고리를 '추천 상품'으로 선택하고 업데이트합니다.

cslider-content.php 파일에서 'product_cat'을 '추천 상품'으로 수정하고 저장한 다음 페이지를 새로고침하면 선택한 상품이 나타납니다. 한글로 카테고리를 만들 경우 사이 띄기가 있으면 있는 그대로 입력해야 합니다.

그림 2-106 세일 배지 변경 전

그러다 보니 세일 배지가 레이아웃을 벗어나 있는 것이 보입니다. 내비게이션 버튼을 클릭하면 한번 이동하고 정지하니 이 상태에서 요소 검사를 합니다.

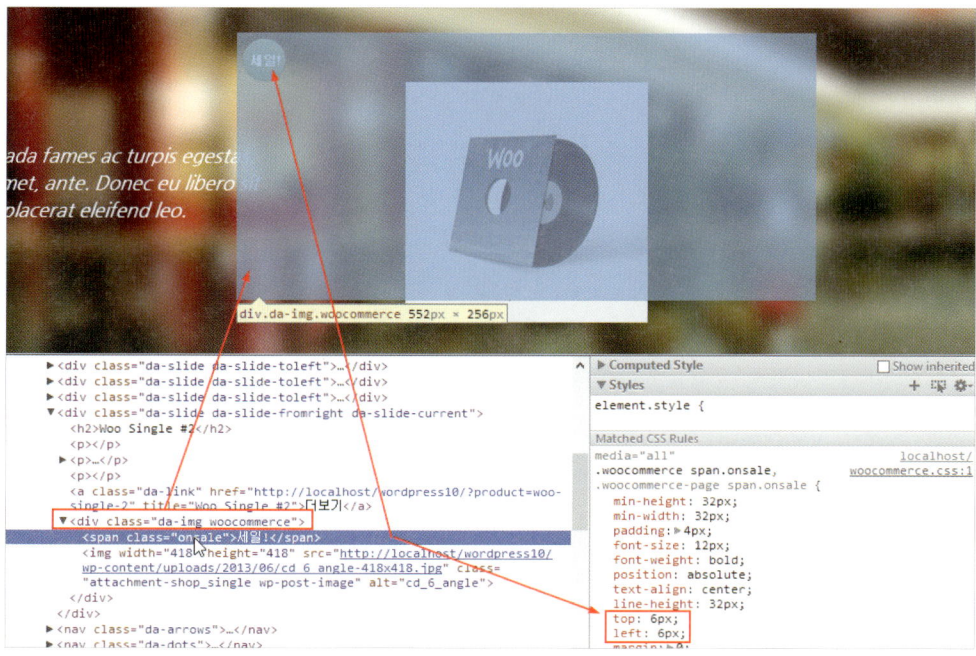

그림 2-107 세일 배지의 요소 검사

세일 배지는 .da-img를 기준으로 위에서 6픽셀, 좌에서 6픽셀 지점에 배치돼 있습니다. 그러면 좌측 기준은 퍼센트로, 상단은 픽셀로 설정합니다.

```
.da-img.woocommerce span.onsale { top:47px; left:50%; margin-left:-115px; }
```

상단에서 47픽셀이면 이미지의 상단과 일치합니다. 좌측에서 50% 간격을 설정한 다음 이미지 크기의 50%인 115픽셀 좌측으로 이동하면 이미지의 좌측 끝과 일치됩니다.

그림 2-108 좁은 폭의 세일 배지

문제는 화면 폭이 줄어서 780픽셀 이하부터 이미지의 크기가 변하기 때문에 배지가 약간씩 멀어진다는 것입니다. 그리 크게 멀어지는 것은 아니니 그대로 두거나 미디어쿼리를 이용해 배지가 나타나지 않게 하면 됩니다.

03 캐러젤 콘텐츠 슬라이더 사용하기

3.1 플러그인의 설치

이 슬라이더는 원래 반응형 디자인을 지원하지 않습니다. 이미지 아이템 3개가 하나씩 슬라이드 되는 형식이라서 그렇죠. 그래도 디자인이 좋은 플러그인이라서 헤더 슬라이더로 사용할 수도 있으므로 이를 설치하고 어느 정도 반응형을 지원하도록 만들어보겠습니다. 이미 내려받은 플러그인의 압축을 풀고 js 폴더에서 jquery.contentcarousel.js, jquery.mousewheel.js, jquery.easing.1.3.js 파일 3개를 복사해서 테마의 js 폴더에 붙여넣습니다. css

폴더에서 style.css 파일을 복사해 그 자리에서 붙여넣은 다음 이름을 contentcarousel로 수정합니다. 그런 다음 contentcarousel.css 파일과 jquery.jscrollpane.css 파일을 복사해 테마의 css 폴더로 붙여넣습니다.

```
wp_register_style('contentcarousel', get_stylesheet_directory_uri().'/css/
contentcarousel.css');
wp_enqueue_style('contentcarousel');
wp_register_style('jscrollpane', get_stylesheet_directory_uri().'/css/jquery.
jscrollpane.css');
wp_enqueue_style('jscrollpane');

wp_register_script('contentcarousel', get_stylesheet_directory_uri().'/js/jquery.
contentcarousel.js', array('jquery'), null, true);
wp_register_script('mousewheel', get_stylesheet_directory_uri().'/js/jquery.mousewheel.
js', array('jquery'), null, true);
wp_enqueue_script('mousewheel');
wp_register_script('jquery-easing', get_stylesheet_directory_uri().'/js/jquery.
easing.1.3.js', array('jquery'), null, true);
wp_enqueue_script('jquery-easing');
```

functions.php 파일에 위와 같이 5개의 파일을 등록합니다.

그림 2-109 캐러젤 슬라이더 샘플 이미지

images 폴더에서 arrows.png 파일을 복사해서 붙여넣고 arrows2.png로 수정합니다. 파란색의 박스로 된 파일을 제외하고 모두 복사해서 테마의 images 폴더에 붙여넣습니다.

custom.js 파일에 다음의 코드를 추가합니다.

```
$('#ca-container').contentcarousel({
    // speed for the sliding animation
    sliderSpeed    : 500,
    // easing for the sliding animation
    sliderEasing   : 'easeOutExpo',
```

```
            // speed for the item animation (open / close)
    itemSpeed       : 500,
            // easing for the item animation (open / close)
    itemEasing      : 'easeOutExpo',
            // number of items to scroll at a time
    scroll          : 1
});
```

슬라이더 스피드는 말 그대로 애니메이션 속도 조절이고 이징에는 여러 가지 옵션이 있습니다. 아이템 스피드는 more 버튼을 클릭했을 때 아이템이 열리는 속도이고 아이템 이징은 열리는 애니메이션 효과입니다. 스크롤의 숫자는 내비게이션을 클릭했을 때 이동하는 아이템의 숫자입니다.

테마 폴더에 carousel-content.php 파일을 만들고 편집기에서 엽니다. 캐러젤 플러그인 폴더에서 index.html 파일을 열고 복사할 곳을 찾습니다.

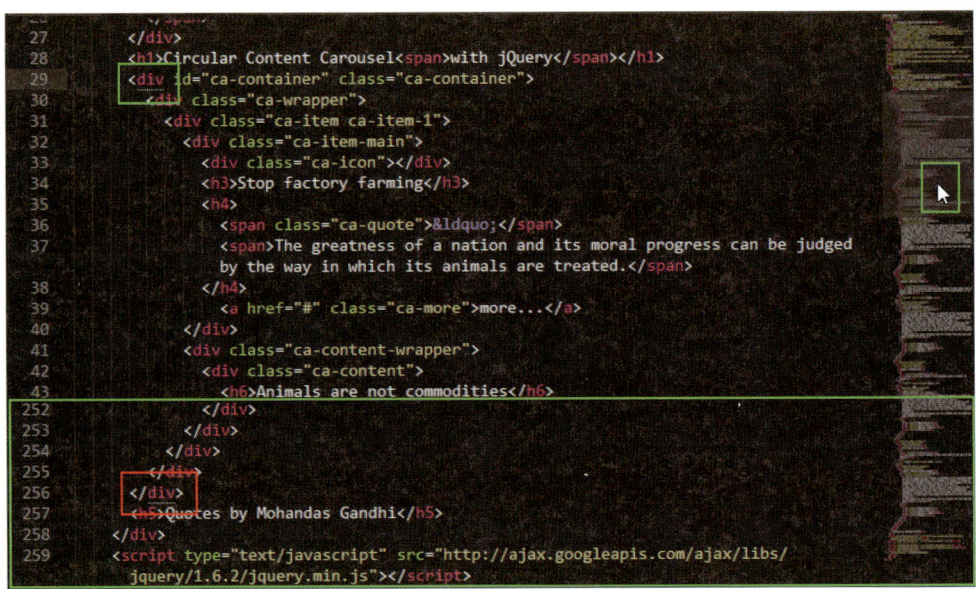

그림 2-110 코드의 선택

이 파일은 내용이 많아서 찾기가 어려울 수도 있습니다. 우선 #ca-container의 div 내부를 클릭하면 div 태그 바로 아래에 점선이 희미하게 보입니다. 우측의 사이드바를 클릭한 후 드래그해서 하단으로 이동하다 보면 닫는 태그에 같은 밑줄이 보이는 곳까지 블록으로 설정해서 복사합니다. 다른 곳을 클릭하면 점선이 없어지니 줄 번호를 기억해서 블록으로 설정하면 됩니다. 앱타나를 사용할 경우 밑줄 점선이 아니라 박스가 그려져서 더 찾기 쉬울 수도 있습니다. 복사한 코드를 carousel-content.php 파일에 붙여넣고 저장합니다.

```
<div class="span12 footer-widget">
    <?php get_template_part('carousel', 'content'); ?>
</div>
```

front-page.php 파일에서 .footer-widget에 위와 같이 코드를 추가한 다음 모든 파일을 저장하고 페이지를 새로고침하면 아래와 같이 나타납니다. 양쪽에 내비게이션 버튼이 나타나지 않습니다.

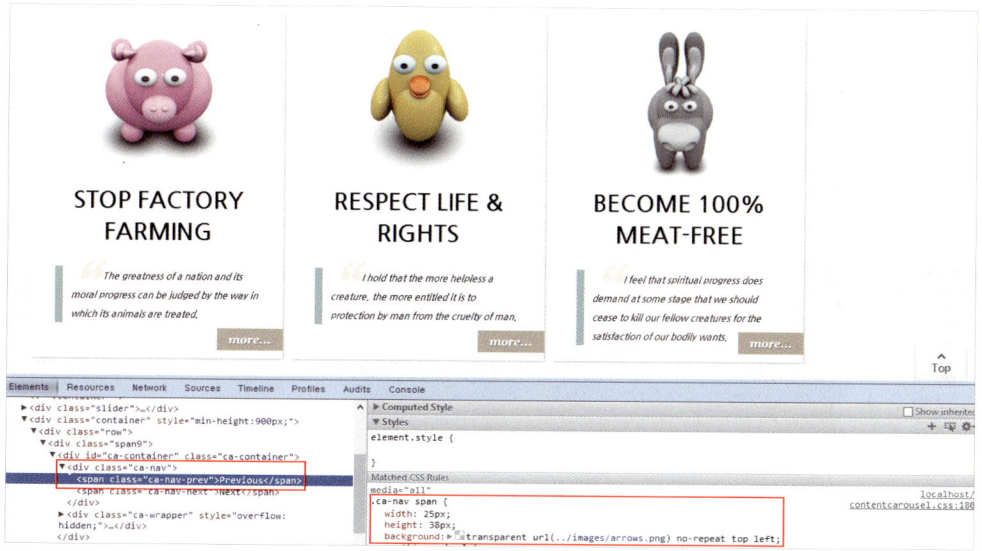

그림 2-111 캐러젤 슬라이더 테스트

요소 검사를 하면 nav 부분에 배경 이미지의 이름이 복사한 이미지와 다르게 나옵니다. 이 부분을 수정합니다. 선택자와 배경 이미지 설정 부분을 복사해 테마 스타일시트에서 다음과 같이 수정합니다.

```
.ca-nav span{    background:transparent url(images/arrows2.png) no-repeat top left;}
```

현재 이 플러그인은 처음에는 자동으로 애니메이션되지 않고 내비게이션 버튼을 클릭할 때만 이동합니다. 이미지에 마우스를 올리고 스크롤해도 이동합니다. 원래 처음에 그렇게 만들었는데 자동으로 애니메이션되게 하려면 제이쿼리 플러그인 폴더의 CircularContentCarousel 폴더에서 jquery.contentcarousel-1.js 파일을 js 폴더에 붙여넣고 경로는 functions.php에서 파일명을 수정하면 됩니다.

3.2 반복문의 추가

그러면 이제 이 슬라이더에도 카테고리 콘텐츠가 나오게 해야겠죠. 다시 한번 이야기하지만 반드시 제대로 동작하는 것을 확인하고 진행해야 합니다. 나중에 제대로 동작하지 않으면 어디서부터 잘못됐는지 파악하는 데 시간이 오래 걸릴 수도 있습니다.

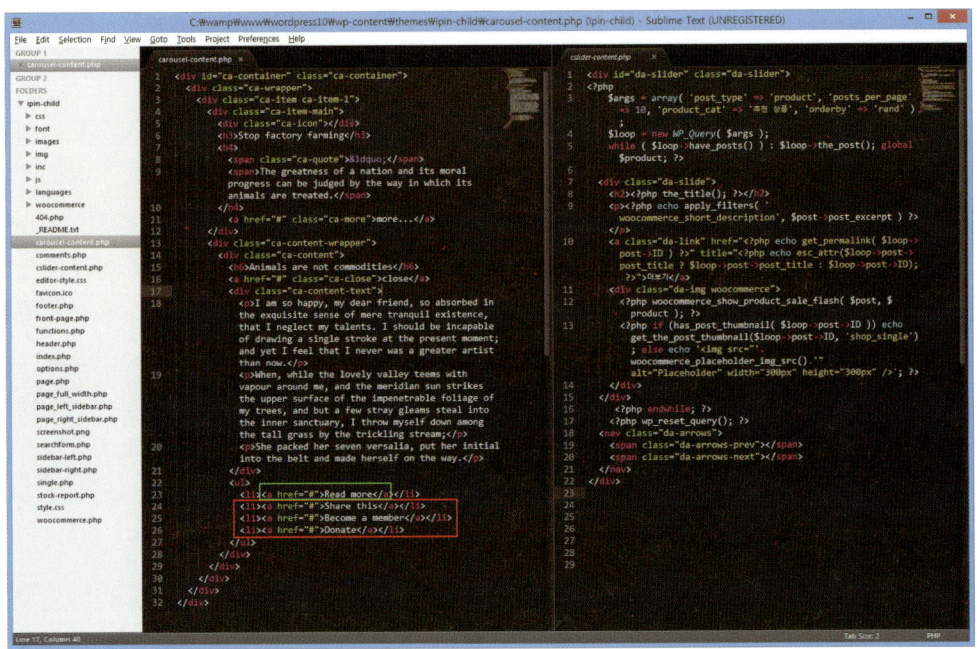

그림 2-112 코드의 수정

이번에는 우측의 컬럼에 이전에 만든 cslide-content.php 파일을 열고 이곳에서 복사해서 왼쪽으로 붙여넣습니다. 하단에 4개의 링크가 있는 것은 More만 남기고 제거합니다.

상단의 반복문이 시작되는 부분을 〈div class="ca-wrapper"〉 아래에 복사하고 카테고리를 이번에는 Games로 바꿔줍니다. 이미지 부분은 다음과 같이 〈div class="ca-icon"〉〈/div〉을 제거하고 .woocommerce 선택자의 div에 삽입하고 이미지 크기를 작게 하기 위해 shop_thumbnail로 수정합니다.

```
<div class="woocommerce">
<?php if (has_post_thumbnail( $loop->post->ID )) echo get_the_post_thumbnail($loop->post->ID, 'shop_thumbnail'); else echo '<img src="'.woocommerce_placeholder_img_src().'" alt="Placeholder" width="300px" height="300px" />'; ?>
</div>
```

제목에는 〈h3〉〈?php the_title(); ?〉〈/h3〉를 삽입합니다.

제목 다음에는 가격을 표시하게 합니다.

```
<p itemprop="price" class="price"><?php echo $product->get_price_html(); ?></p>
```

h4 태그 안의 두 번째 span에는 다음과 같이 .short-desc1를 추가합니다.

```
<span class="short-desc1"><?php echo apply_filters( 'woocommerce_short_description', $post->post_excerpt ) ?></span>
```

.ca-content-wrapper 안의 h6 태그 안에 〈?php the_title(); ?〉을 삽입하고 .ca-content-text 안의 p 태그는 하나만 남기고 제거하고 다음과 같이 만듭니다.

```
<p><?php echo apply_filters( 'woocommerce_short_description', $post->post_excerpt ) ?></p>
```

더보기 부분의 ul에는 .unstyled를 추가합니다. 이것은 목록의 불릿을 제거하는 부트스트랩 선택자입니다. 더보기 링크는 다음과 같이 만듭니다.

```
<ul class="unstyled">
    <li><a class="da-link" href="<?php echo get_permalink( $loop->post->ID ) ?>" title="<?php echo esc_attr($loop->post->post_title ? $loop->post->post_title : $loop->post->ID); ?>">더보기</a></li>
</ul>
```

마지막으로 아래와 같이 반복문을 종료하는 코드를 추가합니다.

```
        <?php endwhile; ?>
        <?php wp_reset_query(); ?>
    </div>
</div>
```

전체 코드는 다음과 같습니다.

```
<div id="ca-container" class="ca-container">
    <div class="ca-wrapper">
<?php
    $args = array( 'post_type' => 'product', 'posts_per_page' => 10, 'product_cat' => 'Games', 'orderby' => 'rand' );
    $loop = new WP_Query( $args );
    while ( $loop->have_posts() ) : $loop->the_post(); global $product; ?>

        <div class="ca-item ca-item-1">
            <div class="ca-item-main">
                <div class="woocommerce">
                    <?php if (has_post_thumbnail( $loop->post->ID )) echo get_the_post_thumbnail($loop->post->ID, 'shop_thumbnail'); else echo '<img src="'.woocommerce_placeholder_img_src().'" alt="Placeholder" width="300px" height="300px" />'; ?>
                </div>
                <h3><?php the_title(); ?></h3>
                <p itemprop="price" class="price"><?php echo $product->get_price_html(); ?></p>
                <h4>
                    <span class="ca-quote">&ldquo;</span>
                    <span class="short-desc1"><?php echo apply_filters( 'woocommerce_short_description', $post->post_excerpt ) ?></span>
                </h4>
                <a href="#" class="ca-more">more...</a>
            </div>
            <div class="ca-content-wrapper">
                <div class="ca-content">
                    <h6><?php the_title(); ?></h6>
                    <a href="#" class="ca-close">close</a>
                    <div class="ca-content-text">
                        <p><?php echo apply_filters( 'woocommerce_short_description', $post->post_excerpt ) ?></p>
```

```
            </div>
            <ul class="unstyled">
                    <li><a class="da-link" href="<?php echo get_permalink( $loop-
>post->ID ) ?>" title="<?php echo esc_attr($loop->post->post_title ? $loop->post->post_
title : $loop->post->ID); ?>">더보기</a></li>
            </ul>
        </div>
    </div>
</div>
<?php endwhile; ?>
<?php wp_reset_query(); ?>
    </div>
</div>
```

3.3 레이아웃 수정하기

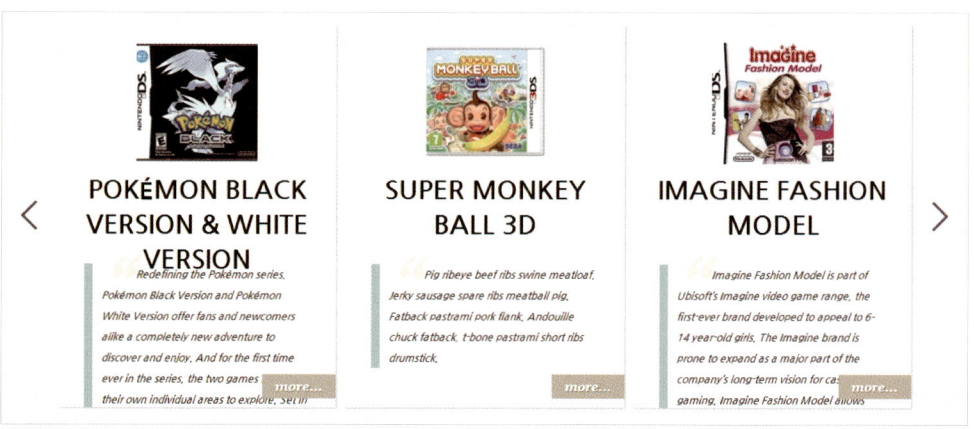

그림 2-113 카테고리 적용 후의 캐러젤 슬라이더

사이트에서 새로고침하면 위와 같이 나타납니다. 요약이 긴 것도 있고 짧은 것도 있어서 일정한 크기로 줄여야 하고 제목도 크기를 줄여야 합니다. 또한 container의 폭 전체를 사용하기 위해 아이템의 크기를 늘리고 모바일 기기에서 제대로 나타나도록 수정해야 합니다.

우선 custom.js에서 다음과 같이 설정해 글자의 수를 제한합니다.

```
$('.short-desc1').truncate({
  length: 100
});
```

요약글도 위의 플러그인을 사용해 글자수가 제대로 제한되지 않는다면 다음의 코드를 functions.php에 붙여넣습니다.

```php
function excerpt($limit) {
  $excerpt = explode(' ', get_the_excerpt(), $limit);
  if (count($excerpt)>=$limit) {
    array_pop($excerpt);
    $excerpt = implode(" ",$excerpt).'...';
  } else {
    $excerpt = implode(" ",$excerpt);
  }
  $excerpt = preg_replace('`\[[^\]]*\]`','',$excerpt);
  return $excerpt;
}
```

요약글이 나타나는 곳은 다음과 같이 입력합니다. 10이라는 숫자는 글자수를 의미합니다.

```
<span class="short-desc1"><?php echo excerpt(10); ?></span>
```

제목 크기는 테마 스타일시트에 다음과 같이 설정합니다.

```css
.ca-item h3 { font-size: 20px; line-height: 20px;}
```

반응형 디자인을 위해 미디어쿼리를 설정합니다.

```css
/* Large desktop */
@media (min-width: 1200px) {
생략
.ca-container { width: 1170px;}
.ca-item {width: 390px;}
.ca-content {width: 780px;}
}
@media (min-width: 980px) and (max-width: 1199px) {
.ca-container {width: 940px;}
.ca-item {width: 313px;}
.ca-content {width: 627px;}
}
/* Portrait tablet to landscape and desktop */
@media (min-width: 768px) and (max-width: 979px) {
.ca-container { width: 724px;}
```

```
    .ca-item {width: 241px;}
    .ca-content {width: 483px;}
    .ca-item-main h3 {font-size: 16px; height: 40px; line-height: 20px; margin-bottom:
    10px;}
}
/* Landscape phone to portrait tablet */
@media (max-width: 767px) {
.ca-container { display: none;}
}
/* Landscape phones and down */
@media (max-width: 480px) {

}
```

전체 폭은 .ca-conatainer이고 이미지가 나타나는 아이템은 .ca-item, 아이템의 more 버튼을 클릭했을 때 나타나는 콘텐츠 영역은 .ca-content입니다. 위와 같이 설정하면 웹 브라우저의 폭을 줄일 때 자동으로 줄어들지는 않지만 새로고침하면 제대로 보입니다. 실제 사이트 접속자는 웹 브라우저 폭을 줄이거나 할 일이 없으니 사용하는 데는 문제가 없습니다. 767px 이하에서는 아이템의 크기가 너무 좁아지므로 나타나지 않게 합니다.

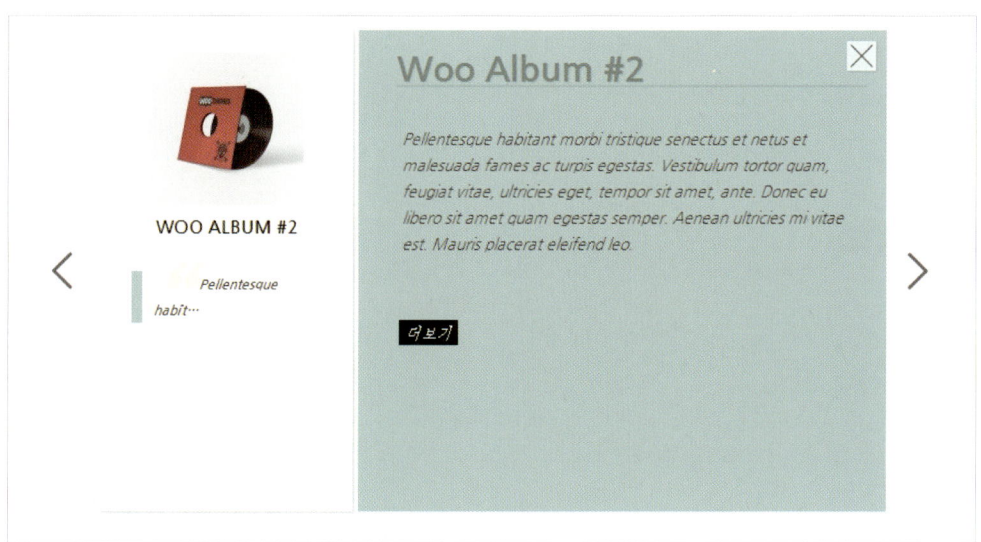

그림 2-114 케러젤 슬라이더 콘텐츠

04 bx-slider 슬라이더 플러그인 사용하기

이 플러그인은 무료라는 사실이 놀라울 정도로 옵션이 많아서 확장성이 아주 높습니다. 이미지 슬라이더 뿐만 아니라 아이템 슬라이더도 가능해서 앞에서 살펴본 여러 개의 상품을 나열하고 하나씩 이동하는 캐러젤 슬라이더의 기능도 합니다. 더구나 워드프레스 플러그인도 개발돼 있는데, 이 플러그인은 사용 범위는 좁지만 상품 상세 페이지에서 상품 이미지를 업로드하고 설정해서 사용할 수도 있습니다. 또한 이렇게 만든 슬라이더를 플러그인으로 만들어 여러 곳에서 사용할 수 있게 위젯화하는 방법을 알아보겠습니다.

4.1 워드프레스 플러그인 사용하기

설치된 플러그인 화면에서 bxslider-wp를 활성화합니다.

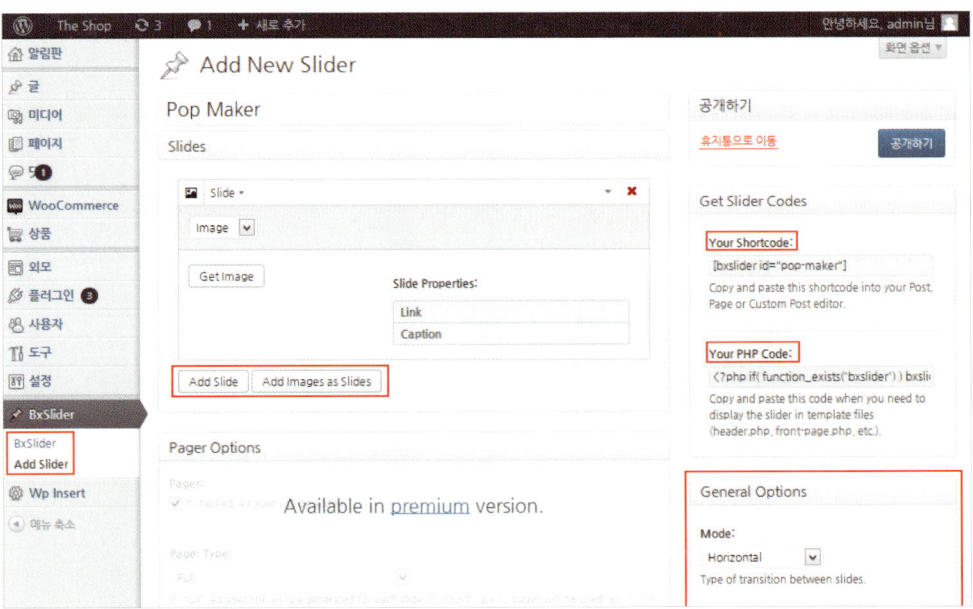

그림 2-115 bx-slider 워드프레스 플러그인

이 슬라이더는 두 개의 메뉴가 있습니다. Bxslider는 슬라이더를 만들면 목록이 나타나는 곳입니다. 이것은 여러 개의 슬라이더를 만들 수 있다는 의미가 되며, 상품별로 만들어 상세 페이지에 추가할 수 있습니다. Add Slider를 클릭하면 위와 같은 화면이 나타납니다. 중앙에 두 개의 버튼이 있는데, Add Slide는 이미지를 하나씩 선택할 수 있고 그다음 버튼은 여러 개의 이미지를 Ctrl+클릭해서 선택할 수 있습니다. 첫 번째 버튼을 클릭하면 위 그림과 같이 이미지를 가져올 수 있는 버튼과 링크, 캡션을 추가하는 패널이 나타납니다. 두 번째 버튼을 클릭하면 이미지를 가져오는 창이 바로 나타납니다.

'공개하기' 버튼을 클릭하면 Get Slider Codes 메타박스에 코드가 만들어지고, 단축 코드는 블로그 글이나 페이지에서 사용할 수 있고 PHP 코드는 파일에 직접 입력할 때 사용합니다. 이 박스의 하단에서는 갖가지 옵션을 설정할 수 있습니다. 그러면 먼저 슬라이더를 만들어보겠습니다.

Add Images as Slides 버튼을 누르면 다음과 같은 이미지 가져오기 창이 나타납니다.

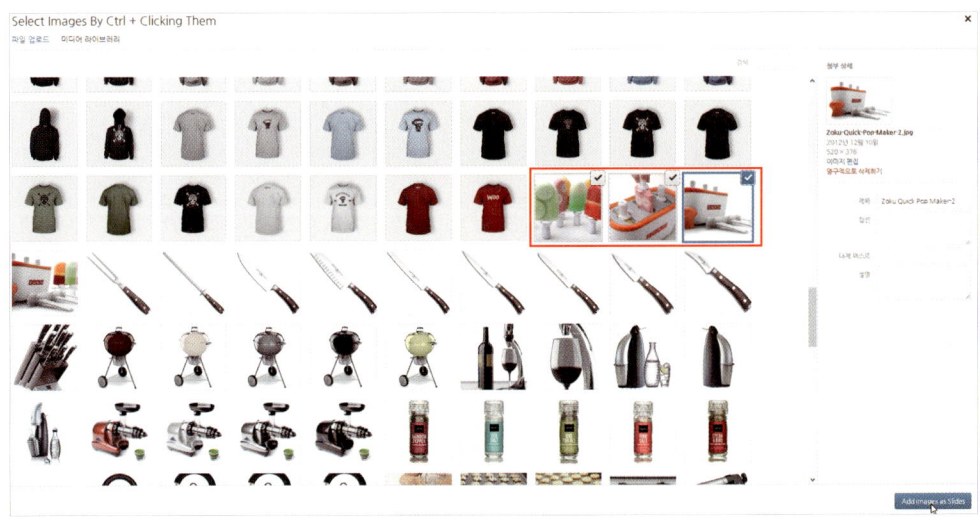

그림 2-116 이미지의 선택

아래로 스크롤해서 위 그림과 같은 이미지를 찾아 Ctrl 키를 누른 채로 이미지를 선택하면 체크 표시가 됩니다. 우측 하단에서 추가하기 버튼을 클릭하면 슬라이더 만들기 창에 3개의 이미지가 나타납니다.

그림 2-117 유튜브 동영상 삽입

유튜브 동영상도 추가할 수 있습니다. Add slide 버튼을 클릭한 다음 드롭다운 메뉴에서 Custom을 선택하면 HTML을 입력하는 창이 나타납니다. 동영상을 추가할 경우 우측 옵션의 Video 부분에 체크해야 합니다. 이 부분을 체크하지 않으면 큰 동영상을 추가할 경우 레이아웃을 벗어나거나 상하로 길게 늘어납니다. 슬라이드의 순서를 변경하려면 A slide라고 돼 있는 바를 클릭해 이동하면 됩니다. 자동 슬라이드와 같은 필요한 옵션은 프리미엄 버전에서 제공합니다.

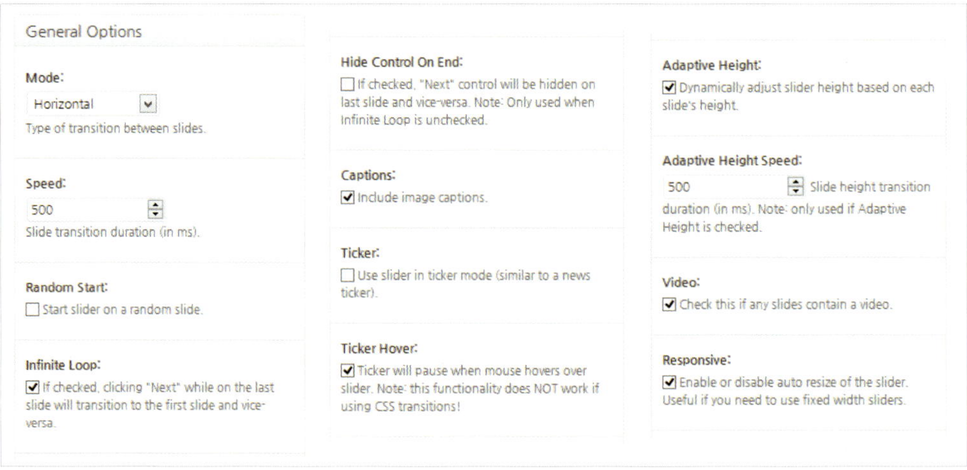

그림 2-118 bx-slider 옵션

우측 사이드바에서 기본 옵션만 사용해도 충분한 기능을 합니다. Mode에는 이미지 슬라이드 방식을 설정합니다. Vertical은 상하로 이동하고 Fade는 서서히 사라지는 효과입니다. Speed는 이동 속도이고 Random Start는 랜덤으로 시작합니다. Infinite Loop에 체크하지 않으면 마지막 이미지에서 다음 버튼을 클릭했을 때 더는 이미지가 나오지 않습니다.

Hide Control On End에 체크하면 Infinite Loop에 체크하지 않고 사용할 때 다음 버튼이 나타나지 않습니다. Captions는 이미지 캡션이 가능하게 하고 Ticker는 뉴스 하단 자막처럼 흘러가는 이미지 슬라이더가 됩니다. 이를 사용하려면 위에서 속도를 500으로 지정했을 경우 거의 이미지가 보이지 않게 흘러가니 속도를 느리게 6000 정도로 설정합니다. Ticker Hover는 Ticker 모드에서 이미지에 마우스를 올리면 흘러가는 이미지가 정지합니다. 이것은 다음에 나오는 Use CSS가 체크해제돼 있어야 작동합니다.

Adaptive Height는 이미지의 높이가 다를 경우 흰색의 공백이 나타나지 않도록 자동으로 높이를 조절합니다. 하지만 이 옵션을 사용하면 슬라이더 아래의 콘텐츠가 함께 움직여서 보기에 좋지 않습니다. Adaptive Height Speed는 이미지의 높이를 조절할 때 움직이는 속도입니다. Video는 슬라이더에 동영상을 사용할 경우 반드시 체크합니다. Responsive는 반응형으로 폭이 좁은 스마트 기기에서 이미지를 자동으로 조절합니다.

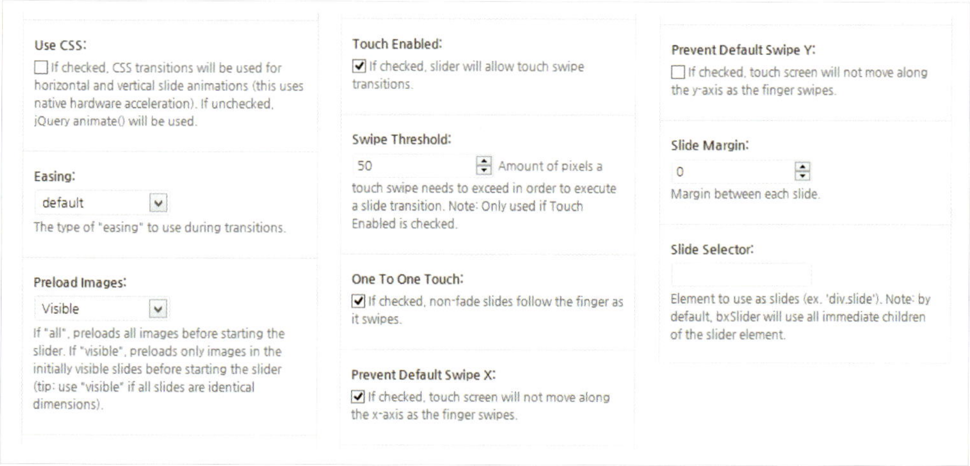

그림 2-119 bx-slider 옵션 2

Use CSS는 CSS3의 애니메이션 효과를 사용하므로 부드럽게 나오지만 Ticker Hover가 작동하지 않습니다. Easing은 이징 효과를 선택합니다. Preload Images는 애니메이션이 시작되기 전에 모든 이미지가 로드되도록 설정하는 기능인데, Visible을 선택하면 처음 이미지만 로드되고 애니메이션 시작됩니다. 유튜브 동영상을 사용할 경우 Visible을 사용하면 로드하는 데 시간이 걸리므로 검정색 화면이 나올 수도 있습니다.

Touch Enable은 모바일 기기에서 터치 스와이프(끌기)가 가능하게 합니다. Swipe Threshold는 터치 스와이프가 몇 픽셀 끌었을 때 효과가 나오게 하는지 결정합니다. One to One Touch에 체크하면 스와이프할 때 페이드 효과가 나타나지 않습니다. Prevent Default Swipe X는 X축으로 스와이프했을 때 화면이 움직이지 않습니다. 그 아래는 Y축입니다. 이 옵션을 체크하면 화면 스크롤을 위해 스와이프할 경우 이미지가 슬라이드됩니다. Slide Margin은 다음 이미지와의 마진입니다. Slide Selector는 필요할 경우 슬라이더에 클래스 선택자를 추가합니다.

설정이 완료되면 '공개하기' 버튼을 클릭하고 단축 코드를 블록으로 설정해서 복사합니다.

이어서 주소창에서 홈 URL 다음에 ?product=zoku-trioquick-pop-maker를 추가하고 엔터 키를 친 다음 상품이 나오면 툴바에서 '상품 편집' 링크를 클릭합니다.

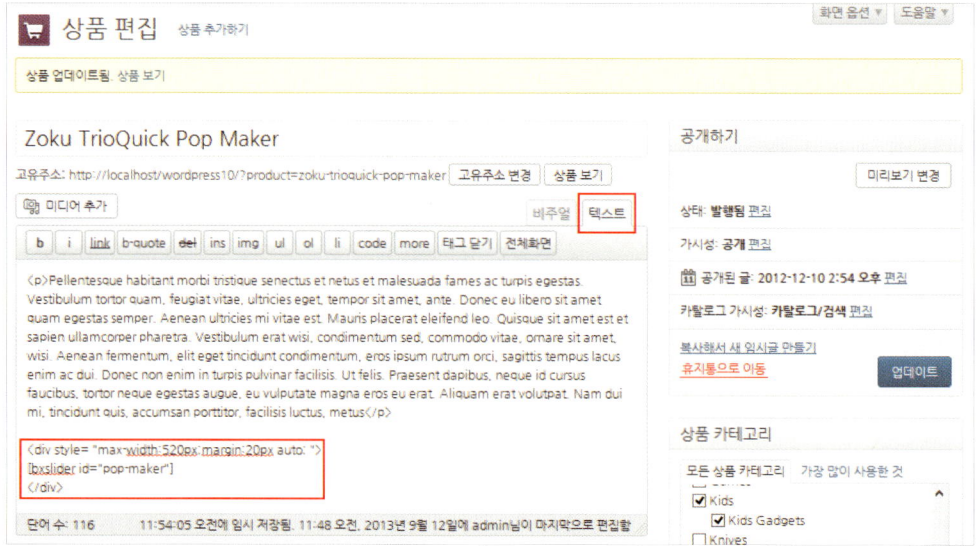

그림 2-120 단축 코드 삽입하기

텍스트 탭을 선택하고 단축 코드를 붙여넣은 다음 이를 감싸는 div 태그를 만들고 인라인 스타일시트를 추가합니다. 폭은 max-width 속성을 사용합니다. width를 사용하면 반응형 디자인이 가능하지 않아 좁은 화면에서 이미지가 줄어들지 않습니다. 이미지의 폭을 모른다면 상세 페이지에서 요소 검사를 통해 알아낼 수 있습니다.

```
<div style= "max-width:520px;margin:20px auto; ">
[bxslider id="pop-maker"]
</div>
```

그림 2-121 bx-slider 적용 결과

'업데이트' 버튼을 클릭하고 '상품 보기'를 클릭하면 상품 설명 탭에서 슬라이더가 중앙에 배치되어 나타납니다.

4.2 bx-slider 제이쿼리 플러그인 사용하기

플러그인의 설치

그림 2-122 bx-slider 제이쿼리 플러그인

- 공식 홈페이지: http://bxslider.com/

위 링크로 이동해서 파일을 내려받습니다. 메뉴에서 Examples에는 19개의 사용 예가 있고 Options에는 이 플러그인의 옵션이 아주 많습니다. 이 가운데 몇 가지만 사용해도 원하는 효과를 충분히 얻을 수 있습니다. 다만 어떤 기능이 필요한데, 원본 파일로는 작동하지 않으므로 첨부 파일에서 jquery.bxslider 폴더의 jquery.bxslider-1.js를 사용합니다. 이 부분도 실습을 진행하는 과정에서 좀 더 자세히 설명하겠습니다.

압축을 풀고 폴더로 들어가서 jquery.bxslider.js, jquery.bxslider.css 파일을 복사해 ipin 테마의 js, css 폴더에 붙여넣습니다. images 폴더에서 두 개의 이미지를 복사해 테마의 images 폴더에 붙여넣고 functions.php 파일에 다음과 같이 등록합니다.

```
wp_register_script('jquery-bxslider', get_stylesheet_directory_uri().'/js/jquery.bxslider.js', array('jquery'), null, true);
wp_enqueue_script('jquery-bxslider');
wp_register_style('jquery-bxslider', get_stylesheet_directory_uri().'/css/jquery.
```

```
bxslider.css');
wp_enqueue_style('jquery-bxslider');
```

자바스트립트와 스타일시트는 종류가 다르니 이름이 같아도 됩니다. 이 부분은 워드프레스 플러그인인 bxslider-wp와 동시에 사용할 경우 추가하지 않아도 됩니다. 하지만 나중에 나오는 기능을 추가하고 싶다면 자바스크립트를 추가하는 부분이 필요합니다.

반복문의 추가

```
<ul class="bxslider">
  <li><img src="/images/pic1.jpg" /></li>
  <li><img src="/images/pic2.jpg" /></li>
  <li><img src="/images/pic3.jpg" /></li>
  <li><img src="/images/pic4.jpg" /></li>
</ul>
```

플러그인 홈에서 보면 위처럼 간단한 사용 예가 있습니다. ul 태그에 li 태그를 사용했지만 div 태그를 사용해도 됩니다. 그만큼 유연하죠. 이 플러그인에는 샘플 파일이 없으니 바로 코드를 만들어 보겠습니다. 두 번을 만들었으니 이제 어렵지 않을 것입니다. bxslider-content.php 파일을 새로 만들고 다음과 같이 입력합니다.

```
<div id="category-slider" >
반복문 시작
    <div class="category-slide">
      <h4>제목</h4>

      <div class="category-img woocommerce">
        이미지,요약, 링크

      </div>
        사러가기 버튼
    </div>
반복문 종료
</div><!--/.products-->
```

기본 구조는 위와 같으며, 모든 코드는 다음과 같습니다. 위 코드에 이전에 만들어 놓은 파일에서 필요한 부분을 복사해서 붙여넣으면 됩니다. '사러가기' 버튼에는 부트스트랩의 녹색 버튼을 사용했습니다.

```php
<div id="category-slider" >
 <?php
  $args = array( 'post_type' => 'product', 'posts_per_page' => 10, 'product_cat' => '추천 상품', 'orderby' => 'rand' );
  $loop = new WP_Query( $args );
  while ( $loop->have_posts() ) : $loop->the_post(); global $product; ?>

    <div class="category-slide">
      <h4><?php the_title(); ?></h4>

      <div class="category-img woocommerce">
        <a href="<?php echo get_permalink( $loop->post->ID ) ?>" title="<?php echo esc_attr($loop->post->post_title ? $loop->post->post_title : $loop->post->ID); ?>">
          <?php woocommerce_show_product_sale_flash( $post, $product ); ?>
          <?php if (has_post_thumbnail( $loop->post->ID )) echo get_the_post_thumbnail($loop->post->ID, 'shop_single'); else echo '<img src="'.woocommerce_placeholder_img_src().'" alt="image01" width="300px" height="300px" />'; ?>
        </a>
        <p itemprop="price" class="price"><?php echo $product->get_price_html(); ?></p>
        <p><?php echo apply_filters( 'woocommerce_short_description', $post->post_excerpt ) ?></p>
      </div>
      <a class="btn btn-success" href="<?php echo get_permalink( $loop->post->ID ) ?>" title="<?php echo esc_attr($loop->post->post_title ? $loop->post->post_title : $loop->post->ID); ?>">사러가기</a>
    </div>
  <?php endwhile; ?>
  <?php wp_reset_query(); ?>
</div><!--/.products-->
```

front-page.php 파일을 열고 .front-sidebar에 다음과 같은 코드를 입력합니다.

```php
<div class="span3 front-sidebar">
 <?php get_template_part('bxslider', 'content'); ?>
</div>
```

custom.js 파일에 다음의 스크립트를 추가합니다.

```
$('#category-slider').bxSlider({
  auto: true,
  adaptiveHeight: false,
  mode:'fade',
  pager:false,
  autoHover: true,
  stopAuto: false
});
```

auto는 자동으로 슬라이드되고 adaptiveHeight는 false로 지정하면 이미지의 높이가 달라져도 박스의 높이는 변하지 않습니다. 대신 이미지가 큰 것을 기준으로 높이가 정해지므로 이미지 높이가 일정한 것을 사용합니다. pager는 하단에 나타나는 둥근 아이콘이며, 이를 나타나지 않게 했습니다. autoHover는 이미지에 마우스를 올리면 정지됩니다. stopAuto는 자동 슬라이드를 정지시키는 역할을 하는데, 여기서는 다음 기능을 사용하기 위해 추가됐습니다.

레이아웃 변경

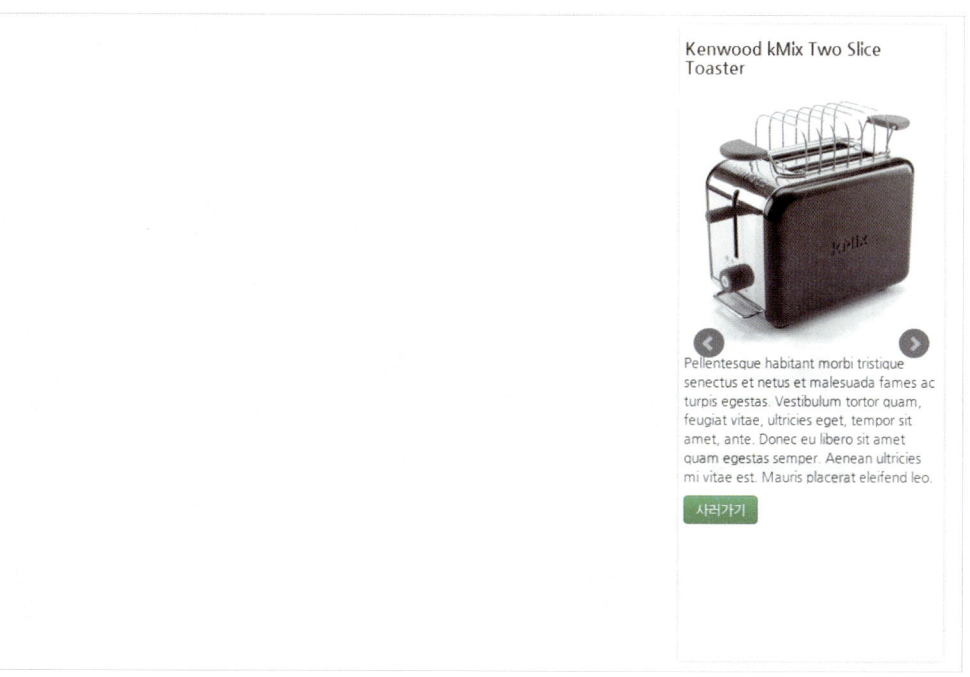

그림 2-123 bx-slider 플러그인을 적용한 결과

변경사항을 모두 저장하고 새로고침해서 보면 사이드바에 나타납니다. 내비게이션 버튼을 클릭하면 다음 상품이 나오지만 다시 자동으로 시작되지 않습니다. 그래서 첨부 파일에서 jquery.bxslider-1.js를 사용하면 이런 기능이 활성화됩니다. 테마 스타일시트에 다음과 같은 내용을 추가해 내비게이션 버튼이 보이지 않게 하고 아이템 박스에 올렸을 때만 나타나게 합니다. 이것은 이 슬라이더를 사용하는 모든 곳에 적용됩니다.

```
.bx-controls-direction { display: none;}
.bx-wrapper:hover .bx-controls-direction { display: block;}
```

위 슬라이더에 세일 상품이 있는 경우 세일 배지가 이미지의 좌측 상단에 배치되지 않을 수도 있습니다. 이 부분을 수정해보겠습니다. 이 카테고리에 세일 상품이 없으면 하나의 상품을 선택하고 상품 편집에서 세일가격을 입력하고 업데이트한 다음 위의 화면에서 해당 상품을 보면 아래처럼 나타납니다. 이 부분을 수정하려면 다음과 같이 합니다. 우선 자바스크립트 옵션에서 auto를 false로 지정하고 해당 상품이 나오게 한 다음 요소 검사를 합니다.

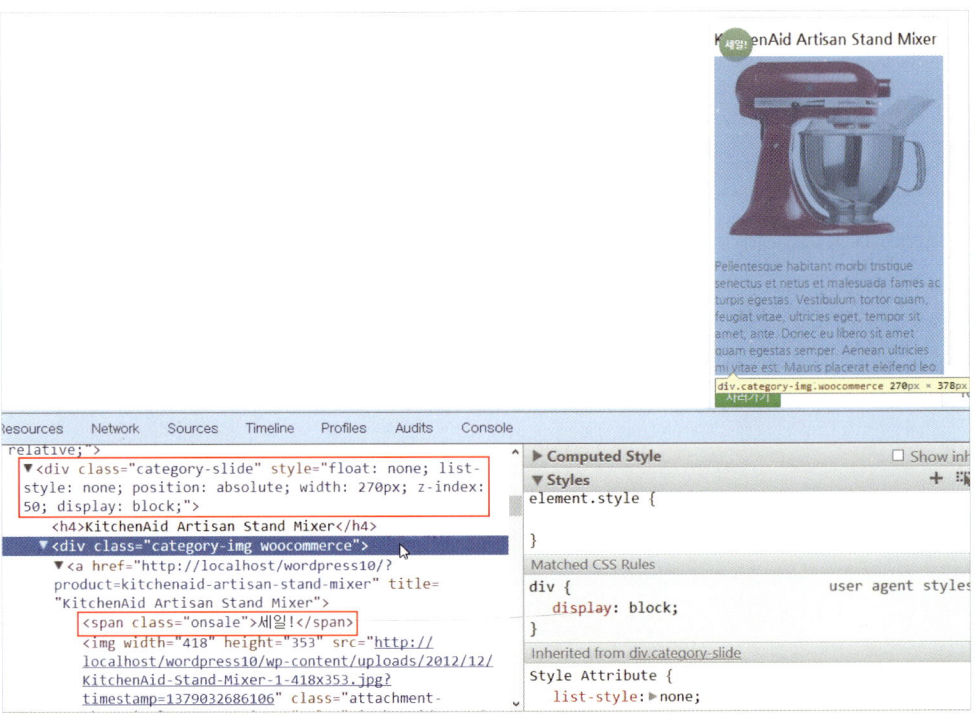

그림 2-124 세일 배지의 수정

세일 배지가 이미지를 감싸고 있는 .category-img를 기준으로 위치가 정해지지 않고 슬라이드 박스를 기준으로 위치가 정해집니다. 이곳에 절대위치 포지션이 있기 때문이죠. 그러면 다음과 같이 부모 선택자에 대해 상대위치 포지션을 설정하면 됩니다.

```
.category-img.woocommerce { position:relative; }
```

이 선택자만 특정하기 위해 함께 있는 선택자를 붙여서 사용했습니다.

05 우커머스 위젯에 bx-slider 사용하기

우커머스는 다양한 위젯이 기본으로 설치돼 있습니다. 위젯 영역에 배치만 하면 나타나죠. 그럼 이번에는 이러한 위젯에 bx-slider를 사용하는 방법을 알아보겠습니다. 위젯은 사이드바에 주로 사용하지만 위젯 등록만 하면 콘텐츠 영역에서도 사용할 수 있습니다. 위젯을 위 전면 페이지의 콘텐츠 영역에 배치해 좌측으로 하나씩 슬라이드되게 하는 것도 가능합니다.

5.1 사이드바 위젯에 bx-slider 사용하기

그림 2-125 사이드바 위젯

사이드바 위젯을 대상으로 요소 검사를 하면 구조가 ul 태그로 돼 있습니다. 더구나 각 위젯마다 해당 위젯의 이름으로 된 아이디와 클래스 선택자도 있어서 개별적으로 슬라이드 효과도 낼 수 있습니다. 사이드바 위젯은 아이템이 위아래로 배치돼 있어서 이런 곳은 수직으로 이동하는 모드를 사용하면 됩니다.

베스트 상품 위젯의 경우 다음과 같이 자바스크립트 옵션만 설정하면 바로 슬라이드가 됩니다.

```javascript
$('.sidebar .widget_best_sellers .product_list_widget').bxSlider({
easing: 'swing',
  mode: 'vertical',
slideMargin: 5,
  minSlides: 4,
  maxSlides: 10,
  moveSlides: 1,
auto:true,
pager:false,
pause:5000,
controls: true,
stopAuto: false
});
```

이 위젯은 전면 페이지에서도 사용할 것이므로 위 옵션이 사이드바에만 적용되게끔 부모 선택자를 앞에 추가해 이 위젯에만 특정합니다. 실제 슬라이더가 적용되는 것은 .product_list_widget 부분입니다. 모든 위젯이 사이드바에 있으므로 .widget_best_sellers를 제거하면 슬라이더가 모든 위젯에 적용됩니다.

위 옵션에서 mode를 vertical로 설정한 것은 수직으로 슬라이드하기 위한 것이고 이것이 없으면 기본적으로 수평 슬라이드입니다. slideMargin은 다음 상품과의 간격이고 minSlides는 최소 슬라이드 수로 4개의 상품만 나타납니다. maxSlides는 최대 슬라이드 수이고 위젯 화면에서 베스트 상품 위젯의 보여줄 상품 수를 10개로 설정합니다. moveSlides는 이동하는 슬라이드 아이템입니다. 4개의 상품 중 하나씩 이동합니다. controls는 내비게이션 버튼입니다.

사이드바에 사용하는 대부분의 위젯이 상품 목록이므로 모든 상품을 자동 슬라이드되게 하기보다는 정지된 상태로 두고 고객이 마우스를 클릭해서 슬라이드되게 하는 편이 좋습니다.

5.2 전면 페이지에 bx-slider 사용하기

전면 페이지에서는 콘텐츠 영역에 이미지를 크게 하고 좌측으로 슬라이드되게 할 예정인데, 새롭게 만드는 것이고 기존의 스타일시트 3종류가 만나는 곳이므로 이를 수정하기 위해 스타일시트가 많이 들어갑니다. 더구나 탭 형식으로 만들기 때문에 다소 복잡하지만 이런 형태의 디자인이 많이 사용되고 있습니다.

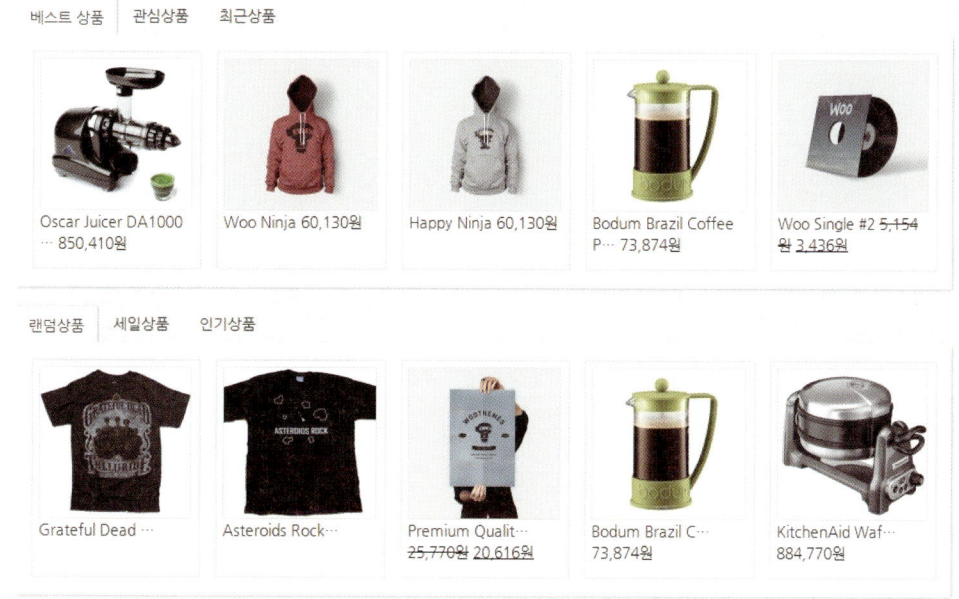

그림 2-126 사이드바 위젯을 전면 페이지에 적용한 결과

사이드바 위젯 등록

우선 functions.php 파일에 사이드바 위젯을 등록합니다.

```
register_sidebar( array(
'name' => 'best-product',
'id' => 'best-product',
'description' => '베스트 상품',
'before_widget' => '<div id="%1$s" class="widget-container %2$s">',
'after_widget' => '</div>',
'before_title' => '<h4 class="widget-title">',
```

```php
'after_title' => '</h4>',
) );
register_sidebar( array(
'name' => 'featured-product',
'id' => 'featured-product',
'description' => '관심 상품',
'before_widget' => '<div id="%1$s" class="widget-container %2$s">',
'after_widget' => '</div>',
'before_title' => '<h4 class="widget-title">',
'after_title' => '</h4>',
) );
register_sidebar( array(
'name' => 'recent-product',
'id' => 'recent-product',
'description' => '최근 상품',
'before_widget' => '<div id="%1$s" class="widget-container %2$s">',
'after_widget' => '</div>',
'before_title' => '<h4 class="widget-title">',
'after_title' => '</h4>',
) );
register_sidebar( array(
'name' => 'random-product',
'id' => 'random-product',
'description' => '랜덤 상품',
'before_widget' => '<div id="%1$s" class="widget-container %2$s">',
'after_widget' => '</div>',
'before_title' => '<h4 class="widget-title">',
'after_title' => '</h4>',
) );
register_sidebar( array(
'name' => 'sale-product',
'id' => 'sale-product',
'description' => '세일 상품',
'before_widget' => '<div id="%1$s" class="widget-container %2$s">',
'after_widget' => '</div>',
'before_title' => '<h4 class="widget-title">',
'after_title' => '</h4>',
) );
register_sidebar( array(
'name' => 'popular-product',
'id' => 'popular-product',
'description' => '인기 상품',
```

```
    'before_widget' => '<div id="%1$s" class="widget-container %2$s">',
    'after_widget' => '</div>',
    'before_title' => '<h4 class="widget-title">',
    'after_title' => '</h4>',
) );
```

탭 파일 만들기

front-tab1.php 파일을 새로 만들고 다음의 코드를 입력합니다. 이것은 부트스트랩의 탭과 탭 콘텐츠를 만드는 코드입니다. 선택자는 반드시 같은 것을 사용해야 합니다. 각 탭의 콘텐츠로 위에서 만든 사이드바 위젯을 입력합니다.

```
<div class="tabbable tabbable1">
  <ul class="nav nav-tabs">
    <li class="active"><a href="#tab1" data-toggle="tab">베스트 상품</a></li>
    <li><a href="#tab2" data-toggle="tab">관심상품</a></li>
    <li><a href="#tab3" data-toggle="tab">최근상품</a></li>
  </ul>
  <div class="tab-content product-tab">
    <div class="tab-pane active" id="tab1">
    <?php if (function_exists('dynamic_sidebar')) {
      dynamic_sidebar('best-product');
    } ?>
    </div>
    <div class="tab-pane" id="tab2">
    <?php if (function_exists('dynamic_sidebar')) {
      dynamic_sidebar('featured-product');
    } ?>
    </div>
    <div class="tab-pane" id="tab3">
    <?php if (function_exists('dynamic_sidebar')) {
      dynamic_sidebar('recent-product');
    } ?>
    </div>
  </div>
</div> <!-- /tabbable -->
```

front-tab2.php 파일을 만들고 이번에는 나머지 3개의 사이드바 위젯을 탭의 콘텐츠로 입력합니다.

```html
<div class="tabbable tabbable2">
    <ul class="nav nav-tabs">
        <li class="active"><a href="#tab4" data-toggle="tab">랜덤상품</a></li>
        <li><a href="#tab5" data-toggle="tab">세일상품</a></li>
        <li><a href="#tab6" data-toggle="tab">인기상품</a></li>
    </ul>
    <div class="tab-content product-tab">
        <div class="tab-pane active" id="tab4">
        <?php if (function_exists('dynamic_sidebar')) {
            dynamic_sidebar('random-product');
        } ?>
        </div>
        <div class="tab-pane" id="tab5">
        <?php if (function_exists('dynamic_sidebar')) {
            dynamic_sidebar('sale-product');
        } ?>
        </div>
        <div class="tab-pane" id="tab6">
        <?php if (function_exists('dynamic_sidebar')) {
            dynamic_sidebar('popular-product');
        } ?>
        </div>
    </div>
</div> <!-- /tabbable -->
```

front-page.php의 .span9에 두 개의 템플릿 파일을 가져오는 코드를 삽입합니다.

```html
<div class="span9">
    <?php get_template_part('front', 'tab1'); ?>
    <?php get_template_part('front', 'tab2'); ?>
</div>
```

레이아웃의 수정

변경사항을 모두 저장한 후 관리자 화면의 위젯 화면으로 가면 위젯 영역에 6개의 사이드바가 나타납니다. 베스트 셀러 위젯을 해당 사이드바에 배치합니다. 보여줄 상품 수를 10으로 입력하고 저장한 다음 전면 페이지로 가서 새로고침하면 다음과 같은 화면이 나타납니다.

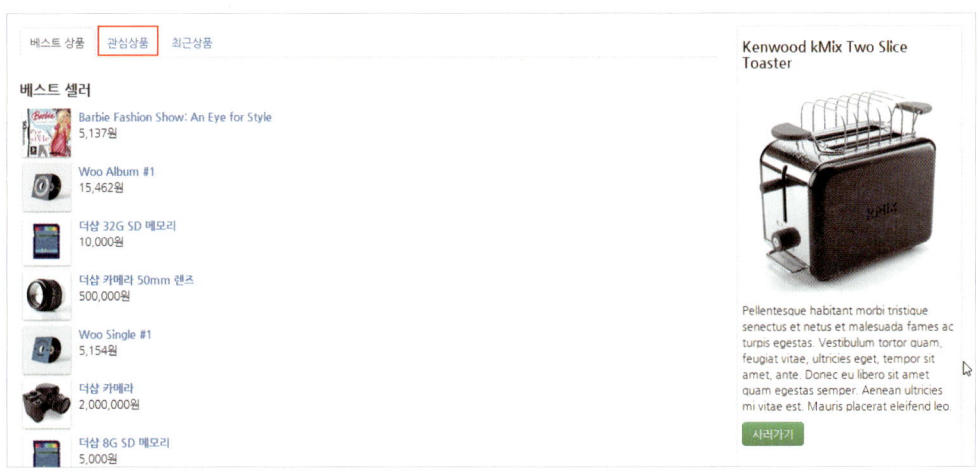

그림 2-127 사이드바 위젯 탭을 적용한 결과

다른 탭을 클릭했을 때 빈 화면이 나오면 정상입니다. 이제 베스트 상품 목록에 스타일을 적용해 좌우로 배치하겠습니다. 우선 다음의 제이쿼리 옵션만 추가해도 좌우로 배치되면서 자동으로 슬라이드됩니다.

```
$('.product-tab .product_list_widget').bxSlider({
easing: 'swing',
slideWidth: 144,
  minSlides: 5,
  maxSlides: 5,
  moveSlides: 1,
  slideMargin: 13,
auto:true,
pager:false,
pause:3000,
autoHover: true,
useCSS: false,
stopAuto: false
});
```

여기서 사용하는 이미지의 폭은 140픽셀입니다. 그런데 슬라이드 폭을 144로 지정한 것은 나중에 나오는 스타일시트에서 테두리가 양쪽에 2픽셀만큼 추가되기 때문입니다. 위 설정에서 새로운 부분은 useCSS입니다. 이것은 워드프레스 플러그인을 사용할 때 설명했듯이 CSS3

의 애니메이션 기능을 사용하는 설정인데, 이를 true로 지정하면 다른 탭을 선택했을 때 슬라이드가 작동하지 않으므로 이곳에서는 항상 false로 지정해야 합니다. 변경사항을 저장한 다음 새로고침하면 다음과 같이 표시됩니다.

그림 2-128 상품 아이템의 좌우 정렬

단계별로 스타일시트를 추가하면서 그림을 보겠습니다.

다음 단계로 기본으로 나타나는 제목을 제거하겠습니다. 이런 제목은 제거하거나 안 보이게 하기보다는 CSS의 clip 속성을 사용하는 편이 좋습니다. 나타나지는 않지만 실제 존재하기 때문에 웹 접근성 측면에서 도움이 됩니다.

```
.product-tab h4 , h1.page-title {position: absolute;clip: rect(1px, 1px, 1px, 1px);}
```

제목 글자에 대해 절대위치 포지션을 설정하고 clip 속성을 사용했습니다. 값을 rect에 1픽셀을 설정하면 4면에서 1픽셀로 자르기 때문에 0이 되면서 보이지 않습니다. 아울러 h1.page-title을 추가해서 상점 페이지 상단의 상점이라는 글자도 제거합니다.

그림 2-129 제목 제거

다음으로 탭 영역과 콘텐츠 영역의 빈 공간을 제거합니다. 즉, 부트스트랩에서 탭 영역의 하단 마진을 제거합니다.

.home .tabbable .nav {margin-bottom: 0;}

전면 페이지에서는 body 태그에 .home 선택자가 있으므로 이것을 추가해 이 페이지에 탭이 있는 경우에만 적용되게 합니다.

그림 2-130 탭 하단 마진 제거

다음 단계로 float:left;를 설정합니다. 플러그인에 의해 li 태그에 float:left;가 추가되지만 제이쿼리는 스타일시트 다음으로 늦게 작동하므로 속도가 느릴 경우 상품 아이템이 상하로 배열된 다음 다시 좌우로 배열되는 것이 보이게 됩니다. 그래서 스타일시트에서 미리 이것을 설정해두면 처음부터 좌우로 배열됩니다.

그다음으로 li 태그의 폭을 설정합니다. 폭에 !important가 들어가지 않으면 다른 탭을 선택했을 때 폭이 좁게 나타납니다. 테두리를 2픽셀로 설정하고 패딩을 5픽셀로 지정해 이미지와 테두리의 간격을 줍니다.

.product-tab .woocommerce .product_list_widget li {float:left; width: 144px !important;height: 210px;border:2px solid #e9e9e9;padding:5px;}

그림 2-131 상품 아이템의 폭과 높이 설정

콘텐츠 영역에 배경색상과 하단 마진을 설정하고 테두리는 상단이 없도록 3면만 설정합니다. 상하 여백을 주기 위해 상단과 하단 패딩을 설정합니다.

```css
.product-tab {background:#fff;margin-bottom:15px; border:1px solid #ddd;border-top:none; padding:10px 0;}
```

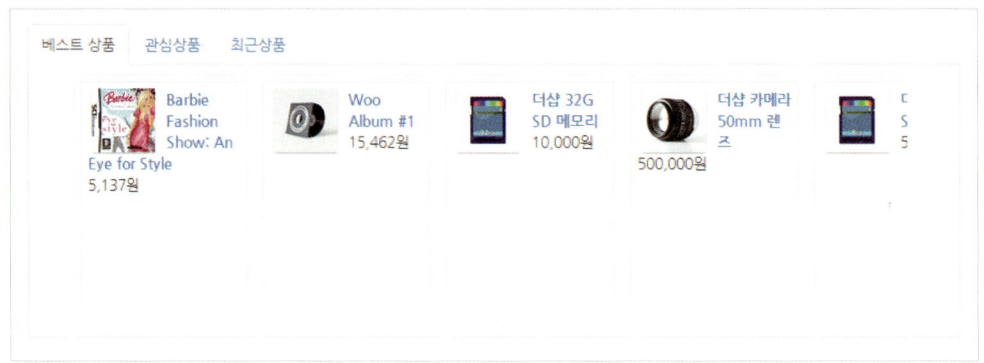

그림 2-132 상품 아이템의 테두리 설정

슬라이더의 전체 폭을 설정합니다. 아이템의 테두리가 가리지 않도록 폭을 조정합니다.

```css
.product-tab .bx-wrapper {max-width: 845px !important;}
```

그림 2-133 슬라이더의 전체 폭 설정

슬라이더 박스의 그림자 효과를 제거합니다. 모두 0으로 설정합니다.

```css
.product-tab .bx-wrapper .bx-viewport {-moz-box-shadow: 0 0 0px #ccc;-webkit-box-shadow: 0 0 0px #ccc;box-shadow: 0 0 0px #ccc;}
```

마지막으로 이미지에 대해 설정합니다.

```
.product-tab .woocommerce ul.product_list_widget li img { width: 140px;margin: 0px;
border:1px solid #e9e9e9;box-shadow: 0 0px 0px 0 rgba(0,0,0,0.3);-webkit-box-shadow: 0
0px 0px 0 rgba(0,0,0,0.3);-moz-box-shadow: 0 0px 0px 0 rgba(0,0,0,0.3);}
```

폭을 140픽셀로 지정하면 글자가 아래로 배치됩니다. 양쪽에 있는 마진을 제거하고 테두리를 1픽셀 추가한 다음 이미지에 적용된 그림자 효과를 없앱니다.

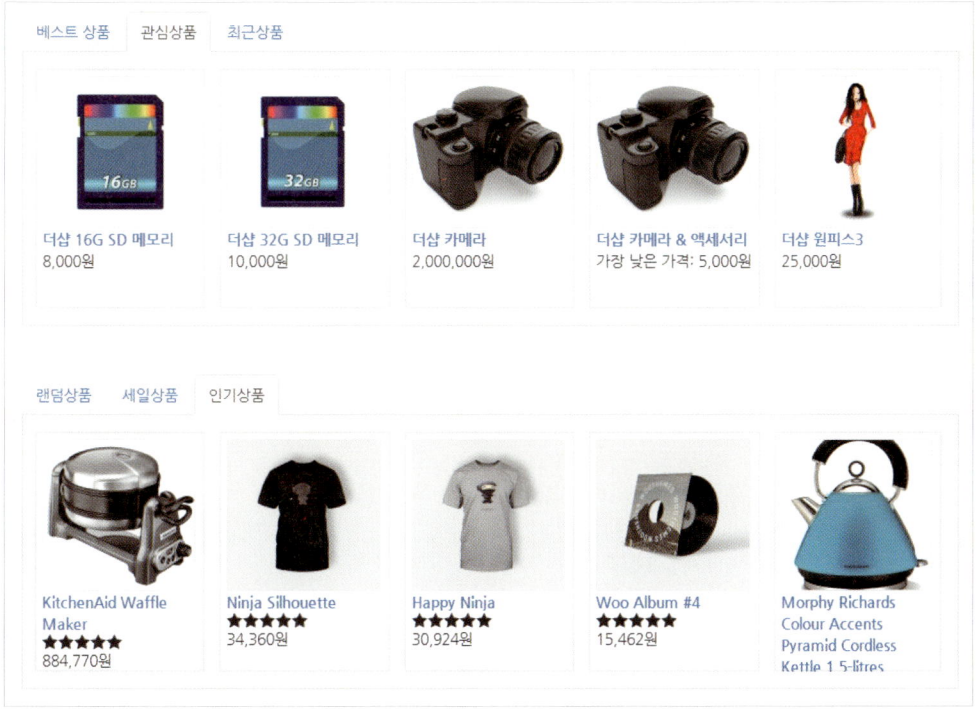

그림 2-134 모든 위젯 배치

관리자 화면의 위젯 페이지에서 5개의 위젯 영역에 탭의 글자에 해당하는 위젯을 배치하고 보여줄 상품 수를 모두 10으로 설정한 다음 저장하고 새로고침하면 모든 탭에 해당 상품이 나타납니다. 특성상품은 관심상품에 배치하고 최상위 평가상품은 인기상품에 배치합니다.

그림 2-135 좁은 폭에서의 슬라이더

브라우저의 폭을 줄이면 아이템이 외곽 테두리에 접하고 하단에 스크롤바가 나타납니다. 이 플러그인은 반응형이 지원된다고 하지만 이것은 폭이 좁을 때 우측의 요소와 겹치지 않게만 하는 것에 불과하고 초과되는 부분은 우측처럼 가려집니다. 그래서 위 그림과 같이 잘못 나타나는 부분은 다음과 같이 설정합니다.

```css
.product-tab {background:#fff;margin-bottom:15px; border:1px solid #ddd;border-top:none;padding:10px 0;overflow-x: hidden;}
@media (min-width: 980px) and (max-width: 1199px) {
생략
.product-tab { padding-left:10px; }
}
/* Portrait tablet to landscape and desktop */
@media (min-width: 768px) and (max-width: 979px) {
생략
.product-tab { padding-left:10px; }
}
/* Landscape phone to portrait tablet */
@media (max-width: 767px) {
생략
.product-tab { padding-left:10px; }
}
```

.product-tab에 대해 overflow-x:hidden;을 설정하고 각 미디어쿼리에 대해 패딩을 적용합니다.

워드프레스 플러그인 만들기 및 위젯화 08

01 워드프레스 플러그인 만들기

워드프레스 플러그인은 설치하고 활성화하면 바로 사용할 수 있는 특정 기능을 수행하는 프로그램을 의미합니다. 위에서 만든 슬라이더를 플러그인으로 만들어 위젯화하면 위젯 화면에서 원하는 곳에 배치해 사용할 수 있습니다. 전면 페이지의 사이드바에 배치한 슬라이더를 상세 페이지의 사이드바에도 사용하고자 하면 사이드바 위젯에 bxslider-content.php를 가져오는 〈?php get_template_part('bxslider', 'content'); ?〉를 사용하면 되겠지만 코드를 수정해야 하고 타인이 사용하게 하려면 관련된 모든 코드를 같이 옮겨야 합니다. 그래서 플러그인으로 만들면 사용하기가 편리해지고 다른 사용자에게 공개할 수도 있습니다. 그러면 bxslider-content.php 파일을 이용해 워드프레스 플러그인으로 만들어보겠습니다.

테마 폴더에서 bxslider-content.php 파일을 복사해 plugins 폴더로 가서 bxslider-content라는 폴더를 만들고 붙여넣은 다음 이 파일을 편집기에서 엽니다.

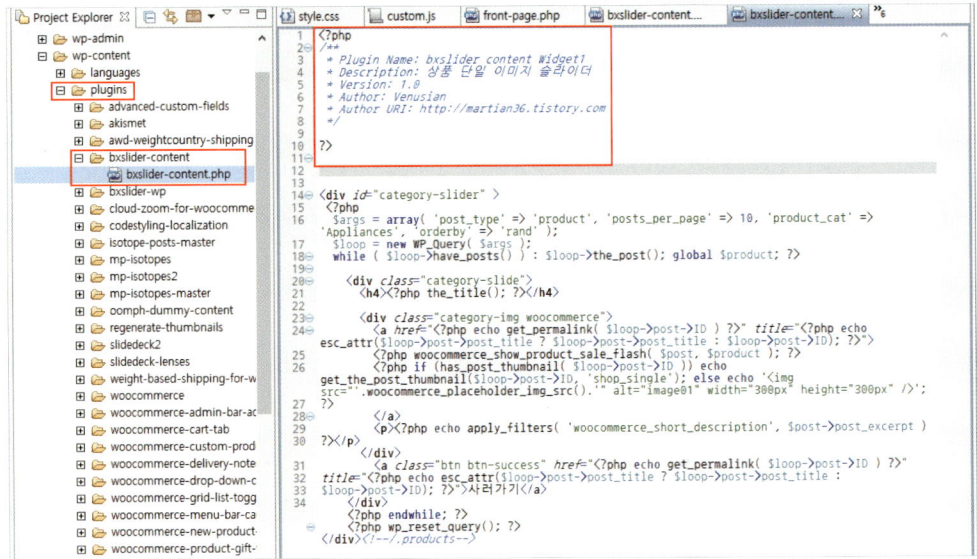

그림 2-136 플러그인 만들기

상단에 플러그인으로 인식할 수 있게 주석을 추가합니다.

```
<?php
/**
* Plugin Name: bxslider content Widget1
* Description: 상품 단일 이미지 슬라이더
* Version: 1.0
* Author: Venusian
* Author URI: http://martian36.tistory.com
*/

?>
```

플러그인은 PHP로 만들어지므로 HTML 코드가 오면 이전에 PHP로 닫아야 합니다. HTML 코드 이전에 PHP 코드를 추가할 경우 위의 ?〉 안에 삽입하면 됩니다. 변경사항을 저장한 다음 관리자 화면의 플러그인 페이지로 가면 다음과 같이 플러그인이 인식되지만 활성화하면 아직 코드가 완성되지 않아 에러가 발생합니다.

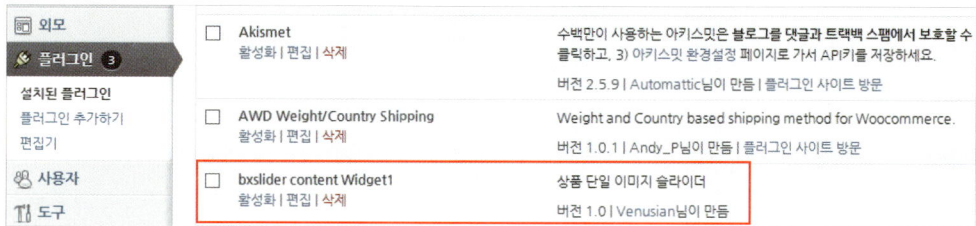

그림 2-137 설치된 플러그인 화면

위젯이란 플러그인을 기초로 위젯 화면에서 사용하기 위해 만드는 것입니다. 그러니 플러그인이라고 해서 반드시 위젯인 것은 아닙니다. 위젯을 만들려면 위젯 페이지에서 인식하고 한 번 위젯 영역에 배치하면 다른 위젯 영역에서도 재사용할 수 있게 위젯화하는 코드를 사용해야 합니다.

02 위젯 만들기

- 워드프레스 위젯 API: http://codex.wordpress.org/Widgets_API

워드프레스 코덱스의 위젯 API를 보면 다음과 같은 위젯의 기본 구조와 그다음에 나오는 사용 예제를 확인할 수 있습니다.

```
class My_Widget extends WP_Widget {

    public function __construct() {
        // widget actual processes
    }

    public function widget( $args, $instance ) {
        // outputs the content of the widget
    }

    public function form( $instance ) {
        // outputs the options form on admin
    }

    public function update( $new_instance, $old_instance ) {
        // processes widget options to be saved
```

```
        }
    }
    add_action( 'widgets_init', function(){
        register_widget( 'My_Widget' );
    });
```

public function __construct() 부분은 위젯의 구조를 만들고 워드프레스에 위젯 이름과 설명을 등록하는 부분이며, public function widget($args, $instance)은 위젯을 사이트에 출력하는 역할을 합니다. public function form($instance)은 위젯을 위젯 영역에 배치하고 나면 제목 입력상자와 같은 폼이 나타나는데, 이 부분을 담당합니다. public function update($new_instance, $old_instance)은 제목을 입력하는 것과 같은 위젯의 옵션을 설정하고 난 후 '저장' 버튼을 클릭하면 업데이트하는 역할을 합니다.

예제 코드는 다음과 같습니다.

```
    class Foo_Widget extends WP_Widget {

        /**
         * Register widget with WordPress.
         */
        function __construct() {
            parent::__construct(
                'foo_widget', // Base ID
                'Foo_Widget', // Name
                array( 'description' => __( 'A Foo Widget', 'text_domain' ), ) // Args
            );
        }

        /**
         * Front-end display of widget.
         *
         * @see WP_Widget::widget()
         *
         * @param array $args     Widget arguments.
         * @param array $instance Saved values from database.
         */
        public function widget( $args, $instance ) {
            $title = apply_filters( 'widget_title', $instance['title'] );
```

```php
        echo $args['before_widget'];
        if ( ! empty( $title ) )
            echo $args['before_title'] . $title . $args['after_title'];
        echo __( 'Hello, World!', 'text_domain' );
        echo $args['after_widget'];
    }

    /**
     * Back-end widget form.
     *
     * @see WP_Widget::form()
     *
     * @param array $instance Previously saved values from database.
     */
    public function form( $instance ) {
        if ( isset( $instance[ 'title' ] ) ) {
            $title = $instance[ 'title' ];
        }
        else {
            $title = __( 'New title', 'text_domain' );
        }
        ?>
        <p>
        <label for="<?php echo $this->get_field_id( 'title' ); ?>"><?php _e( 'Title:' ); ?></label>
        <input class="widefat" id="<?php echo $this->get_field_id( 'title' ); ?>" name="<?php echo $this->get_field_name( 'title' ); ?>" type="text" value="<?php echo esc_attr( $title ); ?>" />
        </p>
        <?php
    }

    /**
     * Sanitize widget form values as they are saved.
     *
     * @see WP_Widget::update()
     *
     * @param array $new_instance Values just sent to be saved.
     * @param array $old_instance Previously saved values from database.
     *
     * @return array Updated safe values to be saved.
```

```php
    */
    public function update( $new_instance, $old_instance ) {
        $instance = array();
        $instance['title'] = ( ! empty( $new_instance['title'] ) ) ? strip_tags( $new_instance['title'] ) ) : '';

        return $instance;
    }

}

add_action( 'widgets_init', function(){
    register_widget( 'My_Widget' );
});
```

그러면 위 예제 코드를 이용해 슬라이더의 코드를 추가해 위젯을 만들어보겠습니다.

위젯을 등록하는 부분에는 다음과 같이 위젯 이름(bxslider_content)을 설정합니다. 이 이름은 parent::__construct 부분의 이름과 일치해야 합니다. contstruct 부분은 이전의 예제 코드와는 다르게 아래와 같은 형식을 많이 사용합니다. 설치된 플러그인 페이지에서 보일 이름과 설명을 입력하기 쉽기 때문이죠. '계속 추가' 부분에 코드를 이어서 추가할 것입니다.

```php
<?php
/**
 * Plugin Name: bxslider content Widget1
 * Description: 상품 단일 이미지 슬라이더
 * Version: 1.0
 * Author: Venusian
 * Author URI: http://martian36.tistory.com
 */


class bxslider_content extends WP_Widget {

    public function __construct() {
        // widget actual processes
        $options = array(
            'Description' => '상품 단일 이미지 슬라이더',
            'name'        => 'bxslider content widget1'
```

```
        );
        parent::__construct('bxslider_content', '', $options);
    }

    //계속 추가

}
?>

<div id="category-slider" >
```

다음으로는 사이트에 출력될 내용입니다. 이미 슬라이더 코드가 있으니 이 코드 이전에 슬라이더에서 사용하게 될 변수를 불러오는 곳입니다. 이 플러그인에서는 최소한의 옵션을 사용하기 위해 단순화했으며, 필요한 것은 제목 부분과 카테고리를 출력하는 것입니다. 또한 이 위젯을 한 페이지에서 여러 곳에 사용하는 경우에 대비해 아이디 선택자를 다르게 지정해야합니다. 그래서 아이디에 서로 다른 숫자를 추가하기 위해 $id = rand(100, 100000);를 추가했습니다. 100부터 100000까지 무작위로 숫자를 생성합니다. 웹 페이지에서 아이디는 하나만 사용할 수 있죠.

그다음으로 제이쿼리 옵션을 추가합니다. 이 부분은 별도의 js 파일을 만들어 사용할 수 있지만 스타일시트 아이디에 숫자를 추가하려면 이곳에 삽입해야 합니다. #category-slider에 -<?php echo $id;?>가 추가됐습니다.

```
        parent::__construct('bxslider_content', '', $options);
    }

    public function widget( $args, $instance ) {
        // outputs the content of the widget
        extract($args);

        $instance = wp_parse_args( (array) $instance, array( 'title' => '', 'category_id' => 0 ) );

        $title = apply_filters('widget_title', empty($instance['title']) ? '' : $instance['title'], $instance, $this->id_base);
        $category_id = $instance['category_id'];
        $id = rand(100, 100000);
        echo $args['before_widget'];
```

```php
    if ( ! empty( $title ) )
      echo $args['before_title'] . $title . $args['after_title'];
    echo $args['after_widget'];

?>

    <script>
jQuery(document).ready(function($){

    $('#category-slider-<?php echo $id;?>').bxSlider({
      auto: true,
      adaptiveHeight: false,
      mode:'fade',
      pager:false,
      autoHover: true,
      stopAuto: false
    });

});
    </script>
<div id="category-slider-<?php echo $id;?>" >
```

다음으로 반복문 이전에 다음에 설명할 드롭다운 메뉴에서 카테고리를 선택하면 이곳에서 변수를 이어받아 해당 카테고리의 상품을 출력하게 합니다. 이전에는 카테고리 이름을 직접 입력했었죠. $term 부분에서 카테고리 아이디를 불러오고 'product_cat' => $term->name 에서 카테고리 아이디를 카테고리 이름으로 전환합니다. 이곳의 요약글 부분은 <?php echo bx_excerpt(30); ?>을 사용해 단어를 30개로 제한합니다. 이미 이전에 이 함수를 사용하기 위해 functions.php 파일에 추가한 적이 있죠.

```php
<div id="category-slider" >
 <?php
$term = get_term( $category_id, 'product_cat' );
$args = array( 'post_type' => 'product', 'posts_per_page' => 10, 'product_cat' => $term->name, 'orderby' => 'rand' );
$loop = new WP_Query( $args );
생략
<p><?php echo bx_excerpt(30); ?></p>
생략
</div><!--/.products-->
```

다음으로 관리자 화면의 위젯 영역에서 표시될 폼을 만듭니다. 제목과 모든 카테고리를 표시할 선택박스를 각각 하나씩 만듭니다.

```php
    </div><!--/.products-->

<?php
  }

  public function form( $instance ) {
    // outputs the options form on admin
    $instance = wp_parse_args( (array) $instance, array( 'title' => '', 'category_id' => 0 ) );

    $widget_id = str_replace('bxslider-','',$this->id);

    $title = esc_attr($instance['title']);
    $category_id = $instance['category_id'];
    ?>
    <p>
    <label for="<?php echo $this->get_field_name( 'title' ); ?>"><?php _e( 'Title:' ); ?></label>
    <input class="widefat" id="<?php echo $this->get_field_id( 'title' ); ?>" name="<?php echo $this->get_field_name( 'title' ); ?>" type="text" value="<?php echo esc_attr( $title ); ?>" />
    </p>
    <p><label for="<?php echo $this->get_field_id('category_id'); ?>"><?php _e('Category:', 'bxslider_content'); ?></label>
    <?php wp_dropdown_categories( array('orderby' => 'name', 'selected' => $category_id, 'name' => $this->get_field_name('category_id'), 'id' => $this->get_field_id('category_id'), 'class' => 'widefat', 'depth' => true, 'taxonomy' => 'product_cat') ); ?>
    </p>
    <?php
  }
```

다음으로 '저장' 버튼을 클릭할 경우 업데이트하는 부분입니다. 제목과 카테고리만 있죠.

```php
<?php
  }

  public function update( $new_instance, $old_instance ) {
```

```php
    // processes widget options to be saved
    $instance = $old_instance;
    $instance['title'] = esc_attr($new_instance['title']);
    $instance['category_id'] = $new_instance['category_id'];
    return $instance;
  }
}
```

마지막으로 위젯을 등록하는 부분입니다.

```php
function myplugin_register_widgets() {
  register_widget( 'bxslider_content' );
}

add_action( 'widgets_init', 'myplugin_register_widgets' );
```

전체 코드는 다음과 같습니다.

```php
<?php
/**
 * Plugin Name: bxslider content Widget1
 * Description: 상품 단일 이미지 슬라이더
 * Version: 1.0
 * Author: Venusian
 * Author URI: http://martian36.tistory.com
 */


class bxslider_content extends WP_Widget {

  public function __construct() {
    // widget actual processes
    $options = array(
      'Description' => '상품 단일 이미지 슬라이더',
      'name'        => 'bxslider content widget1'
    );
    parent::__construct('bxslider_content', '', $options);
  }

  public function widget( $args, $instance ) {
```

```php
    // outputs the content of the widget

    extract($args);

    $instance = wp_parse_args( (array) $instance, array( 'title' => '', 'category_id' => 
0 ) );

    $title = apply_filters('widget_title', empty($instance['title']) ? '' : 
$instance['title'], $instance, $this->id_base);
    $category_id = $instance['category_id'];
        $id = rand(100, 100000);
    echo $args['before_widget'];
    if ( ! empty( $title ) )
      echo $args['before_title'] . $title . $args['after_title'];

    echo $args['after_widget'];

?>
    <script>
jQuery(document).ready(function($){

    $('#category-slider-<?php echo $id;?>').bxSlider({
      auto: true,
      adaptiveHeight: false,
      mode:'fade',
      pager:false,
      autoHover: true,
      stopAuto: false
    });

});
    </script>
<div id="category-slider-<?php echo $id;?>" >
 <?php
        $term = get_term( $category_id, 'product_cat' );
        $args = array( 'post_type' => 'product', 'posts_per_page' => 10, 'product_cat' 
=> $term->name, 'orderby' => 'rand' );
        $loop = new WP_Query( $args );
     while ( $loop->have_posts() ) : $loop->the_post(); global $product; ?>

    <div class="category-slide">
```

```php
        <h5><?php the_title(); ?></h5>

        <div class="category-img woocommerce">
            <a href="<?php echo get_permalink( $loop->post->ID ) ?>" title="<?php echo esc_attr($loop->post->post_title ? $loop->post->post_title : $loop->post->ID); ?>">
            <?php woocommerce_show_product_sale_flash( $post, $product ); ?>
            <?php if (has_post_thumbnail( $loop->post->ID )) echo get_the_post_thumbnail($loop->post->ID, 'shop_single'); else echo '<img src="'.woocommerce_placeholder_img_src().'" alt="image01" width="300px" height="300px" />'; ?>
            </a>
            <p itemprop="price" class="price"><?php echo $product->get_price_html(); ?></p>
            <p><?php echo bx_excerpt(30); ?></p>
        </div>
            <a class="btn btn-success" href="<?php echo get_permalink( $loop->post->ID ) ?>" title="<?php echo esc_attr($loop->post->post_title ? $loop->post->post_title : $loop->post->ID); ?>">사러가기</a>
    </div>
    <?php endwhile; ?>
    <?php wp_reset_query(); ?>
</div><!--/.products-->

<?php
  }

  public function form( $instance ) {
    // outputs the options form on admin

    $instance = wp_parse_args( (array) $instance, array( 'title' => '', 'category_id' => 0 ) );

    $widget_id = str_replace('bxslider-','',$this->id);

    $title = esc_attr($instance['title']);
    $category_id = $instance['category_id'];
    ?>
    <p>
    <label for="<?php echo $this->get_field_name( 'title' ); ?>"><?php _e( 'Title:' ); ?></label>
    <input class="widefat" id="<?php echo $this->get_field_id( 'title' ); ?>" name="<?php echo $this->get_field_name( 'title' ); ?>" type="text" value="<?php echo esc_attr( $title ); ?>" />
```

```php
        </p>
        <p><label for="<?php echo $this->get_field_id('category_id'); ?>"><?php _
e('Category:', 'bxslider_content'); ?></label>
        <?php wp_dropdown_categories( array('orderby' => 'name', 'selected' => $category_id,
'name' => $this->get_field_name('category_id'), 'id' => $this->get_field_id('category_
id'), 'class' => 'widefat', 'depth' => true, 'taxonomy' => 'product_cat') ); ?>
        </p>
        <?php
    }

    public function update( $new_instance, $old_instance ) {
        // processes widget options to be saved
        $instance = $old_instance;
        $instance['title'] = esc_attr($new_instance['title']);
        $instance['category_id'] = $new_instance['category_id'];
        return $instance;
    }
}

function myplugin_register_widgets() {
    register_widget( 'bxslider_content' );
}

add_action( 'widgets_init', 'myplugin_register_widgets' );
```

03 슬라이더 위젯을 사이드바에 배치하기

functions.php 파일에 전면 페이지에서 사용할 사이드바를 등록합니다.

```php
register_sidebar( array(
'name' => 'front-sidebar',
'id' => 'front-sidebar',
'description' => '프론트 사이드바',
'before_widget' => '<div id="%1$s" class="widget-container %2$s">',
'after_widget' => '</div>',
'before_title' => '<h4 class="widget-title">',
'after_title' => '</h4>',
) );
```

front-page.php 파일의 .front-sidebar에서 〈?php get_template_part('bxslider', 'content'); ?〉를 제거하고 위에서 등록한 사이드바를 가져오기 합니다.

```
<div class="span12 footer-widget">
    <?php if ( dynamic_sidebar('front-sidebar') ) : else : endif; ?>
</div>
```

설치된 플러그인 페이지에서 플러그인을 활성화하고 위젯 페이지에서 위젯을 프론트 사이드바에 배치합니다. 제목은 필요없으니 비워두고, 카테고리 드롭다운 메뉴에서 원하는 카테고리를 선택합니다. 하나의 사이드바에 두 개를 배치해도 됩니다. 변경사항을 저장한 다음 사이트에서 봤을 때 제대로 나와야 정상입니다.

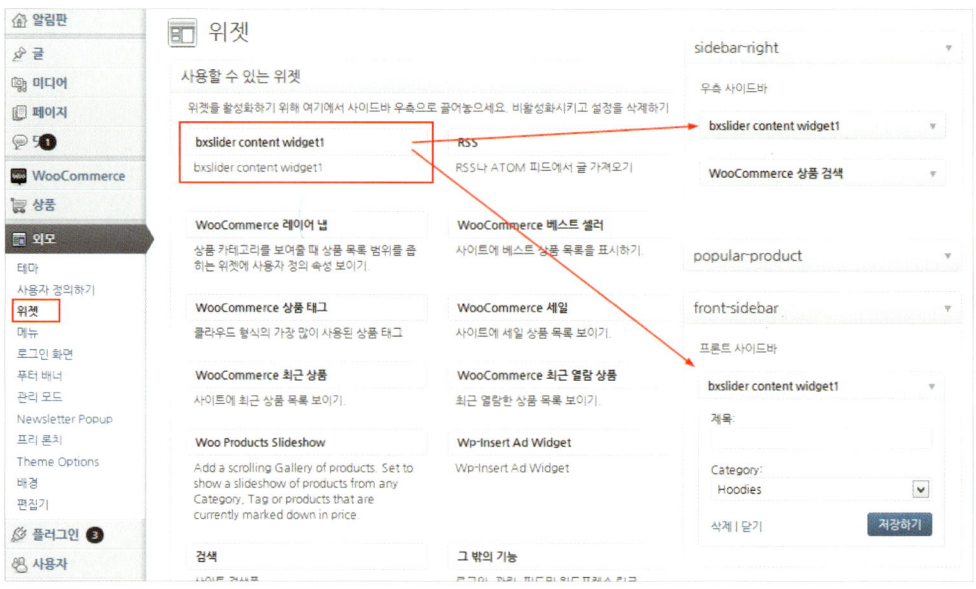

그림 2-138 위젯 배치

우측 사이드바의 상품 검색 위에도 다른 카테고리를 선택해서 배치하고 상세 페이지에서 잘 나타나는지 확인합니다.

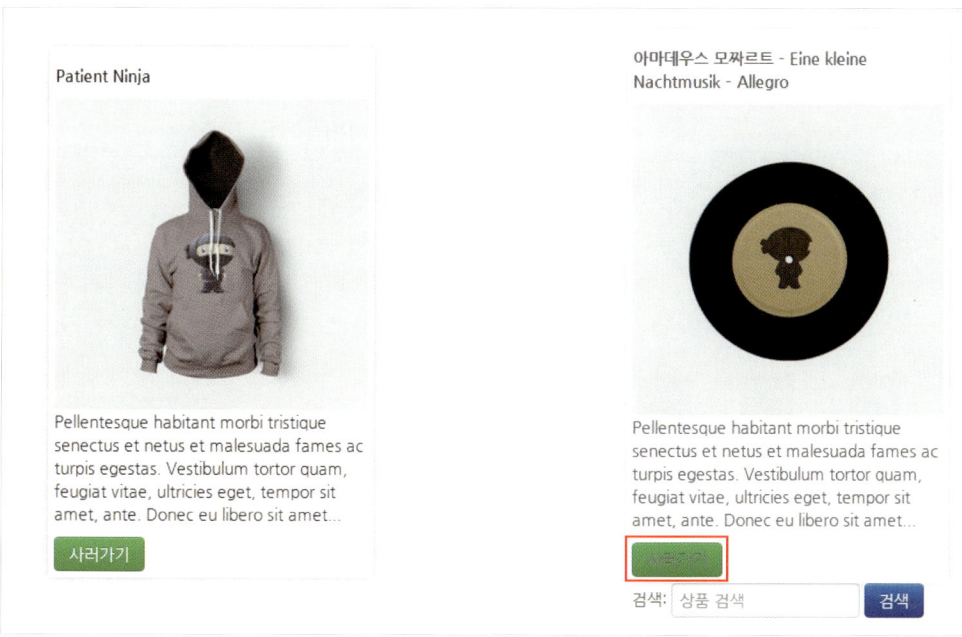

그림 2-139 상세 페이지의 위젯

프론트 사이드바에는 잘 나오지만 상세 페이지에는 아래의 검색박스와 붙어있고 버튼의 글자 색이 어둡습니다. 이는 사이드바의 스타일시트가 적용됐기 때문입니다. 그러면 이 플러그인을 다른 사이트에서 사용할 경우에 대비해 이 플러그인의 스타일시트와 자바스크립트를 포함시키는 방법을 알아보겠습니다.

04 플러그인 패키지 만들기

플러그인 폴더에 bxslider 제이쿼리 플러그인의 자바스크립트(jquery.bxslider-1.js)와 스타일시트(jquery.bxslider.css), images 폴더를 복사해 붙여넣습니다. 개별 스타일시트를 추가하기 위한 bxslider-content.css 파일을 만듭니다.

bxslider-content.css에는 형제 선택자를 이용해 다음과 같은 코드를 작성합니다. 슬라이더의 가장 외곽에 대해 마진을 설정해야 하는데, 여러 곳에서 이 슬라이더를 사용할 경우 이 슬라이더만 특정해서 마진을 설정할 수 없습니다. 이 위젯에 특별한 선택자가 있기는 하지만 전체를 감싸는 선택자가 아닙니다. 요소 검사를 하면 다음과 같습니다.

```
.widget_bxslider_content + script + .bx-wrapper { margin:15px 0 !important; }
```

그림 2-140 플러그인 패키지 만들기

위에서 bxslider_content-7이라는 아디디 선택자와 뒤에 여러 가지 클래스 선택자가 있는 것은 플러그인에서 $args['before_widget']에 의해 만들어진 것입니다. 그런데 이곳은 플러그인의 제목이 배치되는 곳으로 위젯 영역에서 제목을 입력하지 않고 저장했기 때문에 아무 것도 없이 태그가 닫히고 있죠. 그러면 이곳에 있는 선택자를 이용해 .bx-wrapper를 선택하고 싶을 경우 선택자를 플러스 기호로 연결하면 마지막에 있는 선택자가 특정됩니다. 즉, .widget_bxslider_content와 script가 앞에 있는 경우에만 .bx-wrapper가 선택되는 것입니다. 그러면 이 위젯에 대해서만 특정한 스타일시트를 입력할 수 있는 것이고 어느 사이트에 사용하더라도 같은 결과가 나타날 것입니다.

다음으로 아이템에 마우스를 올렸을 때 내비게이션 버튼이 나타나도록 설정한 스타일시트를 복사해 붙여넣습니다.

```
.bx-controls-direction { display: none;}
.bx-wrapper:hover .bx-controls-direction { display: block;}
```

다음에는 녹색의 부트스트랩 버튼 부분인데, 이 하나의 플러그인을 위해 부트스트랩 전체 파일을 추가할 수는 없으므로 녹색 버튼 관련 부분만 요소 검사를 통해 복사해 붙여넣습니다. 자바스크립트 옵션에서 auto를 false로 설정해야 복사됩니다. 참고로 애니메이션 중인 상태에서 블록을 설정하면 잠시 후 사라집니다.

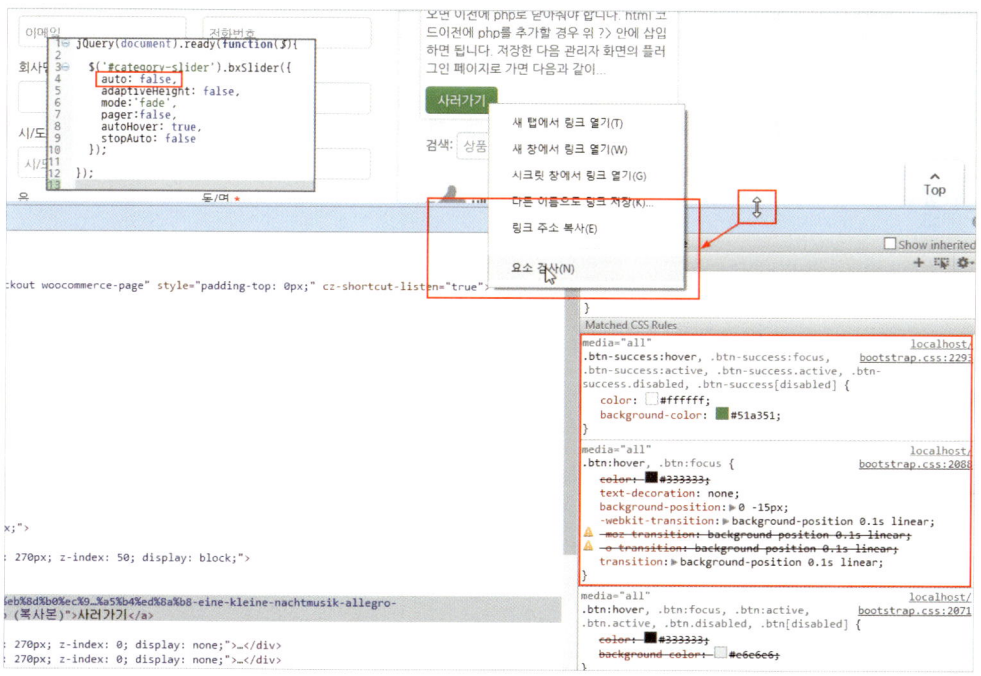

그림 2-141 부트스트랩 코드 복사

녹색 버튼과 관련된 모든 스타일시트를 복사하려면 요소 검사를 위해 마우스 오른쪽 버튼을 클릭했을 때 컨텍스트 메뉴와 스타일시트 창이 겹치도록 창을 끌어서 올린 상태에서 버튼에 마우스를 올리고, 마우스 오른쪽 버튼을 클릭한 다음 요소 검사를 선택하면 됩니다. 반드시 auto 모드를 false로 지정해야 코드를 블록 설정할 수 있습니다. 아래와 같은 순서로 .btn, .btn-success, .btn-success:hover의 스타일시트를 붙여넣어야 합니다. 특히 부트스트랩의 버튼은 CSS3의 transition을 사용하기 때문에 이 부분도 복사해야 합니다. 모두 복사한 후 각 선택자 앞에 .bx-wrapper를 추가합니다.

```css
.bx-wrapper .btn {
display: inline-block;
padding: 4px 12px;
생략
-webkit-box-shadow: inset 0 1px 0 rgba(255,255,255,.2), 0 1px 2px rgba(0,0,0,.05);
-moz-box-shadow: inset 0 1px 0 rgba(255,255,255,.2), 0 1px 2px rgba(0,0,0,.05);
box-shadow: inset 0 1px 0 rgba(255,255,255,.2), 0 1px 2px rgba(0,0,0,.05);
}


.bx-wrapper .btn-success {
color: #ffffff !important;
생략
filter: progid:DXImageTransform.Microsoft.gradient(enabled = false);
}


.bx-wrapper .btn-success:hover, .bx-wrapper .btn-success:focus, .bx-wrapper .btn-success:active, .bx-wrapper .btn-success.active, .bx-wrapper .btn-success.disabled, .bx-wrapper .btn-success[disabled] {
color: #ffffff;
background-color: #51a351;
}

.bx-wrapper .btn:hover, .bx-wrapper .btn:focus {
color: #333333;
text-decoration: none;
background-position: 0 -15px;
-webkit-transition: background-position 0.1s linear;
-moz-transition: background-position 0.1s linear;
-o-transition: background-position 0.1s linear;
transition: background-position 0.1s linear;
}
```

요약 글의 단어 수를 제한하는 코드도 플러그인 파일 하단에 붙여넣고 excerpt 앞에 bx_를 추가해 다른 코드와의 중복을 방지합니다.

```php
function bx_excerpt($limit) {
  $bx_excerpt = explode(' ', get_the_excerpt(), $limit);
  if (count($bx_excerpt)>=$limit) {
```

```
    array_pop($bx_excerpt);
    $bx_excerpt = implode(" ",$bx_excerpt).'...';
  } else {
    $bx_excerpt = implode(" ",$bx_excerpt);
  }
  $bx_excerpt = preg_replace('`\[[^\]]*\]`','',$bx_excerpt);
  return $bx_excerpt;
}
```

요약 글 출력 부분에도 bx_를 추가합니다.

```
<p><?php echo bx_excerpt(30); ?></p>
```

플러그인 파일에서 function widget 부분에 다음과 같이 3개의 파일을 링크합니다. 테마 functions.php 파일에 외부 파일을 링크하는 방법과 같지만 경로의 형태가 다릅니다.

```
public function widget( $args, $instance ) {
  // outputs the content of the widget
  wp_enqueue_style( 'bxslider-style', plugins_url('jquery.bxslider.css', __FILE__) );
  wp_enqueue_script( 'bxslider-script', plugins_url('jquery.bxslider-1.js', __FILE__) );
  wp_enqueue_style( 'bxslider-content-style', plugins_url('bxslider-content.css', __FILE__) );
  extract($args);
```

모두 저장하고 새로고침해서 확인합니다.

현재의 테마에서는 여러 가지 스타일시트 설정으로 인해 이 플러그인에 영향을 주고 있으므로 정확한 스타일시트 설정을 위해 다른 워드프레스 테마를 활성화하고 실험해봐야 합니다.

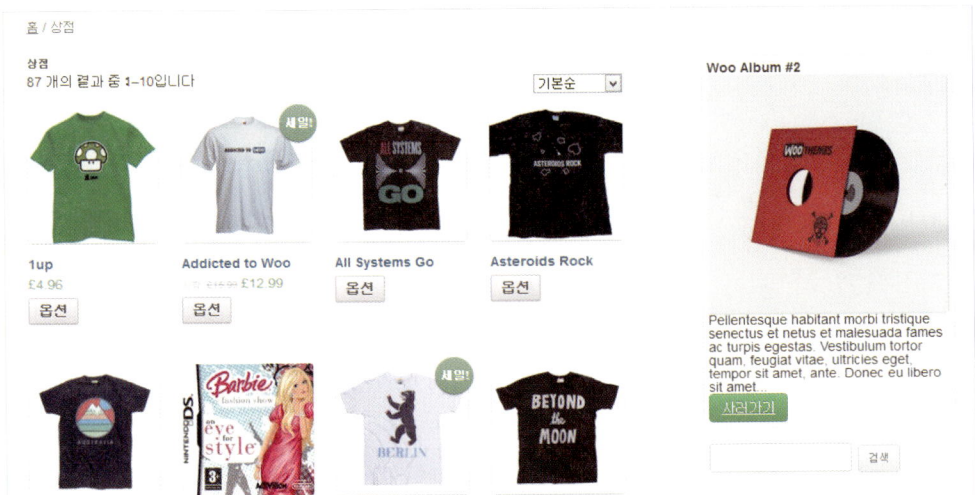

그림 2-142 다른 테마에서의 테스트

Twenty Twelve 테마에서 사용해보니 작동은 잘 되는데, 이미지의 상하 마진이 필요하고 p 태그 부분도 line-height가 필요합니다. 버튼에는 text-decoration을 제거해야겠죠.

05 캐러젤 슬라이더의 외부 플러그인

캐러젤 콘텐트 파일도 플러그인으로 만들어 위젯화할 수 있으니 직접 만들어 보는 것도 좋습니다. 자바스크립트와 스타일시트 링크를 추가하기 전의 carousel-content.php 파일의 전체 내용을 보면 다음과 같습니다.

```php
<?php
/**
 * Plugin Name: Carousel Content Slider
 * Description: 3개의 아이템을 슬라이드하는 캐러젤 컨텐트 슬라이더
 * Version: 1.0
 * Author: Venusian
 * Author URI: http://martian36.tistory.com
 */

class Carousel_Content extends WP_Widget {

    public function __construct() {
```

```
        // widget actual processes
        $options = array(
            'Description' => '3개의 아이템을 슬라이드하는 캐러젤 컨텐트 슬라이더',
            'name'                    => 'Carousel Content'
        );
        parent::__construct('Carousel_Content', '', $options);
    }

    public function widget( $args, $instance ) {
        // outputs the content of the widget
        extract($args);

        $instance = wp_parse_args( (array) $instance, array( 'title' => '', 'category_id' => 0 ) );

        $title = apply_filters('widget_title', empty($instance['title']) ? '' : $instance['title'], $instance, $this->id_base);
        $category_id = $instance['category_id'];
        $id = rand(100, 100000);
        echo $args['before_widget'];
        if ( ! empty( $title ) )
            echo $args['before_title'] . $title . $args['after_title'];

        echo $args['after_widget'];
        ?>
    <script>
    jQuery(document).ready(function($){

        $('#ca-container-<?php echo $id;?>').contentcarousel({
            // speed for the sliding animation
          sliderSpeed     : 1000,
          // easing for the sliding animation
          sliderEasing    : 'easeOutExpo',
          // speed for the item animation (open / close)
          itemSpeed       : 500,
          // easing for the item animation (open / close)
          itemEasing      : 'easeOutExpo',
          // number of items to scroll at a time
          scroll          : 1
        });
```

```php
    });
    </script>
            <div id="ca-container-<?php echo $id;?>" class="ca-container">


                <div class="ca-wrapper">

                    <?php
                    $term = get_term( $category_id, 'product_cat' );

            $args = array( 'post_type' => 'product', 'posts_per_page' => 10, 'product_cat' => $term->name, 'orderby' => 'rand' );

                    $loop = new WP_Query( $args );
                    while ( $loop->have_posts() ) : $loop->the_post(); global $product; ?>
                        <div class="ca-item">
                            <div class="ca-item-main">
                                <div class="woocommerce">
                                    <?php if (has_post_thumbnail( $loop->post->ID )) echo get_the_post_thumbnail($loop->post->ID, 'shop_thumbnail'); else echo '<img src="'.woocommerce_placeholder_img_src().'" alt="image01" width="300px" height="300px" />'; ?>
                                </div>
                                <h3><?php the_title(); ?></h3>
                                <p itemprop="price" class="price"><?php echo $product->get_price_html(); ?></p>
                                <h4>
                                    <span class="ca-quote">&ldquo;</span>
                                    <span class="short-desc1"><?php echo ca_excerpt(20); ?></span>
                                </h4>
                                <a href="#" class="ca-more">more...</a>
                            </div>
                            <div class="ca-content-wrapper">
                                <div class="ca-content">
                                    <h6><?php the_title(); ?></h6>
                                    <a href="#" class="ca-close">close</a>
                                    <div class="ca-content-text">
                                        <p><?php the_excerpt(); ?></p>
                                    </div>
                                    <ul class="unstyled">
                                        <li><a href="<?php echo get_permalink( $loop->post-
```

```php
                                    >ID ) ?>" title="<?php echo esc_attr($loop->post->post_title ? $loop->post->post_title : $loop->post->ID); ?>">더보기</a>
                                </li>
                            </ul>
                        </div>
                    </div>
                </div>
            <?php endwhile; ?>
            <?php wp_reset_query(); ?>


        </div>
    </div>

<?php
    }

    public function form( $instance ) {
        // outputs the options form on admin

        $instance = wp_parse_args( (array) $instance, array( 'title' => '', 'category_id' => 0 ) );

        $widget_id = str_replace('Carousel-','',$this->id);

        $title = esc_attr($instance['title']);
        $category_id = $instance['category_id'];
        ?>
        <p>
        <label for="<?php echo $this->get_field_name( 'title' ); ?>"><?php _e( 'Title:' ); ?></label>
        <input class="widefat" id="<?php echo $this->get_field_id( 'title' ); ?>" name="<?php echo $this->get_field_name( 'title' ); ?>" type="text" value="<?php echo esc_attr( $title ); ?>" />
        </p>
        <p><label for="<?php echo $this->get_field_id('category_id'); ?>"><?php _e('Category:', 'Carousel_Content_widget'); ?></label>
        <?php wp_dropdown_categories( array('orderby' => 'name', 'selected' => $category_id, 'name' => $this->get_field_name('category_id'), 'id' => $this->get_field_id('category_id'), 'class' => 'widefat', 'depth' => true, 'taxonomy' => 'product_cat') ); ?>
        </p>
```

```php
        <?php
    }

    public function update( $new_instance, $old_instance ) {
        // processes widget options to be saved
        $instance = $old_instance;
        $instance['title'] = esc_attr($new_instance['title']);
        $instance['category_id'] = $new_instance['category_id'];


        return $instance;
    }
}
function myplugin_register_widgets2() {
    register_widget( 'Carousel_Content' );
}

add_action( 'widgets_init', 'myplugin_register_widgets2' );

function ca_excerpt($limit) {
  $ca_excerpt = explode(' ', get_the_excerpt(), $limit);
  if (count($ca_excerpt)>=$limit) {
    array_pop($ca_excerpt);
    $ca_excerpt = implode(" ",$ca_excerpt).'...';
  } else {
    $ca_excerpt = implode(" ",$ca_excerpt);
  }
  $ca_excerpt = preg_replace('`\[[^\]]*\]`','',$ca_excerpt);
  return $ca_excerpt;
}
```

이 파일을 이용해 관련 자바스크립트와 CSS 파일, 이미지 등을 붙여넣고 만들어보세요.

09 기타 페이지, 푸터 만들기

01 고객 1:1 질문 페이지, 찾아오는 길 페이지 만들기

1:1 질문 페이지는 고객의 질문사항을 받는 곳으로, 플러그인을 사용해서 만듭니다. 젯팩 플러그인을 사용할 경우 콘택트 폼 플러그인을 사용하면 되고 젯팩을 사용하지 않는 경우에는 이 플러그인팩에 포함된 것과 같은 플러그인인 grunion을 사용하면 됩니다. 젯팩은 유용한 플러그인이 많이 포함된 플러그인 클라우드입니다. 플러그인 전체가 번역돼 있으며, 워드프레스닷컴 아이디가 있으면 연결해서 사용할 수 있으나 로컬호스트에서는 사용할 수 없고 웹 호스트에서만 사용할 수 있습니다. 자세한 사용법은 제 블로그 글(http://martian36.tistory.com/993 이후 다수 글 참고)을 참고하고, 여기서는 grunion을 설치해 페이지를 만들어 다음에 나오는 푸터에 사용할 것입니다.

찾아오는 길은 구글 맵을 사용하는데, 이것도 플러그인을 설치하면 단축 코드를 이용해 원하는 곳은 어디든지 지도에 표시할 수 있습니다.

설치된 플러그인 화면에서 Grunion Contact Form과 Theme Blvd Responsive Google Maps를 활성화합니다. 구글 맵 플러그인은 단축 코드를 사용하며, 원하는 곳에 설정을 다르게 해서 배치할 수 있습니다.

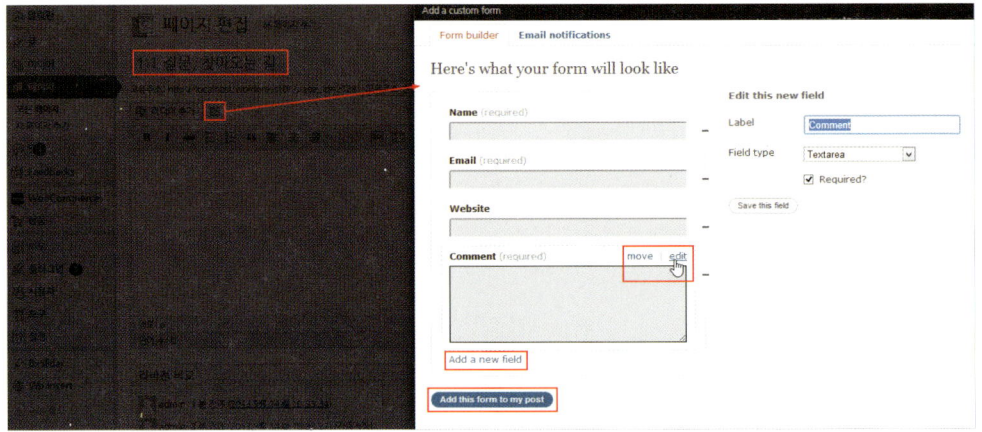

그림 2-143 Grunion 플러그인 사용하기

'페이지' → '새 페이지 추가'에서 제목을 입력하고 '미디어 추가' 버튼 옆의 아이콘을 클릭하면 폼을 만들 수 있는 창이 나타납니다. 입력 박스에 마우스를 올리면 move와 edit 링크가 나타나며 이동하거나 편집할 수 있습니다. 새로운 입력상자를 추가하려면 Add a new field 링크를 클릭합니다. Email Notification에서 이메일 알림 받기를 설정할 수도 있습니다. 편집은 나중에 하고 그대로 하단의 Add this form to my post 버튼을 클릭합니다.

그림 2-144 단축 코드 편집

편집 화면에 단축 코드가 가로로 있는 것을 위 그림과 같이 보기 편하게 세로로 정렬한 다음 label을 한글로 수정해서 입력합니다. 이름 부분을 복사해 바로 아래에 빈칸을 만들고 붙여 넣은 다음 전화번호로 레이블을 고치고 type에 tel을 입력합니다. 이 타입은 아직은 지원하지는 않는 속성값이지만 나중에 지원할 경우에 대비해 미리 입력해두는 것이며, 그때까지는 type="text"로 인식됩니다.

폼의 하단에 구글 맵 단축 코드를 입력합니다. 단축 코드는 아래와 같은 형태이며, address에 주소를 외국 주소든 국내 주소든 입력하면 됩니다. 반응형이라서 브라우저의 폭에 따라 늘어나거나 줄어들지만 확대 비율은 그대로입니다. zoom에는 1~19 범위의 숫자를 지정할 수 있으며, 19가 최대로 확대한 지도입니다.

```
[tb_google_map address="역삼동 829" html="더샵" maptype="roadmap" zoom="18" popup="true" ]
```

나머지 다른 옵션은 다음과 같습니다.

옵션	필수 여부	설명	사용 가능한 값
address	필수	지도상의 주소	
maptype	선택	지도의 형태	hybrid, satellite, roadmap, terrain
zoom	선택	확대 수준	1~19
html	선택	팝업에 보여줄 내용이 설정돼 있지 않으면 주소가 표시됨	
popup	선택	팝업 표시 여부 (하지만 현재 작동하지 않습니다)	true, false
width	선택	지도의 폭. 설정이 없으면 100%. 픽셀이나 퍼센트 사용 가능	
height	선택	지도의 높이. 설정이 없으면 500px. 픽셀이나 퍼센트 사용 가능	

표 2-3 구글맵 플러그인 옵션

편집기의 텍스트 탭을 클릭하고 다음과 같이 부트스트랩 선택자로 단축 코드를 감쌉니다. 이렇게 하면 폼과 구글맵 영역이 좌우로 나뉘고 모바일 기기에서는 상하로 나타나게 됩니다.

```
<div class="row">
    <div class="span4">
        [contact-form]
```

```
    [contact-field label="이름" type="name" required="true" /]

    [contact-field label="전화번호" type="tel" /]

    [contact-field label="이메일" type="email" required="true" /]

    [contact-field label="웹사이트" type="url" /]

    [contact-field label="질문내용" type="textarea" required="true" /]

    [/contact-form]
    </div>
    <div class="span4 pull-right">
    [tb_google_map address="역삼동 829" html="더샵"  maptype="roadmap" zoom="18" popup="true" ]
    </div>
</div>
<div class="clearfix"></div>
```

템플릿을 우측 사이드바로 선택하고 저장합니다. Ctrl 키를 누르고 페이지 보기 버튼을 클릭해 다른 탭에서 확인합니다. 테마 스타일시트에는 다음 코드를 추가합니다.

```
.contact-form input[type='text'] {width: 100% !important; }
.contact-form textarea {width: 100% !important; }
.post-content .themeblvd-gmap { margin-top:30px; }
```

Grunion 폼에 고객이 내용을 입력하고 전송(Submit) 버튼을 클릭하면 관리자 화면의 피드백 메뉴에 해당 내용이 나타납니다.

02 푸터 만들기

2.1 푸터의 레이아웃

푸터에는 쇼핑몰 정보나 카테고리 상품 바로가기 링크를 만들거나 SNS 링크를 추가할 수 있습니다. 다양한 정보로 가기 위한 링크의 집합체로 사이트 맵과 같은 역할을 할 수 있습니다. 이번에 만들 푸터의 형태는 다음과 같습니다.

그림 2-145 푸터의 구조

이전에 부트스트랩의 레이아웃은 .container, .row, span+숫자의 형태로 만들어진다고 했습니다. footer.php 파일을 편집기에서 열어 다음과 같이 레이아웃을 만들고 기존의 코드는 footer-bottom-wrapper의 첫 번째 div에 배치하고 클래스를 .span6으로 수정합니다.

```
<footer class="footer-wrapper">
  <div class="container">
    <div class="row">
      <div class="span3 customer-info">

      </div>
      <nav class="span3 footer-menu1">

      </nav>
      <nav class="span3 footer-menu2">

      </nav>
      <nav class="span3 footer-menu3">

      </nav>
    </div>
  </div><!--footer-wrapper-->
  <div class="footer-bottom-wrapper">
    <div class="container">
      <div class="row">
        <div class="span6">&copy; <a href="<?php echo home_url() ?>" title="Home"><?php bloginfo('name') ?></a> - <?php bloginfo('description') ?> / Design: <a href="http://ericulous.com/Twenty Twelve/09/21/wp-theme-ipin-pinterest-clone/" title="Smashing Wordpress Themes">Smashing Wordpress Themes</a></div>
```

```
        <nav class="span6 footer-menu">

        </nav>
    </div>
  </div><!--container-->
</div><!--footer-bottom-wrapper-->
</footer>
```

하단 우측의 메뉴는 다음과 같이 코드를 추가합니다. 이곳이 푸터의 기본 메뉴바입니다. 메뉴 클래스로 inline 선택자를 추가해 부트스트랩에 의해 메뉴가 좌우로 나열되게 합니다.

```
<nav class="span6 footer-menu">
    <?php if ( has_nav_menu('footer')) {
        wp_nav_menu( array('menu_class' => 'inline', 'theme_location' => 'footer' ) );
    } ?>
</nav>
```

.footer-menu1부터 3까지는 다음처럼 메뉴를 만듭니다. 클래스 선택자로 각각 nav을 입력합니다.

```
<nav class="span3 footer-menu1">
    <?php if ( has_nav_menu('footer1')) {
        wp_nav_menu( array('menu_class' => 'nav', 'theme_location' => 'footer1' ) );
    } ?>
</nav>
<nav class="span3 footer-menu2">
    <?php if ( has_nav_menu('footer2')) {
        wp_nav_menu( array('menu_class' => 'nav', 'theme_location' => 'footer2' ) );
    } ?>
</nav>
<nav class="span3 footer-menu3">
    <?php if ( has_nav_menu('footer3')) {
        wp_nav_menu( array('menu_class' => 'nav', 'theme_location' => 'footer3' ) );
    } ?>
</nav>
```

.customer-info 부분은 다음과 같이 입력하고 구글맵 단축 코드는 html에서 사용할 때는 echo do_shortcode(' ')를 사용합니다.

```
<div class="span3 customer-info">
<h4><span>The Shop</span> 고객센터</h4>
  <h1>1566-0000</h1>
  <p>오시는 길</p>
  <p><?php echo do_shortcode(' [tb_google_map address="역삼동 829" html="더샵"
maptype="roadmap" zoom="18" popup="true" ] ');?></p>
</div>
```

2.2 푸터 메뉴 등록 및 배치

푸터 메뉴 등록

푸터 메뉴를 등록하기 위한 다음의 코드를 functions.php 파일에서 register_sidebar가 있는 부분에 추가합니다. 같은 종류의 코드를 모아놓는 것이죠.

```
register_nav_menu( 'footer',  __( 'Footer Menu',  'ipin' ) );
register_nav_menu( 'footer1', __( 'Footer Menu1', 'ipin' ) );
register_nav_menu( 'footer2', __( 'Footer Menu2', 'ipin' ) );
register_nav_menu( 'footer3', __( 'Footer Menu3', 'ipin' ) );
```

푸터 메인 메뉴 배치

변경사항을 모두 저장한 다음 사이트 전면의 하단으로 내려가면 몇 개의 글자가 나타날 것이고 관리자 화면의 '외모' → '메뉴'로 가면 메인메뉴의 하단에 위에서 만든 푸터메뉴 4개의 체크박스가 나타납니다.

그림 2-146 푸터 메뉴 만들기

새로운 메뉴 생성 링크를 클릭하고 메뉴 이름에 푸터 메뉴를 입력한 다음 엔터 키를 누릅니다. 페이지 메타박스에서 1:1 질문, 개인정보 처리방침, 이용약관을 선택하고 메뉴에 추가 버튼을 클릭합니다. 메뉴 설정에서 Footer Menu에 체크하고 '메뉴 저장' 버튼을 클릭합니다.

2.3 푸터1 메뉴 배치

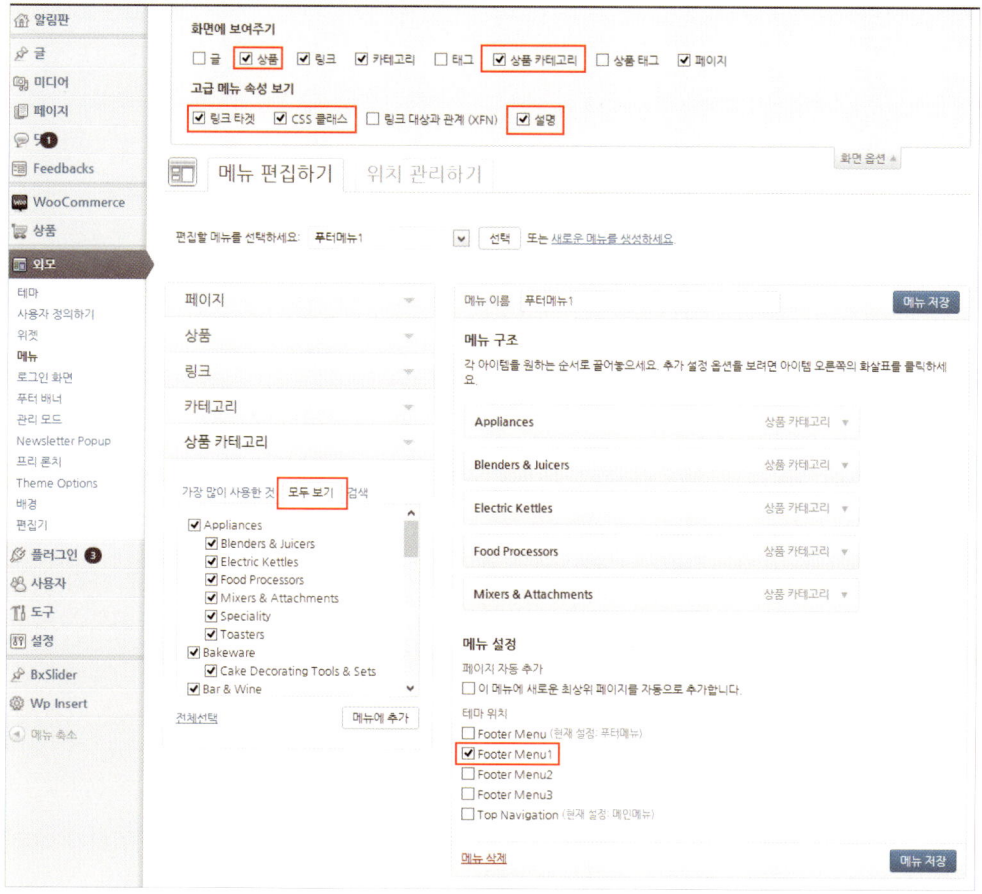

그림 2-147 푸터 메뉴 1 만들기

화면 옵션 탭을 클릭하고 상품, 상품 카테고리, 링크 타겟, CSS 클래스, 설명에 체크합니다. 새로운 메뉴 생성 링크를 클릭하고 푸터메뉴1을 입력한 후 엔터 키를 누릅니다. 상품 카테고리에서 모두 보기 탭을 선택한 후 카테고리 10개에 체크하고 메뉴에 추가한 다음 Footer Menu1에 체크합니다.

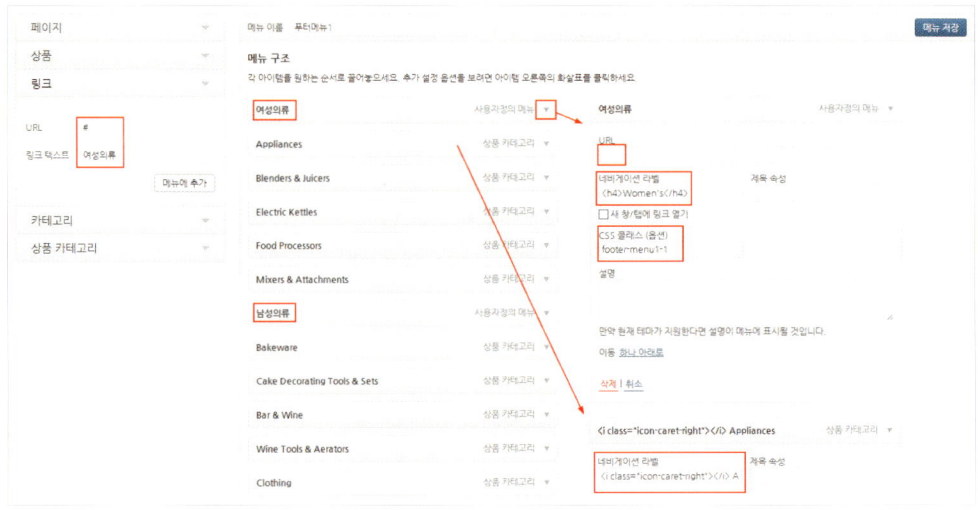

그림 2-148 푸터 메뉴의 배치

링크 메타박스를 열고 URL에 샤프를 입력한 다음 링크 텍스트로 여성의류를 입력, 메뉴에 추가한 다음, 다시 #, 남성의류를 입력하고 메뉴에 추가해 각각 상단 및 5번째로 옮깁니다. 이어서 여성의류 제목 바의 세모를 클릭해 연 다음 #은 제거하고 라벨의 글자를 영어로 고치거나 한글을 그대로 유지하고 〈h4〉 태그로 감쌉니다. 클래스로 footet-menu1-1을 입력한 다음 남성의류 라벨도 마찬가지로 〈h4〉로 감싼 다음 클래스로 footet-menu1-2를 입력합니다.

10개의 카테고리를 각각 열고 라벨 앞에 〈i class="icon-caret-right"〉〈/i〉를 입력한 다음 한 칸 띄우고 '메뉴 저장' 버튼을 클릭합니다.

2.4 레이아웃 수정

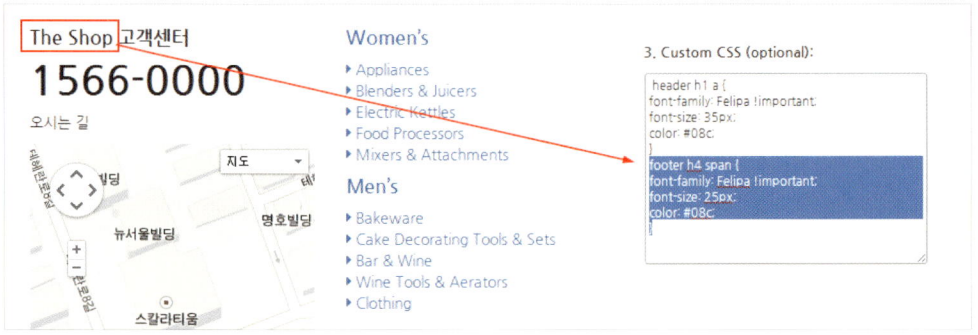

그림 2-149 푸터 로고의 폰트 수정

사이트를 새로고침하고 푸터를 보면 위 그림과 같이 나타납니다. 로고는 '설정' → '구글폰트'로 가서 다음과 같은 내용을 입력하고 저장합니다.

```css
footer h4 span {font-family: Felipa !important;font-size: 25px;color: #08c;}
```

이제 푸터 영역을 위에서부터 차례대로 스타일 적용을 시작합니다.

```css
/*푸터*/
.footer-wrapper {background: #f9f9f9;padding-top: 10px;border-top: 10px solid #c6c6f9;margin-top: 20px;}
.footer-wrapper, .footer-bottom-wrapper {-webkit-box-shadow: 0 -1px 3px rgba(0, 0, 0, 0.08);-moz-box-shadow: 0 -1px 3px rgba(0, 0, 0, 0.08);box-shadow: 0 -1px 3px rgba(0, 0, 0, 0.08);}
.footer-wrapper h4 {color: #8787e5;}
.footer-wrapper li { line-height: 25px; }
.themeblvd-gmap {height:200px !important;border: 3px solid #fff;}
```

.themeblvd-gmap은 구글 맵이 기본적으로 사용하는 선택자인데, 높이를 줄였습니다. 두 개의 푸터에서 그림자 효과를 Y축의 마이너스 방향으로 설정했습니다.

```css
.footer-bottom-wrapper .span6 { line-height: 42px;}
.footer-bottom-wrapper .span6 ul { margin-bottom: 0; }
```

line-height를 사용해 하단 푸터의 글자를 세로로 중앙에 배치하고 ul로 인해 나타나는 하단 마진을 제거합니다.

폭이 좁아질 경우 좌우 측에 패딩이 필요하니 미디어쿼리를 설정해 패딩을 적용합니다.

```css
@media (max-width: 767px) {
생략
.footer-wrapper { padding:0 15px; }
}
```

푸터에 스타일을 적용하고 나면 하단에 15픽셀의 패딩이 생기는데, 이것을 제거합니다.

```css
body { background:url('img/fabric_of_squares_gray.png'); padding-top:30px; padding-bottom:0;}
```

2.5 푸터2, 3 메뉴 배치

사이트에서 확인한 다음 메뉴에서 푸터2 부분에도 같은 방식으로 카테고리를 배치합니다. 여성의류 대신 금주의 베스트 상품으로, 남성의류 대신 금주의 추천상품으로 카테고리를 설정하고 배치합니다. 푸터 메뉴3의 공유 버튼은 다음과 같이 만듭니다.

그림 2-150 푸터 메뉴 3 만들기

URL을 입력하고 링크 텍스트에서 직접 아이콘을 추가한 다음 텍스트를 입력하고 저장합니다. 다른 SNS에 대해서도 같은 방법으로 만들면 됩니다.

2.6 우커머스 단축 코드 사용하기

푸터3의 공유 링크 하단에는 다른 링크를 추가해보겠습니다. 우커머스에서도 기본적으로 제공하는 단축 코드가 있는데, 이를 사용해 푸터에 배치하는 방법을 알아보겠습니다.

```
function ipin_scripts_child2() {

    if (!is_singular() || is_page()) {
        wp_enqueue_script('ipin_masonry', get_template_directory_uri() . '/js/jquery.masonry.min.js', array('jquery'), null, false);
        wp_enqueue_script('ipin_infinitescroll', get_template_directory_uri() . '/js/jquery.infinitescroll.min.js', array('jquery'), null, false);
```

```
        }
    }

    add_action('wp_enqueue_scripts', 'ipin_scripts_child2');


    // 메이슨리 플러그인 설정
    function ipin_footer_scripts_child() {
        if (!is_singular() || is_page()) {
        ?>
        <script>
```

부모 테마의 functions.php에서 메이슨리와 무한 스크롤 자바스크립트를 링크하는 부분인 function ipin_scripts() 부분 전체를 복사해 자식테마의 functions.php의 메이슨리 플러그인 설정 위로 붙여넣은 다음 두 개의 링크 부분만 남기고 제거합니다. 그런 다음 (!is_singular()) 부분을 위와 그림과 같이 추가합니다. 이는 페이지에도 메이슨리가 적용되게 하는 것입니다.

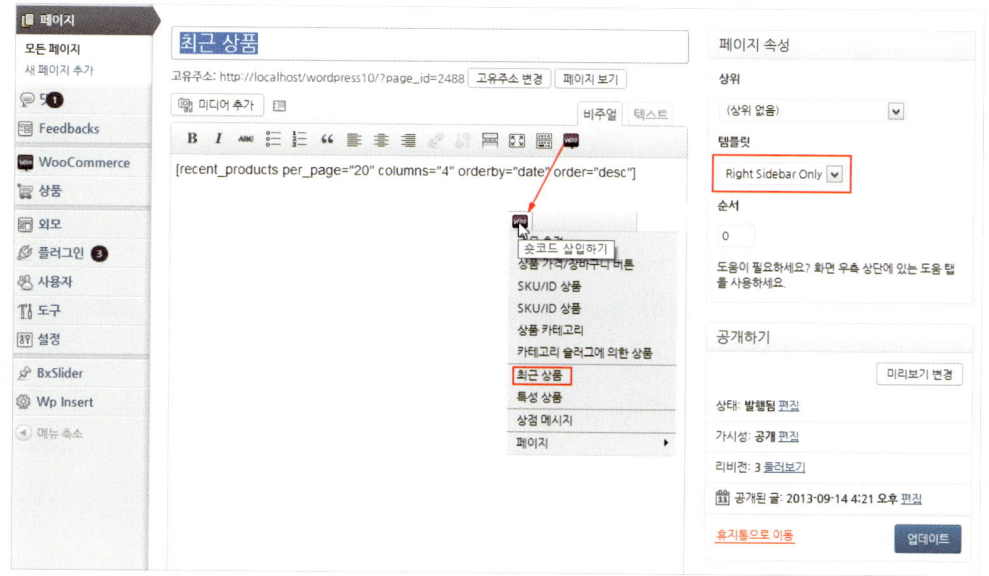

그림 2-151 우커머스 단축 코드 사용하기

09. 기타 페이지, 푸터 만들기

새 페이지 추가에서 최근 상품으로 제목을 입력하고, 우커머스 아이콘을 클릭해 최근 상품을 선택하면 단축 코드가 만들어집니다. 상품 수를 수정하고 템플릿을 선택한 다음 공개하기 버튼을 클릭합니다. '페이지 보기'를 클릭하면 다음과 같이 나타납니다.

그림 2-152 최근 상품 단축 코드를 적용한 결과

보다시피 상품 아이템의 폭을 조절할 필요가 있습니다. 우선 그 작업은 나중에 하고 페이지를 몇 개 더 만듭니다. 이번에는 메뉴에 없는 것을 추가하겠습니다.

```
[best_selling_products per_page="20"]
[top_rated_products per_page="12"]
[sale_products per_page="12"]
[recent_products per_page="12"]
```

각각 베스트 상품, 최상위 평가상품, 세일상품, 최근상품 단축 코드입니다. 그리고 페이지를 하나 더 만듭니다. 제목으로 주문 추적을 입력, 우커머스 아이콘 메뉴에서 '주문 추적'을 클릭하고 템플릿을 선택한 다음 저장합니다.

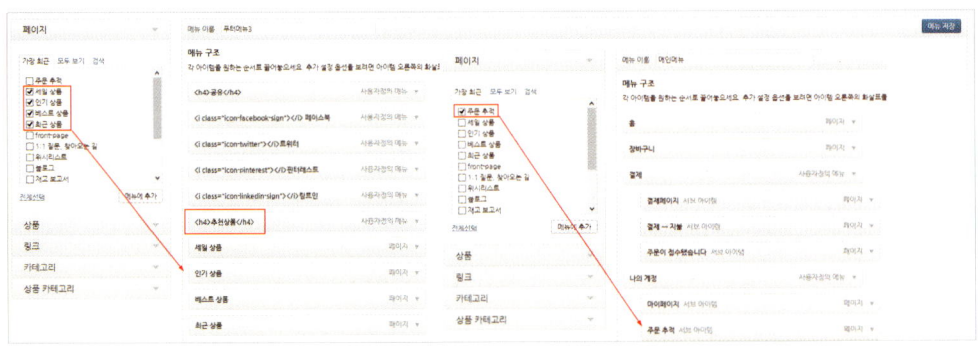

그림 2-153 우커머스 단축 코드 페이지의 메뉴 배치

'외모' → '메뉴'에서 푸터메뉴3이 선택된 상태에서 링크 메타박스에서 제목을 만들고 페이지 4개를 추가합니다. 메인메뉴를 선택하고 주문 추적을 추가한 다음 '나의 계정'에 배치합니다. 주문 추적은 주문 번호를 입력해서 주문의 현재 진행 상황을 파악할 수 있는 페이지입니다.

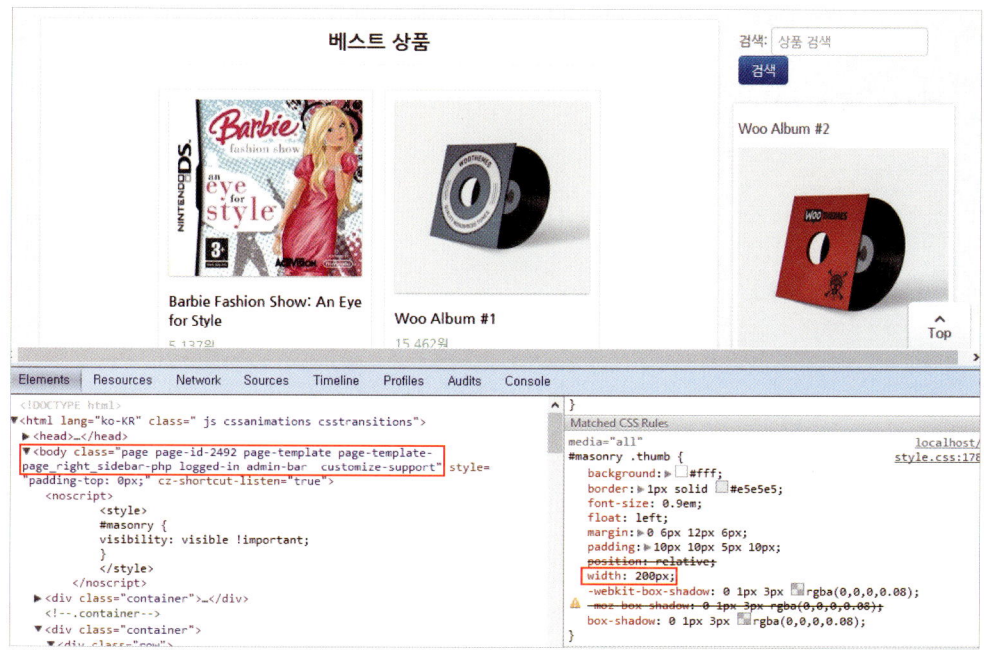

그림 2-154 우커머스 단축 코드 페이지에 메이슨리 적용

새로 만든 페이지를 요소 검사를 통해 상세 페이지 및 상점 페이지와 구별되는 이 페이지만의 독특한 선택자를 body 태그에서 찾습니다. 여기서는 .page가 적당합니다.

```
.page #masonry .thumb { width:170px; }
```

폭을 170픽셀로 지정하면 적당합니다. 그리고 새로 만든 페이지의 하단에 댓글 남기기 박스가 있는데, 이는 모든 페이지로 가서 일괄 작업으로 댓글을 허용 안 함으로 설정합니다.

인터넷 익스플로러 스타일시트 수정 10

인터넷 익스플로러(이하 IE) 버전 8 이전의 웹 브라우저는 웹표준을 준수하지 않기 때문에 스타일시트가 이상하게 적용되는 문제가 있습니다. 이를 수정하기 위해 다음과 같이 header.php 파일 상단에 IE만의 아이디 선택자를 추가합니다. 이 기법은 주로 IE9 이전 버전이 미디어쿼리를 지원하지 않아서 발생하는 문제를 해결할 때 쓰입니다. 여기서는 IE8에 대해서만 수정해 보겠습니다. 실제 웹사이트에서 ShareYourCart를 사용할 경우 자바스크립트 에러가 발생하므로 비활성화하고 수정합니다.

```
<!DOCTYPE html>
<!--[if IE 7]>
<html id="ie7">
<![endif]-->
<!--[if IE 8]>
<html id="ie8">
<![endif]-->
<!--[if IE 9]>
<html id="ie9">
<![endif]-->
```

01 전면 페이지

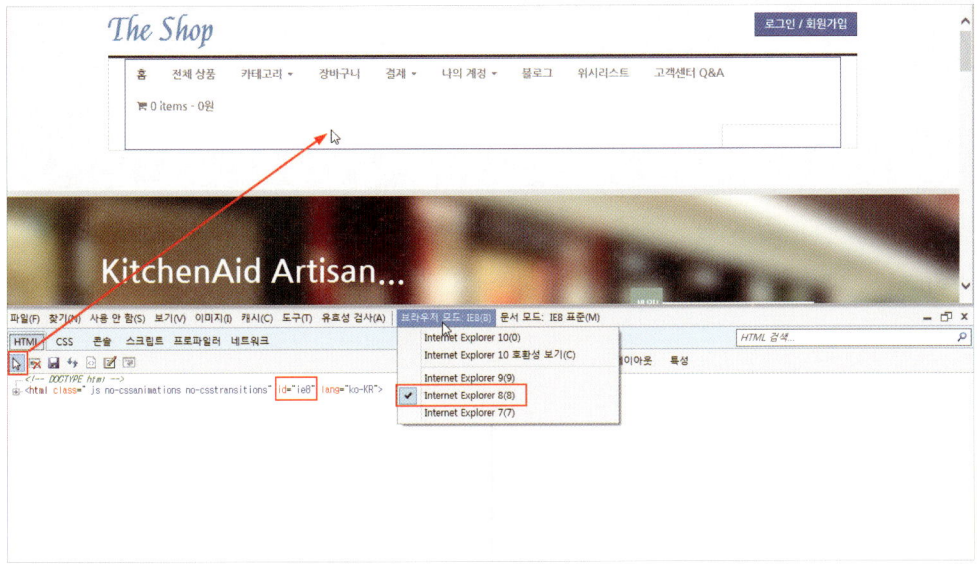

그림 2-155 IE의 버전 변경

IE에 사이트를 열고 F12 키를 누르면 하단에 HTML과 CSS 창이 나타납니다. 브라우저 모드와 문서 모드를 IE8로 변경하면 모든 레이아웃이 엉망이 됩니다. 좌측의 화살표 아이콘을 클릭하고 웹 페이지의 요소에 올리면 파란색의 테두리가 나타나고, 이를 클릭하면 HTML 코드와 해당 스타일시트가 나타납니다. 우선 모든 폭을 데스크톱 모니터를 기준으로 기본 폭으로 늘리겠습니다. 반응형 디자인이 지원되지 않으므로 폭을 줄이더라도 그대로이고 하단에 스크롤바가 나타납니다.

```
#ie8 .container { width:1170px; }
#ie8 .container .container { width:100%; }
#ie8 .span9 { width:870px; }
#ie8 .span3 { width:270px; }
#ie8 .span6 { width:570px; }
#ie8 .span12 { width:1170px; }
```

웹 페이지에서 사용된 부트스트랩 선택자에 대해 #ie8을 추가하고 폭을 설정합니다. .container 안에 .container가 있을 수 있으므로 이러한 경우에는 폭을 100%로 설정해 부모 컨테이너의 폭을 이어받습니다.

```
#ie8 .navbar-search.pull-right { float:none; }
```

메뉴바의 검색 박스는 위 코드와 같이 설정합니다.

```
#ie8 .da-slide .da-img { top:50px;}
#ie8 .da-slide-current h2, #ie8 .da-slide-current p, #ie8 .da-slide-current a {margin-
left: 150px;}
#ie8 .da-slide h2, #ie8 .da-slide p, #ie8 .da-slide .da-link {margin-left: 150px;}
```

패럴랙스 슬라이더에서 제목, 글자 버튼이 레이아웃을 벗어난 것은 위 코드와 같이 설정합니다. 버튼에는 아래의 부트스트랩 기본 버튼의 스타일시트를 추가합니다. 배경 이미지는 CSS3의 트랜지션을 사용하므로 IE8에서는 작동하지 않습니다.

```
#ie8 .da-link {
display: inline-block;
padding: 4px 12px;
margin-bottom: 0;
font-size: 14px;
line-height: 20px;
text-align: center;
vertical-align: middle;
cursor: pointer;
color: #333333;
text-shadow: 0 1px 1px rgba(255, 255, 255, 0.75);
background-color: #f5f5f5;
background-image: -moz-linear-gradient(top, #ffffff, #e6e6e6);
background-image: -webkit-gradient(linear, 0 0, 0 100%, from(#ffffff), to(#e6e6e6));
background-image: -webkit-linear-gradient(top, #ffffff, #e6e6e6);
background-image: -o-linear-gradient(top, #ffffff, #e6e6e6);
background-image: linear-gradient(to bottom, #ffffff, #e6e6e6);
background-repeat: repeat-x;
filter: progid:DXImageTransform.Microsoft.gradient(startColorstr='#ffffffff',
endColorstr='#ffe6e6e6', GradientType=0);
border-color: #e6e6e6 #e6e6e6 #bfbfbf;
border-color: rgba(0, 0, 0, 0.1) rgba(0, 0, 0, 0.1) rgba(0, 0, 0, 0.25);
filter: progid:DXImageTransform.Microsoft.gradient(enabled = false);
border: 1px solid #cccccc;
border-bottom-color: #b3b3b3;
-webkit-border-radius: 4px;
```

```
-moz-border-radius: 4px;
border-radius: 4px;
-webkit-box-shadow: inset 0 1px 0 rgba(255,255,255,.2), 0 1px 2px rgba(0,0,0,.05);
-moz-box-shadow: inset 0 1px 0 rgba(255,255,255,.2), 0 1px 2px rgba(0,0,0,.05);
box-shadow: inset 0 1px 0 rgba(255,255,255,.2), 0 1px 2px rgba(0,0,0,.05);
}
```

앞으로 다른 요소에 버튼이 필요할 경우 위의 스타일시트에 선택자를 추가합니다.

```
#ie8 .ca-container { width: 1170px;}
#ie8 .ca-item {width: 390px;}
#ie8 .ca-content {width: 780px;}
```

캐러젤 슬라이더는 위 코드와 같이 변경합니다. 여기까지 진행하면 상점 페이지까지 수정됩니다.

02 상세 페이지

```
html#ie8 { margin-left: 0 !important; }
```

다음은 상세 페이지인데, 하나의 상품을 클릭하고 들어가면 아무것도 보이지 않습니다. 요소 검사를 하면 html 태그에 인라인 스타일시트로 margin-left: -32767px;가 설정돼 있습니다. 이를 0으로 설정합니다.

이후로는 다른 부분에서 크게 레이아웃을 벗어나는 것은 없습니다.

여기까지 하면 ipin 테마를 이용해 쇼핑몰 만들기가 전체적으로 완료됐습니다. 다음 장에서는 세부 개편에 대해 알아보겠습니다. 그 과정에서 기능을 추가하거나 디자인을 수정할 것입니다.

3장
디테일

01 _ 상세 페이지 옵션 추가하기
02 _ 상품 카테고리 메뉴 사용하기
03 _ 이미지 그림자효과 수정하기
04 _ 로그인/회원가입 버튼 만들기
05 _ 소셜 로그인 사용하기
06 _ 떠다니는 배너 설치하기
07 _ 상품 상세 페이지에 고정 콘텐츠 삽입하기
08 _ 상점 페이지 수정하기
09 _ 장바구니 버튼 수정하기
10 _ 장바구니 버튼과 위시리스트 버튼 나란히 배치하기
11 _ 장바구니 버튼을 바로구매 버튼으로 변경하기
12 _ 상세 페이지 하단에 다음상품, 이전상품 표시하기
13 _ 그룹 상품 스타일 수정
14 _ 이메일 템플릿 편집하기
15 _ 비비프레스를 이용한 Q&A 게시판 만들기
16 _ 메뉴바 수정하기
17 _ 메가 메뉴 만들기
18 _ 로컬호스트에서 웹호스트로 워드프레스 이전하기

3장에서 진행할 내용은 다음과 같이 요약할 수 있습니다.

상세 페이지 옵션 추가하기

상세 페이지의 옵션 부분은 상품에 대한 여러 가지 정보가 필요합니다. 여기서는 Advanced custom fields 플러그인을 사용해 간편하게 옵션을 만드는 방법을 알아봅니다.

상품 카테고리 메뉴 사용하기

사용자 정의 메뉴를 사용해 카테고리 메뉴를 만드는 방법을 알아봅니다.

이미지 그림자효과 수정하기

CSS3가 처음 나왔을 때는 CSS3의 다양한 기능들이 실험되곤 했지만 모바일 기기가 널리 사용되면서 빠른 속도에 대한 필요성이 증대되어 그레이디언트라든가 둥근 모서리, 그림자효과 등 CSS3의 미적 효과를 잘 사용하지 않게 됐습니다. 그래서 기존에 있던 이러한 스타일을 수정해 봅니다.

로그인/회원가입 버튼 만들기

헤더에 버튼을 만들어 빠르게 접근할 수 있게 합니다.

소셜 로그인 사용하기

요즘은 누구든지 소셜 아이디는 하나씩 갖고 있습니다. 소셜 아이디를 이용해 간편하게 사이트에 등록하는 방법을 알아봅니다.

떠다니는 배너 설치하기

페이지를 스크롤하면 함께 따라다니는 배너를 만들고 이곳에 최근 본 상품 목록을 만들어봅니다.

상품 상세 페이지에 고정 콘텐츠 삽입하기

상세 페이지 하단에는 고정적인 콘텐츠를 배치할 수 있게 합니다.

상점 페이지 수정하기

상점 페이지에 가격 필터 위젯을 설치하고 선택박스의 디자인을 멋지게 바꾸는 방법을 알아봅니다.

장바구니 버튼 수정하기
장바구니 버튼을 수정하고 위시리스트 버튼을 배치하거나 바로 구매 버튼으로 변경하는 방법을 알아봅시다.

이메일 템플릿 편집하기
이메일은 고객과 대화할 수 있는 좋은 수단입니다. 폰트를 변경하거나 레이아웃을 변경하는 방법으로 투박한 디자인을 세련되게 바꾸는 방법을 알아봅시다.

비비프레스를 이용한 Q&A 게시판 만들기
워드프레스 게시판 플러그인인 비비프레스를 이용해 Q&A 게시판을 만드는 방법을 알아봅시다.

메뉴바 수정하기, 메가 메뉴 만들기
메뉴가 늘어나면서 필요없는 요소를 제거하거나 많은 메뉴를 배치할 수 있는 메가메뉴를 만드는 방법을 알아봅니다.

로컬호스트에서 웹호스트로 워드프레스 이전하기
내 컴퓨터에서 작업한 워드프레스의 모든 내용을 그대로 웹호스팅에 올리는 방법을 알아봅니다.

2장에서는 우커머스와 ipin 테마, 부트스트랩에서 발생하는 스타일시트의 충돌을 제거하고 하나의 스타일로 만드는 데 주력했습니다. 그러면서 흐름에 방해되는 작업을 제외했는데, 3장에서는 2장의 테마 수정에서 추가해야 할 내용을 알아보겠습니다. 반드시 필요한 내용은 아니지만 더 나은 쇼핑몰 디자인을 만들기 위한 내용이니 참고할 만한 점이 많을 것입니다.

상세 페이지 옵션 추가하기 01

상세 페이지에서 가격과 장바구니 버튼이 있는 옵션 영역은 한국적 쇼핑몰 페이지에 비해 없는 것이 여럿 있습니다. 원산지라든가 카드 무이자 할부, 무료 배송 여부 등이 있는데, 상품을 추가할 때마다 내용을 일일이 추가하기는 어렵습니다. 폼의 형태로 만들어야 하기 때문이죠. 그래서 이러한 내용을 추가하는 방법을 알아보겠습니다.

01 고급 사용자 정의 필드 플러그인 사용하기

고급 사용자 정의 필드(advanced custom fields) 플러그인은 프리미엄 테마를 제작할 때 많이 사용되며, 사용하기도 편리해서 활용도가 높습니다. 여기서는 상품 추가 화면에서 옵션을 만들고 상품을 추가할 때마다 해당 상품에 따라 선택하면 상세 페이지에 그림 3-1처럼 표시되게 하겠습니다.

그림 3-1 옵션 영역에 여러 가지 옵션 적용하기

우선 설치된 플러그인 화면에서 Advanced Custom Fields을 활성화합니다.

그림 3-2 사용자 정의 필드 새로 추가

메뉴에서 '사용자 정의 필드'를 선택하면 위와 같이 목록 페이지가 나타납니다. 우측에는 이 플러그인에 대해 자세히 알아볼 수 있는 홈페이지로 이동하는 링크가 있습니다. 메뉴에서 '내보내기'를 선택하면 이 플러그인으로 만든 사용자 정의 필드를 다른 곳에서도 사용할 수 있게 XML 파일이나 PHP 파일로 내보낼 수 있는 페이지가 나타나고, 이와 관련된 자세한 설명도 나옵니다. '애드온' 페이지는 유료 플러그인과 무료 플러그인을 내려받을 수 있는 페이지입니다.

02 사용자 정의 필드 만들기

필드그룹을 만들기 위해 '새로 추가' 링크를 클릭합니다.

그림 3-3 원산지 설정

필드의 순서는 나중에 바꿀 수 있으므로 우선 생각나는 대로 시작합니다. '원산지'를 입력하고 나면 필드명이 자동으로 만들어지는데, 필드명은 반드시 영어로 입력합니다. 이는 여기서 입력한 필드명이 변수로 사용되기 때문입니다. 상품의 원산지는 여러 곳 중 하나이므로 필드 타입으로 라디오버튼을 선택합니다. 필드 타입으로 어떤 것을 선택하느냐에 따라 표시되는 화면이 바뀝니다.

그림 3-4 원산지 추가 설정

필수 항목인지 선택합니다. 필수 항목일 경우 상품을 추가할 때 필수 항목을 선택하지 않으면 '공개하기' 버튼을 눌렀을 때 오류 메시지가 나타납니다. '선택' 필드는 한 행당 하나씩 입력합니다. 입력한 내용 중 혹시 있을지 모르는 원산지를 직접 입력하기 위해 두 개의 체크박스에 체크합니다. '기본 값'은 기본적으로 체크되는 항목입니다. '레이아웃'은 상품 추가 페이지에서 가로로 나열할지 결정합니다. '조건 로직'은 어떤 조건을 만족할 때 다른 항목이 선택되게 하는 복잡한 구조인데 여기서는 필요하지 않습니다.

그림 3-5 옵션 영역 지정하기

위치 메타박스 이후의 항목은 한번 설정해 두면 필드그룹 내에서 옵션을 추가할 때 다시 설정하지 않아도 됩니다. 하나의 필드그룹 내의 모든 옵션에 같은 설정이 적용돼야 하기 때문이죠. 규칙항목의 글 형식에서 product를 선택해 상품에만 적용되게 합니다.

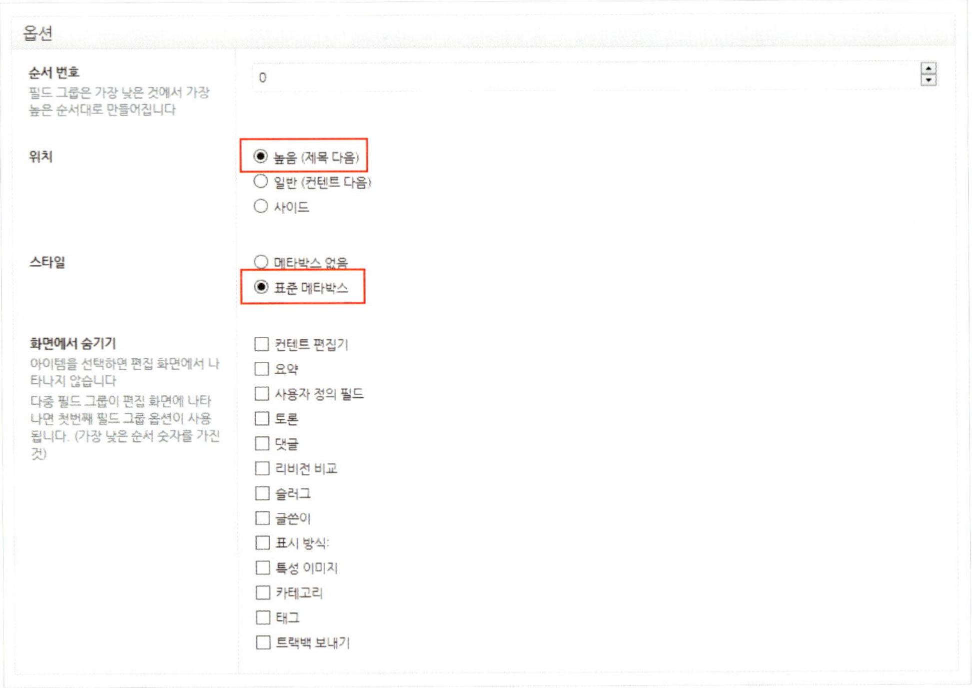

그림 3-6 옵션 메타박스

'위치'는 상단에 나타나도록 '높음'을 선택하고 '스타일'은 '표준 메타박스'를 선택합니다. '메타박스 없음'을 선택하면 메타박스 형태로 나타나지 않습니다. '화면에서 숨기기'는 상품 추가하기 화면에서 기본적으로 나오는 것을 나타나지 않게 설정할 수 있습니다. 다른 필드를 추가하기 위해 위치 메타박스 바로 위에 있는 '필드 닫기' 버튼과 '필드 추가하기' 버튼을 차례로 클릭합니다.

그림 3-7 카드 무이자 할부 설정

카드 무이자 할부입니다. 이전과 같은 방식으로 설정합니다. 필수 항목은 '아니오'에 체크하고 기본 값은 '없음'으로 지정하면 기본적으로 '무이자 할부가 없음'에 체크됩니다. 이 부분은 결제 플러그인과 연동해야 합니다. 결제 플러그인의 설정에 따라 이곳에 보여주면 고객이 미리 알 수 있습니다.

그림 3-8 배송비 설정

다음으로 배송비입니다. 필수 항목은 '예'에 체크하고 '기본 값'으로 2500원을 입력합니다. 이 부분도 배송 설정과 연동해야 합니다. 무료배송인 경우 무료배송 쿠폰을 발행하거나 일정 금액 이상의 상품 구매를 하게 해야겠죠. 무료배송 쿠폰을 발행했다면 무료배송(쿠폰번호: freeshipping-001)처럼 입력하는 것이 좋습니다.

그림 3-9 적립금 설정

이번에는 적립금입니다. 필드 타입을 다른 것으로 지정할 수 있지만 여기서는 '텍스트'로 하겠습니다. 기본값은 0.1인데 나중에 조건을 만들어 10%의 적립금을 적용하고 다른 수치가 입력될 경우 해당 수치가 적용되게 할 것입니다. 이 부분은 실제로 적용하기에는 어려움이 있습니다. 고객별로 적립금을 계속 적립하는 프로그래밍해야 실제로 사용할 수 있습니다. 이 부분은 이 책의 범위를 벗어나므로 이런 방법이 있다는 것만 알려드립니다. 실제로 이런 기능을 사용하려면 유료 플러그인(WooCommerce Points and Rewards)을 이용하면 됩니다. 여기까지 하고 '공개하기' 버튼을 클릭합니다.

그림 3-10 위치 변경 및 편집 링크

필드 순서에 마우스를 올리면 커서가 바뀝니다. 끌어놓기로 원하는 순서대로 배치합니다. 순서를 변경한 다음에는 다시 '업데이트' 버튼을 클릭해야 합니다.

03 옵션 데이터 불러오기

그림 3-11 상품 편집 화면

상품 목록 페이지에서 '편집하기'를 통해 기존 상품을 보면 위 그림과 같이 제목 아래에 여러 옵션이 나타납니다. 사용자 정의 필드를 만들면 새로 추가한 상품부터 적용되고 기존 상품에 대해서는 새로 업데이트를 해야 적용됩니다. 무이자 할부를 3개월로 선택하고 나머지는 기본값이 적용된 상태에서 '업데이트' 버튼을 클릭합니다. 하지만 이대로 업데이트한다고 해서 상세페이지에 나타나는 것은 아닙니다. 단지 데이터베이스에 저장될 뿐이죠. 이러한 데이터를 불러와서 표시하려면 별도의 작업을 해야 합니다.

우선 이러한 옵션을 어디에 나타낼지 결정해야 합니다. 이 결정에 따라 수정하는 파일이 달라지기 때문이죠. 여기서는 요약 글 바로 아래에 배치하겠습니다. 알다시피 우커머스는 여러 개의 파일이 조합돼서 하나의 페이지를 만들기 때문이죠. 같은 위치라도 만일 수량 입력박스인 quantity.php 파일 위에 코드를 추가하면 그룹 상품의 경우 그룹 내의 모든 상품에 옵션이 표시됩니다. Woocommerce/single-product 폴더에서 short-description.php 파일을 열고 하단에 다음의 코드를 추가합니다.

```
<dl class="dl-horizontal product-options">
    <dt>적립금</dt><dd><?php the_field('saving_point', $post_id ); ?></dd>
    <dt>무이자할부</dt><dd><?php the_field('monthly_pay', $post_id ); ?></dd>
    <dt>원산지</dt><dd><?php the_field('product_origin', $post_id ); ?></dd>
    <dt>배송비</dt><dd><?php the_field('shipping_cost', $post_id ); ?></dd>
</dl>
```

위 코드와 같이 부트스트랩 선택자를 사용해 코드를 작성합니다. 이 부분만 스타일을 편집하기 위해 .product-options 선택자를 추가했습니다. the_field()는 데이터베이스에서 데이터를 가져오는 코드입니다. 괄호 안에 해당 데이터의 변수를 입력합니다. 변경사항을 저장하고 사이트에서 이전에 업데이트한 상품을 상세페이지에서 확인하면 다음과 같이 나타납니다.

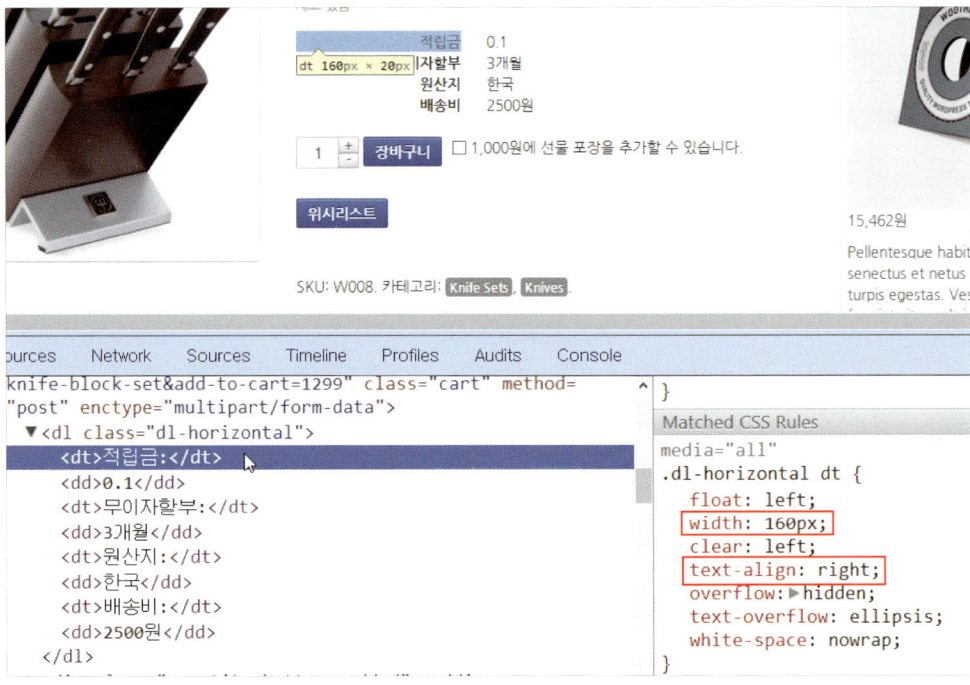

그림 3-12 옵션의 요소 검사

요소 검사를 통해 수정할 곳을 찾습니다. dt 부분의 폭을 줄이고 글자는 좌측 정렬하고 각 줄의 높이도 늘려야겠습니다. 테마 스타일시트에 다음과 같이 설정합니다. 마지막의 미디어쿼리 부분은 모바일 기기에서 좌측 영역과 우측 영역이 어긋나는 것을 상하로 배치되게 합니다.

```
.product-options dt { width: 100px; text-align: left; }
.product-options dd {margin-left: 110px;}
.product-options dt, .product-options dd {line-height: 30px;}
@media (max-width: 767px) {
생략
.product-options dd { margin-left: 0px;}
}
```

다음은 적립금 부분을 수정한 코드입니다. 상단에 $product;을 추가했습니다.

```php
if ( ! defined( 'ABSPATH' ) ) exit; // Exit if accessed directly

global $post, $product;

if ( ! $post->post_excerpt ) return;
?>
<div itemprop="description">
    <?php echo apply_filters( 'woocommerce_short_description', $post->post_excerpt ) ?>
</div>

<dl class="dl-horizontal product-options">
    <dt>적립금</dt><dd>
        <?php
            $price = get_post_meta( get_the_ID(), '_regular_price', true);
            $field = get_field('saving_point', $post_id );
        if ( $product->is_type( array( 'variable', 'grouped' ) ) ) {
            echo $field;
        } else {
            echo number_format(round($price * $field));
        }?>원
    </dd>
    <dt>무이자할부</dt><dd><?php the_field('monthly_pay', $post_id ); ?></dd>
    <dt>원산지</dt><dd><?php the_field('product_origin', $post_id ); ?></dd>
    <dt>배송비</dt><dd><?php the_field('shipping_cost', $post_id ); ?></dd>
</dl>
```

상품 데이터에서 판매 가격과 적립금을 각각 $price와 $field로 만든 다음 옵션상품(variable)과 그룹 상품(grouped)일 경우에는 적립금을 그대로 표시하고 그 외의 경우는 가격에 적립금을 곱해서 소수점 이하 반올림(round)한 후 천 단위 기호(number_format)를 추가하게 했습니다. 그러니 옵션 상품과 그룹 상품은 적립금을 직접 입력해야 합니다. 이렇게 하는 이유는 이들 두 상품은 어떤 것을 선택할지 아직 확정되지 않았기 때문이며, PHP로 좀 더 세부적인 부분까지 프로그래밍하면 제대로 표시할 수 있을 것입니다.

04 필드그룹 내보내기

위에서 만든 필드그룹을 XML 파일로 내보내면 다른 사이트에서 워드프레스 가져오기를 통해 바로 사용할 수 있습니다. PHP로 내보내기를 하면 파일의 내용을 복사해 테마의 functions.php 파일에 포함시켜 사용할 수도 있습니다. 유료 테마의 경우 다양한 옵션을 제공하기 위해 이러한 필드 그룹을 포함시키고 있습니다. 다만 이 경우에는 플러그인을 함께 활성화해야 합니다.

그림 3-13 사용자 정의 필드 내보내기

실제로 이렇게 할 수 있는지 한번 실험해 보겠습니다. 내보내기에서 필드그룹을 선택하고 PHP로 '내보내기' 버튼을 클릭하면 PHP 코드가 있는 화면이 나타납니다. 화면을 클릭하면 블록으로 설정되고, 이를 복사해서 functions.php 파일에 붙여넣고 저장합니다. 위 화면에서 "사용자 정의 필드" 메뉴를 클릭하고 필드그룹을 휴지통으로 보냅니다. 그러고 나서 상품 추가하기 화면으로 가면 옵션 메타박스가 나타날 것입니다.

```
array (
    'key' => 'field_52342afb4a673',
    'label' => '원산지',
    'name' => 'product_origin',
    'type' => 'radio',
    'required' => 1,
    'choices' => array (
```

```
                '한국' => '한국',
                '미국' => '미국',
                '일본' => '일본',
                '중국' => '중국',
                '프랑스' => '프랑스',
            ),
            'other_choice' => 1,
            'save_other_choice' => 1,
            'default_value' => '한국',
            'layout' => 'horizontal',
        ),
```

위와 같이 functions.php 파일에서 직접 편집할 수도 있습니다. 필드그룹을 휴지통에서 다시 복구할 경우 functions.php 파일에서 수정한 것이 우선적으로 적용됩니다.

그림 3-14 함수 파일에서 직접 수정 결과

상품 카테고리 메뉴 사용하기 02

ipin 테마는 하위 메뉴가 있는 경우 해당 메뉴는 클릭해도 아무런 콘텐츠가 없고 마우스를 올리면 하위메뉴가 나타나는 구조입니다. 그래서 메인 메뉴바에 상품 카테고리를 만드는 방법을 알아보겠습니다.

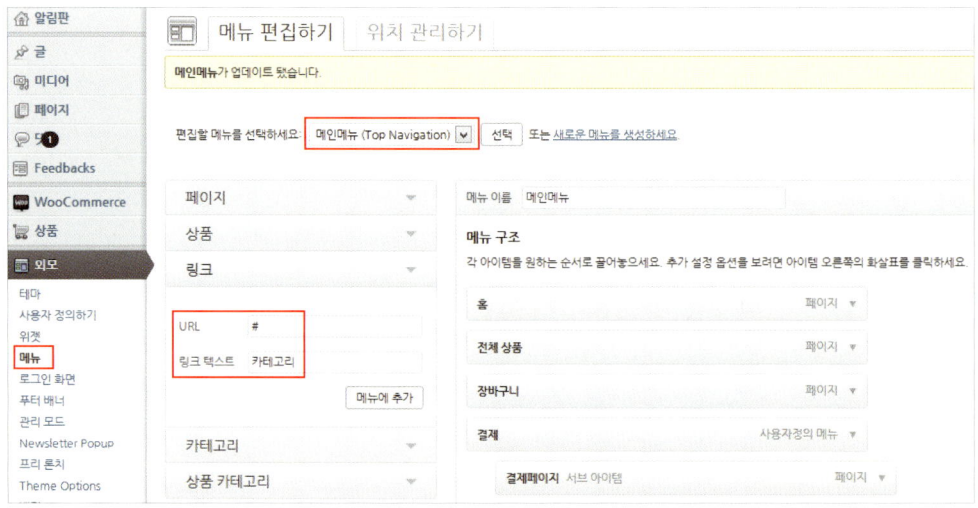

그림 3-15 카테고리 메뉴 수정

우선 쇼핑몰의 상위 카테고리가 3개라는 가정하에 '외모' → '메뉴'에서 메인메뉴가 선택된 상태에서 링크 메타박스를 선택하고, URL에는 #를 입력하고 링크 텍스트는 카테고리를 입력해서 최상위 카테고리 메뉴를 만듭니다. 같은 방법으로 각각 Women's, Men's, Kid's로 입력해 3개의 링크 메뉴를 만듭니다.

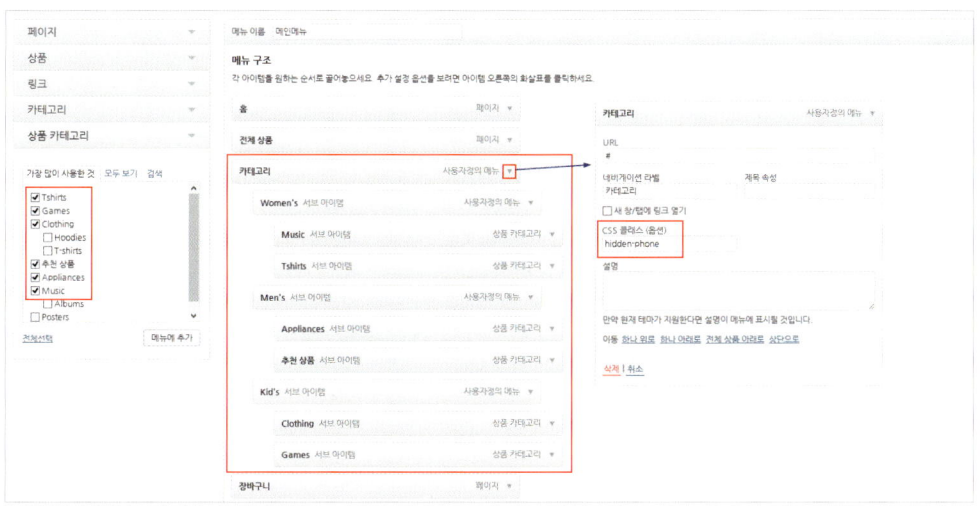

그림 3-16 카테고리 메뉴 일괄 이동

상품 카테고리에서 6개의 카테고리를 선택한 다음 메뉴에 추가합니다. 더 많이 만들 수도 있겠지만 진행을 위해 단순화하겠습니다. 메뉴 구조의 하단에는 총 10개의 메뉴가 추가됐습니다. 위와 같이 트리 구조를 만든 다음 최상위 메뉴인 카테고리를 클릭해 원하는 곳으로 이동하면 한번에 모두 이동됩니다. 카테고리 메뉴의 박스를 열고 클래스 선택자를 hidden-phone으로 입력합니다. 이것은 부트스트랩 선택자로서 스마트폰에서는 나타나지 않게 합니다. 메뉴가 많으면 스마트폰에서 너무 길어지기 때문입니다.

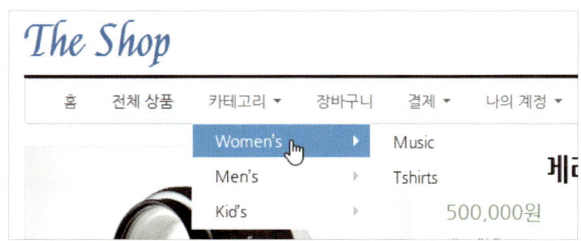

그림 3-17 카테고리 하위 메뉴

메뉴에 마우스를 올리면 하위 메뉴가 나타납니다. 그런데 주변 배경과 색이 비슷해서 잘 구분되지 않으므로 스타일을 추가합니다.

```
#topmenu .dropdown-menu { border:1px solid #d4d4d4; border-top:none;}
#topmenu .dropdown-submenu .dropdown-menu { border:1px solid #d4d4d4; border-left:none;}
```

보다시피 첫 번째 서브메뉴는 메뉴바의 테두리 색상으로 테두리를 만들고 상단 테두리는 없음으로 지정합니다. 두 번째 서브메뉴는 우측에 배치되므로 같은 색상의 테두리에 좌측은 없음으로 지정합니다.

그림 3-18 다단계의 하위 메뉴

그런데 하위메뉴를 더 추가하면 이러한 메뉴가 나타나지 않습니다. 이렇게까지 메뉴를 추가할 일은 없겠지만 서브메뉴가 계속 나타나게 해보겠습니다.

그림 3-19 다단계의 하위 메뉴에 클래스 선택자 추가

첫 번째 서브메뉴와 마지막 서브메뉴를 제외하고 모든 서브메뉴에 클래스로 dropdown-submenu를 추가합니다. 이것은 메뉴 우측에 서브메뉴가 있다는 표시로 세모 아이콘을 만듭니다. 첫 번째 서브메뉴는 항상 추가되니 필요하지 않습니다. 그러니 마지막은 추가하면 안 되겠죠. 테마 스타일시트에는 다음 코드만 추가하면 됩니다.

```
#topmenu .dropdown-submenu > .dropdown-menu li:hover > .dropdown-menu { display: block}
```

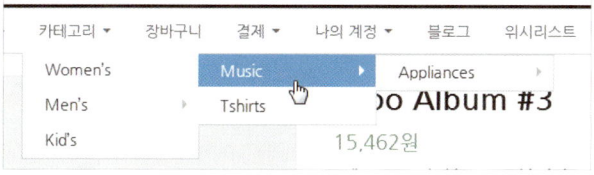

그림 3-20 다단계 메뉴를 적용한 결과

이미지 그림자효과 수정하기 03

현재 모든 상품 이미지는 우커머스 스타일시트에 의해 그림자 효과가 나타납니다. 이전에는 이런 효과를 많이 사용했지만 요즘은 평범한 스타일이 많이 사용됩니다. 즉, 그림자 효과와 둥근 모서리를 잘 사용하지 않는 추세입니다. 그래서 이런 부분을 제거해보겠습니다.

```
.woocommerce div.product div.images img, .woocommerce #content div.product div.images
img, .woocommerce-page div.product div.images img, .woocommerce-page #content div.
product div.images img {box-shadow: 0 0px 0px 0 rgba(0,0,0,0.3);-webkit-box-shadow: 0
0px 0px 0 rgba(0,0,0,0.3);-moz-box-shadow: 0 0px 0px 0 rgba(0,0,0,0.3);border:1px solid
#e5e5e5;}
.woocommerce ul.cart_list li img, .woocommerce ul.product_list_widget li img,
.woocommerce-page ul.cart_list li img, .woocommerce-page ul.product_list_widget
li img {box-shadow: 0 0px 0px 0 rgba(0,0,0,0.3);-webkit-box-shadow: 0 0px 0px 0
rgba(0,0,0,0.3);-moz-box-shadow: 0 0px 0px 0 rgba(0,0,0,0.3);border:1px solid #e5e5e5;}
.woocommerce ul.products li.product a img, .woocommerce-page ul.products li.product
a img {box-shadow: 0 0px 0px 0 rgba(0,0,0,0.3);-webkit-box-shadow: 0 0px 0px 0
rgba(0,0,0,0.3);-moz-box-shadow: 0 0px 0px 0 rgba(0,0,0,0.3);border:1px solid #e5e5e5;}
```

위와 같이 그림자 효과가 나타나는 모든 요소를 검사해서 복사한 다음 0으로 입력하고 테두리를 추가합니다.

그림 3-21 그림자 효과 수정하기

사이드바가 있는 페이지에서 bxslider를 사용할 경우 그림자 효과가 다릅니다. 그래서 좀더 평평한 좌측 콘텐츠 영역의 그림자 효과로 일치시킵니다.

```css
.sidebar .bx-wrapper .bx-viewport { -webkit-box-shadow: 0 1px 3px rgba(0,0,0,0.08);-moz-box-shadow: 0 1px 3px rgba(0,0,0,0.08);box-shadow: 0 1px 3px rgba(0,0,0,0.08); border: 1px solid #e5e5e5; padding:5px; background:#fff;}
```

로그인/회원가입 버튼 만들기 04

워드프레스에서 로그아웃하면 로그인 박스만 있는 썰렁한 페이지가 나타납니다. 고객이 '나의 계정' 메뉴를 통해 로그아웃할 경우에는 '마이 페이지'를 클릭한 것과 같이 다음과 같은 화면이 나오지만 우커머스 고객이 아닌 워드프레스 회원으로 가입한 경우에는 로그인 화면만 나타나는 것입니다.

그림 3-22 로그인/회원가입 버튼

그래서 워드프레스 회원으로서 로그아웃을 하더라도 사이트 초기 화면이 나타나게 하려면 다음과 같은 코드를 functions.php 파일에 추가합니다.

```
add_action('wp_logout','go_home');
function go_home(){
  wp_redirect( home_url() );
  exit();
}
```

관리자도 워드프레스에서 로그아웃하면 사이트 초기화면이 나타납니다. 또한 우커머스나 워드프레스에는 기본적으로 로그인 메뉴가 없습니다. wp-admin을 기본 웹 주소에 추가하거나 마이 페이지로 가야 하죠. 그래서 로그인/회원가입 버튼이 헤더에 나타나게 하겠습니다.

```
    <div class="login-register">
        <?php if ( is_user_logged_in() ) { ?>
            <a class="btn btn-primary" href="<?php echo get_permalink( get_option('woocommerce_myaccount_page_id') ); ?>" title="<?php _e('나의 계정','woothemes'); ?>"><?php _e('나의 계정','woothemes'); ?></a>
        <?php }
        else { ?>
            <a class="btn btn-primary" href="<?php echo get_permalink( get_option('woocommerce_myaccount_page_id') ); ?>" title="<?php _e('로그인 / 회원가입','woothemes'); ?>"><?php _e('로그인 / 회원가입','woothemes'); ?></a>
        <?php } ?>
    </div>
</header>
```

header.php 파일을 열고, 닫는 header 태그 바로 위에 위와 같은 코드를 추가합니다. 스타일시트는 다음과 같이 설정합니다.

```
header {position: relative;}
.login-register {position: absolute;top: 0;right: 0;}
```

이제 버튼을 누르면 로그인, 회원가입 화면이 나타납니다. 로그인하고 나면 '나의 계정' 버튼으로 전환되고 나의 계정 화면이 나타납니다.

소셜 로그인 사용하기 05

트위터나 페이스북 등의 SNS를 사용 중인 고객을 위해 로그인 화면이나 사이드바에 로그인 아이콘을 배치해 쉽게 로그인하게 할 수 있습니다. 이와 관련해서 제 블로그에 플러그인 설치 및 사용법(http://martian36.tistory.com/1123)을 올려뒀으니 참고하시면 되고, 설치를 완료한 후에 단축 코드를 삽입하는 방법을 알아보겠습니다.

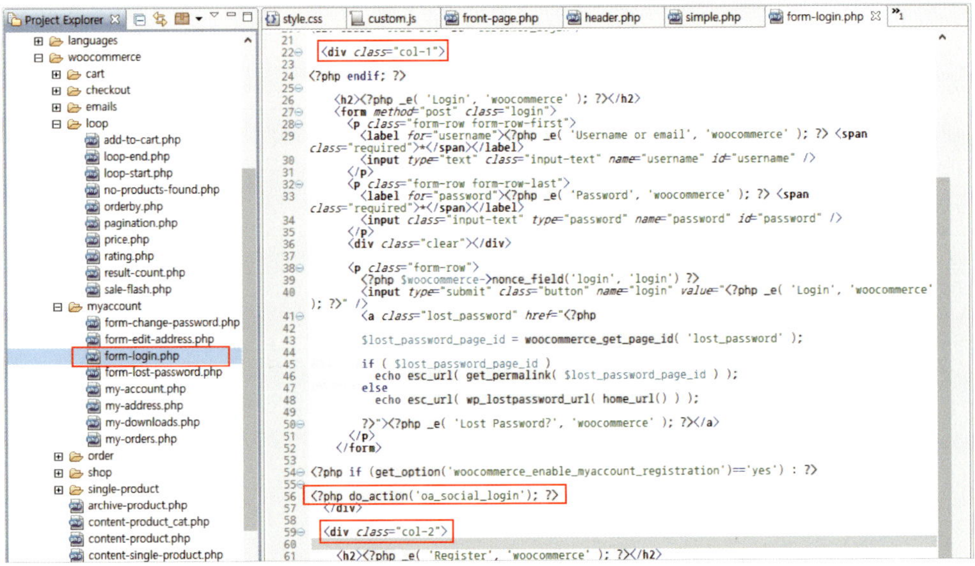

그림 3-23 소셜 로그인 버튼 만들기

로그인 화면을 담당하는 파일은 woocommerce/loop 폴더에 있습니다. form-login.php 파일을 열면 두 개의 div이 있는데, 로그인과 회원가입 두 영역으로 나뉘어 있으며 첫 번째 div.col-1의 닫는 태그 안에 다음의 단축 코드를 삽입하고 저장하면 됩니다.

```
<?php do_action('oa_social_login'); ?>
```

그림 3-24 소셜 로그인 버튼을 적용한 결과

소셜 아이콘이 로그인 영역 하단에 나타납니다. 이 플러그인을 설치하면 위젯도 사용할 수 있습니다. '외모' → '위젯'에서 위젯을 사이드바에 배치하면 그림처럼 사이드바에 아이콘이 나타납니다.

떠다니는 배너 설치하기 06

쇼핑몰에서 흔히 볼 수 있는 '최근에 본 상품'은 스크롤할 때마다 따라다닙니다. 이를 떠다니는 배너(floating banner)라고 하는데, 이번에는 떠다니는 배너를 설치하고 최근에 본 상품 목록을 만든 다음 이것도 bxslider를 사용해 목록이 슬라이드하도록 만들어 보겠습니다.

설치된 플러그인 화면에서 WooCommerce – Recently Viewed Products을 활성화합니다. 이 플러그인은 단축 코드를 이용해 사용할 수 있습니다. 다음과 같이 header.php 파일을 열고 header의 닫는 태그 바로 위에 코드를 삽입합니다.

```
    <div id="floating-box">
        <p>최근 본 상품</p>
        <?php echo do_shortcode('[woocommerce_recently_viewed_products per_page="5"]'); ?>
    </div>
</header>
```

per_page의 숫자를 수정해서 표시되는 상품의 개수를 조정할 수 있습니다. 테마 스타일시트에는 다음과 같이 입력합니다.

```
#floating-box {position: absolute;right: -100px;top: 0px;width: 70px;}
#floating-box p {    font-size: 13px;    border-top:2px solid #333;    border-bottom:2px
solid #333;}
.rc_wc_rvp_product_list_widget li { border: 1px solid #e5e5e5; margin-bottom: 5px;}
.home #floating-box {    display: none; }
```

초기화면에서는 슬라이더와 겹치므로 보이지 않게 설정합니다.

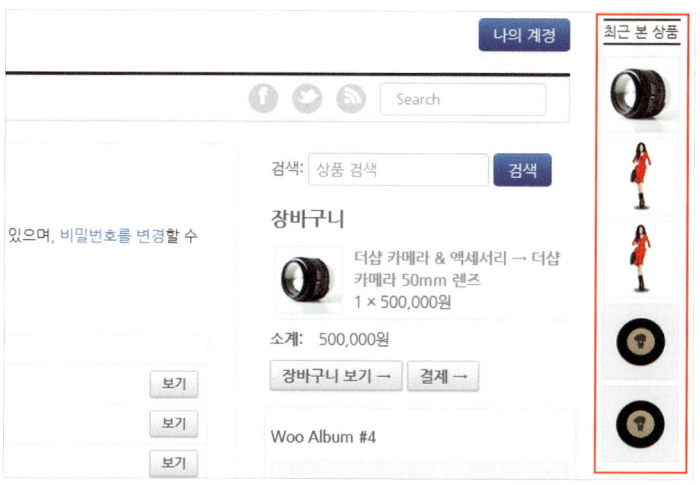

그림 3-25 최근 본 상품 배너

우측에 위 그림처럼 나타나지만 아직은 떠다니는 기능이 지원되지 않습니다. 떠다니는 기능을 지원하려면 제이쿼리 플러그인을 사용하면 됩니다. custom.js에 다음과 같은 코드를 추가합니다. topPadding과 marginTop의 수치를 수정해 위치를 조정합니다.

```
var offset = $("#floating-box").offset();
var topPadding = 150;
$(window).scroll(function() {
    if ($(window).scrollTop() > offset.top) {
        $("#floating-box").stop().animate({
            marginTop: $(window).scrollTop() - offset.top + topPadding
        });
    } else {
        $("#floating-box").stop().animate({
```

```
            marginTop: 130
        });
    };
});
```

나타나는 상품의 수를 5개로 설정했는데, 더 많은 상품을 봤을 때 바로 전에 본 상품이 나타나지 않을 수도 있습니다. 이 경우 상품 수를 10으로 설정하고 bxslider를 이용해 슬라이드하게 합니다.

```
$('.rc_wc_rvp_product_list_widget').bxSlider({
    easing: 'swing',
      mode: 'vertical',
    slideMargin: 5,
      minSlides: 3,
     maxSlides: 10,
      moveSlides: 1,
    auto:true,
    pager:false,
    pause:5000,
    controls: true,
    stopAuto: false
});
```

위의 코드를 custom.js에 추가하고 새로고침하면 3개의 상품이 나타날 것입니다. 내비게이션 버튼은 다음의 코드를 테마 스타일시트에 추가합니다.

```
#floating-box .bx-wrapper .bx-prev { left:-10px;}
#floating-box .bx-wrapper .bx-next {  right:-10px;}
```

그림 3-26 최근 본 상품에 슬라이더 적용

최근에 본 상품 플러그인은 쿠키를 사용하므로 로그인하지 않아도 최근에 본 상품이 나타납니다. 그런데 이 제이쿼리 플러그인을 설치하고 나면 구글 크롬에서만 나타나는 이상한 증상이 있습니다. bxslider의 mode를 false로 지정하면 애니메이션이 적용되지 않으므로 증상은 나타나지 않지만 그렇게 하면 이 플러그인을 설치한 효과가 반감되는 셈입니다. 완벽하지는 않지만 해결책을 알아보겠습니다.

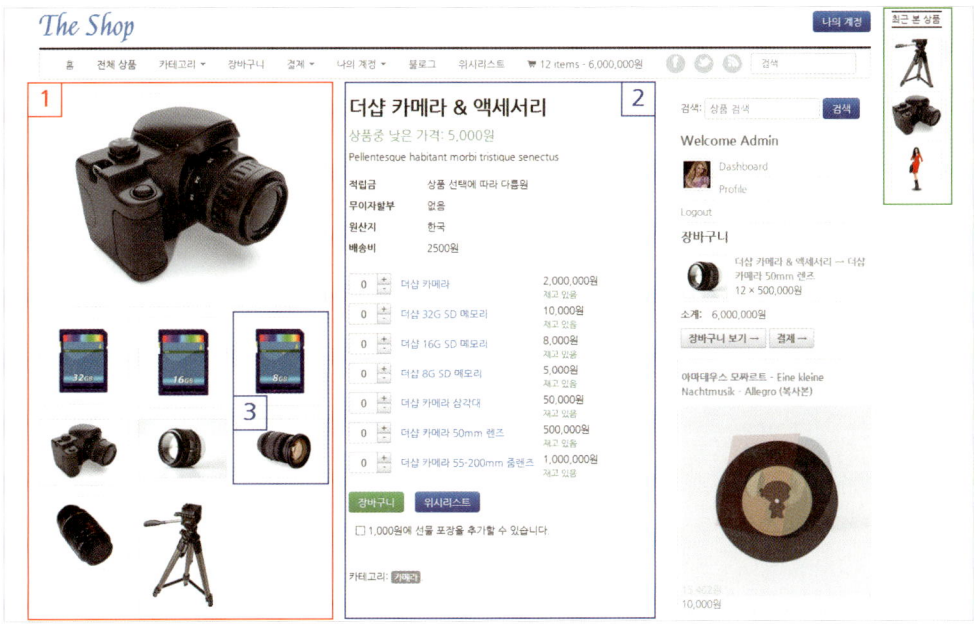

그림 3-27 요소의 흔들림 현상

그 증상은 다음과 같습니다. 우측의 '최근에 본 상품'이 애니메이션되면서 2번 영역이 약간 흔들리는 현상입니다. 이전에 1번과 2번 영역의 폭을 48%, 48%에서 40%와 56%로 수정했었는데, 이 플러그인을 설치하고 나서 2번 영역이 약간씩 흔들립니다. 그래서 다시 폭을 원래대로 했더니 이번에는 1번 영역이 흔들립니다. 그래서 1번과 2번 영역의 비율을 46%, 50%로 조정했더니 이번에는 갤러리 이미지 중 가장 우측의 이미지 3번 영역이 흔들립니다. 3번 영역에 이미지가 없는 경우에는 흔들리는 영역이 없습니다. 이것은 구글 크롬에서만 나타나는 현상인데, 구글에서 검색해보니 오래 전부터 버그였다고 합니다. 아직도 고쳐지지 않는 것이죠.

07 상품 상세 페이지에 고정 콘텐츠 삽입하기

상세 페이지 하단에는 개별 상품에 대한 내용이 아닌 전체 상품에 공통적으로 적용되는 상품에 대한 설명이나 반품, 환불에 관한 콘텐츠를 추가해서 고객에게 항상 주지시킬 수 있습니다. 이러한 콘텐츠는 자주 수정되지 않으므로 파일로 만들어놓고 가져오기 기능을 사용하면 됩니다. 여러 가지 콘텐츠가 있다면 탭을 사용해 이들 파일을 연결하면 됩니다.

우선 부트스트랩의 탭 기능을 추가해보겠습니다. 전면 페이지에서 탭 기능을 사용한 것과 같습니다.

```html
<div class="tabbable tabbable1">
  <ul class="nav nav-tabs">
    <li class="active"><a href="#tab1" data-toggle="tab">배송/반품/교환</a></li>
    <li><a href="#tab2" data-toggle="tab">기타1</a></li>
    <li><a href="#tab3" data-toggle="tab">기타2</a></li>
  </ul>
  <div class="tab-content">
    <div class="tab-pane active" id="tab1">
      <div class="Contents">
        배송/반품/교환
      </div>
    </div>
    <div class="tab-pane" id="tab2">
      기타1
```

```
        </div>
        <div class="tab-pane" id="tab3">
            기타2
        </div>
    </div>
</div> <!-- /tabbable -->
```

테마 폴더에 append-page.php 파일을 만들고 위의 코드를 입력합니다. 콘텐츠 영역에는 탭에 해당하는 내용을 입력하면 됩니다.

```
<div <?php if (is_single()) { echo 'class="span9"'; } else { echo 'class="span12"'; } ?>>
        <div id="double-left-column">
            <?php woocommerce_content(); ?>
        </div>
        <div class="bottom-content">
            <?php if ( is_single() ) {
                get_template_part('append', 'page');
            } ?>
        </div>
</div>
```

테마 폴더에서 woocommerce.php 파일을 열고 .bottom-content 부분을 추가합니다. 싱글 페이지, 즉 상세 페이지인 경우에만 append-page.php 파일을 가져오는 것입니다.

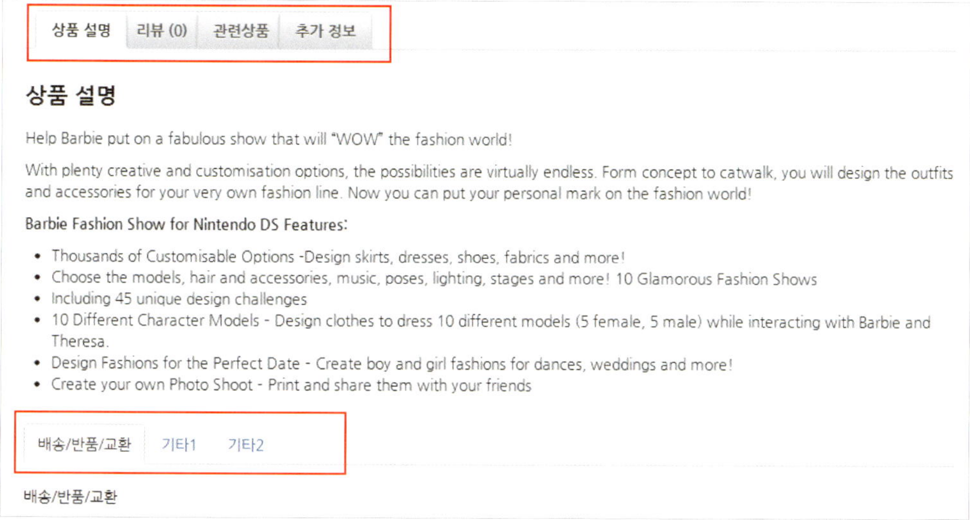

그림 3-28 고정 콘텐츠 적용

하단의 탭과 우커머스 탭이 서로 다르게 나오고 있습니다. 우커머스의 탭은 비활성 탭에 그 레이디언트 효과가 적용돼 있고 서로 겹칩니다. 이를 제거해야 하는데 요소 검사를 해보면 상당히 복잡하게 돼 있습니다. 탭의 하단을 보면 둥근 모서리로 돼 있고, 여기에는 :before 와 :after 선택자가 지정돼 있습니다. 그래서 요소 검사의 스타일시트 부분에서 설정한 속성의 체크박스를 하나씩 클릭해서 제거하면서 사라지는 부분의 속성값을 0이나 none으로 입력하면 제거됩니다. 스타일시트가 상당히 많은데, 제거한 코드를 보면 다음과 같습니다. 제거하면서 복구해야 할 부분은 .woocommerce div.product .woocommerce-tabs ul.tabs li.active입니다.

```css
.woocommerce div.product .woocommerce-tabs ul.tabs li, .woocommerce #content div.product .woocommerce-tabs ul.tabs li, .woocommerce-page div.product .woocommerce-tabs ul.tabs li, .woocommerce-page #content div.product .woocommerce-tabs ul.tabs li {
    border: 0px solid #dfdbdf;
    background: #fff;
    background: -webkit-gradient(linear,left top,left bottom,from(#fff),to(#fff));
    background: -webkit-linear-gradient(#fff,#fff);
    background: -moz-linear-gradient(center top,#fff 0%,#fff 100%);
    background: -moz-gradient(center top,#fff 0%,#fff 100%);
    display: inline-block;
    position: relative;
    z-index: 0;
    -webkit-border-top-left-radius: 4px;
    -webkit-border-top-right-radius: 4px;
    -moz-border-radius-topleft: 4px;
    -moz-border-radius-topright: 4px;
    border-top-left-radius: 4px;
    border-top-right-radius: 4px;
    box-shadow: none ;
    margin: 0;
    padding: 0 1em;
}
.woocommerce div.product .woocommerce-tabs ul.tabs, .woocommerce #content div.product .woocommerce-tabs ul.tabs, .woocommerce-page div.product .woocommerce-tabs ul.tabs, .woocommerce-page #content div.product .woocommerce-tabs ul.tabs {
    list-style: none;
    padding: 0;
    margin: 0 0 1.618em;
    overflow: hidden;
```

```css
position: relative;
}
.woocommerce div.product .woocommerce-tabs ul.tabs li.active { border: 1px solid #dfdbdf;border-bottom: none; }

.woocommerce div.product .woocommerce-tabs ul.tabs li:before, .woocommerce div.product .woocommerce-tabs ul.tabs li:after, .woocommerce #content div.product .woocommerce-tabs ul.tabs li:before, .woocommerce #content div.product .woocommerce-tabs ul.tabs li:after, .woocommerce-page div.product .woocommerce-tabs ul.tabs li:before, .woocommerce-page div.product .woocommerce-tabs ul.tabs li:after, .woocommerce-page #content div.product .woocommerce-tabs ul.tabs li:before, .woocommerce-page #content div.product .woocommerce-tabs ul.tabs li:after {
border: 0px solid #dfdbdf;
position: absolute;
bottom: -1px;
width: 5px;
height: 5px;
content: " ";
}
.woocommerce div.product .woocommerce-tabs ul.tabs li:before, .woocommerce #content div.product .woocommerce-tabs ul.tabs li:before, .woocommerce-page div.product .woocommerce-tabs ul.tabs li:before, .woocommerce-page #content div.product .woocommerce-tabs ul.tabs li:before {
left: -6px;
-webkit-border-bottom-right-radius: 4px;
-mox-border-bottom-right-radius: 4px;
border-bottom-right-radius: 4px;
border-width: 0;
box-shadow:  none;
}
.woocommerce div.product .woocommerce-tabs ul.tabs li:after, .woocommerce #content div.product .woocommerce-tabs ul.tabs li:after, .woocommerce-page div.product .woocommerce-tabs ul.tabs li:after, .woocommerce-page #content div.product .woocommerce-tabs ul.tabs li:after {
right: -6px;
-webkit-border-bottom-left-radius: 4px;
-mox-border-bottom-left-radius: 4px;
border-bottom-left-radius: 4px;
border-width: 0;
box-shadow: none;
}
```

```css
.woocommerce div.product .woocommerce-tabs ul.tabs li.active:after, .woocommerce
#content div.product .woocommerce-tabs ul.tabs li.active:after, .woocommerce-page div.
product .woocommerce-tabs ul.tabs li.active:after, .woocommerce-page #content div.
product .woocommerce-tabs ul.tabs li.active:after {
    box-shadow: none;
}
.woocommerce div.product .woocommerce-tabs ul.tabs li.active:before, .woocommerce
#content div.product .woocommerce-tabs ul.tabs li.active:before, .woocommerce-page div.
product .woocommerce-tabs ul.tabs li.active:before, .woocommerce-page #content div.
product .woocommerce-tabs ul.tabs li.active:before {
    box-shadow: none;
}
```

그림 3-29 탭 수정 결과

이제 새로 추가한 탭과 비슷해졌습니다.

상점 페이지 수정하기 08

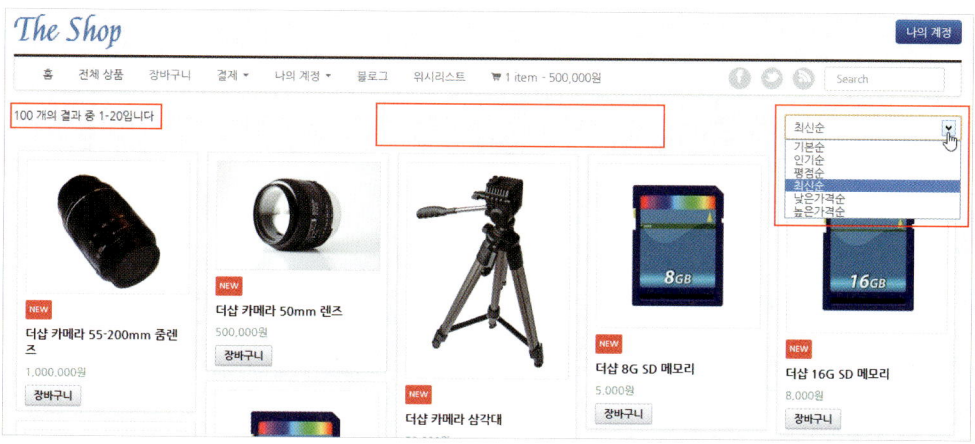

그림 3-30 상점 페이지를 수정하기 전 모습

상점 페이지에 처음 들어오면 총 상품 수와 처음에 나타나는 상품 개수 메시지가 있습니다. 눈에 띄지 않으니 부트스트랩의 알림메시지 박스를 추가해보겠습니다. 또한 우측의 드롭다운 메뉴는 부트스트랩에 의해 나타나지만 이를 다른 부트스트랩 관련 플러그인을 사용해 좀 더 나은 디자인으로 바꾼 다음 중앙에는 가격필터 위젯을 설치하겠습니다. 가격필터는 레이어냅 위젯과 함께 상점 페이지에서만 사용할 수 있는 우커머스 위젯입니다. 그런데 사이드바가 없으니 상단에라도 배치하는 것이 좋습니다.

01 알림메시지 박스 만들기

우커머스는 이 하나의 메시지를 위해 result-count.php 파일을 배정하고 있으며, 이 파일은 woocommerce/loop에 있습니다. 이 파일을 열고 선택자가 있는 부분에 .alert, .alert-info, .span3이라는 세 개의 선택자를 추가합니다. 첫 번째 선택자는 알림 메시지를 만들고, 두 번째는 색상을 만들며, 세 번째는 폭을 설정합니다.

```
<p class="woocommerce-result-count alert alert-info span3">
```

02 드롭다운 선택박스의 디자인 변경하기

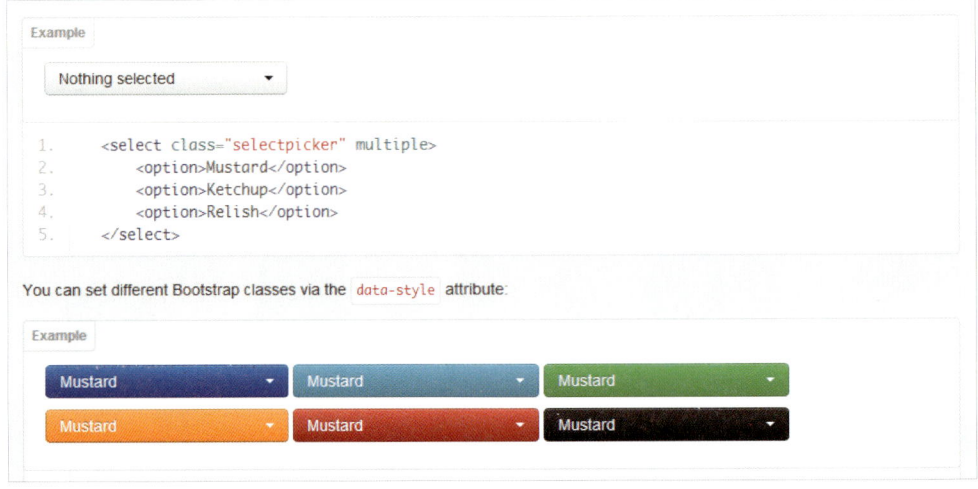

그림 3-31 드롭다운 메뉴 박스의 스타일

아래의 링크로 이동하고 스크롤해서 내리면 위와 같은 화면을 볼 수 있습니다. 보다시피 드롭다운 선택박스를 다양한 색상으로 만들 수 있습니다.

http://silviomoreto.github.io/bootstrap-select/

위 사이트에서 zip 파일을 내려받아 압축을 풀고 bootstrap-select.min.js, bootstrap-select.min.css를 복사해 테마의 js, css 폴더에 각각 붙여 넣습니다.

functions.php 파일에는 다음과 같이 만들어줍니다. 한 가지 주의할 점은 파일이 일반형과 축약형이 있으므로 파일명을 제대로 입력해야 한다는 것입니다. 또한 대소문자도 구별하니 주의하세요. 이런 부분에서 착오가 생기면 뭐가 잘못됐는지 파악하기가 어렵습니다. 그래서 이번에는 축약형 파일을 사용했습니다.

```
wp_register_script('bootstrap-select', get_stylesheet_directory_uri().'/js/bootstrap-select.min.js', array('jquery'), null, true);
wp_enqueue_script('bootstrap-select');
wp_register_style('bootstrap-select', get_stylesheet_directory_uri().'/css/bootstrap-select.min.css');
wp_enqueue_style('bootstrap-select');
```

custom.js 파일에 다음과 같은 코드를 입력합니다.

```
$('.selectpicker').selectpicker();
```

위 선택자를 어딘가에 삽입해야겠죠. woocommerce/loop에 있는 orderby.php 파일을 엽니다. 그런 다음 다음과 같이 선택자와 데이터 속성, 값을 추가합니다.

```
<form class="woocommerce-ordering" method="get">
    <select name="orderby" class="orderby selectpicker" data-style="btn-info">
```

data-style의 값에 따라 색상이 바뀝니다.

그림 3-32 스타일 적용 결과

03 가격필터 추가하기

가격필터는 위젯이므로 사이드바 위젯을 등록합니다. functions.php 파일에 다음과 같이 입력합니다.

```
register_sidebar( array(
'name' => 'price-sidebar',
'id' => 'price-sidebar',
'description' => '가격필터 사이드바',
'before_widget' => '<div id="%1$s" class="widget-container %2$s">',
'after_widget' => '</div>',
'before_title' => '<h4 class="widget-title">',
'after_title' => '</h4>',
) );
```

문제는 이 사이드바 위젯을 어떤 파일에서 불러와야 할지 결정해야 한다는 것입니다.

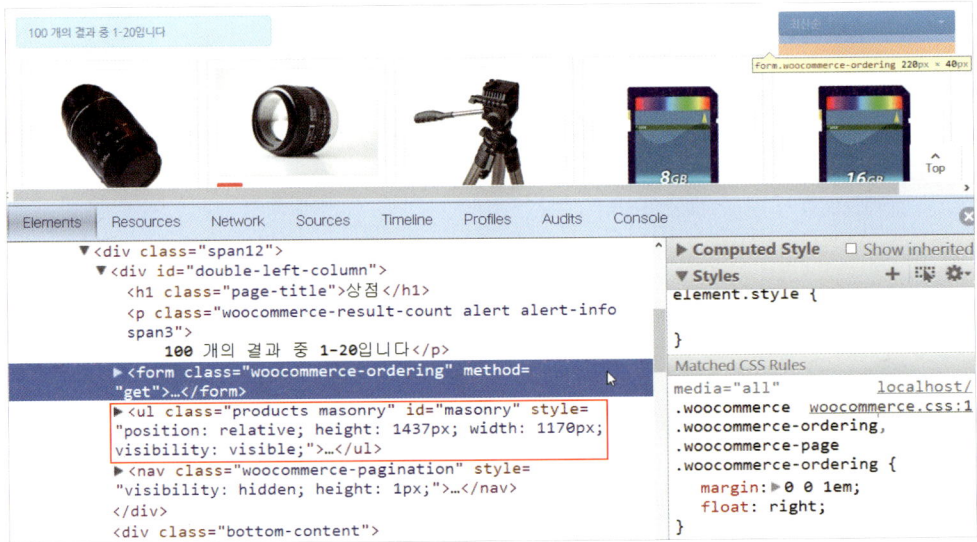

그림 3-33 가격 필터 위치에 대한 요소 검사

요소 검사를 하면 드롭다운 선택박스 아래에 반복문이 시작되는 ul 태그가 있습니다. 따라서 loop-start.php 파일 위에 배치하면 될 것 같습니다. 이 파일을 열고 아래와 같이 코드를 추가합니다. .clearfix는 float되고 있는 요소 다음의 요소를 아래로 내리는 효과가 있습니다. pull-right는 부트스트랩 선택자로 float:right; 역할을 합니다.

```
<div class="price-filter-widget span3 pull-right">
    <?php if (function_exists('dynamic_sidebar')) {
        dynamic_sidebar('price-sidebar');
    } ?>
</div>
<div class="clearfix"></div>

<ul class="products" id="masonry">
```

저장한 다음 관리자 화면의 '외모' → '위젯'에서 price-sidebar에 가격필터를 추가한 후 사이트에서 보면 아래와 같이 원하는 대로 나타납니다.

그림 3-34 가격 필터를 적용한 결과

스타일시트에서 다음과 같이 입력합니다.

```
.widget_price_filter  h4.widget-title {position: absolute;clip: rect(1px, 1px, 1px, 1px);}
.price-filter-widget { margin-right: 40px; position: relative; top: 5px; }
.price-filter-widget form { margin-bottom: 0; }
.price_slider_wrapper { position: relative !important; }
.price_slider_amount button { position: absolute !important;top: -5px !important; left: -60px !important; }
.woocommerce .widget_price_filter .price_slider, .woocommerce-page .widget_price_filter .price_slider { margin-bottom: 0.2em; }
```

좁은 폭에서의 레이아웃을 위해 미디어쿼리에 다음과 같은 코드를 추가합니다.

```
@media (max-width: 767px) {
생략
.price-filter-widget { margin-right: 0px; position: relative; top: 0px; margin-bottom: 10px;}
.price-filter-widget form { margin-bottom: 0;}
.price_slider_wrapper { position: relative !important;}
.price_slider_amount button { position: static !important; top: 0 !important; left: 0 !important;}
.woocommerce .widget_price_filter .price_slider, .woocommerce-page .widget_price_filter .price_slider {margin-bottom: 1em;}
}
```

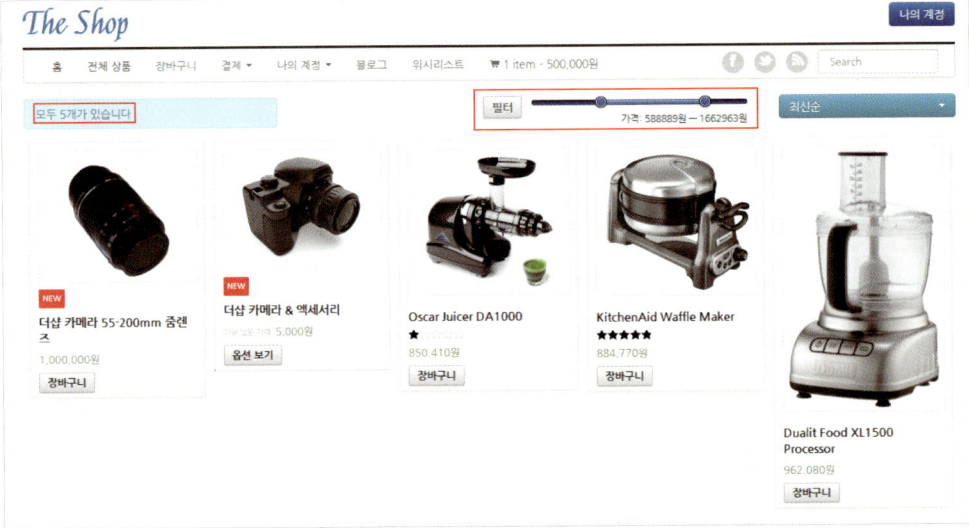

그림 3-35 가격 필터의 스타일 수정

가격의 범위를 설정하고 필터 버튼을 클릭하면 상품이 나타나고 메시지도 나옵니다.

09 장바구니 버튼 수정하기

그림 3-36 장바구니 버튼 수정

우커머스 '설정' → '카탈로그'의 '상점 페이지에서 AJAX 장바구니 추가하기 버튼 활성화하기'에 체크한 상태에서 상점 페이지의 장바구니 버튼을 클릭하면 위와 같이 로딩 이미지는 레이아웃을 벗어나고 로딩이 완료된 후에는 체크 아이콘이 '장바구니 보기' 링크와 겹칩니다. 이를 수정해보겠습니다. 우선 가려지는 부분의 경우에는 장바구니 보기 링크에 있는 선택자에 다음과 같이 좌측 마진을 설정하면 됩니다.

```
.woocommerce a.added_to_cart, .woocommerce-page a.added_to_cart {margin-left: 25px;}
```

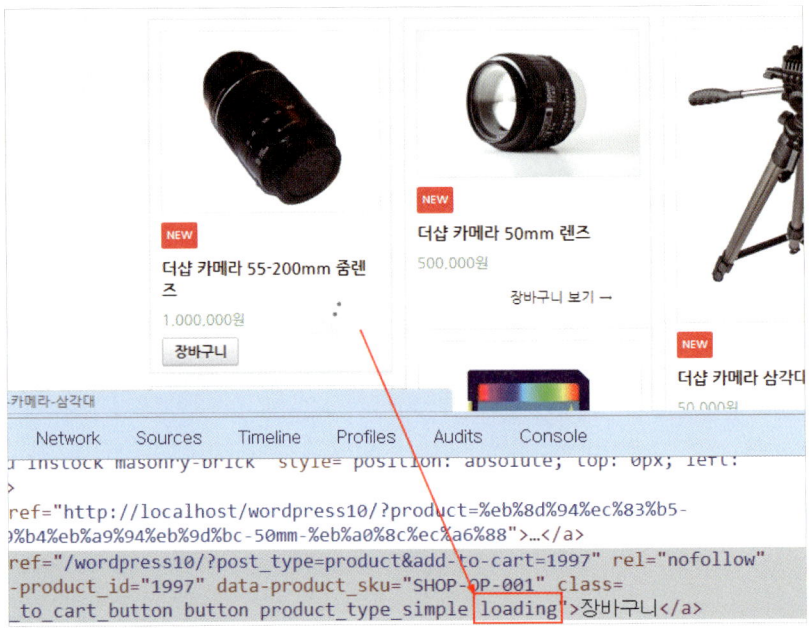

그림 3-37 로딩 이미지

이번에는 로딩 이미지 부분을 수정하겠습니다. 로딩 이미지가 나타나는 동안 버튼에 선택자가 추가됩니다. 로딩 이미지가 사라지고 나면 스타일시트 창에서 찾아볼 수가 없죠. 그래서 다음과 같이 로딩 이미지의 사이즈를 입력하고 위치를 지정합니다.

```
.woocommerce a.button.loading { left:0; bottom: 0; height:16px; width:16px;}
```

10. 장바구니 버튼과 위시리스트 버튼 나란히 배치하기

현재 장바구니 버튼은 수량 선택 박스 옆에 있고 위시리스트는 그 아래에 배치돼 있습니다. 일반적으로 이 두 개의 버튼은 나란히 놓여 있습니다. 그래서 이번에는 두 버튼을 나란히 배치하는 방법을 알아보겠습니다.

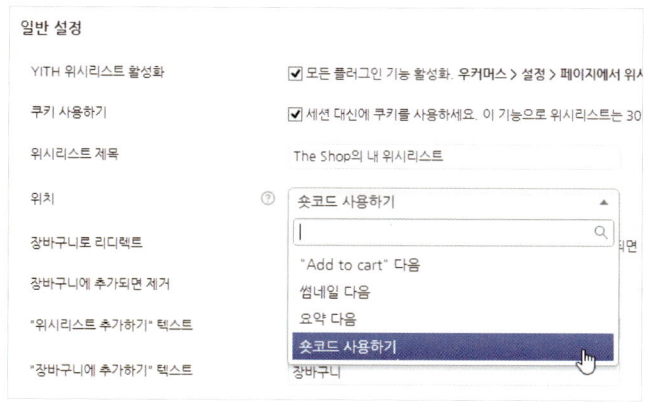

그림 3-38 위시리스트 버튼 수정하기

우커머스 '설정' → '위시리스트'에서 버튼의 위치에 '숏코드 사용하기'를 선택하고 저장합니다.

Woocommerce/single-product/add-to-cart에서 simple.php 파일을 열고 하단에서 다음과 같이 위시리스트 버튼을 장바구니 버튼 아래에 삽입합니다.

```
<button type="submit" class="single_add_to_cart_button btn btn-success alt"><?php echo apply_filters('single_add_to_cart_text', __( 'Add to cart', 'woocommerce' ), $product->product_type); ?></button>
<?php echo do_shortcode('[yith_wcwl_add_to_wishlist]');?>
```

테마 스타일시트에는 다음의 코드를 추가합니다. 수량 입력 박스에 float:left;로 지정된 것을 none으로 설정하면 버튼이 아래로 내려갑니다. 여기에 위시리스트 버튼에 float:left;를 적용하면 나란히 놓이게 되며, 두 버튼의 높이를 맞추기 위해 장바구니 버튼에 상단 마진으로 15픽셀을 적용합니다.

```
.woocommerce div.product form.cart div.quantity, .woocommerce-page div.product form.cart div.quantity {float: none;}
.yith-wcwl-add-to-wishlist {float: left !important;margin: 15px;}
.woocommerce div.product form.cart .single_add_to_cart_button {    margin-top: 15px; float: left;}
```

두 버튼의 색상이 같은데, 이를 변경해보겠습니다. 장바구니 버튼을 부트스트랩 버튼으로 적용하고 보면 위시리스트 버튼의 둥근 모서리가 서로 다르기 때문에 이 버튼도 제이쿼리를 이용해 부트스트랩 버튼으로 만들 것입니다. 위에서 열어둔 simple.php 파일에서 다음과 같이 .button 선택자를 제거하고 btn btn-success를 추가합니다.

```
<button type="submit" class="single_add_to_cart_button btn btn-success alt"><?php echo apply_filters('single_add_to_cart_text', __( 'Add to cart', 'woocommerce' ), $product->product_type); ?></button>
```

custom.js 파일에 다음 코드를 추가합니다. 이 코드는 위시리스트 버튼에 우커머스 버튼 스타일이 적용되는 .button을 제거하고 부트스트랩 파란색 버튼을 추가하는 역할을 합니다.

```
$('.yith-wcwl-add-button a').removeClass('button').addClass('btn btn-primary');
```

옵션상품과 그룹 상품도 버튼을 변경해야 합니다. 같은 폴더에 있는 variable.php 파일을 열고 버튼 부분에서 다음과 같이 변경합니다.

```
		<button type="submit" class="single_add_to_cart_button btn btn-success alt"><?php echo apply_filters('single_add_to_cart_text', __( 'Add to cart', 'woocommerce' ), $product->product_type); ?></button>
	</div>
</div>
<div><input type="hidden" name="product_id" value="<?php echo esc_attr( $post->ID ); ?>" /></div>
<?php echo do_shortcode('[yith_wcwl_add_to_wishlist]');?>
<?php do_action('woocommerce_after_add_to_cart_button'); ?>
```

다음은 grouped.php 파일입니다.

```
<button type="submit" class="single_add_to_cart_button btn btn-success alt"><?php echo apply_filters('single_add_to_cart_text', __( 'Add to cart', 'woocommerce' ), $product->product_type); ?></button>
<?php echo do_shortcode('[yith_wcwl_add_to_wishlist]');?>
<?php do_action('woocommerce_after_add_to_cart_button'); ?>
```

다음은 사용할지는 모르겠지만 외부/연계 상품인 external.php 파일입니다. 이곳은 위시리스트가 있을 수가 없죠. 단순히 외부 상점을 링크하는 역할만 합니다.

```
<p class="cart"><a href="<?php echo esc_url( $product_url ); ?>" rel="nofollow" class="single_add_to_cart_button btn btn-success alt"><?php echo apply_filters('single_add_to_cart_text', $button_text, 'external'); ?></a></p>

<?php do_action('woocommerce_after_add_to_cart_button'); ?>
```

장바구니 버튼을 바로구매 버튼으로 변경하기 11

장바구니 버튼을 클릭하면 상품이 장바구니로 추가되면서 상세페이지에 그대로 있는 것이 기본 설정이고, 우커머스 설정에서 변경하더라도 장바구니 페이지로만 바로 갈 수 있습니다. 이 경우 두 가지 방법이 있는데, 우선 코드를 수정하는 방법입니다. 몇 가지 코드만 추가하면 장바구니 페이지가 아니라 결제 페이지로 바로 가게 할 수 있습니다.

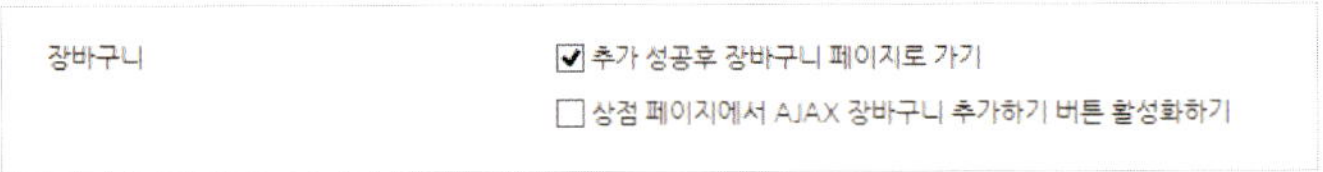

그림 3-39 우커머스 설정 변경

우선 우커머스 설정의 '카탈로그' 탭에서 '상점 페이지에서 AJAX 장바구니 추가하기 버튼 활성화하기' 옵션이 체크해제돼 있어야 합니다.

```
add_filter('add_to_cart_redirect', 'custom_add_to_cart_redirect');

function custom_add_to_cart_redirect() {
 return get_permalink(get_option('woocommerce_checkout_page_id'));
}
```

위 코드를 functions.php 파일에 추가합니다. 이렇게 하면 바로 적용되지만 버튼의 글자가 계속 장바구니로 돼 있죠. 그래서 다음과 같이 두 개의 파일을 열고 수정합니다. 우선 woocommerce/single-product/add-to-cart 폴더에서 simple.php 파일을 열고 다음과 같이 한글로 수정합니다.

```
<button type="submit" class="single_add_to_cart_button btn btn-success alt"><?php echo apply_filters('single_add_to_cart_text', __( '바로구매', 'woocommerce' ), $product->product_type); ?></button>
```

다음은 상점 페이지입니다. woocommerce/loop 폴더에서 add-to-cart.php 파일을 열고 다음과 같이 한글로 수정합니다.

```
default :
    if ( $product->is_purchasable() ) {
        $link['url']    = apply_filters( 'add_to_cart_url', esc_url( $product->add_to_cart_url() ) );
        $link['label']    = apply_filters( 'add_to_cart_text', __( '바로구매', 'woocommerce' ) );
        $link['class']  = apply_filters( 'add_to_cart_class', 'add_to_cart_button' );
    } else {
        $link['url']    = apply_filters( 'not_purchasable_url', get_permalink( $product->id ) );
        $link['label']    = apply_filters( 'not_purchasable_text', __( 'Read More', 'woocommerce' ) );
    }
break;
        }
```

이번에는 또 다른 방법으로 플러그인을 사용하겠습니다. 설치된 플러그인 화면에서 WooCommerce Direct Checkout을 활성화합니다.

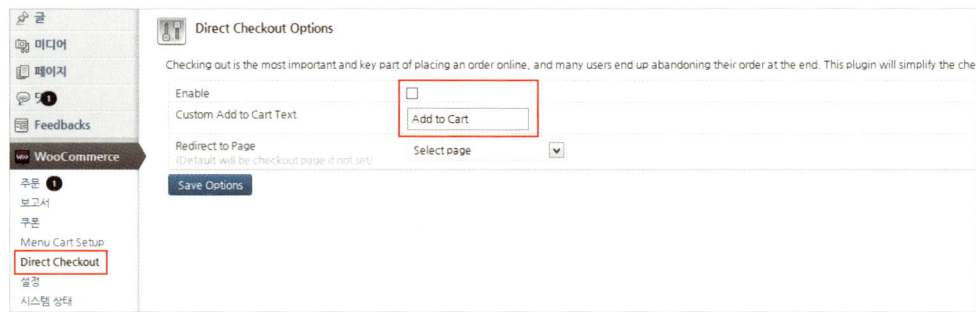

그림 3-40 플러그인 사용

메뉴의 Direct Checkout 화면에서 Enable에 체크하고 Add to Cart를 '바로구매'로 수정한 다음 저장합니다. 세 번째 옵션은 그대로 둡니다. 위 두 가지 방법을 연구하면 아마도 장바구니 버튼 옆에 바로구매 버튼을 만들 수 있을 것 같기도 합니다.

12. 상세 페이지 하단에 다음 상품, 이전 상품 표시하기

다음 코드는 내비게이션 역할을 하면서 상품 이미지와 가격까지 나오므로 더 많은 상품 노출에 도움이 됩니다. 다음 코드를 우커머스 폴더에 있는 content-single-product.php 파일 하단에 추가하면 바로 적용됩니다.

```php
<?php
// get next and prev products
// Author: Georgy Bunin (bunin.co.il@gmail.com)

function ShowLinkToProduct($post_id, $categories_as_array, $label) {
    // get post according post id
    $query_args = array( 'post__in' => array($post_id), 'posts_per_page' => 1, 'post_status' => 'publish', 'post_type' => 'product', 'tax_query' => array(
        array(
            'taxonomy' => 'product_cat',
            'field' => 'id',
            'terms' => $categories_as_array
        )));
    $r_single = new WP_Query($query_args);
    if ($r_single->have_posts()) {
```

```php
        $r_single->the_post();
        global $product;
    ?>
    <ul class="product_list_widget">
        <li><a href="<?php the_permalink() ?>" title="<?php echo esc_attr(get_the_title() ? get_the_title() : get_the_ID()); ?>">
            <?php if (has_post_thumbnail()) the_post_thumbnail('shop_thumbnail'); else echo '<img src="'. woocommerce_placeholder_img_src() .'" alt="Placeholder" width="'.$woocommerce->get_image_size('shop_thumbnail_image_width').'" height="'.$woocommerce->get_image_size('shop_thumbnail_image_height').'" />'; ?>
            <?php echo $label; ?>
            <?php if ( get_the_title() ) the_title(); else the_ID(); ?>
        </a> <?php echo $product->get_price_html(); ?></li>
    </ul>
    <?php
        wp_reset_query();
    }
}

if ( is_singular('product') ) {
    global $post;

    // get categories
    $terms = wp_get_post_terms( $post->ID, 'product_cat' );
    foreach ( $terms as $term ) $cats_array[] = $term->term_id;

    // get all posts in current categories
    $query_args = array('posts_per_page' => -1, 'post_status' => 'publish', 'post_type' => 'product', 'tax_query' => array(
        array(
            'taxonomy' => 'product_cat',
            'field' => 'id',
            'terms' => $cats_array
        )));
    $r = new WP_Query($query_args);

    // show next and prev only if we have 3 or more
    if ($r->post_count > 2) {

        $prev_product_id = -1;
        $next_product_id = -1;
```

```
            $found_product = false;
            $i = 0;

            $current_product_index = $i;
            $current_product_id = get_the_ID();

            if ($r->have_posts()) {
                while ($r->have_posts()) {
                    $r->the_post();
                    $current_id = get_the_ID();

                    if ($current_id == $current_product_id) {
                        $found_product = true;
                        $current_product_index = $i;
                    }

                    $is_first = ($current_product_index == $first_product_index);

                    if ($is_first) {
                        $prev_product_id = get_the_ID(); // if product is first then 'prev'
= last product
                    } else {
                        if (!$found_product && $current_id != $current_product_id) {
                            $prev_product_id = get_the_ID();
                        }
                    }

                    if ($i == 0) { // if product is last then 'next' = first product
                        $next_product_id = get_the_ID();
                    }

                    if ($found_product && $i == $current_product_index + 1) {
                        $next_product_id = get_the_ID();
                    }

                    $i++;
                }

                if ($prev_product_id != -1) { ShowLinkToProduct($prev_product_id, $cats_ar-
ray, "다음상품: "); }
                if ($next_product_id != -1) { ShowLinkToProduct($next_product_id, $cats_ar-
```

```
ray, "이전상품: "); }
        }

        wp_reset_query();
    }
}
?>
```

테마 스타일시트에 다음 코드를 추가해 하단의 탭 영역과 간격을 둡니다.

```
.bottom-content .tabbable {margin-top: 30px;}
```

그림 3-41 다음 상품 및 이전 상품 내비게이션

13 그룹 상품 스타일 수정

샘플 상품 중 그룹 상품을 보면 수정할 부분이 있습니다. 기본 URL에 ?product=nomu-salt-pepper-and-spice-grinders을 추가하고 엔터 키를 치면 다음과 같이 옵션 부분이 짙은 회색으로 나타나고 수량 입력상자와 높이도 맞지 않습니다.

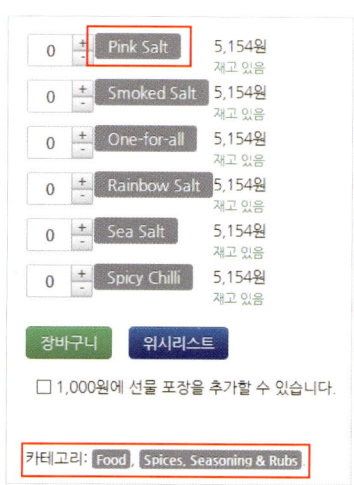

그림 3-42 그룹 상품의 옵션 영역

이것은 우커머스가 하단의 카테고리 부분처럼 부트스트랩 선택자인 .label을 사용하고 있기 때문입니다. 높이만 수정해도 되겠지만 만일 제목에 링크라도 있으면 디자인이 아주 어색하게 나타납니다. 그래서 다음과 같이 수정합니다. 또한 이 선택자에는 white-space: nowrap;가 설정돼 있어서 테이블의 폭이 좁을 때 테이블 셀의 글자가 길 경우 두 줄로 나눠지지 않아 레이아웃을 벗어납니다. 이 부분은 normal로 변경합니다.

```
td.label { background: #fff;text-shadow: none; line-height: 30px; color:#333; white-space: normal; }
```

이메일 템플릿 편집하기 14

우커머스 '설정' → '이메일'에서 이메일 미리 보기를 하면 아래 좌측의 그림처럼 레이아웃이 잘 정리된 상태로 나타나지만 실제 이메일을 받아보면 우측의 그림처럼 글자가 테두리에 접해 있습니다. 이메일을 처리하는 포털 사이트의 설정에 따라 다르게 나타나는 것이죠.

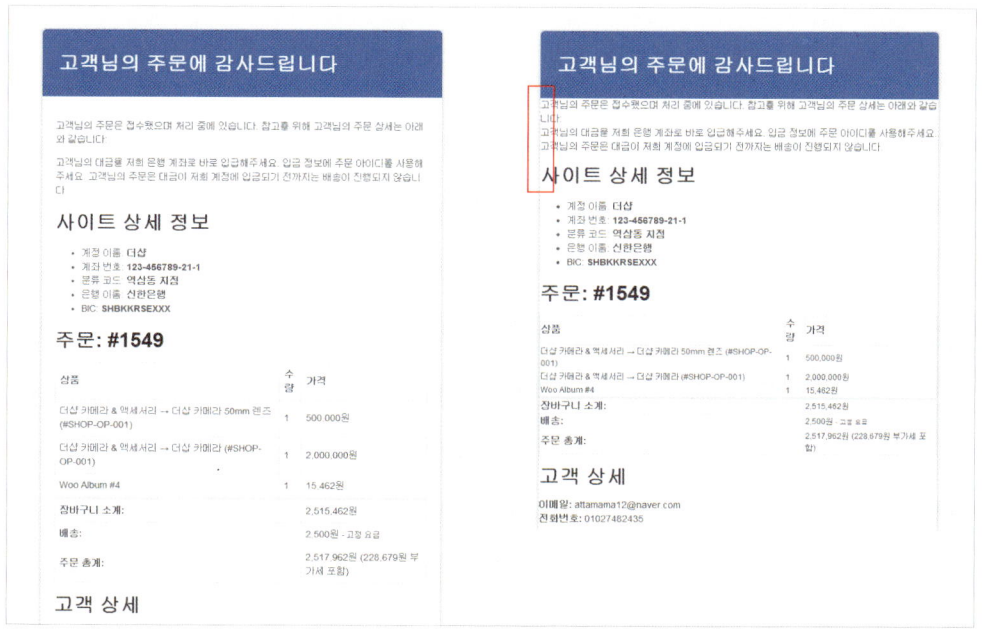

그림 3-43 이메일 템플릿의 차이

그럼 이번에는 이 부분을 수정하는 방법을 비롯해 글자를 나눔고딕이나 맑은고딕체로 바꿔서 이메일을 받을 수 있게 설정하는 방법과 이메일 템플릿의 구조를 알아보겠습니다.

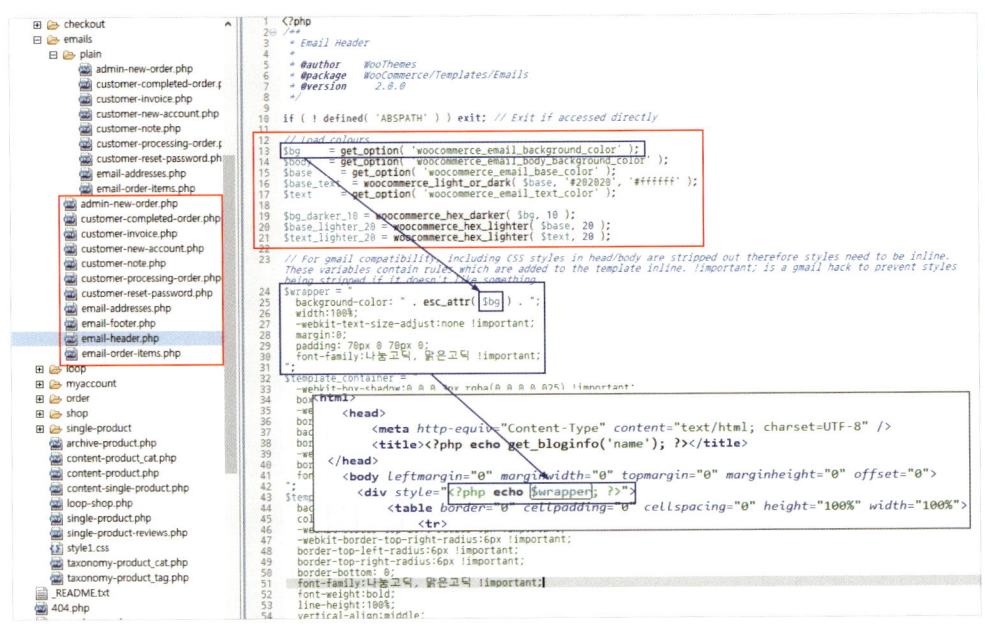

그림 3-44 이메일 템플릿의 변수 사용

우커머스의 emails 폴더를 열어보면 이메일 관련 템플릿이 여러 개 있습니다. plain 폴더에는 레이아웃이 적용되지 않고 글자만 나타나는 템플릿이 있습니다. email-header.php 파일을 열어보면 상단에 각종 변수가 있고 이 변수를 다른 변수가 받아 콘텐츠 영역에 적용되고 있습니다. 예를 들면, $bg라는 변수는 관리자 화면의 우커머스의 이메일 탭에서 설정한 배경색상 값을 받아 $wrapper라는 변수의 배경 색상으로 적용되고 $wrapper는 배경색과 여러 스타일시트 속성값이 설정되어 div의 style 속성에 적용되는 것이죠. 이렇게 하는 이유는 이메일은 외부 스타일시트라든가 임베디드 스타일시트를 적용할 수 없고 반드시 인라인 방식의 스타일시트만 사용할 수밖에 없기 때문입니다. 즉, 항상 HTML 태그에 스타일시트가 들어있어야 합니다. 그래서 대부분의 이메일은 테이블로 레이아웃을 만듭니다.

그러면 레이아웃의 패딩을 적용하기 위해 실제로 들어온 이메일을 대상으로 요소 검사를 해보겠습니다.

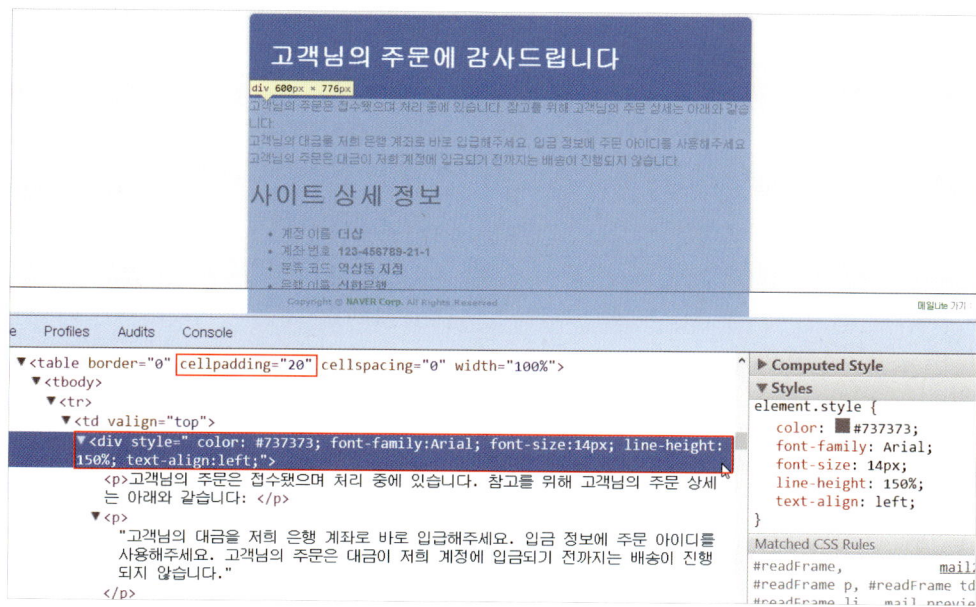

그림 3-45 실제 이메일의 요소 검사

요소 검사를 하면 테이블에 cellpadding="20"이 설정됐는데도 레이아웃은 패딩이 없습니다. 그래서 div 태그에 패딩 적용을 실험하기 위해 div 태그 내부를 더블클릭하고 스타일시트 마지막 부분에 padding: 20px;을 입력하고 다른 곳을 클릭하면 적용되는 것을 확인할 수 있습니다. 그럼 템플릿에서 이 태그를 찾아 실제로 입력하면 되는 것입니다. 위의 div 태그는 email-header.php 파일의 맨 끝에 있습니다.

```
<table border="0" cellpadding="20" cellspacing="0" width="100%">
  <tr>
    <td valign="top">
      <div style="<?php echo $body_content_inner; ?>">
```

이곳에서 $body_content_inner라는 변수를 사용해 스타일시트를 받고 있습니다. 그러면 이 파일의 상단에서 이 변수에 padding: 20px;을 추가하면 됩니다.

```
$body_content_inner = "
    color: $text_lighter_20;
    font-family:나눔고딕, 맑은고딕, Arial !important;
    font-size:14px;
    line-height:150%;
```

```
        text-align:left;
        padding:20px;
";
```

그런 다음 폰트를 적용합니다. font-family에 나눔고딕과 맑은고딕을 Arial 앞에 추가하면 한글 폰트가 우선적으로 적용됩니다. 나눔고딕이 없으면 맑은고딕이 적용되고 맑은고딕도 없으면 굴림체로 나옵니다. 인라인 스타일시트에서는 구글 폰트를 가져오는 방법이 없습니다. 대부분의 컴퓨터에는 최소한 맑은고딕이 설치돼 있습니다. 윈도우는 비스타 버전부터 한글 기본 폰트로 맑은고딕을 사용하고 있죠. 이곳 외에도 다른 변수 부분에도 모두 폰트 설정을 추가합니다.

그림 3-46 한글 폰트를 적용한 결과

그래도 일부분은 계속 굴림체로 나타나는데, 모든 파일을 열어보면 h2 태그와 h3 태그에서 굴림체로 나오고 있습니다. 이것은 우커머스 코어에 Arial로 설정돼 있기 때문입니다. 그래서 모든 파일에서 다음과 같이 h2 태그와 h3 태그에 스타일을 추가합니다.

```
<h2 style="font-family:나눔고딕, 맑은고딕 !important;"><?php echo __( 'Order:', 'woocom-
merce' ) . ' ' . $order->get_order_number(); ?></h2>
<h3 style="font-family:나눔고딕, 맑은고딕, Arial !important;"><?php _e( 'Shipping ad-
dress', 'woocommerce' ); ?></h3>
```

15 비비프레스를 이용한 Q&A 게시판 만들기

관리자 화면의 설치된 플러그인 화면에서 bbpress를 활성화합니다. 자세한 설정 방법은 제 블로그 글(http://martian36.tistory.com/968)을 참고하고, 여기서는 게시판 페이지를 만드는 방법을 알아보겠습니다.

그림 3-47 비비프레스 게시판 만들기

'게시판' → '새 게시판'에서 제목을 입력하고 속성 메타박스에서 형식을 Forum으로 선택한 후 '공개하기' 버튼을 클릭합니다. 이것은 게시판 틀을 만드는 과정입니다.

그림 3-48 게시글 만들기

'게시글' → '새 게시글'에서 실제 게시판에 나타날 제목을 입력합니다. 속성 메타박스에서 Super Sticky(최상단 붙박이)를 선택하고 게시판은 부모게시판인 '고객센터 Q&A'를 선택한 다음 '공개하기' 버튼을 클릭합니다. 최상단 붙박이로 하면 다른 게시글이 추가돼도 항상 최상단에 고정됩니다.

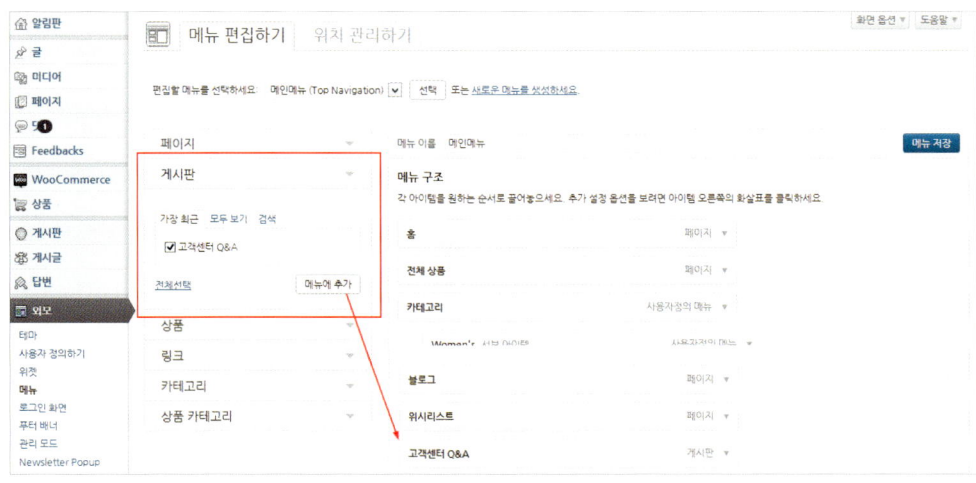

그림 3-49 메뉴 배치

'외모' → '메뉴'에서 게시판 메타박스의 '고객센터 Q&A'에 체크한 다음 메뉴에 추가하고 '메뉴 저장' 버튼을 클릭합니다. 게시판 메타박스가 보이지 않을 경우 '화면옵션' 탭을 열고 체크하면 됩니다.

그림 3-50 게시판 페이지

사이트에서 새로고침하면 메뉴가 나타나는데, 메뉴가 많아지다 보니 아이콘이 밀려서 내려가 있습니다. '외모' → 'Theme Options'에서 SNS URL을 제거해도 RSS 피드는 남습니다. 이 부분은 다음에 수정하기로 하고 메뉴의 고객센터 Q&A를 클릭하면 위 그림과 같이 좌측 사이드바가 나타납니다. 이것은 비비프레스가 기본적으로 테마의 page.php 파일을 템플릿 파일로 사용하기 때문입니다. 더구나 게시판을 만들 때 템플릿을 선택하는 항목도 없었죠. 그래서 비비프레스를 위한 템플릿 파일을 별도로 만들어야 합니다.

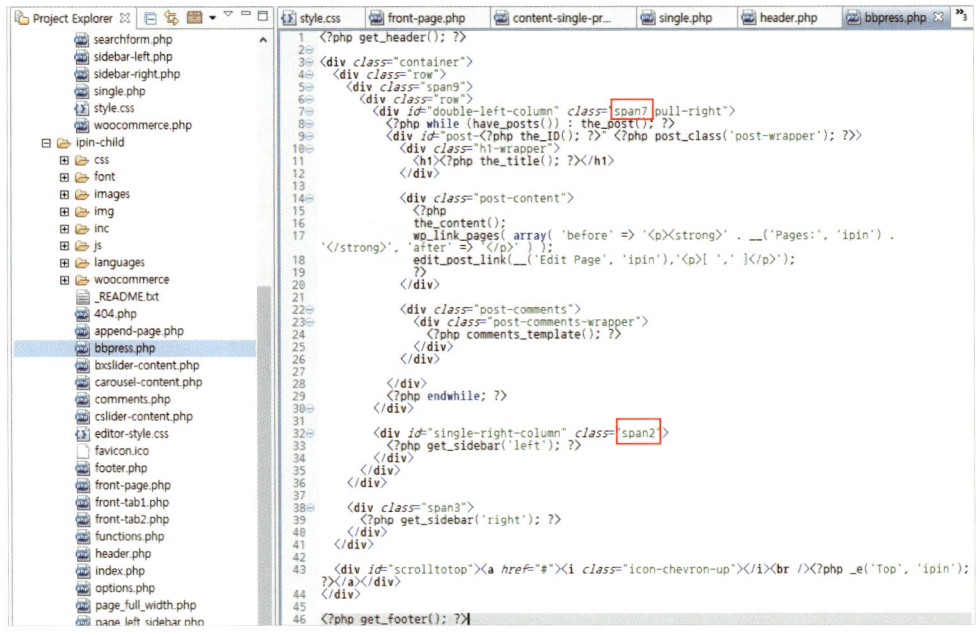

그림 3-51 게시판 페이지의 레이아웃 수정

테마 폴더에서 page.php 파일을 복사해서 파일명을 bbpress.php로 수정한 다음 편집기에서 엽니다. 좌측 사이드바를 제거하려면 이전에 page_right_sidebar.php 파일을 만들었던 것처럼 하면 되지만 이번에는 다르게 콘텐츠 영역과 좌측 사이드바의 폭을 변경하는 방법으로 해보겠습니다. 상단의 .span6을 .span7로 변경하고 하단의 .span3을 .span2로 변경합니다. 좌측 사이드바에는 게시판만의 위젯을 배치하게 합니다. 변경사항을 저장한 다음 관리자 화면의 '외모' → '위젯'에서 제목 앞에 (비비프레스)가 있는 위젯을 좌측 사이드바에 배치하고 사용하면 됩니다.

메뉴바 수정하기 16

테마 폴더에서 header.php 파일을 열고 다음의 코드를 찾습니다. 코드 전체를 블록으로 설정하고 Ctrl+/(슬래시) 키를 누르면 코드의 양쪽 끝에 주석 표시가 나타납니다. 변경사항을 저장하고 사이트에서 확인하면 아이콘이 나타나지 않습니다. 이 부분을 아예 사용하지 않으려면 삭제해도 됩니다.

```
<a href="<?php bloginfo('rss2_url'); ?>" title="<?php _e('Subscribe to our RSS Feed',
'ipin'); ?>" class="topmenu-social pull-right"><i class="icon-rss icon-large"></i></a>

<?php if ('' != $twitter_icon_url = of_get_option('twitter_icon_url')) { ?>
<a href="<?php echo $twitter_icon_url; ?>" title="<?php _e('Follow us on Twitter',
'ipin'); ?>" class="topmenu-social pull-right"><i class="icon-twitter icon-large"></i></a>
<?php } ?>

<?php if ('' != $facebook_icon_url = of_get_option('facebook_icon_url')) { ?>
<a href="<?php echo $facebook_icon_url; ?>" title="<?php _e('Find us on Facebook',
'ipin'); ?>" class="topmenu-social pull-right"><i class="icon-facebook icon-large"></i></a>
<?php } ?>
```

이렇게만 하면 태블릿 PC의 화면 크기로 폭을 줄였을 때 아래 그림과 같이 다른 요소가 다시 내려갑니다.

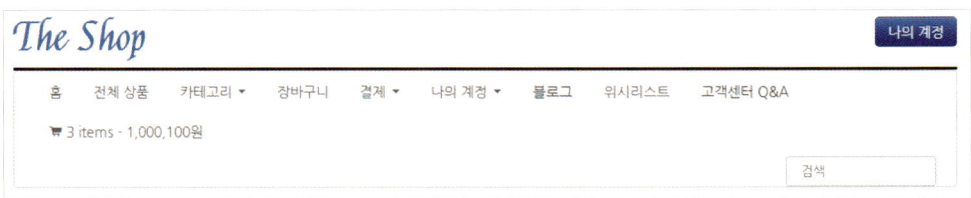

그림 3-52 메뉴 항목 늘리기

다음과 같이 스타일시트에서 해당 영역의 미디어쿼리에 a 태그의 좌우 패딩을 줄여서 입력합니다.

```
@media (min-width: 980px) and (max-width: 1199px) {
생략
.navbar #nav-main .nav > li > a {padding: 10px 4px 10px;}
}
```

#nav-main이 추가된 것은 메인 메뉴에만 적용하기 위해서입니다. 이 선택자는 테마의 header.php에 원래 있던 것입니다.

메가 메뉴 만들기 17

중대형 쇼핑몰의 경우 다양한 상품을 카테고리별로 표시하기 위해 메가메뉴를 사용합니다. 메가메뉴란 링크만 있는 단순한 드롭다운 메뉴가 아니라 최상위 메뉴를 클릭하거나 마우스 롤 올리면 해당 카테고리의 서브메뉴와 그 카테고리만의 상품 정보와 같은 콘텐츠를 표시할 수 있는 것을 말합니다. 유료 플러그인을 구매해서 사용할 수도 있지만 여기서는 스타일시트 와 제이쿼리를 이용해 만들어보겠습니다.

01 두 개의 헤더 사용하기

우선 기존의 헤더를 유지하면서 상품 페이지에만 다른 헤더를 사용하고, 작업이 완료되면 전체 헤더로 적용하는 방법이 있습니다. 아니면 그대로 상품 페이지에만 사용할 수도 있습니다.

테마 폴더에서 header.php 파일을 복사해 header-shop.php로 만듭니다. woocommerce.php 파일을 편집기에서 열고 상단 코드를 다음과 같이 수정합니다.

```
<?php get_header('shop'); ?>
```

그러면 상점 페이지(상세 페이지 포함)의 헤더에는 header-shop.php 파일이 적용됩니다. 원본 파일이 보존돼 있으니 마음껏 수정해도 됩니다.

02 두 개의 헤더 메뉴, 카테고리 메뉴 등록하기

원래의 주메뉴에서는 카테고리만 표시하고 카테고리를 제외한 메뉴는 로고가 있는 부분으로 배치하겠습니다. 편집기에서 functions.php 파일을 열고 이전에 푸터 메뉴를 등록한 부분 위에 다음과 같이 내비게이션 메뉴를 등록합니다. 부모 테마에서 등록한 헤더 메뉴는 header.php에서 사용 중입니다. 바로 아래에 카테고리 메뉴의 서브메뉴로 사용할 메뉴를 등록합니다.

```
register_nav_menus(array('top_nav1' => __('Shop Top Navigation1', 'ipin')));
register_nav_menus(array('top_nav2' => __('Shop Top Navigation2', 'ipin')));

register_nav_menus(array('category_nav1' => __('Shop Category1', 'ipin')));
register_nav_menus(array('category_nav2' => __('Shop Category2', 'ipin')));
register_nav_menus(array('category_nav3' => __('Shop Category3', 'ipin')));
register_nav_menus(array('category_nav4' => __('Shop Category4', 'ipin')));
register_nav_menus(array('category_nav5' => __('Shop Category5', 'ipin')));
```

header-shop.php 파일에서 다음과 같은 곳에서 〈?php ~~?〉 부분을 복사합니다.

```
<nav id="nav-main" class="nav-collapse" role="navigation">
    <?php
    if (has_nav_menu('top_nav')) {
        wp_nav_menu(array('theme_location' => 'top_nav', 'menu_class' => 'nav'));
    } else {
        echo '<ul id="menu-top-menu" class="nav">';
        wp_list_pages('title_li=&depth=0&sort_column=menu_order' );
        echo '</ul>';
    }
    ?>
```

떠다니는 배너가 있는 header의 닫는 태그 바로 위에 붙여넣고 다음처럼 nav 태그로 감싼 다음 id과 class를 수정합니다. .pull-right는 우측 배치(float:right;)를, .visible-desktop은 980픽셀 이상의 모바일 기기가 아닌 화면에서 나타나게 하는 부트스트랩 선택자입니다.

```
<nav id="nav-top" class="pull-right visible-desktop" role="navigation">
    <?php
    if (has_nav_menu('top_nav1')) {
        wp_nav_menu(array('theme_location' => 'top_nav1', 'menu_class' => 'nav'));
    } ?>
</nav>
</header>
```

로그인 버튼 부분은 기존의 포지션 설정이 적용되지 않게 .login-register 선택자에 1을 추가하고 .pull-right를 추가합니다.

```
<div class="login-register1 pull-right">
    <?php if ( is_user_logged_in() ) { ?>
```

기존의 내비게이션 메뉴 부분은 다음과 같이 수정합니다. 새로 만든 메뉴는 데스크톱에서 보이게 하고 기존의 메뉴는 모바일 기기에서만 보이게 합니다. 간단하게 PHP의 조건문을 사용하면 좋겠지만 PHP는 서버용 언어라서 웹브라우저의 폭에 대한 조건문을 설정하지 못합니다.

```
<nav id="nav-main" class="nav-collapse" role="navigation">
    <div class="visible-desktop">
        <?php
        if (has_nav_menu('top_nav2')) {
            wp_nav_menu(array('theme_location' => 'top_nav2', 'menu_class' => 'nav'));
        } else {
            echo '<ul id="menu-top-menu" class="nav">';
            wp_list_pages('title_li=&depth=0&sort_column=menu_order' );
            echo '</ul>';
        }
        ?>
    </div>
    <div class="hidden-desktop">
        <?php
        if (has_nav_menu('top_nav')) {
            wp_nav_menu(array('theme_location' => 'top_nav', 'menu_class' => 'nav'));
        } else {
            echo '<ul id="menu-top-menu" class="nav">';
            wp_list_pages('title_li=&depth=0&sort_column=menu_order' );
            echo '</ul>';
```

```
        }
    ?>
</div>
```

우선 위 코드 바로 아래에 다음과 같이 카테고리 서브메뉴 두 개만 추가합니다. .container는 부모의 전체 폭을 사용하기 위한 선택자이고, .custom-dropdown은 서브메뉴를 제어하기 위한 선택자이며, .dropdown-category는 메가메뉴의 좌측 부분을, .category-banner는 우측 부분을 제어하기 위한 선택자입니다. 좌측에는 카테고리 서브메뉴를, 우측에는 배너나 슬라이더를 추가할 수 있습니다. 두 번째 카테고리는 서브메뉴만 추가하기 위해 .category-banner가 없습니다.

```
<div id="category1" class="container custom-dropdown">
    <div class="dropdown-category">
        <?php
        if (has_nav_menu('category_nav1')) {
            wp_nav_menu(array('theme_location' => 'category_nav1', 'menu_class' => 'nav'));
        } ?>
    </div>
    <div class="category-banner" >

    </div>
</div>
<div id="category2" class="container custom-dropdown">
    <div class="dropdown-category">
        <?php
        if (has_nav_menu('category_nav2')) {
            wp_nav_menu(array('theme_location' => 'category_nav2', 'menu_class' => 'nav'));
        } ?>
    </div>
</div>
```

03 메뉴의 배치

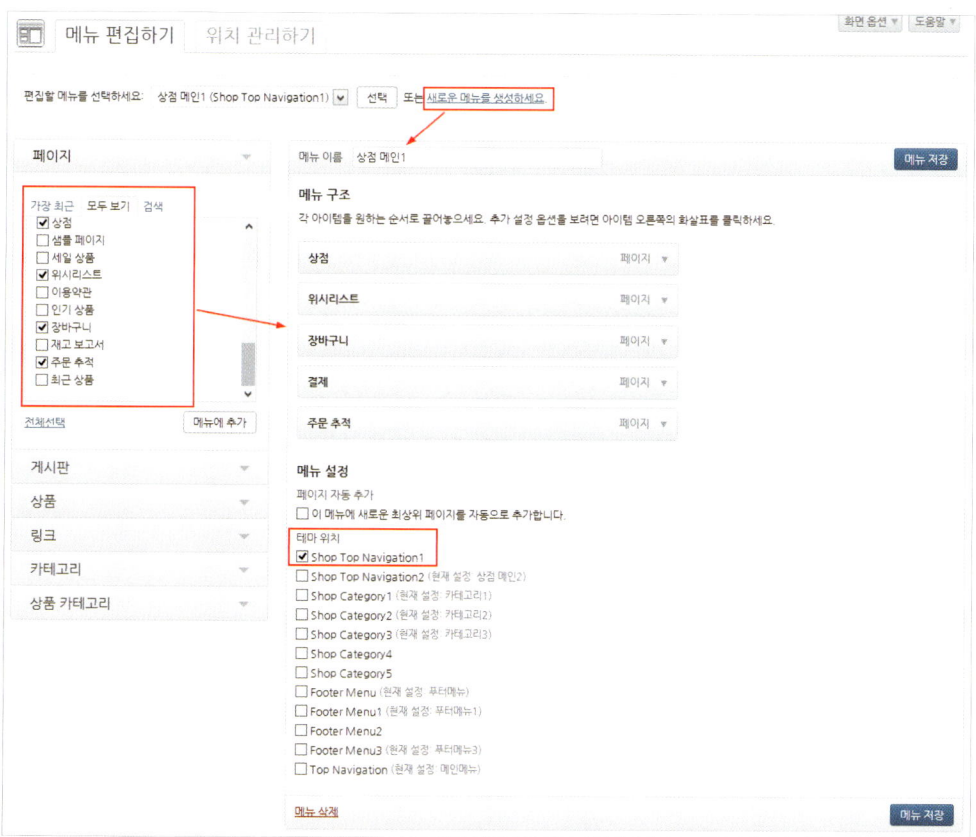

그림 3-53 메인 메뉴 1 설정 변경

'외모' → '메뉴' 화면에서 새로운 메뉴를 만듭니다. '상점 메인1'을 입력하고 엔터 키를 누른 다음 이 메뉴바에 들어갈 만한 메뉴를 선택해서 추가합니다. '테마 위치'로는 shop Top Navigation1에 체크하고 '메뉴 저장' 버튼을 클릭합니다.

그림 3-54 메인 메뉴 2 설정

새로운 메뉴를 만들고 '상점 메인2'로 입력합니다. 링크 메타박스에서 URL에 #, 링크 텍스트로 '여성의류'를 입력하고 메뉴에 추가한 다음 같은 방법으로 남성의류를 만듭니다. 각 메뉴를 열고 클래스 선택자로 각각 category1, category2를 입력합니다. '테마 위치'에서 Shop Top Navigation2에 체크한 다음 '메뉴 저장' 버튼을 클릭합니다.

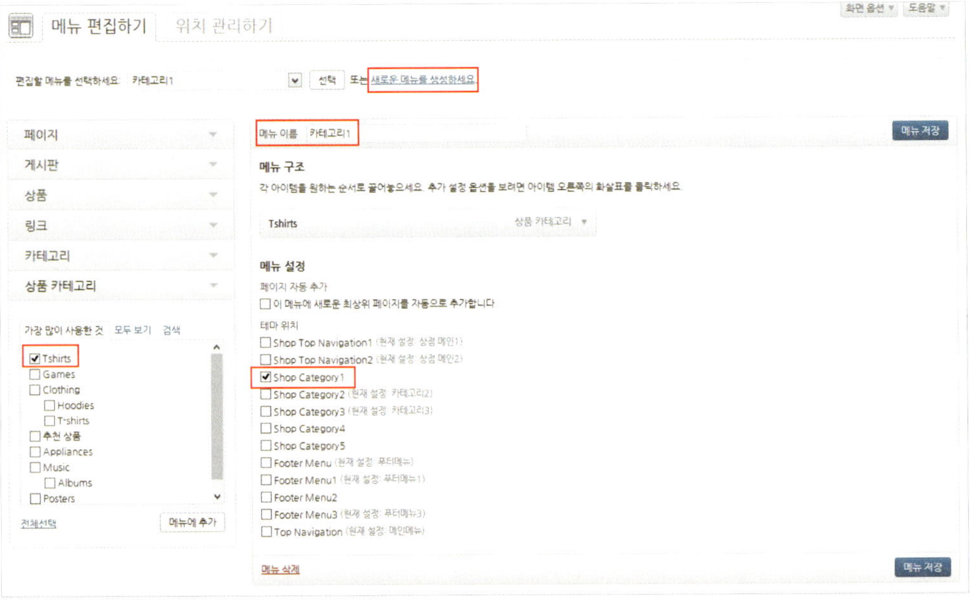

그림 3-55 카테고리 메뉴

새로운 메뉴를 만들고 메뉴 이름을 '카테고리1'로 입력합니다. 상품 카테고리 메타박스에서 카테고리 하나를 추가하고 '테마 위치'로 Shop Category1에 체크한 다음 '메뉴 저장' 버튼을 클릭합니다. 같은 방법으로 새로운 메뉴를 만들고 메뉴 이름을 '카테고리2'로 하고 카테고리 하나를 추가합니다. '메뉴 위치'로 Shop Categgory2에 체크한 다음 '메뉴 저장' 버튼을 클릭합니다.

04 레이아웃 수정

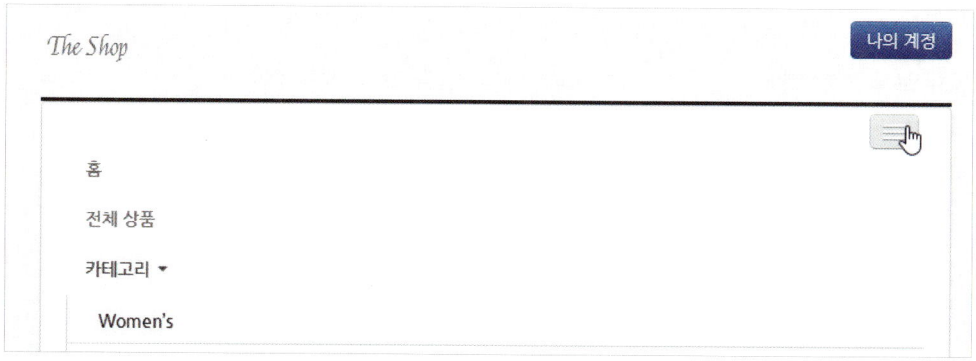

그림 3-56 카테고리 메뉴 테스트

사이트에서 확인하면 위 그림과 같이 나타납니다. 로고 부분이 작아졌고 메뉴바가 정상적으로 표시되지 않습니다. 우선은 모바일기기 화면에서 원하는 대로 나타나는지 폭을 줄여보면 다음과 같이 나타납니다.

그림 3-57 모바일 기기의 메뉴

메뉴가 이전 header.php 파일의 것으로 나타납니다. 테마 스타일시트를 열고 다음과 같이 추가합니다.

```css
header.navbar { height:42px; }
header.navbar .brand { color: #0088cc;font-size: 38.5px; }
#nav-main { position:relative; }
.container.custom-dropdown { /*display:none;*/ position: absolute; top: 40px; width: 100%; border:1px solid #ddd;border-top:1px solid #f8f8f8; background: #f8f8f8; z-index: 9999; }
```

로고는 이전의 글자 색상과 폰트 크기로 설정합니다. 다음으로 서브메뉴를 설정하는데, 마우스를 올리면 주메뉴 바의 바로 아래 나타나게끔 포지션을 절대 위치로 설정합니다. 우선 display:none; 부분은 나중에 입력하고 제대로 나타나는지 확인합니다. top은 주메뉴 바의 높이만큼 설정하고, 폭은 100%, 테두리는 좌우와 하단은 #ddd로, 상단은 주메뉴에 마우스를 올렸을 때의 배경색으로 설정합니다. 배경은 상단 테두리 색과 동일하게 설정합니다.

05 제이쿼리 스크립트 만들기

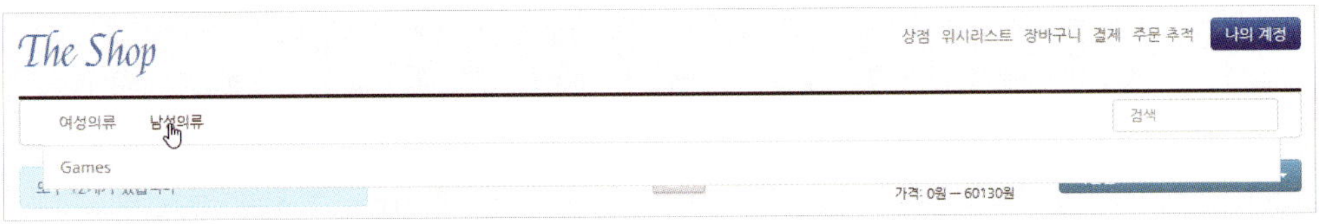

그림 3-58 제이쿼리를 적용하기 전 모습

이제 사이트에서 확인하면 원하는 대로 나타납니다. 다른 메뉴에 마우스를 올리면 변화는 없습니다. 이제부터 제이쿼리를 사용해야 하는데, 일반적으로 메뉴에는 CSS의 :hover를 사용하면 되지만 이것은 ul -> li처럼 부모 -> 자식 트리 구조인 경우만 가능한데, 여기서의 메뉴 구조는 서로 동등한 형제관계죠. 그래서 어떤 요소에 마우스를 올렸을 때 다른 요소가 나타나고 마우스를 내리면 사라지게 해야 합니다. 그래서 각 메뉴마다 아이디 선택자만 다르게 만들어야 하므로 메뉴 수만큼 코드를 작성해야 합니다. 다음 코드를 custom.js 파일에 추가합니다.

```javascript
$("#nav-main .category1").hover(function(){
    $('#category1').css('display','block');
}, function() {
    $('#category1').css('display','none').addClass("current");
```

```
    $('.current').hover(function(){ $(this).css('display','block'); },
        function() { $(this).css('display','none');
    });
});
```

위 코드는 .category1에 마우스를 올렸을 때(hover) 서브메뉴가 나타나게 합니다. 두 번째 function() 부분은 마우스를 내렸을 때 실행되는 코드입니다. 주메뉴에서 마우스를 내리면 서브메뉴가 보이지 않게 되고 서브메뉴에 .current가 추가됩니다. 전체 메뉴 영역을 벗어났을 때는 서브메뉴가 사라지지만 서브메뉴로 이동한 경우(두 번째 hover) 보이지 않게 하는 동시에 .current 선택자를 추가합니다. 그러면서 해당 서브메뉴($(this))를 나타나게 하고 마우스를 내리면 보이지 않게 합니다. 주메뉴와 서브메뉴에 간격이 있으면 .current 선택자가 추가되더라도 이동하면서 사라지기 때문에 CSS에서 겹치도록 설정했습니다.

```
$("#nav-main .category2").hover(function(){
    $('#category2').css('display','block');
}, function() {
    $('#category2').css('display','none').addClass("current");
    $('.current').hover(function(){ $(this).css('display','block'); },
        function() { $(this).css('display','none');
    });
});
```

두 번째 서브메뉴는 숫자만 바꿔서 위 코드와 같이 추가합니다. 이후 계속 서브메뉴가 추가할 때 메뉴에 카테고리 클래스를 설정하고 header-shop.php 파일에도 같은 클래스를 설정한 다음 위의 제이쿼리 코드를 추가합니다.

그림 3-59 마우스 이동 시 배경 색상

```
.current:hover { background: #fff; }
#topmenu .nav > li > a:focus, #topmenu .nav > li > a:hover {background-color: #f8f8f8;}
```

서브메뉴에 마우스를 올렸을 때는 주메뉴의 배경 색상이 흰색으로 바뀌므로 그에 따라 서브메뉴의 배경색상도 흰색으로 바꿉니다. 주메뉴에 마우스를 올렸을 때는 서브메뉴의 배경색과 같도록 설정합니다.

06 서브메뉴 배치

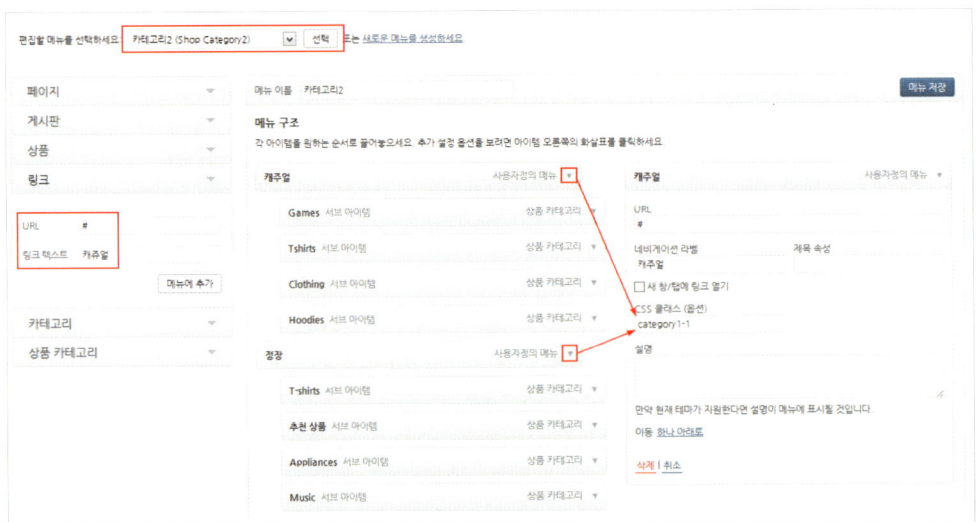

그림 3-60 서브 메뉴의 배치

'외모' → '메뉴'에서 남성의류인 '카테고리2'를 선택하고 상품 카테고리 메타박스에서 7개의 카테고리를 추가합니다. 링크 메타박스에서 캐주얼과 정장 링크를 만들고 위 그림과 같이 트리 구조를 만듭니다. 이들 두 개의 메뉴에 선택자로 .category1-1을 입력하고 '메뉴 저장' 버튼을 클릭합니다.

그림 3-61 서브 메뉴를 적용한 결과

사이트에서 새로고침하고 서브메뉴에 마우스를 올리면 드롭다운 형태로 나타납니다. 그리고 메뉴박스 외부로 벗어나죠. 처음부터 전체 메뉴가 나타나게 하겠습니다.

```
#topmenu ul.nav li.category1-1 ul.dropdown-menu { display: block; position: static; float: left; }
```

위와 같이 수정하면 카테고리 메뉴가 모두 나타나고 좌우로 정렬됩니다.

그림 3-62 서브 메뉴에 스타일 적용

이제 테두리와 배경색상을 제거하고 하단에 마진을 적용하면 메뉴가 정리됩니다.

```
#topmenu .custom-dropdown .dropdown-menu li a {border-bottom:none;}
#topmenu .custom-dropdown .dropdown-menu { border:none; background:none; }
.navbar .dropdown-category .nav { margin-bottom: 10px; }
```

그림 3-63 최종 결과

서브메뉴에 마우스를 올리면 현재 보고 있는 화면의 카테고리 배경색이 회색으로 나타나서 현재 어느 카테고리에 있는지 알 수 있습니다.

07 메가 메뉴에 슬라이더 추가하기

이번 작업은 이전에 했던 것들을 응용하는 것에 불과합니다. 다만 스타일시트를 어떻게 잘 처리하느냐가 관건입니다. 여기서는 간략하게 슬라이더는 이미지만 나타나게 하겠습니다.

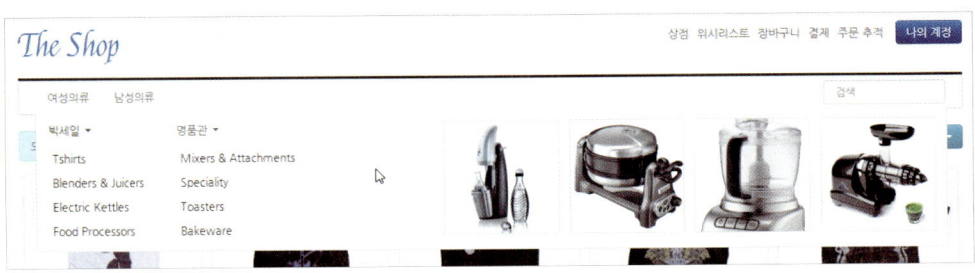

그림 3-64 메가 메뉴에 슬라이더 추가

'외모' → '메뉴'에서 여성의류에 두 개의 서브메뉴를 만듭니다. 테마 폴더에서 bxslider-content.php 파일을 복사해 bxslider-category1.php 파일을 만듭니다. 이 파일을 열고 다음과 같이 수정합니다.

```php
<div id="category-slider1" >
<?php
  $args = array( 'post_type' => 'product', 'posts_per_page' => 10, 'product_cat' => 'Appliances', 'orderby' => 'rand' );
  $loop = new WP_Query( $args );
  while ( $loop->have_posts() ) : $loop->the_post(); global $product; ?>
    <div class="category-slide">
      <div class="category-img woocommerce">
        <a href="<?php echo get_permalink( $loop->post->ID ) ?>" title="<?php echo esc_attr($loop->post->post_title ? $loop->post->post_title : $loop->post->ID); ?>">
          <?php woocommerce_show_product_sale_flash( $post, $product ); ?>
          <?php if (has_post_thumbnail( $loop->post->ID )) echo get_the_post_thumbnail($loop->post->ID, 'shop_thumbnail'); else echo '<img src="'.woocommerce_placeholder_img_src().'" alt="image01" width="300px" height="300px" />'; ?>
        </a>
      </div>
    </div>
  <?php endwhile; ?>
  <?php wp_reset_query(); ?>
```

```
</div><!--/.products-->

<script>
jQuery(document).ready(function($){
$('#category-slider1').bxSlider({
    easing: 'swing',
    slideWidth: 144,
 minSlides: 4,
    maxSlides: 4,
    moveSlides: 1,
    slideMargin: 13,
    auto:true,
    pager:false,
    pause:3000,
    autoHover: true,
    useCSS: false,
    stopAuto: false
});
});
</script>
```

이번에는 제이쿼리 옵션 부분을 파일에 첨부했습니다. 그리고 상점 이미지 가운데 정사각형이면서 가장 작은 사이즈인 shop_thumbnail 이미지를 사용했습니다.

header-shop.php 파일에 아래와 같이 파일 가져오기로 위 파일을 추가합니다.

```
<div id="category1" class="container custom-dropdown">
    <div class="dropdown-category pull-left">
        <?php
        if (has_nav_menu('category_nav1')) {
            wp_nav_menu(array('theme_location' => 'category_nav1', 'menu_class' => 'nav'));
        } ?>
    </div>
    <div class="category-banner pull-right" >
        <?php get_template_part('bxslider', 'category1'); ?>
    </div>
</div>
```

스타일시트에는 다음 코드를 추가합니다.

```css
.custom-dropdown .dropdown-category {    width:40%; }
.custom-dropdown .category-banner {    width:60%; }
.custom-dropdown .category-img.woocommerce, .custom-dropdown .category-slide
{width:142px !important;height:142px;}
.custom-dropdown .category-slide img { border:1px solid #ddd;}
.custom-dropdown .category-banner .bx-wrapper .bx-viewport {-moz-box-shadow: 0 0 0px
#ccc;-webkit-box-shadow: 0 0 0px #ccc;box-shadow: 0 0 0px #ccc;border: solid #fff 0px;
background: transparent;width:615px;}
.custom-dropdown .category-banner .bx-wrapper { margin:10px 0 10px auto !important; }
```

지금까지 설정한 메가메뉴를 사이트 전체에 적용하려면 다음과 같이 woocommerce.php 파일의 헤더에서 'shop'을 제거한 다음 기존의 header.php 파일을 header-1.php로 수정하고 header-shop.php 파일을 header.php로 파일명을 변경하면 됩니다.

```php
<?php get_header(); ?>
```

이처럼 메가메뉴에는 슬라이더까지 넣을 수 있으니 추가하지 못할 콘텐츠가 없습니다.

18. 로컬호스트에서 웹호스트로 워드프레스 이전하기

내 컴퓨터의 로컬호스트에서 워드프레스 테마를 수정하는 작업과 우커머스의 모든 설정을 마쳤다면 모든 내용을 그대로 유지한 채 웹호스트로 업로드하는 일만 남았습니다. 새로운 워드프레스를 설치하고, 테마를 업로드하고, 수많은 플러그인을 설치 및 활성화하고, 사용자 정의 메뉴를 만드는 작업 등등 상당히 많은 작업을 다시 할 필요 없이 몇 가지 과정만으로 내 컴퓨터에서 진행한 작업을 그대로 옮기는 것입니다. 그러고 나서 실제 웹호스트에서 어떻게 작동하는지 꼼꼼히 살펴보고 수정할 부분을 찾아 추가로 수정하면 됩니다. 수많은 파일을 업로드하는 데 시간도 걸리니 한번쯤은 내 컴퓨터에서 같은 작업을 연습해 보는 것도 좋습니다.

01 데이터베이스 파일 백업하기

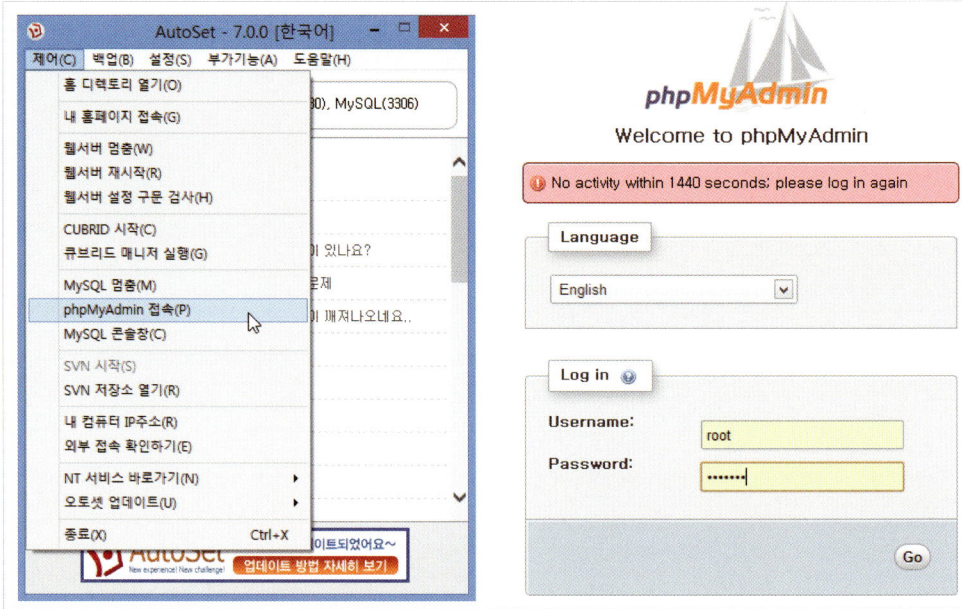

그림 3-65 phpMyAdmin 로그인

오토셋 창에서 'phpMyAdmin 접속'을 클릭해 브라우저에 화면이 나오면 로그인합니다.

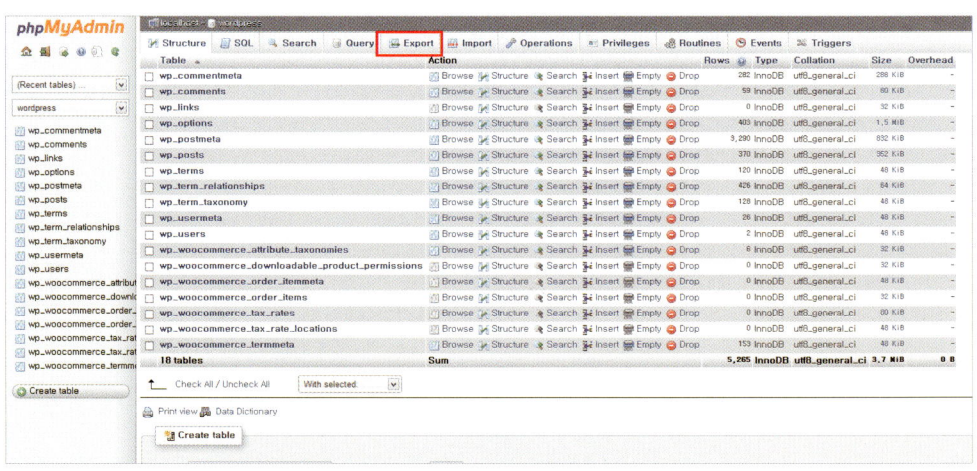

그림 3-66 데이터베이스 내보내기

좌측 사이드바에서 데이터베이스(wordpress)를 선택하면 위와 같은 화면이 나타납니다. 상단에서 Export를 클릭합니다.

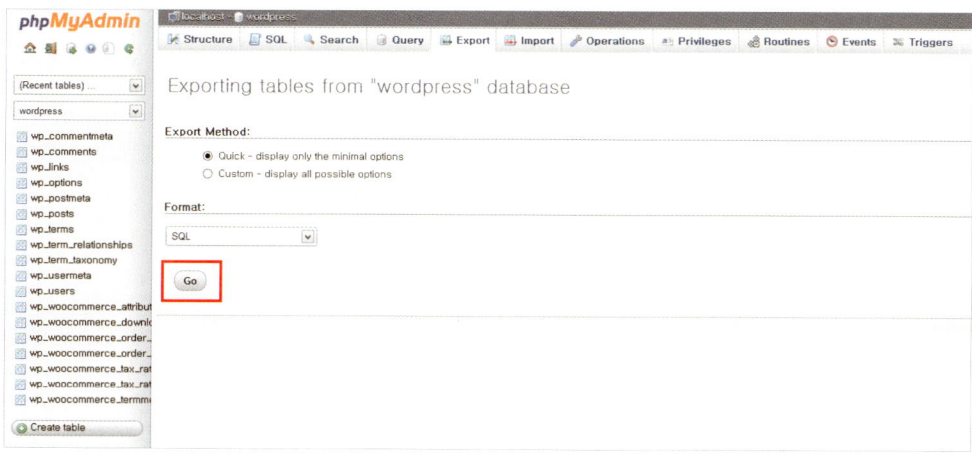

그림 3-67 내보내기 실행

Quick이 선택된 상태에서 Go 버튼을 클릭하면 브라우저 화면이 나타납니다. 적당한 폴더를 찾아 브라우저 우측 하단의 저장 버튼을 클릭합니다.

02 Search Replace DB 프로그램 내려받기

이 프로그램은 워드프레스를 이전할 때 데이터베이스의 내용을 수정해야 할 경우 이를 안전하게 자동으로 수정해주는 PHP 프로그램입니다. 다음 링크에서 파일을 내려받아 압축을 풀고 폴더에서 searchreplacedb2.php 파일을 복사해 작업 중인 워드프레스 루트 폴더에 붙여넣습니다.

https://github.com/interconnectit/Search-Replace-DB

03 워드프레스 전체 파일 업로드 및 파일 편집하기

Dummy Content 플러그인을 사용해 블로그 글을 만든 경우 wp-content/uploads 폴더에 더미 이미지가 저장돼 있습니다. 그런데 일부 파일이 읽기 전용으로 돼 있어서 파일질라로 업로드할 때 에러 메시지가 나오는 경우가 있습니다. 하지만 이 메시지는 무시해도 되며, 그 이전에 Dummy Content 플러그인으로 만든 글을 제거하고 싶을 경우 해당 플러그인 화면에서 생성한 글을 제거하고 업로드합니다.

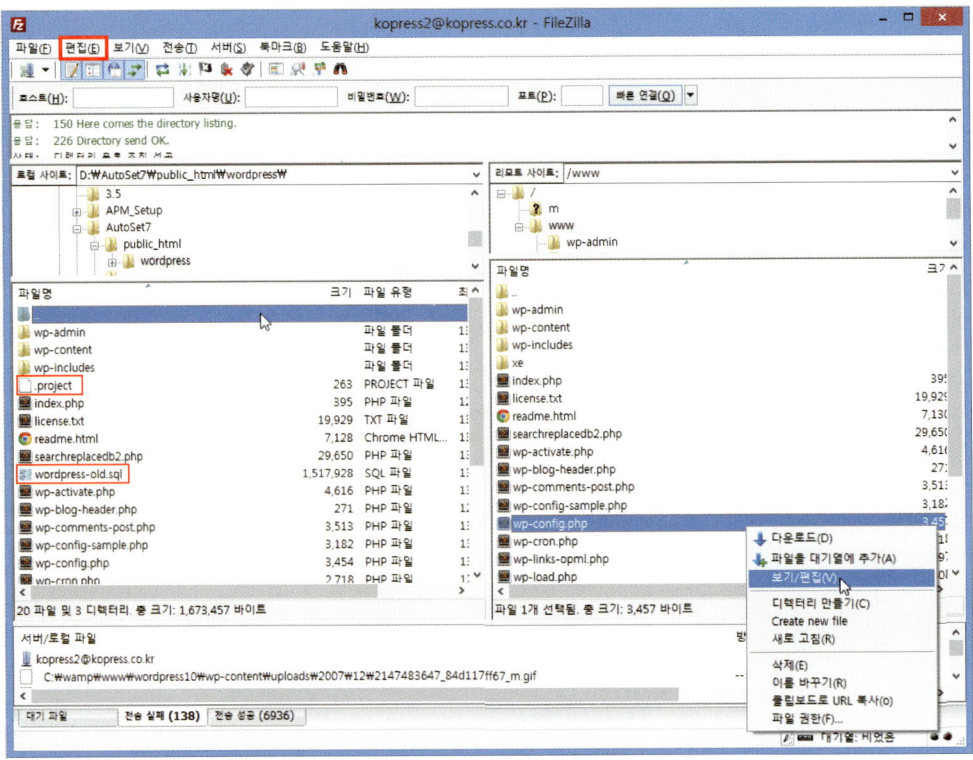

그림 3-68 파일질라로 워드프레스 업로드

파일질라로 접속하고 좌측 패널에서 작업한 워드프레스 폴더로 이동합니다. Ctrl+A 키를 누르면 전체 항목이 선택되며, project와 같은 불필요한 파일을 Ctrl+클릭을 통해 선택에서 제외한 다음 마우스 오른쪽 버튼을 클릭해 '업로드' 메뉴를 선택하면 선택한 항목이 업로드됩니다. 참고로 데이터베이스를 변경하는 작업에 쓸 searchreplacedb2.php 파일도 함께 올립니다.

업로드가 완료되고 나면 웹호스트 환경에 맞게 wp-config.php 파일을 수정해야 합니다. 파일을 파일질라에서 직접 편집할 수도 있습니다. 메뉴에서 '편집' → '설정'을 선택하면 아래와 같은 창이 나타나는데, '파일 편집'에서 '사용자 편집기 사용'에 체크하고 '찾아보기' 버튼을 눌러 파일을 편집하는 데 사용할 편집기 프로그램을 선택하고 '확인' 버튼을 클릭합니다.

이제 그림 3-68의 화면에서 wp-config.php 파일에 마우스 오른쪽 버튼을 클릭한 후 '보기/편집'을 선택합니다.

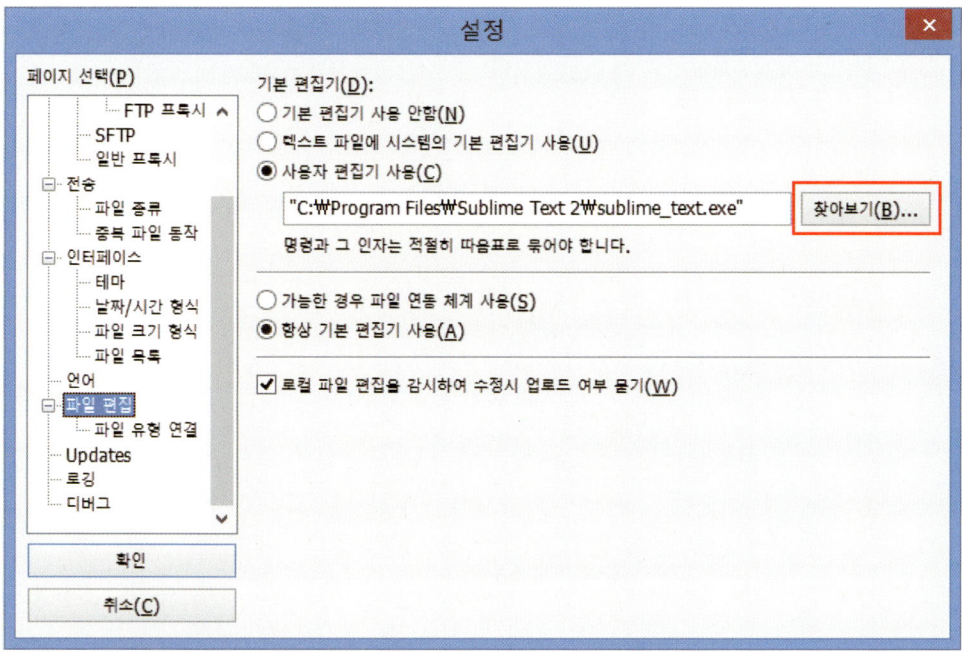

그림 3-69 파일질라에서 파일 편집 설정

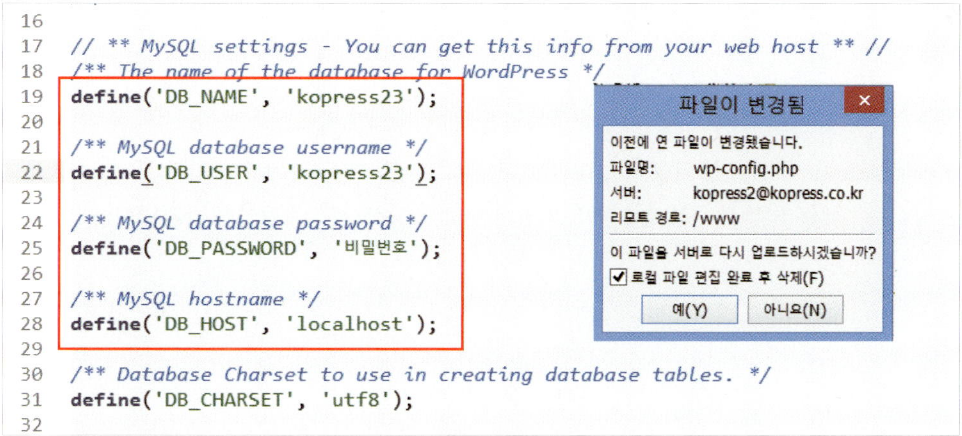

그림 3-70 파일 수정

편집기에 파일의 내용이 나타나면 웹호스트 데이터베이스 정보를 입력합니다. 변경사항을 저장한 다음 파일을 닫고 파일질라로 오면 우측 그림과 같은 메시지 창이 나타납니다. '로컬 파일 편집 완료 후 삭제'에 체크하고 '예'를 클릭하면 파일 편집이 끝납니다. 가끔 파일질라 화면에 와서 '예' 버튼을 클릭하는 것을 잊는 경우가 있는데, 이렇게 되면 변경사항이 적용되지 않아 헤매는 경우가 생길 수 있습니다. 반드시 이 화면으로 돌아와서 버튼을 클릭하세요.

04 데이터베이스 파일 업로드하기

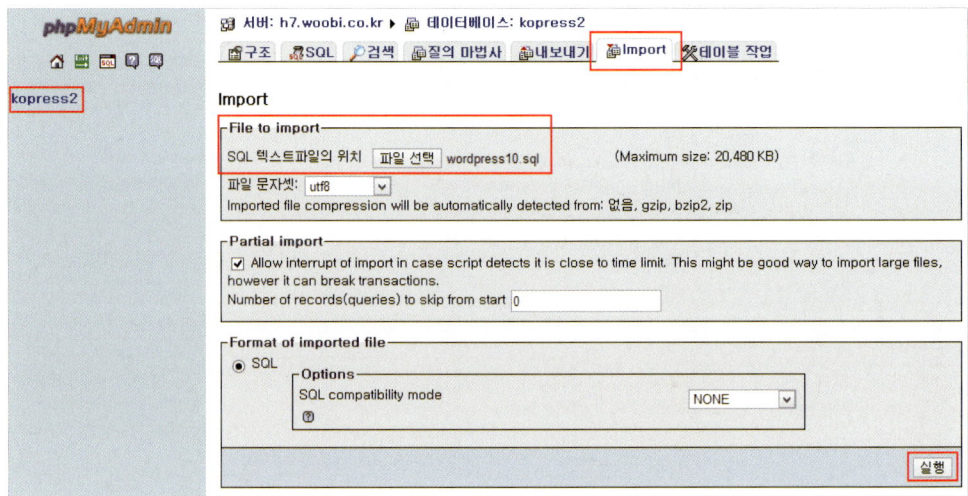

그림 3-71 웹호스트에서 데이터베이스 가져오기

웹호스트 데이터베이스에 파일을 업로드하기 위해 웹호스트의 마이 페이지에서 phpMyadmin에 접속한 다음 Import를 선택하고 '파일 선택' 버튼을 클릭한 후 파일을 업로드합니다. '실행' 버튼을 클릭하고 완료되면 상단에 성공했다는 메시지가 나타납니다.

05 데이터베이스 파일 수정하기

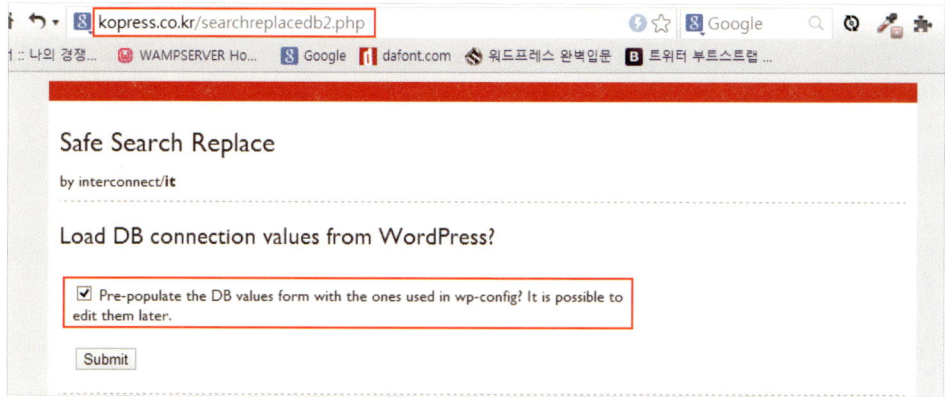

그림 3-72 데이터베이스 수정 프로그램 실행

브라우저의 주소 표시줄에 도메인과 데이터베이스를 수정할 프로그램의 PHP 파일명을 입력하고 엔터 키를 누릅니다. 체크박스에 체크된 채로 Submit 버튼을 클릭합니다. 이렇게 하면 데이터베이스에 저장된 localhost/wordpress라는 URL을 현재 사이트의 URL로 바꾸는 작업이 진행됩니다.

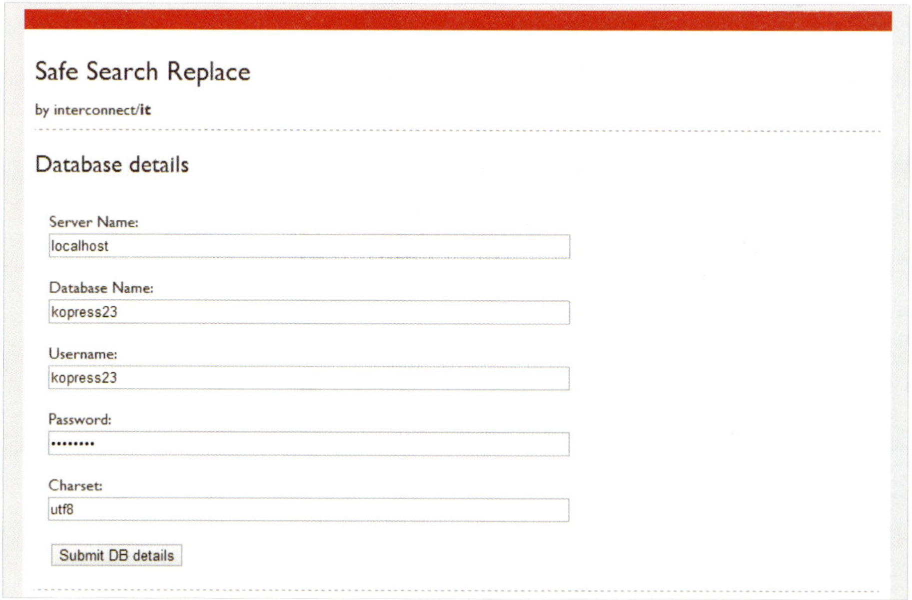

그림 3-73 웹호스트 데이터베이스 정보 입력

18. 로컬호스트에서 웹호스트로 워드프레스 이전하기　497

웹호스트 데이터베이스에 접속하기 위한 정보를 입력하고 'Submit DB details' 버튼을 클릭합니다.

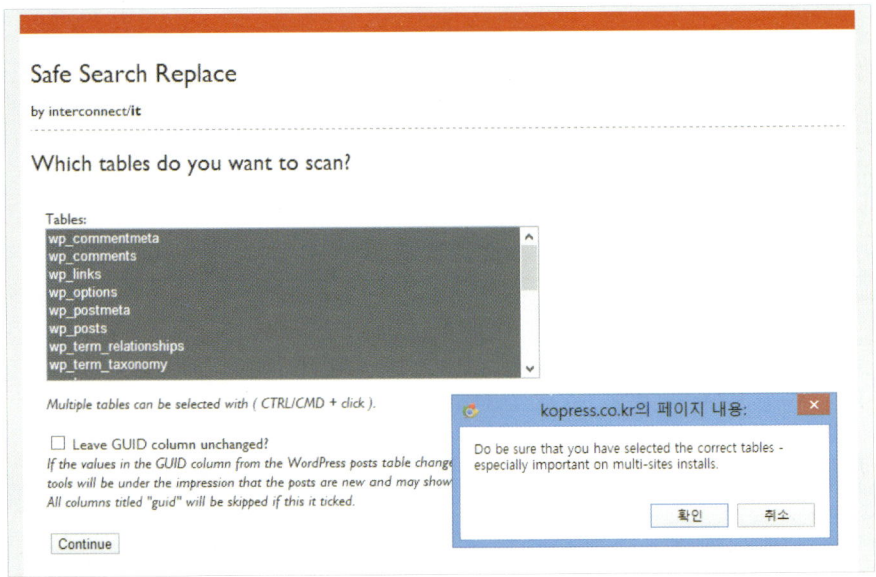

그림 3-74 프로그램 실행 전 확인

다음 화면에서 데이터베이스 테이블이 선택된 상태로 나타납니다. Continue 버튼을 클릭하면 다중사이트에서 URL이 바뀔 수도 있으니 선택한 테이블이 정확한지 묻는 메시지 창이 나타납니다. 다중사이트가 아니므로 '확인' 버튼을 클릭합니다.

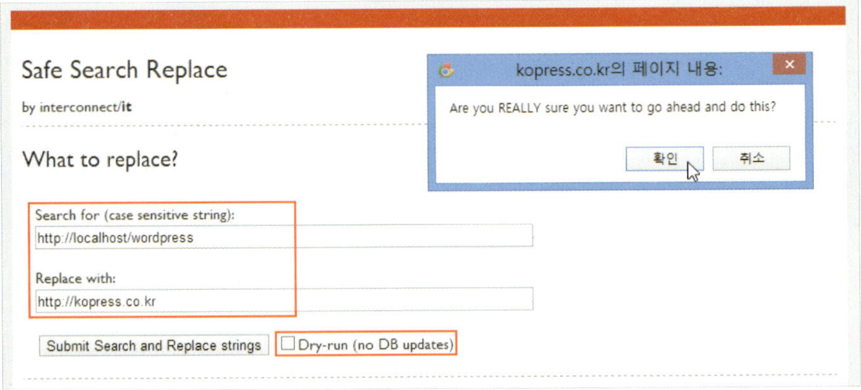

그림 3-75 URL 변경

다음 화면에서 첫 번째 입력란에 로컬호스트의 URL을 입력하고 두 번째 입력란에 이전할 웹사이트 URL을 입력합니다. Dry-run에 체크해제한 다음 Submit 버튼을 클릭하면 다시 메시지가 나타납니다. '확인' 버튼을 클릭합니다. Dry-run에 체크된 상태로 진행하면 데이터베이스 업데이트는 하지 않고 검색만 합니다.

그림 3-76 완료 후 파일 삭제

1초도 안 돼서 작업이 완료됩니다. 마지막으로 Click here to delete this script 링크를 클릭해 현재 실행한 파일을 제거합니다. 누군가 이 URL로 접근해 이 파일을 실행할 수도 있기 때문입니다.

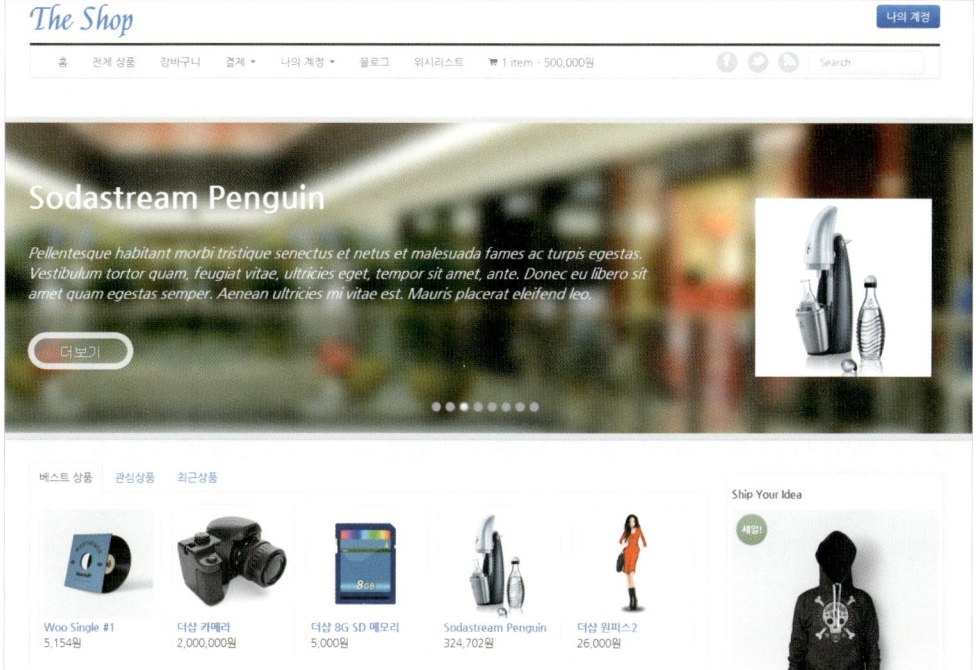

그림 3-77 워드프레스 이전 후 결과

주소 표시줄에 홈 URL을 입력하니 바로 쇼핑몰이 나타납니다. 페이지가 제대로 표시되지 않으면 새로고침해 봅니다. 로컬호스트에서 작업한 내용이 그대로 나옵니다. 로그인해서 관리자 화면으로 들어가 보면 판매 보고서도 그대로 나타납니다.

그림 3-78 관리자 화면 확인

플러그인 업데이트 항목 수도 나옵니다. 그런데 둘러보다 보니 흰 화면에 다음과 같은 에러 메시지가 나타납니다.

```
Fatal error: Allowed memory size of 67108864 bytes exhausted (tried to allocate 71 bytes) in /home/kopress23/www/wp-includes/wp-db.php on line 1545
```

이것은 웹호스팅 환경에서 허용한 메모리를 초과했다는 내용으로 메모리를 늘리면 됩니다. 공유 서버는 메모리가 작게 배당되는데, 고객센터에 전화하거나 글을 남기면 기본 사용량이 64MB인 것을 최대 128MB까지 늘려줍니다. 플러그인을 수십 개 설치해서 사용했던 것을 그대로 올렸으니 메모리를 다 소진할 수밖에 없죠.

06 내 컴퓨터에서 실험하기

첨부 파일에는 제가 작업한 워드프레스의 파일이 모두 들어 있는 폴더가 있습니다. 폴더명은 wordpress10입니다. 이 폴더 안의 내용을 복사해 오토셋 public_html 폴더에서 wordpress2나 3을 만들고 그 안에 붙여 넣습니다. 그러면 파일질라에서 모든 파일을 웹호스트에 업로드한 것과 같이 됩니다. 그런 다음 위 과정에서 searchreplacedb2.php 파일의 이름을 주소 표시줄에 URL과 함께 입력하고 진행하면 됩니다. 폴더 내용을 복사하지 않고 wordpress10 폴더를 그대로 복사해서 작업하면 데이터베이스를 수정하는 작업은 필요하지 않고 데이터베이스 파일 업로드 과정만 진행하면 됩니다. 데이터베이스 파일 역시 wordpress10 폴더에 들어 있습니다.

이상으로 워드프레스 쇼핑몰 만들기를 마칩니다. 더 이상의 다른 기능이나 테마 수정은 지금까지 설명한 내용을 바탕으로 직접 하실 수 있을 것입니다. 기타 우커머스 관련 플러그인의 사용법이나 한글 번역 등 추가적인 내용은 제 블로그를 통해 만나보실 수 있습니다. 수고하셨습니다.

찾·아·보·기

[ㄱ - ㅎ]

가격 옵션	79
가격필터	450
가상 상품	150, 165
가져오기	46
개별 사용	193
개인정보 처리방침	81
고급 국가 선택	75
고급 사용자 정의 필드	414
고정 요금	95
공정거래 위원회	81
관리모드	72
구글 지도	186
국제 배송	101
그룹 상품	150, 176
그림자 효과	432
기본 카테고리 표시	77
나눔고딕체	51
내려받기 가능한 상품	150
내려받기 만료	164
내려받기 한도	164
다운로드 필수 사용	75
다이내믹 콘텐츠 슬라이더	319
단순 상품	150
단축 코드	80
대기중	187
데이트 피커	286
떠다니는 배너	438
라이트박스	75
리다이렉트 전용	76
마이크 졸리	19
마젠토	23
메가메뉴	477
메뉴 관리	68
메이슨리	158
무료 배송	100
무료 배송 쿠폰	192
무료 배송 활성화	193
무료 테마	26
미결중	187
미재고 주문	155
바로구매 버튼	460
방문 수령	104
배송 목적지	93
배송 방법	93
배송 방법 표시	93
배송 세금 클래스	90
보고서	195
부트스트랩	229
부트스트랩의 탭 기능	442
부트스트랩 테마	29
사용자 정의 상품 속성	168
사용자 청구지 주소로만 배송	93
사이드바 위젯	268
상점 공지	72, 274
상품 데이터 메타박스	154
상품 목록 페이지	151
상품 반복문	323
상품 인도 결제 방식	107
상품 카테고리	183, 428
새 주문	137
서브라임 텍스트	34
선물 포장	200
선물 포장 체크박스	260
세금 클래스	90
세일 아이템 제외	193
소셜 아이콘	437
소수점 이하 제로	79
속성	165
수표	106
실패함	187
씸포레스트	25
안전 결제 필수 사용하기	73
알림 메시지	448
애널리틱스	143
앱타나 스튜디오	34
업셀	156
오토셋 7.0	37

찾·아·보·기

오픈카트	23	주문 목록 페이지	185
옵션 상품	150, 165	주문 상세 박스	188
옵션 설정	169	주문 작업 메타박스	190
완료됨	187	주문 재 구매 허용	74
외부/연계 상품	150, 178	주문 총계 메타박스	190
우랩	21	주소가 입력될 때까지 배송 비용 감추기	93
우선순위	234	지고샵	19
우커머스	20	지불 게이트웨이는	104
우편번호 페이지	304	지역 배송	101
워드프레스 3.7	29	처리중	187
워드프레스 3.8	30	청구주소로 배송하기	283
위시리스트	197	초기 화면	317
위시리스트 버튼	261	추가 배송 옵션	98
위젯 API	369	취소됨	187
유료 테마	26	카드 결제	107
유튜브 동영상	346	카드 무이자 할부	419
이메일	134	카탈로그	76
이메일 제한 목록	194	캐러젤 플러그인	336
이메일 템플릿	468	쿠폰	192
이용약관	81	쿠폰 사용 활성화	73
이지 디지털 다운로드	22	크로스셀	156
인터넷 익스플로러	406	통화 기호	59
일괄 편집	62	통화 기호 위치	79
일반 탭	71	특성 상품	152
자식 상품	176	패럴랙스 슬라이더	319
자식 테마	53	퍼블릭 도메인	164
장바구니 버튼	453	페이게이트 결제 모듈	114
재고 관리 단위	79	페이팔	120
재고보고서	88	페이팔 가입	122
재고 보류	86	페이팔 샌드박스	122, 128
재고 부족 한계	86	포크	18
재고 표시 형식	86	표준약관	81
제이 코스터	19	품절 한계	86
젯팩 플러그인	391	프레스타샵	23
조건부 무료	115	프리론치	72
주문 관리 페이지	185	필드그룹	426
주문당 비용	95	환불됨	187
주문 메모	191		
주문 메모 상자	73		

찾·아·보·기

[A - Z]

advanced custom fields	414
Advanced Custom Fields	415
BACS	105
bbpress	471
Business 계정	125
bx-slider	355
.bxslider	350
bxslider-wp	344
clip	362
Comma-Separated Values	179
controls	356
CSV	179
Custom Tab	204
Dry-run	499
Export	493
front-page	317
get_stylesheet_directory_uri	234
get_template_directory_uri	234
grunion	391
Grunion Contact Form	391
Import	496
important	52
LG U+ 결제 플러그인	281
LG 유플러스 전자결제 시스템	107
maxSlides	356
merce-sequential-order-numbers	141
minSlides	356
moveSlides	356
Oomph Dummy Content	311
paygate	114
PayLG	113
PG(Payment Gateway)	104
phpMyAdmin	492
Regenerate Thumbnails	221, 244
searchreplacedb2.php	493
ShareThis	145
ShareYourCart	145
Skitter Slideshow	50
slideMargin	356
Theme Blvd Responsive Google Maps	391
useCSS	361
vertical	356
woocom	141
WooCommerce Cloud Zoom Image Plugin	162
woocommerce-delivery-notes	141
WooCommerce Direct Checkout	459
woocommerce_get_template_part	248
WooCommerce Grid / List Toggle	50
woocommerce-menu-bar-cart	202
woocommerce-new-product-badge	202
WooCommerce_PG_Plugin_ LG 결제 플러그인	304
woocommerce-product-gift-wrap	200
WooCommerce - Recently Viewed Products	438
WooCommerce - Store Exporter	182
Woocommerce Widget Product Slideshow Lite	50
Woo Product Importer	180
WP e-Commerce	19
WP Google Fonts	50
WP-Insert	82
WP Parallax Content Slider	320

http://www.planet8.co   쿠폰 번호는 뒷면에 있습니다.
쇼핑몰 결제연동 플러그인 **10%** 할인 쿠폰